◇现代经济与管理类规划教材

网络经济学
（第2版修订本）

胡 春 吴 洪 编著

清华大学出版社
北京交通大学出版社
·北京·

内 容 简 介

本书以经济学理论为基础，以网络经济为研究对象，较为系统地研究了网络经济学的基本理论。本书共12章，内容包括网络经济学的概述和基础研究、网络经济主体微观行为、网络经济市场结构、网络经济产业、网络经济成长及网络经济环境下的政府宏观规制。本书的特点在于内容体系完整，逻辑结构清晰；理论内容具有前沿性，案例内容涉及面广，反映了网络经济发展的最新情况。

本书是高等院校网络经济学课程教材，是相关专业研究生的参考读物，也可供关注网络经济发展的相关人士阅读和作为培训教材。

图书在版编目（CIP）数据

网络经济学／胡春，吴洪编著. —2 版 .—北京：北京交通大学出版社：清华大学出版社，2015.8（2024.8 重印）

ISBN 978 - 7 - 5121 - 2338 - 0

Ⅰ. ①网… Ⅱ. ①胡… ②吴… Ⅲ. ① 网络经济-高等学校-教材 Ⅳ. ①F062.5

中国版本图书馆 CIP 数据核字（2015）第 181040 号

网络经济学

WANGLUO JINGJIXUE

责任编辑：吴嫦娥　　特邀编辑：林夕莲

出版发行：清 华 大 学 出 版 社　　邮编：100084　　电话：010 - 62776969　　http：//www.tup.com.cn

　　　　　北京交通大学出版社　　邮编：100044　　电话：010 - 51686414　　http：//www.bjtup.com.cn

印　刷：北京虎彩文化传播有限公司

经　销：全国新华书店

开　本：185×260　　印张：20.5　　字数：512 千字

版 印 次：2024 年 8 月第 2 版第 2 次修订　　2024 年 8 月第 6 次印刷

书　号：ISBN 978 - 7 - 5121 - 2338 - 0/F · 1522

定　价：49.00 元

本书如有质量问题，请向北京交通大学出版社质监组反映。对您的意见和批评，我们表示欢迎和感谢。

投诉电话：010 - 51686043，51686008；传真：010 - 62225406；E-mail：press@bjtu.edu.cn。

前　言

2009 年年底，中国网民规模达 3.84 亿人，居全球第一位，2009 年中国仅新增网民就达到 8 600 万人；2009 年中国互联网经济规模达 743 亿元；2009 年 9 月 15 日，腾讯市值超过 300 亿美元，成为全球第三大市值的互联网公司，仅次于 Google 和亚马逊，2010 年年初，腾讯市值接近 450 亿美元，继续稳居全球互联网公司市值第三位。这些数据说明，中国是网络经济大国，网络经济蓬勃发展并向网络经济强国迈进。网络经济越深入发展，越为研究者提供全面的观察视角，对其研究就会越深入透彻。因此，对网络经济的研究是学界持续不断的课题。

本书是在网络经济发展的新阶段和理论界现有研究的基础上，运用经济学工具建立一个网络经济的新解释框架，是一个时点上网络经济学的研究成果。作者希望将网络经济学教学和研究成果与同行们分享，为网络经济学的教学和研究工作做微薄贡献。

本书内容共分六个部分。第一部分包括第 1~3 章，是网络经济学的概述和基础研究。辨析网络经济的内涵，宏观扫描网络经济的发展历程和发展现状，明确网络经济学的研究对象，对数字产品供给和数字产品的需求进行基础研究。第二部分包括第 4~6 章，是网络经济主体微观行为研究。研究网络消费者行为、网络经济下的企业运营以及市场竞争策略。第三部分包括第 7~8 章，是网络经济市场结构分析。研究网络市场的运行与结构、网络垄断与竞争问题。第四部分包括第 9~10 章，是网络经济产业分析。研究网络产业发展情况、特征和规律，以及网络经济与产业结构变迁问题。第五部分包括第 11~13 章，是网络经济成长研究。研究网络经济的金融支撑系统、网络经济增长与经济周期和网络经济创新。第六部分是第 14 章，研究网络经济环境下的政府宏观规制。

本书主要特色体现在以下方面。

第一，体系完整，内容全面系统，逻辑结构清晰。全书有网络经济学经典内容的研究，如数字产品供给和需求、网络市场结构、网络产业结构、网络经济增长和网络经济宏观规制等，也有管理角度的微观消费者行为和微观企业行为的研究，从而使本书内容具有更强的包容性和应用上的广泛性。

第二，内容具有前沿性和创新性。本书关于网络经济和网络经济学含义的辨析，关于网络消费者行为、竞争策略的研究，以及关于网络经济增长极、网络创新的研究都体现了前沿性和创新性的特点，作者希望借这些问题的深入研究，丰富网络经济学的研究成果。

第三，案例新颖、典型，内容丰富，反映网络经济发展最新情况。本书 14 章中，每章都提供一个与本章理论内容相一致的案例，案例提供基本事实，并进行较深入的分析，可读性强。案例选题广泛，有云计算、智慧地球、物联网这类反映网络经济发展新成就和新取向的焦点课题，有对中国移动、淘宝网、携程网、百度、Facebook 等优秀网络信息类企业的个案研究，有关于网络游戏定价、移动手机支付等专题研究的内容，还有关于美国网络经济发展、中国创业板市场的发展、硅谷经济增长极等网络经济发展宏观层面的案例分析。

本书是集体工作的成果。由胡春教授制定写作大纲和写作规划，确定案例内容，总纂全书。本书具体写作分工情况是：第 1 章，胡春；第 2 章，胡春、张路菡；第 3 章，彭继红、赵巍、朱珠；第 4 章，彭继红、莫觅达；第 5 章，胡春、徐琦、赵保国；第 6 章，胡春；第 7 章，赵保国、徐琦；第 8 章，周慧琴、陈小玲；第 9 章，胡春、张茜；第 10 章，胡春，刘宇；第 11 章，刘宇、张茜；第 12 章，周慧琴、梁念念；第 13 章，胡春、陈昕；第 14 章，胡春、卜湜。此外，王璐为第 1 章、徐嘉玮为第 4 章做了一定的资料整理工作，在此表示感谢！

在本书付梓之际，感谢北京邮电大学经济管理学院的支持，感谢清华大学出版社和北京交通大学出版社对本书的出版支持，尤其感谢本书责任编辑吴嫦娥女士对本书出版所付出的辛劳。本书编写过程中，借鉴了大量的国内外专家的研究成果，我们在资料来源、注释和参考文献中均已列出，在此一并致以诚挚的谢意！

由于作者知识水平有限，本书不足之处，恳请读者批评指正，以便我们在将来的教学研究工作中加以改进。

胡 春

2010 年 6 月

第2版前言

承蒙读者厚爱，本书第 1 版于 2010 年 7 月出版后，进行了多次重印。作者对广大读者的支持深表感谢！本书第 1 版至今已有五年，此间互联网应用、网络经济的发展日新月异，与此同时，对于网络经济学本身的研究也从仅以经济学模型解释网络问题，发展到通过网络来构架经济模型，网络经济学的研究内容越来越显著地跨越经济学、管理学、计算机与信息科学等领域，呈现出典型的交叉性学科特征。现在，网络经济学不再仅仅是一门课程，高校中的网络经济学专业蓬勃兴起，且毕业生成为最受社会欢迎的学生。将网络经济学的发展和最新研究成果纳入本书是我们的使命，为此，我们团队经过近一年的倾力工作，完成了《网络经济学》第 2 版的修订工作。

本书在保持了第 1 版的完善体系——既有经济学角度的理论分析，也有管理学角度的消费者行为、企业行为研究等特点之外，修改的内容主要体现在以下三个方面。

（1）结构体系的修改。将第 1 版的 14 章精炼为 12 章，衔接更紧凑，适当减少篇幅，更有利于课堂教学安排。本版第 9 章"网络产业经济和创新分析"合并了第 1 版中的第 9 章和第 13 章。重点论述网络产品制造业、服务业与技术研发产业的发展，以及网络经济的技术创新、组织创新和制度创新。创新是网络经济的生命，网络经济的每一次创新都是从网络产业发展中萌发而来的，因此，合并这 2 章，内容联系更为紧密。第 10 章"网络经济产业结构变迁与经济增长"合并了第 1 版中的第 10 章和第 12 章。因为网络经济增长与网络经济产业结构变迁是相伴发生的，这一点在这五年来我们看得越发清晰。例如，移动互联网逐步超越 PC 互联网之后，无论用户结构、网络提供商结构还是相关联产业的结构都随之变迁，这两部分内容合并论述，更能使读者完整理解网络经济增长逻辑。

（2）理论内容的更新。增加的新内容包括："互联网＋"的时代网络经济内涵；网络企业运营中的知识管理；网络经济服务类型及其产出指标；网络渠道 O2O 模式；互联网金融的发展；网络经济新寡头垄断市场的特点；网络产品制造业、服务业与技术研发业的新发展；网络信息社会发展度量等，以上内容是近年来网络经济领域理论与实践的结晶。此外，对第 1 版中已经过时的资料予以更新，用最新数据替代了原有的数据。

（3）案例的更换。重写了9章的案例，保持了本书案例新颖、典型的风格，内容丰富且拓展了容量篇幅。理论阐述之外用案例反映互联网经济发展最新实践是为了更好地学以致用。我们用诺基亚"百年老店的危机"案例引导读者思考互联网时代的企业变革；用"微信的快速崛起与网络外部性的关系"讨论数字产品的需求特征；用"从微博到微信"案例诠释网络消费新特征；用"奇虎360"案例研究互联网竞争策略；"叫不停的二维码支付"讨论网络经济运行中的支付问题；"互联网经济下的寡头垄断：中美间比较"研究网络经济新寡头垄断问题；用"阿里巴巴的IPO之路"思考互联网企业的生存环境和网络经济的金融支撑；用BAT的案例讨论互联网企业的并购和营销模式的创新。

本书第2版的编写，具体分工是：吴洪教授负责第1~3章、7~9章的修订工作，胡春教授负责第4~6章、第10~12章的修订工作。北京邮电大学经济管理学院工商管理专业研究生王艳、应用经济学专业研究生庞菲菲、杨梅参与了修订工作，选修"通信产业经济"课程的2014级硕士生对修订工作也有贡献，桂林电子科技大学商学院的蒋满霖老师为本版修订提了很好的建议，再此深表感谢！

在本书第2版出版之际，感谢同行和读者们的持续支持，感谢北京交通大学出版社经管分社吴嫦娥社长的辛苦工作，感谢北京邮电大学经济管理学院的支持！本书第2版修改过程中，借鉴了大量国内外专家的研究成果，在参考文献中均列出，在此一并致以诚挚的谢意！

对于网络经济，我们的未知还远大于已知，我们的探索不会因未知而止步。由于编者知识经验有限，本书不足之处，恳请读者批评指正。

编著者

2015 年 8 月

目　录

第1章
网络经济与网络经济学概述

网络经济学是随着网络经济的发展而诞生的新经济学，是经济学研究的新领域。要了解网络经济学的发展脉络，需要追溯网络经济的发展情况。本章作为全书的导论，系统讨论网络经济的发展情况，以及网络经济学的发展脉络、网络经济学的研究对象和研究内容。

1.1　网络经济及其发展

20 世纪 80 年代以来，网络经济发展的速度、深度和广度都超出了人们的想象，网络经济的发展改变了人们的生产和生活方式，由于网络经济对人类生活的深远影响，人们常常将现时代称为网络经济时代，并与此前的工业文明、农业文明相提并论。学术界关于网络经济含义、特征和发展的研究成为网络经济学重要的理论成果。

1.1.1　网络经济的含义

网络经济是通过网络进行的经济活动，英文为 Network Economy 或 Economy of Network，也有的把 Internet Economy 或 Economy of Internet 翻译成网络经济。"网络经济"目前还没有一个公认的定义，人们从不同的角度对其进行界定。在众多的定义中，乌家培的定义在国内该领域的研究中具有奠基性质。在此借用乌家培的界定，并作进一步的阐释。

2000 年，乌家培从宏观、中观和微观层面解释了网络经济①。网络经济可以从不同的层面去认识。从经济形态这一最高层面看，网络经济是有别于游牧经济、农业经济、工业经济的信息经济或知识经济，由于所说的网络是数字网络，所以其又是数字经济。在这种经济形态中，信息网络尤其是智能化信息网络成为极其重要的生产工具，是一种全新的生产力。从产业发展的中观层面和微观层面看，网络经济是与电子商务紧密相连的网络产业，既包括网络贸易、网络银行、网络企业经营，以及其他商务性网络活动，又包括网络基础设施、网络设备和产品，以及各种网络服务的建设、生产和提供等经济活动。网络经济就是互联网经济，可细分为互联网的基础层、应用层、服务层和商务层。从企业营销、居民消费或投资的微观层面看，网络经济是一个网络大市场或大型的虚拟市场。

---

① 乌家培. 网络经济及其对经济理论的影响. 学术研究，2000（1）.

1. 宏观角度：网络经济是一种新的经济形态

从人类社会经济发展史角度看，网络经济是人类社会经济发展的一个相对独立的阶段。可以用不同的标准来区分人类社会发展的演进过程，如以社会生产方式为标准，可以把其分为原始社会、奴隶社会、封建社会、资本主义社会、社会主义社会等社会发展阶段；以产品的社会形式为标准，可以把其分为自然经济和商品经济两个阶段；以生产工具的变革为标准，可以把其分为青铜时代、铁器时代、机器时代和网络时代，与之相应的经济形态是游牧经济、农业经济、工业经济和信息经济（或知识经济、网络经济），因此，网络经济是一种新的经济形态。

从生产力的角度，可以以人与自然的物质转换中介即劳动资料的性质为标准，将经济形态划分为人力经济（包括游牧经济和农业经济）、机器经济和网络经济3种形态。

人力经济是以人的体力作为人与自然的物质变换中介的经济。这个经济时代从人类产生开始，一直延续到工场手工业时期，经过了以人手作为劳动器官又是劳动工具的漫长年代后，才过渡到人手与手工工具共同起作用的年代。

机器经济是以机器作为人与自然的物质变换中介的经济。18世纪的产业革命后，自然力代替了人的体力，人类自觉应用自然科学代替了经验中得出的成规，由此，人与自然的物质转换中介取得了机器这一物质形式，人类进入了大工业时代。马克思指出：生产方式的变革，在工场手工业中以劳动力为起点，在大工业中以劳动资料为起点。大工业必须掌握其特有的生产资料即机器本身，必须用机器来生产机器。机器成为人与自然的物质变换中介，或者说自然力成为人与自然的变换中介，是人类进入机器经济时代的标志。一般人们又可以将这个时代划分为蒸汽时代和内燃机—电力时代。

网络经济是以知识和信息作为人与自然的物质变换中介的经济。20世纪50年代后，用机器生产机器的大工业逐步让位于高新技术产业，机器产业甚至被称为"夕阳工业"。今天，在人与自然的物质变换中，人的体力和自然力已不再居于主导地位，而是智力、知识、信息和管理在实现人与自然的和谐统一中创造着财富。当代，由于信息的传输、加工与储存愈来愈依赖于或借助于网络技术，人类正以网络为手段改变着社会生产方式。具体地说，网络正改造着机器，它使机器智能化，变为新的劳动资料；网络改变着流通形式，并催生出电子商务、网络金融、现代物流等现代经济活动方式；网络影响着分配，推动着知识走向知本化；网络还为"量身定做"和个性化消费提供条件。因此，网络经济就是以网络为劳动资料的经济。

网络经济的核心产业是信息产业，而其核心技术即是计算机通信信息网络技术。因此，网络经济的本质特征是网络。这正如人力经济的本质特征是人手与手工工具，大工业的本质特征是机器一样。

2. 网络经济与新经济、知识经济等概念的辨析

网络经济形态带来了一个新经济时代，即网络经济时代，这个时代也被人们称为新经济，或者称为知识经济、信息经济，还有人用后工业经济、高技术经济、数字经济、智力经济、非物质经济、工业4.0等术语来描述这个新的经济形态。这些概念反映了人们对网络经济形态不同特征的把握，随着网络经济的发展，网络经济的各种特征逐渐显现，逐渐被人们认识，从而出现不同的概念描述。这些概念之间相互关联，又各有侧重，各不相同。

在众多名词中，最早出现的是"后工业经济"。1980年，美国社会学家托夫勒

（A. Toffler）在其著作《第三次浪潮》（*The Third Wave*）一书中提出，人类社会出现了一种不同于工业经济的经济形态，人类社会正在从工业时代向后工业时代演变。1982 年，美国经济学家和未来学家奈斯比特（*J. Naisbitt*）在其著作《大趋势》（*Megatrends Ten New Directions Transforming Our Lives*）中提出了"信息经济"一词，以新型经济的主要支柱产业来命名这种经济。1986 年，美国学者福莱斯特在《高技术社会》（*High-Tech Society*）中提出了"高技术经济"一词，以新型经济的产业支柱群命名这种经济。1990 年，联合国研究机构提出了"知识经济"（The Knowledge Economy）的说法。

1996 年，经济合作与发展组织（OECD）的报告《以知识为基础的经济》（*The Knowledge-based Economy*）中提出，"知识经济是建立在知识和信息的生产、分配和使用之上的经济"，提出了这种新型经济的指标体系和测度。该报告将知识分为以下 4 类。①知道是什么的知识（Know - What），是指关于事实方面的知识。这类知识就是通常说的信息，可分解为信息单位：比特（Bit）。在专业领域，专家们要掌握许多这类的知识才能完成工作，如律师、医生、教师等。②知道为什么的知识（Know - Why），是指自然原理和规律方面的科学理论。这类知识支撑着技术的发展，以及产品和工艺的进步。这类知识的产生和再生产由专门机构，如实验室和大学来完成。③知道怎样做的知识（Know - How），是指做某些事情的技艺和能力。例如，操作复杂机器的熟练工人的技能、商家的专门技术和经营诀窍属于此类知识。④知道是谁的知识（Know - Who），涉及谁知道和谁知道如何做某事的信息。知道有关专家的知识和才能，并且能够有效地去利用他们的知识和才能。信息技术的发展，使人类能够对 Know - What 和 Know - Why 的知识进行快速、有效的处理和传播。只要是可以编码的信息，都可以实现远距离、低成本的传播。知识通过编码而传播，使知识获得了更多的商品属性。知识的编码化拓宽了人们胜任工作的范围，对经济增长产生了积极的作用，随着科技的发展，知识在经济增长中的作用越来越突出，劳动者赖以工作的本领越来越依靠其所掌握的编码化的知识和隐含经验类知识的技能，而不是手工劳动。当经济的主要产品的主要成本含量从古典的资本和劳动投入转换为"知识性"的投入，人类就进入知识经济或新经济的时代。

1996 年，美国《商业周刊》发表文章提出了"新经济"概念，指出一种新型经济已经形成。1997 年，美国总统克林顿在演说中采纳了联合国研究机构确定的"知识经济"的说法。20 世纪 90 年代后期，由于互联网（Internet）的发展，信息技术（Information Technology，IT）作为互联网发展的技术基础也成为新经济的代名词。

"后工业经济"和"新经济"是一种方向性的趋势预测，强调的是有别于传统经济的新的经济形态，没有包含具体的和确定性的内涵。

"知识经济"、"信息经济"、"数字经济"是以新经济形态中最重要的经济资源和经济商品的名称来定义这种经济，以区别于传统的农业经济和工业经济以土地、劳动力、资金、能源为基础的物质性经济，而知识、信息、数字都是非物质的和虚拟的，因此，也有学者用"虚拟经济"来描述这个新经济形态。

关于知识经济和信息经济的区别，比较一致的见解是：知识经济以信息经济为基础，但比信息经济内容更丰富、要求更高国民素质和经济发展水平，是信息经济发展到一定水平后的新阶段。因此，文献中更多地以"信息经济"而非"知识经济"来描述目前的新经济特征。

2000 年，美国政府将其发布的数字经济报告直接冠名为《数字经济 2000》（*Digital Economy* 2000），改变前两次报告标题中使用的"正在出现的数字经济"的限定词。认为"数字经济"的确存在，并且正在改变着经济和商务的运作方式。在美国政府发布的数字经济报告中，对"数字经济"的界定是：电子商务（通过互联网或其他非独占的、以网络为基础的系统进行业务往来的交易方式）及其赖以实施的信息技术产业（IT 产业）。"数字经济"强调的是基于计算机技术的信息数字化带来的整个经济系统的转型。"数字经济"的概念比知识经济甚至信息经济更容易计量。

知识经济和信息经济强调的是经济的知识和信息的内涵特征，数字经济强调的是经济的数字形式，网络经济突出的是经济运行的基本组织形式，即网络化的特征。

3. 中观角度：网络经济的主导产业是信息技术产业和信息服务产业

美国得克萨斯大学电子商务研究中心（CREC）认为，网络经济包含 4 个部分：网络基础建设领域、网络基础应用领域、网络中介服务领域和网上商务活动。

网络经济的主导产业是信息技术产业和信息服务业。信息技术产业可以分为硬件产业、软件产业和信息媒介三大产业；信息服务业则包括新闻、咨询、代理、电信服务、网络服务等产业。

4. 微观角度：网络经济是经济主体通过网络进行的经济活动

从微观经济主体角度，网络经济是通过网络（目前主要指互联网）进行的资源分配、生产和消费等各种经济活动，包括电子商务、网络银行、远程教学、远程医疗、网上书店、网上订票，以及各种费用的在线支付和查询等活动。

网络给微观经济主体至少带来 3 个方面的利益：①通过流程改进和再造，企业能够更有效地回应最终消费者的需求，因为通过网络，企业可以更清晰地定义消费者的特殊需求，并作出灵活反应；②扩展了经济机构的能力，无论对于供应者还是需求者，通过网络能够使他们和更多的合作伙伴联系，实现资源共享；③网络是很好的中介组织，拓展了微观经济主体的交易范围。

1.1.2 网络经济的发展

网络的形成和发展是多种技术发展融合的结果，主要表现在以下方面：计算机技术的高速发展和计算机的广泛应用；通信技术的高度发展，全球范围内的卫星通信网络、移动电话通信网络、光纤通信网络的建立和应用；计算机技术和通信技术的相互渗透、结合，互联网技术的广泛应用。

1. 互联网的起源和发展

1）联网的尝试

简单的计算机互联尝试开始于 20 世纪 50 年代，美国军方所研制的半自动地面防空系统能够把各雷达站测得的数据传送到计算机进行处理，1958 年首先建成了纽约防区。与此同时，IBM 公司研制了全美航空订票系统，到 1964 年美国各地旅行社都能用该系统来预订航班的机票。这两个系统都只是远程终端和主机联机的系统，是联网的尝试，没有实现真正计算机之间的互联。

2）阿帕网（ARPANET）的诞生

1957 年 10 月 4 日，前苏联人造地球卫星上天，这个事件打破了美国在科技方面领先的设想。苏美冷战加剧，美国国防部设立了远景研究规划局（Advanced Research Projects Agency，ARPA），其任务就是鼓励和支持科学研究，保证美国的军事领先优势。

20 世纪 60 年代，数据通信领域分组交换理论的出现，使数据通信技术进入了新的阶段。1962 年，ARPA 开始资助一项研究，该项目采用实验性的包交换技术（Packet Switching Technology）将地理上分散的计算机连接起来。包交换通过接口信息处理器（IMP）把计算机数据信息分割成若干信息包，然后，通过网络利用多渠道将信息包分别发送到预先指定的互联网地址，互联网地址末端的接口信息处理器将信息重新组合，还原成原来的信息，显示在终端计算机上。信息分组系统在军事应用上有两大优势：使用多渠道传输，不用特定线路连接，不必担心信息在战争中遭到破坏；把信息分割成独立的信息包，通过不同的路径发送，敌方很难拦截信息，也很难解码修改信息。

1968 年，ARPA 资助了对分组交换的进一步研究，并于 1969 年 12 月在美国西海岸建成了分组交换网，第一个简单信号从美国加利福尼亚大学洛杉矶分校（UCLA）的一台计算机通过网络发送到斯坦福研究所的另一台计算机上，这就是著名的 ARPANET。到 1972 年，ARPA 网已经将 40 多个地区的计算机联网。

3）局域网的出现

20 世纪 70 年代出现了局域网（LAN），使近距离资源共享成为可能。联网的计算机可以共用打印机、大型主机、高档工作站和超级小型机等，计算机应用成本进一步降低。随着局域网逐渐被各领域所接受，几种相应的联网技术也相继出现。例如，IBM 的计算机能够以系统结构（SNA）组网，DEC 计算机能够以数字网络体系结构（DNA）组网。但由于通信协议不同，相互之间不兼容。国际电信联盟（ITU）和电报电话咨询委员会（CCITT）发起制定了 X.25 协议，部分地解决了兼容的问题，世界各地先后建立了基于 X.25 协议标准的公共数据网（PDN）。同时，国际标准化组织（ISO）和当时负责信息处理与计算机标准制定的技术委员会（TC97）共同努力，建立了开放系统互联的参考模型（ISO RM）及相关标准。这样，遵循该标准的计算机即使硬件不同，也能够彼此通信。但世界范围内的共同标准此时尚未出现。

4）互联网基础协议和互联网的产生

1974 年，ARPA 网的研究人员开发出一种通用语言，使不同网络之间可以相互交流，这种语言就是传输控制协议/网络协议，即 TCP/IP（Transmission Control Protocol/Internet Protocol）协议。IP 协议定义了计算机之间的通信应遵守的规则，不仅使底层不同网络得以通信，还向用户屏蔽了技术细节，并实现了不同计算机上应用进程间的通信。为保证进程间的通信高效、可靠，在 IP 上开发了 TCP 软件，构成面向字节的、有序的报文传输通路。以 TCP、IP 两个协议为主的一整套协议，被称为 TCP/IP 协议，是互联网基础协议。TCP/IP 协议是建立在"开放架构"理念基础上的，它允许信息包自由通过永久开放的网关，不截留、不审查信息包中的信息内容，其运营原理就是所有的网络都可以自由接入。

1982 年，TCP/IP 协议得到普遍应用。美国军方首先决定在内部的网络采用 TCP/IP 新标准互连，使互联网走出了实验室，在随后几年迅速成为被广泛承认的工业标准，与互联网互连的主机数量每年翻番。

与此同时，美国国家科学基金会资助了计算机科学网 CSNET 和世界教育计算机网

BITNET 的开发，使美国高校间的计算机可以相互联网，实现网上的资源共享。1986 年，美国国家科学基金会创立了国家科学基金会网 NSFNET。基于 TCP/IP 的 CSNET 和 NSFNET 替代了 ARPA 网成为主干网，加之同期建立起来的各地区中级网和高校的校园网，三级网络彼此互联的结构基本成型。

1988 年，互联网开始走出美国进入加拿大、欧洲，逐渐渗入世界各个角落，形成一个通达全球的庞大网络，大量私人公司介入互联网，互联网商业应用开始。

5）万维网的起源和发展

1989 年，欧洲物理粒子研究所（CERN）的科学家 Tim Berners – Lee 开始研究在一个组织内部共享和管理大型复杂研究项目有关信息的更简便方法。Tim Berners – Lee 将已经有的两个概念：互联网和超文本（HyperText）结合起来，用非顺序的方法提取信息，这项研究诞生了一个特殊的搜索和补充协议——超文本传输协议（HyperText Transfer Protocol，HTTP），HTTP 有 3 个功能：书写网络地址更简便；自动扫描互联网，找到与网络地址匹配的网站；自动找回地址中的文件。不到一年，Tim Berners – Lee 开发出了最基本的浏览器/编辑器，这标志着他已经开发出了万维网系统（World Wide Web 万维网亦称作"Web"、"WWW"、"W3"）。这种浏览器采用方便的文本化计算机语言，即超文本标记语言（HyperText Markup Language，HTML）把信息输入到网页。编码人员可以很轻松地利用 HTML 创建链接，将一个网页连接到另一个网页。网上用户只需单击 URL 地址连接，就可以以非顺序的方式达到想去的任何地方。

1991 年，欧洲物理粒子研究所发布了万维网，此后，新型浏览器的诞生（如网景浏览器）、计算机处理能力的越来越强、处理信息成本的越来越低等都促进了万维网的发展。万维网出现前，使用互联网的是科学家、政府机构和专业网民，万维网和浏览器技术的结合，使普通人可以访问互联网，搜索、储存、提取、复制、查看、传输、处理和接收包括文本、数据、视频、音频和图像等在内的各种信息。

1993 年，美国提出"信息高速公路计划"，要在全美建立光纤网络，将互联网引入每个家庭，实现四通八达的"交通网"。信息高速公路计划在全球掀起了发展互联网的高潮。

表 1–1 是互联网和万维网的大事年表①。

表 1–1　互联网和万维网大事年表

年份	事　件
1961	Leonard Kleinrock，麻省理工学院，发表第一篇包交换理论论文
1966	Lawrence G. Roberts，麻省理工学院，制订了第一个 ARPANET 计划
1969	最初 4 个网络节点建立：加州大学洛杉矶分校（UCLA）、斯坦福研究所（SRI）、UC Santa Barbara 和 U. of Utah；UCLA 的 Charley Kline 在尝试连接 SRI 计算机时发送了第一个信息包
1972	Ray Tomlinson（BBN）采用@标识修改了 ARPANET 的电子邮件程序；首次计算机—计算机对话在 UCLA 实现
1973	英国的伦敦学院首次跨国连接 ARPA 网成功；Vinton Cerf 和 Bob Kahn 提出了互联网的基本思想

---

① 迪克. 电子商务与网络经济学. 大连：东北财经大学出版社，2006.

年份	事 件
1974	第一个公众信息包数据服务公司 Telnet 成立（ARPANET 的商业应用）
1981	世界教育计算机网（BITNET）和计算机科学网（CSNET）大学计算机研究网络建立
1982	传输控制协议（TCP）和网络协议（IP）作为协议组件确立
1984	域名系统和国家标字符出现，包括 .com、.org、.gov、.edu、.uk、.fr，主机数目超过 1 000 台
1986	美国国家科学基金会创立 NSFNET
1988	网络蠕虫第一次在互联网中发作，网络中 6 万台主机中有 6 千台受到影响
1991	欧洲物理粒子研究所（CERN）发布了 Tim Berners - Lee 开发的万维网；美国国家科学基金会允许私人连接到其主要服务器，以鼓励万维网的商业应用
1994	首家虚拟网络银行开始商业运营
1995	WWW 成为 NSFNET 上流量最大的服务系统；传统的拨号上网系统提供商 AOL、Compuserve 和 Prodigy 开始提供网络服务；包括网景公司在内的许多网络类公司上市
1998	电子商务、电子拍卖和门户技术得到应用，同时出现网上交易、XML 等技术
2000	Yahoo、Amazon、eBay 等主要网站遭病毒袭击；出现的新技术：无线网络设备、IPv6

2. 中国互联网的产生

1994 年 4 月 20 日，中国 64 kbps 国际专线开通，实现了与全球互联网的连接。这标志着中国正式进入国际互联网，成为真正拥有全功能互联网的国家。而中国互联网的建设历程可以追溯到 1984 年开始的计算机网络建设。表 1-2 是中国互联网发展大事年表。

表 1-2　中国互联网发展大事年表

年份	事 件
1984	铁路系统的计算机网络建设首先在北京、济南、上海铁路局建成
1988	清华大学校园网采用从加拿大引进的 X.400 协议电子邮件软件包，通过 X.25 网与加拿大 UBC 大学相连，开通了电子邮件应用
1989	中国民航形成了分布于全球的计算机联网旅客服务系统
1990	中国正式在国际互联网络信息中心的前身 DDN - NIC 注册登记了我国的顶级域名 CN，从此开通过了使用中国顶级域名 CN 的国际电子邮件通信服务
1991	中国科学院高能物理研究所采用 DECNET 协议，以 X.25 方式连入美国斯坦福线性加速器中心的 LIVEMORE 实验室，并开通电子邮件应用
1993	最终制定我国域名体系
1994	我国被国际上正式承认为有 INTERNET 的国家，中国科学院高能物理研究所设立国内第一个 Web 服务器，推出中国第一套网页
1995	中国电信开通接入美国的 64 kbps 专线，并通过电话网、DDN 专线及 X.25 网等方式开始向社会提供 INTERNET 接入服务
1996	中国公用计算机互联网（CHINANET）全国骨干网建成并正式开通，全国范围的公用计算机互联网络开始提供服务
1997	公安部发布了由国务院批准的《计算机信息网络国际联网安全保护管理办法》

年份	事　件
1998	国家经贸委和信息产业部联合宣布，一项旨在推动经贸流通领域电子商务的"金贸工程"正式启动
1999	"政府上网工程"正式启动
2000	国家经贸委和信息产业部共同发起"企业信息化工程"，并启动中国国家重点企业电子商务网站（http://www.chinabbc.com.cn），启动了企业上网工程；2000 年 2 月，我国颁布了《中国电子商务发展战略纲要》，网络应用逐渐繁荣

3. 网络经济的发展

自互联网诞生以来，其发展和使用情况每年以几何级数增长。根据中国互联网信息中心 CNNIC 发布的《第 36 次中国互联网络发展状况统计报告》显示，截至 2015 年 6 月，我国网民规模达 6.68 亿，互联网普及率为 48.8%。中国网民规模和互联网普及率如图 1-1 所示。

图 1-1　中国网民规模和互联网普及率

数据来源：第 35 次 CNNIC 报告

由图 1-1 可见，近 10 年来中国网民数增长了将近 6 倍，互联网普及率增长 5 倍多，近两年来二者增速都在放缓。截至 2015 年 6 月，我国手机网民规模达 5.94 亿，网民中使用手机上网人群达 88.9%。中国手机网民规模及其占网民比例如图 1-2 所示。

来源：CNNIC中国互联网络发展状况统计调查　　　　　　　　　　　2015.6

图 1-2　中国手机网民规模及其占网民比例

数据来源：第 36 次 CNNIC 报告

由图 1-2 可见，手机网民的数量 4 年增长 2.76 亿，手机网民占整体网民比例增长 23.4

个百分点，二者的增速在近两年来放缓。手机上网在人们的生活中占据越来越重要的位置。

手机炒股或炒基金以 89.8％的半年用户增长率领跑移动商务类应用，O2O 市场快速发展，成为引领行业的商务模式。手机端即时通信使用保持稳步增长趋势，使用率为 90.0％，是增长最快的移动商务类应用。手机支付、手机旅行预订、手机网购等手机商务应用用户半年增长分别为 26.9％、25.0％和 14.5％，高于其他手机应用增长幅度。我国互联网在整体环境、互联网应用普及和热点行业发展方面取得长足进步。

1）即时通信的基础地位进一步稳固

即时通信作为第一大上网应用，2014 年年底，手机即时通信用率为 91.2％，较 2013 年底提升了 5.1 个百分点。手机即时通信由于其随身、随时、拥有社交属性和可以提供用户位置的特点，其定位逐渐从以前单一的通信工具演变成支付、游戏、O2O 等高附加值业务的用户入口，以其庞大的用户基数为其他服务提供了巨大的潜在商业价值。2014 年第二季度在中国排名前八的即时通信工具及其活跃用户数量如图 1-3 所示。

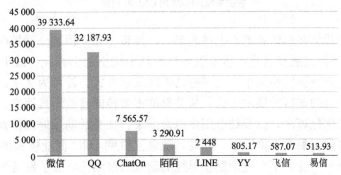

图 1-3　2014 年第二季度中国排名前八的即时通信工具及其活跃用户数量（单位：万）
数据来源：易观国际数据

腾讯的两个社交软件，以绝对的优势雄踞前两名，微信更是后来者居上，成为人们最常用的即时通信工具。微信不仅降低了人们的通信费用，也改变了人们的沟通的方式，以其良好的用户体验，赢得用户的普遍好评。

2）搜索引擎稳定发展

搜索引擎是网民除即时通信外使用率最高的互联网应用。2014 年 12 月—2015 年 6 月搜索/手机搜索用户规模和手机搜索用户规模数量如图 1-4 所示。

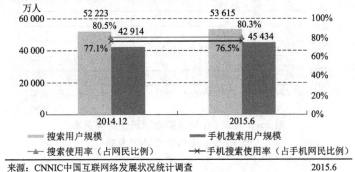

图 1-4　2013—2014 年搜索/手机搜索用户规模数量
数据来源：第 35 次 CNNIC 报告

2014 年，中国搜索引擎市场格局基本保持稳定。无论是用户规模还是手机搜索用户规模的数量都略有提升，手机搜索开始重点发展策略。2014 年使用过搜索引擎的网民中的品牌渗透率如图 1-5 所示。

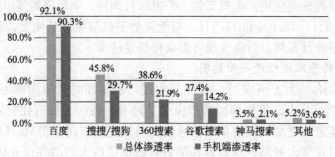

图 1-5　2014 年使用过搜索引擎的网民中的品牌渗透率
数据来源：第 35 次 CNNIC 报告

百度以绝对的优势在总体渗透率上排名第一，搜狗和 360 搜索分别排名第二第三。搜索引擎应用在 2014 年的发展特点是：搜索服务与产品形式更加多样化，线上搜索连接线下消费的趋势凸显。搜索服务已经从单一文字链结果的展示方式，转变为文字、表格、图片、应用等多种形式相结合的丰富的展现方式，从关键词搜索转向自然语言搜索、图片搜索、实体搜索；另外，通过优化算法，以及结合用户搜索记录、社交活动及地理位置等信息形成的个性化搜索，成为搜索引擎的主推服务。同时，随着互联网 O2O 商业模式的发展，搜索引擎的角色也出现了重要转变，正在逐渐摆脱单纯的流量入口角色，除了传统的将用户流量与互联网服务相连接的服务外，更加注重与线下商业的直接对接，打造 O2O 闭环。

3）电子商务百家争鸣

电子商务呈现中国网络零售全球化发展的趋势。随着中国消费者对海外优质商品的旺盛需求，中国制造在海外市场不断畅销，以及跨境支付体验得以不断完善。2014 年网络购物市场品牌渗透率如图 1-6 所示。

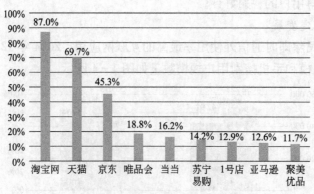

图 1-6　2014 年网络购物市场品牌渗透率
数据来源：第 35 次 CNNIC 报告

阿里巴巴旗下的淘宝和天猫的市场渗透率位居于前两名，得到消费者的普遍认同。与此同时，2014 年手机购物市场发展迅速。CNNIC 数据显示，2014 年我国手机网络购物用户规模达到 2.36 亿，增长率为 63.5%，手机购物并非 PC 购物的替代，而是在移动环境下产生增量消费，并且重塑线下商业形态促成交易，从而推动网络购物移动化发展趋势。

上述人们最常用的互联网工具，也成就了 BAT 的霸头局面，除此之外，O2O 模式快速发展，市场前景广阔，不断地改变人民的消费方式。网上支付、网上理财、网上投融资等互联网金融已经融入并在不知不觉地改变了人们的生活方式。

1.1.3　"互联网+"的时代

"互联网+"是以互联网平台为基础，利用信息通信技术与行业的跨界融合，推动产业转型升级，并不断创造出新产品、新业务与新模式，构建连接一切的新生态。"互联网+"要实现下面 6 个层次的发展。

1. 终端互联（第 1 层）

"互联网+"最终会实现形式无限丰富的联网终端，将人与人、人与物、物与物实时连接。根据 CNNIC（中国互联网信息中心）的数据显示，2014 年中国网民人均周上网时长达 26.1 小时，比 2013 年年底增加了 1.1 个小时，网民对互联网应用使用广度和深度有所提升。未来随着可穿戴设备的普及，人们可能实现 24 小时联网。使终端互联逐渐实现。

2. 数据交换（第 2 层）

终端互联构建了一个足够大的平台，通过这一连接平台，网络内的人和物将所在场景属性数字化，实时交互。移动互联时代到来的标志之一，就是数据的爆发。根据 IBM 2013 年的估计，全球每天产生 250 亿字节的数据，而全球所有记录下来的数据中 90% 都是在近两年产生的。丰富多样的数据对应的是与人们的生产生活中的几乎所有场景，为我们理解自身、理解社会提供最直观的视角。

3. 动态优化（第 3 层）

远端的云依照不断更新的数据对联网场景的动态进行实时的分析解读，并给出解决方案。这一能力的基础是目前被寄予厚望的云计算和大数据技术。两者的叠加，解决了将数据转变为生产力的问题。

4. 效率提升（第 4 层）

重复运动是造成浪费低效的最主要原因，将其降至最低，使得整体的效率提升。优化的解决方案从数字变成现实，通过改变生产组织形式、资源配置方式，"互联网+"落地为实实在在的生产效率、生活便利。

5. 产业变革（第 5 层）

在微观层面上，动态优化的结果对生产组织形式产生深刻影响，引领产业变革。基于云计算、大数据的技术不再局限于某一个生产性环节，而是实现产业链上的多环节协同；甚至不再局限于某一个产业，而是跨产业链的多产业链多环节网状动态协同。不仅产业内的无效率被纠正，相关产业之间的无效率也被纠正。

6. 社会转型（第 6 层）

在宏观层面上，产业变革的综合结果最终体现为生产效率提升、人民生活水平提高、经济稳定可持续增长。"互联网+"不再简单局限于生产层面，而是从社会管理、日常消费、生活场景等各个方面协同，减少生产部门、消费部门、政府部门之间的资源匹配无效率，推动整个经济体，以及全方位的社会转型和发展。"互联网+"各子系统不断迭代，成为经济增长的不竭动力、社会创新的不竭源泉。

"互联网＋"实现的这六个层次的变化是渐进递推的层次，其第一层终端互联、第二层数据交换是技术基础；第三层动态优化、第四层效率提升，是实现路径；第五层产业变革，是"互联网＋"外在的表现形式；第六层社会转型，是"互联网＋"的理想，也是这一理想可能呈现出的最终形态。互联网＋带来的影响是巨大的，为传统行业带来翻天覆地的变化。

"互联网＋"就是打造帕累托最优的世界。从本质上来说，互联网及信息要素贯穿到整个产业生态，将世界变平坦，对于供应方、需求者及平台管理方式都发生了改变：经营体直面客户需求，按需服务，用户获取决策主动权，企业和行业都在发展平台化、网络化组织的核心能力——对外连接能力。这些一方面使得"互联网＋"在任何时间均可实现将世界各地数以亿计的人和物连接起来；另一方面成为建立信任的最有效平台，所有信息的实时置换极度提升了信息对称性，整体社会的供需缺口降到最低，提升了整体效率。"互联网＋"就是用信息的无间断交换来减少实体经济的冗余，做到所有要素的恰到好处的最佳利用。在理想的状态下，"互联网＋"会在社会经济体系中逐步迭代，自动纠正对于经济体系中市场扭曲最严重、效率最低下的部分，迭代的结果是，借助信息交换达至一个帕累托最优的世界。

1.1.4　网络经济的特征

网络经济之所以成为经济学研究的新领域，是因为网络经济发展有其特点和规律，而这来源于信息网络对社会经济系统产生的影响。本节在论述信息网络对传统社会经济系统产生影响的基础上，总结网络经济的特征。网络经济的特征可以从以下方面把握。

1. 网络经济是以信息与知识为主导的经济

网络经济是以信息与知识等非物质资源为其主要资源，且非物质资源在资源中占主导地位的经济，而传统的经济是以土地、劳动、资本等物质资源为其主要资源并占主导地位的经济。在网络经济中，作为主要资源的信息和知识具有以下特点，从而使网络经济与传统经济根本不同。

(1) 边际效益递增性。传统经济学中"收益递减规律"表明，在其他条件一定时，对同一产品，增加投入某一要素，所增加的收益先上升，在达到最高点后就会下降。与此相反，网络经济却显现出明显的边际效益递增性，如对信息的投资不仅可以获得一般的投资报酬，还可以获得信息累积的增值报酬。这是由于一方面信息网络能够发挥特殊功能，把零散而无序的大量资料、数据、信息按照使用者的要求进行加工、处理、分析、综合，从而形成有序的高质量的信息资源，为经济决策提供科学依据。同时，信息使用具有传递效应，信息的使用会带来不断增加的报酬。

(2) 知识产品具有非排他性。知识产品的交换，不需要离开它的原始占有者。一般物质产品在买卖中转移的是所有权，而知识产品在买卖中转移的是使用权。知识产品不因使用而损耗。一般的物质产品在使用中，使用价值被消耗，价值也随之失去。知识产品使用者越多，共享面越宽，其本身价值不仅不会减少，反而会因扩散而产生新的知识，因此，知识产品使用具有非磨损性，使用越普及，价值越高。

(3) 信息知识产品的供给边际成本极低。信息知识产品一经研制和开发，可以大量复制和分配，边际成本接近零。

当然，以信息和知识等非物质资源为主导，并不意味着在网络经济中不再需要物质资源。由于物质是第一性的，在任何社会经济形态下，物质的生产与消费都是必不可少的，因而生活在网络经济中人们进行生产和消费也不能离开各种物质要素。同样，在传统经济中社会再生产过程也离不开信息和知识这样的非物质资源。只是在传统经济的各种生产要素中，物质资源占有绝大的比重并对经济增长起决定性的作用；在网络经济中物质资源退居次要地位，起主导作用的是信息和知识等非物质资源。在网络经济的社会产品中，包含有更多的信息和知识，信息与知识的应用对财富的生产和经济的增长起着决定性的作用。目前，虽然只是一个量的变化，但由量变导致质变，从而引发社会经济性质和经济形态的改变。

2. 网络经济是全球化的、开放的、充分竞争的经济

1）网络经济是全球化的经济

网络经济的全球化特征表现在网络经济能够实现全球网络化的生产和全球销售。

首先，互联网消除了时空差距。光速是每秒环绕地球 7 圈，有了光速的互联网络，将世界连成一体，使地球变成为一个"村落"。在网络上，不分种族、民族、国家、职业和社会地位，人们可以自由地交流、漫游，以此来沟通信息，人们对空间的依附性大大减小。同时，信息网突破了时间的约束，使人们的信息传输、经济往来可以在更小的时间跨度上进行。网络经济可以 24 小时不间断运行，经济活动更少受到时间因素制约。

其次，在网络经济下，生产要素尤其是人力资本要素可以通过网络实现全球化的配置。在传统的国际经济中，商品、服务、资本等可以通过国际贸易、国际投资和国际金融实现全球流动与全球配置，但人的知识、人力资本却因为民族和国家的限制难以在全球范围内充分流动。互联网能够为地球上每个角落的人提供交流平台，从而带来人力资本的全球化配置。美国的会计师可以在下班前将隐去姓名的客户资料通过网络传给印度的会计师，而印度的会计师此时刚刚上班，通过一天的工作，下班前将系统成型的会计报表传回美国，美国的会计师在第二天就可以为客户提供财务咨询服务。这样的合作工作，效率高、成本低。网络经济真正实现了经济的全球化。

2）网络经济是开放的经济

任何一家企业在网上可以面对全球的用户，而无论交易对象是美国人、日本人还是中国人。网络经济打破空间的限制还意味着世界各国的经济体制都将走向开放，网络时代宣告了封闭经济体制的结束，网络经济是一种完全开放的全球性的经济。

网络经济的开放性来自于互联网本身的开放性。互联网不是第一个也不是最后一个电子化网络，但其是目前世界上使用量最大的网络，连接的计算机数量多、储存量大，其根本原因是网络协议的开放性和网络的可进入性。在互联网以前的一些电子化网络，协议范围狭窄，进入困难，使进入本身成为主干服务商的垄断要素。同时，互联网规模和简单进入的力量也迫使先前的一些私有电子网络，如 AT&T Mail 等，遵照互联网的开放标准，与互联网互联，从而成为互联网的一部分。

3）网络经济是充分竞争的经济

互联网标准的开放性和网络的可进入性，使服务商能够充分竞争，任何服务商不能通过网络资源的垄断获得利益，只能通过有效的客户服务立足，从而使网络经济竞争充分。

3. 网络经济是可持续发展的经济

知识与信息的特性使网络经济成为可持续发展的经济。在知识产品的生产过程中，作为主要资源的知识与信息具有零消耗的特点，正如托夫勒指出的："土地、劳动、原材料，或许还有资本，可以看作是有限资源，而知识实际上是不可穷尽的。""新信息技术把产品多样化的成本推向零，并且降低了曾经是至关重要的规模经济的重要性。"网络经济在很大程度上能有效降低传统工业生产对有形资源、能源的过度消耗，造成环境污染、生态恶化等危害，实现了社会经济的可持续发展。

从生态平衡和环境保护的角度，互联网的使用减少了商业对能源和材料的消耗，改善了经济增长和环境之间的关系。首先，网络带来的无纸办公、无纸贸易大大减少了纸张的使用，直接节省了森林资源的耗费。据预测，互联网将使美国每年至少减少270万吨纸张的消耗。其次，费用较低的网络交易替代费用较高的市场交易，全方位地节省了花费。市场主体进入信息网络不但可以极大地降低为获取准确的市场信息所要付出的费用，而且能够在极短的时间内迅速完成对信息的收集、处理、加工和分析，使信息资源同物质资源与能量资源有机结合，创造出互补效应。同时，公司之间电子商务的发展，大大减少了库存，避免和减少生产和订货错误，也减少资源和能源的消耗。第三，网络经济改变了人们的生活方式，总体上提高了能源使用效率，如网上购物，减少了人们开车去商场的油耗；电子通信减少了邮政递送的运输花费；网络学习减少了交通花费、教室等建筑设施的花费等。第四，随着国民经济信息化的发展，网络经济对传统经济改造的深入，大大降低了传统经济的物耗，提高了经济效益。

4. 网络经济是创新型经济

在网络经济中，信息技术的创新蕴藏着无限的潜力。根据摩尔定律（Moore's law），计算机芯片的性能每隔18个月就会翻一番，而其价格则下降一半。该法则揭示了网络经济中信息技术创新的巨大经济效益源泉。

在网络产业内部，企业无创新就无法生存。网络经济的外部性特点，使市场竞争的结果是赢家统吃，输家出局。因为外部性使企业效率与网络规模成正比，网络规模越大，客户价值越大，客户愿意支付的价格就会越高。而规模越小，网络客户价值越小（甚至无客户价值，如果世界上只有一个人拥有电话，则他的电话是无价值的），客户支付越低，因而企业将无法生存。因此，网络经济的竞争主要是客户规模的竞争，网络经济的创新者要获得"先发优势"，必须先获得足够的客户规模。而客户规模越大，越有号召力，越能够吸引更多的客户。创新才能获得垄断优势和客户规模，才能生存；同时，获得垄断优势后，也就获得了标准的优势。其他企业必须依靠创新才能打破现有企业的垄断，获得生存的机会。因此，在网络经济中，企业之间为了追求垄断优势，必须在创新速度上展开激烈的竞争。

在网络产业以外，网络经济环境也推动了其他行业中企业的创新。在诸多推动经济发展的因素中，那些能够使原材料与动力不断结合而产生新的跳跃式进步的因素就是创新。在网络经济下，人们利用先进的计算机技术，可以进行计算机自动控制、计算机辅助设计、计算机辅助制造和计算机集成制造等，实现生产的自动化，从而大大提高生产效率，并为生产过程创新提供条件；人们利用发达的计算机网络，可以实现信息的快速传递和资源共享，从而充分利用各种信息资源为经营决策服务，并大大加快高新技术向现实生产力转化的速度，把信息资源转化为现实的经济资源，助力创新。在信息技术推动下，各种新产品不断出现，各种新工艺、新技术不断产生，实现创新型经济的增长。

1.1.5　网络经济社会的技术支撑

网络技术层出不穷。目前对网络经济发展影响较大的有以下几种高新技术：云计算服务、大数据、移动互联网、物联网、人工智能等。

（1）云计算。云计算是基于互联网的相关服务的增加、使用和交付模式，通常涉及通过互联网来提供动态易扩展且经常是虚拟化的资源。云是网络、互联网的一种比喻说法，是计算的资源地，各种应用系统能根据需要向云获取计算力、存储空间和各种软件服务。因此，云计算甚至可以让用户体验每秒 10 万亿次的运算能力，拥有这么强大的计算能力可以模拟核爆炸、预测气候变化和市场发展趋势。用户通过电脑、笔记本、手机等方式接入数据中心，按自己的需求进行运算。

（2）大数据。大数据技术，或称巨量资料，指的是所涉及的资料量规模巨大到无法通过目前主流软件工具处理，大数据技术不用随机分析法（抽样调查），而采用所有数据进行分析处理，在合理时间内达到撷取、管理、处理并整理成为帮助企业经营决策更积极资讯的目的。

（3）移动互联网。移动互联网，就是将移动通信和互联网二者结合起来，成为一体；是指互联网的技术、平台、商业模式和应用与移动通信技术结合并实践的活动的总称。

（4）物联网。物联网是新一代信息技术的重要组成部分，也是"信息化"时代的重要发展阶段。物联网就是物物相连的互联网。这有两层意思：其一，物联网的核心和基础仍然是互联网，是在互联网基础上的延伸和扩展的网络；其二，其用户端延伸和扩展到了任何物品与物品之间，进行信息交换和通信，也就是物物相息。物联网通过智能感知、识别技术与普适计算等通信感知技术，广泛应用于网络的融合中，也因此被称为继计算机、互联网之后世界信息产业发展的第三次浪潮。

（5）人工智能。人工智能是研究、开发用于模拟、延伸和扩展人的智能的理论、方法、技术及应用系统的一门新的技术科学。人工智能是计算机科学的一个分支，它企图了解智能的实质，并生产出一种新的能以人类智能相似的方式做出反应的智能机器，该领域的研究包括机器人、语言识别、图像识别、自然语言处理和专家系统等。

1.2　网络经济学的研究对象和内容

学术界对网络经济学的研究对象和内容有不同的界定，通过对网络经济学发展脉络的研究，可以深入理解网络经济学的研究内容。

1.2.1　网络经济学的研究对象

网络经济学是以网络经济作为其研究对象。如前所述，网络经济是一种继农业经济和工业经济之后出现的一种新的经济形态。网络经济的出现改变了社会经济的资源构成，改变了经济主体之间的相互联系，也改变了经济增长的基本模式。在网络经济中，出现了一些过去所没有的经济现象，并反映出一些以往没有或虽然存在，但不占支配地位的经济规律。而这些现象及规律，与传统经济存在着很大的不一致性，目前以传统经济为研究对象的经济学很难将其包容其间，难以对其进行深入的剖析并给出合理的解释。这就需要有新的学科来进行专门的研究。构建网络经济学的目的，就是要分析和说明网络经济中出现的一些新的经济现象和问题，发现和证明网络经济中的一些与传统经济所不同的新的经济法则和规律，并为人们的网络经济实践提供理论指导。

网络经济并不仅仅局限于一个产业或由若干产业所组成的产业群，而是一种社会经济形态。这就意味着在网络经济中，不仅信息和网络产业要遵循网络经济的特有规律和法则，其他各种产业也将遵循这些规律和法则。这是因为在网络经济中，每一个行业都离不开信息和知识，在其生产的产品和服务中，都将包含大量的信息和知识，否则这个行业和企业就无法在网络经济环境中生存。在这个意义上，按照英国伦敦商学院迈克尔·厄尔教授的说法，"每个行业都是信息产业"。传统产业与信息、网络产业的界线将逐渐淡化，所有的产业都具有了网络经济的特征而被纳入网络经济的范畴。

互联网之所以成为研究的核心，是因为互联网的最重要的双重特点：一方面，经济代理人可以控制信息，控制与他人进行的信息交换；另一方面，通过使用标准化的界面实现个性化应用和控制。这两个核心特点产生的基础就是互联网为网络经济和数字经济提供服务。

但作为一种覆盖全社会的经济形态，网络经济还只是未来社会经济发展的一种趋向，在目前仅是初见端倪，并没有成为完全的现实。在目前的社会经济中，网络经济的许多特征则更多地表现在信息和网络产业的经济活动中。在这种情况下，有关网络经济的一些规律和法则的分析，可能仅适合于现在的信息、网络产品和信息、网络产业。但可以预见，随着传统产业的信息化、网络化改造和整个社会的信息化、网络化程度的提高，所有产业都将成为以信息与网络技术为基础、以信息与知识为核心的产业，从而都将被纳入网络经济的范畴，网络经济也就成为一种真正意义上的经济形态，而网络经济的规律也将成为一种具有普遍意义的规律，支配整个社会经济的运行过程。

由于网络经济作为一种新的经济形态，还处于形成和发展的过程之中，因而在目前的经济体中，网络经济与传统经济并存，甚至传统经济的成分要大于网络经济的成分。在这种情况下，许多带有网络经济特征的现象主要还只是出现在部分产业中，如信息、网络产业，还没有成为普遍的规律。因此，目前网络经济学的研究对象主要集中于对那些以信息网络为基础的产业，或者已经实现信息化和网络化的产业。只有当所有传统产业的信息化和网络化已经完成，网络经济完全取代传统经济，成为占主导地位的经济形态后，网络经济学的研究成果才具有普遍意义。

1.2.2　网络经济学的发展脉络

在互联网出现之前，通信经济学中关注了通信产业的网络特征，并对该特征引起的特殊问题进行经济学研究，形成了丰硕的关于网络特征的研究成果。

1. 早期的网络经济学：通信经济学中对网络经济问题的研究成果

早期的网络经济学划归在通信经济学（Telecommunication Economics）的范畴中，其中包括对电信、电力、交通（公路、铁路和航空）等基础设施行业的经济学研究，之所以被称为"网络经济学"，是因为这些行业共同具有"网络"式的经济结构特征。这类的网络经济学主要研究与有限资源的最优配置相关的经济学问题及相关政策的制定。

20 世纪 80 年代以来，通信经济学中关于公共设施管理的新实践，对竞争的规制，网络服务的规划，以及通信经济学中诸如可定义的市场、有规制的竞争、激励定价等新概念被应用于所有的产业研究中，成为经济学研究中不可忽视的重要成果。

由于网络行业固有的技术经济特征和网络外部性的存在，长期以来人们认为，网络行业存在规模经济和自然垄断的倾向，因此，经济学家们的研究重心放在制定各种规章制度和反垄断制度，并对这些法规的效力进行分析上。这其中最重要的规制制度的研究就是定价问题的研究，形成了几个重要的关于网络型公用事业的定价模式，这些成果都运用到了实践中。20 世纪 70 年代以后，各国纷纷对网络型产业进行竞争导向的改革，网络经济研究的重心转移到市场开放、竞争的形成、接入定价管制等问题上。

1）网络型公用事业的定价模式

网络型公用事业的定价模式主要有以下 3 种。

（1）投资回报率定价模式。该定价模式可以简单表达为：

$$R(p, q) = C + \Phi V$$

式中：R 为网络型公用事业收入，是价格 p 和销售量 q 的函数；C 为全年总营运成本，按实际发生情况计；V 为网络型公用事业的资产；Φ 为投资回报率，是以完全竞争条件下均衡价格中所含的"正常利润"为基础的概念，也被称为资本的机会成本，其计算公式为：

$$\Phi = (D/V) \times I + (E/V) \times P$$

式中：D 为负债资本；E 为自由资本；I 为负债资本率；P 为自由资本利润率。

作为平均成本定价的具体形式，投资回报率定价一直被认为是计算方便、公平合理的定价方式，并在美国等发达国家实施多年。但是，投资回报率定价也存在许多弊端，其使网络型公用事业缺乏降低成本的动力，出现 X 非效率现象[①]；其还可能使网络型公用事业在报酬率一定之下，产生为了获得更多的报酬而使用过多资本的倾向。

（2）价格上限模式。为了避免美国式的投资回报率定价的不足，英国政府实行了最高限价模式，即 RPI－X 的定价模式，该模式将网络型公用事业的价格水平和零售物价指数与生产效率挂钩。RPI 表示零售物价指数，即通货膨胀率；X 是由政府管制当局规定的在一定时期内生产效率增长率，一般依据科技进步等因素做周期性的调整。这种定价模式意味着网络型公用事业每年价格水平的调整取决于 RPI 和 X 的相对值。如果某年通货膨胀率是 5％，X 固定为 3％，则网络型公用事业提价的最高幅度为 2％。价格上限模式的优点是可以刺激网络型公用事业通过技术创新、优化要素组合等手段来降低成本，获得更多的利润。

（3）收入上限模式。由于最高限价模式需要每期调整，计算量大，并且该模式对网络型公用事业投资行为没有引导作用，因此各国开始应用收入上限模式。收入上限模式实际上是由管制部门确定的网络型公用事业垄断业务的最大允许收入 MAR。它通常包含了网络型公用事业垄断业务的投资计划，然后再按 RPI－X 对 MAR 进行调整。MAR 由资金回报、年度运行维护、税收等构成。收入上限模式能够有利于促进网络型公用事业降低成本、提高效率，有利于网络型公用事业的长远发展。

除了政府对网络型公用事业的价格水平管制之外，网络型公用事业还采取差别定价方

---

① 即 X - Inefficiency，是美国哈佛大学教授勒伯斯坦提出的概念。指垄断性大企业，由于外部市场竞争压力小、内部层次多、机构庞大，加上企业制度安排方面原因，使企业费用最小利润最大化、经营目标难以实现、导致资源配置低效率。

式，差别定价即价格歧视，是指对购买生产成本相同的同一产品的不同购买者收取不同的价格，或者对同一购买者的不同购买量收取不同价格的行为。价格歧视一般分为一级价格歧视、二级价格歧视、三级价格歧视。例如，电力企业确定零售电价通常采用二级价格歧视和高峰负荷定价，将同一产品（或服务）划分为不同消费量的"区段"，并对不同区段索取不同价格，即基本生活用电（如每月用电量 40 千瓦时以内）定高价，享受用电（如每月用电量超过 50 千瓦时的部分）定低价；高峰负荷定价是期间价格歧视的一种特殊形式，如夏天傍晚时分的用电高峰，由于电力企业生产能力的限制，高峰期间电力生产的边际成本会提高，电力产品的价格也会相应提高，而春、秋午夜是用电低谷，电力企业生产能力闲置，边际成本会降低，电力价格也会随之下降。

2）开放市场，引入竞争的问题

20 世纪 70 年代规制改革前，各国对网络产业一般采取上下游垂直一体化的独家垄断市场结构，并对垂直一体化垄断企业进行政府规制。此时，上游瓶颈设施由垄断企业独家拥有，接入服务和下游最终产品由同一垄断企业生产，新企业很难进入，即使进入也难以同原有垄断企业开展公平竞争，因为垄断企业可以通过在自然垄断性业务和竞争性业务间采取交叉补贴战略，以掠夺性定价方式把新进入的竞争对手驱逐出去。

20 世纪 70 年代以来，各国对诸如电信、电力和铁路等原来垄断与被规制的网络产业进行了放松规制、引入竞争和私有化改革，网络产业市场结构由原来垂直一体化向垂直分离和混合市场结构转变。把原有的垄断性市场结构改造成竞争性市场结构，以形成有效竞争的格局。其主要方式是对具有绝对市场垄断力量的主导性垄断企业实行纵向、横向分割政策。例如，美国在 1984 年把 AT&T 分割为 7 个本地电话公司和 1 个长途电话公司；英国在 1989 年把中央电力生产局从横向和纵向分割为 4 个独立公司，即国家电力公司、电力生产公司、原子能电力公司和国家电网公司；日本在 1984 年把"国铁"分割为 6 个地区性客运公司和 1 个全国性货运公司；中国在 1999 年和 2001 年先后对原中国电信采取两次分割政策，2008 年进行新的重组，2002 年对原国家电力公司采取分割政策等。由此可见，这是一种市场结构重组的主要类型，它能使特定网络产业的市场结构在短期内发生重大变化，形成竞争性市场结构。

从国内外的实践看，政府还通过放松进入管制以改变市场结构，最终形成竞争性市场结构，放松进入管制与加强接入管制（简称"接入管制"）同时进行。市场结构重组模式大致有以下 3 种情况。

（1）放松进入管制、加强接入管制模式。接入管制模式如图 1-7 所示，在保持网络产业中原有企业实行自然垄断性业务和竞争性业务垂直一体化经营的前提下，政府采取放松进入管制政策，允许一部分新企业进入竞争性业务领域。同时，政府制定接入条件（如收费标准等），强制性要求原有垂直一体化企业向竞争企业公平地提供接入服务。最后，经营竞争性业务的所有企业都可以向最终消费者提供服务。

（2）自然垄断性业务与竞争性业务相分离模式，即所有权分离模式。政府对某一网络产

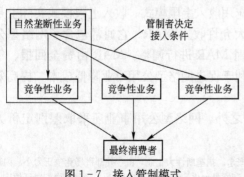

图 1-7　接入管制模式

业原有的垂直一体化垄断企业实行分割政策，由一家企业经营自然垄断性业务，由若干家企业经营竞争性业务，经营自然垄断性业务的这家企业不能同时经营竞争性业务。所有权分离模式如图 1-8 所示。

　　（3）自然垄断性业务分割为若干互利部分模式。该模式如图 1-9 所示，政府将原有垂直一体化垄断企业分割为两个独立的企业，每一个企业在各自范围内同时经营自然垄断性业务和竞争性业务。由于存在网络的正外部性，刺激这两家企业出于互利动机而主动实行联网，即每家企业的自然垄断性业务（网络性业务）不仅向本企业的竞争性业务单位开放，而且向竞争者的竞争性业务单位开放。例如，2002 年，中国政府将原中国电信的有线通信网络划为南北两部分，组建为中国电信集团公司和中国网通集团公司这两个都具有相当规模的电信企业。2008 年，电信重组为中国移动通信公司、中国联合通信公司和中国电信公司。这两次重组实际上就是采取了这种市场结构重组模式。

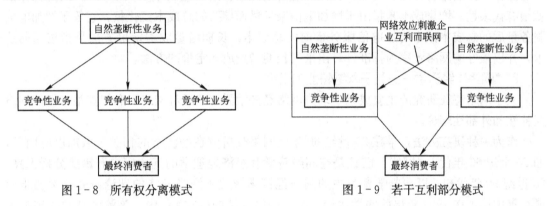

图 1-8　所有权分离模式　　　　　　　　　　图 1-9　若干互利部分模式

3）关于接入问题的研究

　　以上网络行业市场开放，引入竞争的各种模型都涉及接入定价问题，接入定价是政府规制的重要方面，也是研究成果颇多的研究领域。

　　接入又被称为互联（Interconnection），是网络问题中的一个经典概念：当某一家公司在网络中掌握"瓶颈环节"（Bottleneck Link），通常也可以称为"基础设施"（Essential Facility）的时候，别的公司要向消费者提供服务必须要通过这个瓶颈环节，连接到这个基础设施上的时候，就出现了互联。在不同的网络行业中，由于接入问题的技术特征不同，具体术语也有所不同。例如，在电信业中被称为接入（单向）或互联互通（双向），在电力工业中则称为传输问题，但问题的实质都是相同的。在接入问题中，最核心的内容有两个：①什么是"必要基础设施"和哪些属于"必要基础设施"；②接入定价，即如何对某种"瓶颈"资产（必要基础设施）的使用确定成本的分配和费用的计算，以期在建立一个有效的定价机制的同时，最大限度地减少摩擦成本，实现资源的最优配置。

　　关于什么是"必要基础设施"，各国有不同的规定。美国关于"必要基础设施"（电信行业也称为"非捆绑网络元素"）的规定比较有代表性。美国 1996 年《电信法》最为核心的内容是为推进本地网竞争，引入了非捆绑网络元素（Unbundled Network Elements，UNEs）的强制租用制度。美国联邦通信委员会（FCC）要求本地主导运营商（Incumbent Local Exchange Carriers，ILEC）将网络分解为不同的网元，进入本地电话市场的竞争企业（Competitive Local Exchange Carriers，CLEC）可以根据自己的需求，租用这些网元，租用价格在电信管理机构的价格指导下由交易双方自行谈判确定。如果在规定的期限内未能达成协议，则将争议交至仲裁机构，ILEC 必须无条件接受仲裁价格。

美国电信行业的非捆绑网络元素是指在提供电信服务中所使用的设施或设备，包括利用该设施和设备所提供服务的特性、功能和容量，也包括用户号码、数据库、信号发送系统，以及在传输、路由及其他电信服务提供过程中所充分列举、收集或使用的信息。"非捆绑"是与"捆绑"相对应的概念。捆绑是指从某一供给者那里购买捆绑产品或服务的买者必须购买第二种（即被捆绑）产品或服务。在本地电信竞争中，在位运营商倾向于向新进入者捆绑更多的网络元素来增加后者的成本。

关于接入定价问题的理论成果主要有拉姆赛（Ramsey）接入定价模型和 ECPR 定价模型（即有效成分定价原则，Efficient Component Pricing Rule，ECPR），以及实践中采用的一些操作性强的定价方法。例如，美国的总网络元素长期增量成本（TELRIC）的定价方法就很有代表性。增量成本是指由于增加电信服务量而导致的总成本变化量，它等于增加电信服务量后的总成本减去增加电信服务量前的总成本，长期增量成本定价方法是指按当前技术，并以最好的网络效率为标准计算出来的长期增量成本定价的方法。

2. "网络"经济学——关于网络特征的研究

关于网络特征研究的主要成果是瑞典网络经济学派的"经济网络"和伊克洛米德的网络互补性和外部性理论。

作为一种研究方法，早在 20 世纪 60 年代网络分析就在经济学的相关领域加以应用了，如 20 世纪 60 年代，"网络"已经是空间经济学和经济地理学的基本概念和重要分析工具。20 世纪 90 年代初，以瑞典学者为主的网络经济学派关于网络经济的理论研究框架初步形成，集中体现在 1994 年出版的学术论文集《网络经济的模式》① 中。该流派把网络理解为经济代理人之间合作与共担风险的交互结构，从网络视角透视各种经济关系，把"经济网络"（Economy Network）作为研究的基本单位和出发点。在这种经济网络中，构成一个网络节点的可能是个人、企业或组织，也可能是城市或国家。两个节点之间的链接被定义为"对明确或隐含的长期合同交互能力的投资"，是一种"无形的资本结构"。耐用性是经济链接最基本的特征，因此，经济网络通常可以被看成是一种基础设施（常常是非物质的）。

该理论学派认为，网络经济学的研究对象是通信系统、经济网络和社会之间日益增强的交互作用。研究的核心问题包括：经济网络为什么会产生，什么时候产生，如何维护，以及经济网络进化、合作和竞争的方式，毁灭的原因等。其中，关于网络、网络模式的构成和网络进化的研究涉及贸易网络、生产网络、公司网络、创新网络、知识网络和技术网络等。由此可见，该理论学派以"经济网络化"作为研究对象，其所研究的网络经济，实际是"网络化"的经济，是从网络视角透视一个经济体的各种经济现象，不是经济体的一个部分。

美国麻省理工学院媒体实验室创始人之一的尼古拉·伊克洛米德（Nicholas Economids）教授于 1996 年 10 月在 *International Journal of Industrial Organization* 上发表了一篇文章《网络经济学》（*The Economics of Networks*），对网络产业中的网络外部性问题进行了奠基性的研究。伊克洛米德教授的研究表明，不同类型的网络都具有共同的基本特征：网络是由连接不同节点的链路组成，其结构中具有一个固有的特征，即网络的各个组

---

① BORJE J, KARLSSON C. Pattern of a network economy. Heidelberg：Springer - Verlag Berlin, 1994.

成成分之间是互补关系，即一个网络所提供的服务是由许多互补的成分组成的。这样，伊克洛米德将研究的焦点集中在由互补性引发的网络外部性问题上，分析了网络外部性的来源，网络外部性对网络服务定价和市场结构的影响，并将其他经济学家对网络外部性的研究进行分类，分为从宏观视角进行的研究和从微观视角进行的研究。之后，伊克洛米德从对网络外部性的研究扩展到对兼容、技术标准合作、互联和互操作性问题的研究，进一步探讨了它们对定价、网络服务质量，以及在不同的所有权结构下的网络链接价值的影响。同时，伊克洛米德还指出，由于这些问题都是互补性作用的结果，因此，实际上对于那些呈现出很强的互补关系的"垂直"产业，这些经济规律同样也是适用的。

与通信经济学相比，伊克洛米德教授所研究内容是网络产业的一般特征，是从某一具体运作中抽象出来，将研究重点集中在"网络"本身，从网络所具有的物理性质出发，讨论具有网络形态和特征（这种网络可以是真实的物理网络，也可以是虚拟的网络）的一切经济系统的经济学问题。从具体内容看，伊克洛米德对"网络"经济学的讨论在很大程度上属于产业组织理论的讨论范畴，他具体研究网络产业中的厂商结构和行为（经营策略和内部组织）、市场结构和运作，而不是整个具有网络特征的基础设施行业的资源配置、政府规制和行业竞争，这些是通信经济学等网络行业经济学研究的重点内容。

3. 网络产业经济学

网络产业经济学是以经济体中具有"网络"特征的产业为研究对象，运用供求分析、边际分析、均衡分析和博弈分析等分析工具，研究网络产业的市场结构、企业行为和产业绩效等问题。

早期的网络产业主要是指铁路、公路、电子、电话等有形的物理网络，研究者关注的是这些产业的规模经济和自然垄断特征及其经济影响，如前所述，通信经济学的研究是其典型代表。网络产业经济学的研究重点集中在这些产业网络的有效利用和成本的适当分摊等问题上，在产业绩效、定价机制和对垄断的管制等方面有较多的理论成就。1999 年 3 月，在荷兰鹿特丹大学召开的"网络经济学"国际研讨会上，列入的议题包括"网络理论"、"电信"、"互联网（Internet）"与"航空运输线"等。

20 世纪 80 年代后，随着信息通信技术的发展和应用，一些经济学者从网络的"互补性"特征角度，把网络产业外延从物理网络产业扩大到"虚拟网络"产业，这些虚拟网络产业包括了一些互补性很强的纵向关联产业。

奥兹·谢伊 2002 年所著的《网络产业经济学》中，对网络产业经济学问题进行了系统论述，为网络产业经济学厘清了边界。谢伊提到网络经济产品区别于传统经济产品的 4 个重要特征：互补性、兼容性和标准，消费外部性，转移成本与锁定，生产的显著规模经济性。谢伊以博弈论为分析工具，按产业类别论述了软件产业、硬件产业、技术进步和标准化、电话、广播、信息市场、音乐唱机、银行服务、航空服务、社会交往及其他网络产业相关问题。

在理论界的研究中，一般将网络产业经济学视为"网络经济学"的一个具体部分。

4. 互联网经济学

1）互联网经济学的产生

20 世纪 90 年代之后，计算机网络的发展使有关计算机网络的经济学问题成为"网络（产业）经济学"的一部分，最初是关于电子计算机的局域网、广域网的成本核算、收费标准的一些经济学讨论，后来逐渐增加到对互联网服务价格、税收和服务提供者竞争等的分析。这些在决定互联网资源的有效配置，提高互联网网络投资的获利能力，制定适当的政府政策方面的研究主题都被经济学家纳入了"网络产业经济学"的讨论范畴。

互联网的快速发展，拓展到世界的各个角落，经济学们逐渐认为继续将关于互联网的讨论放在"网络经济学"的总学科中进行，继续将互联网及其相关产业与电力、航空、电信技术、广播电视、铁路等传统的生产部门放在一起研究已经不合时宜了，为了适应互联网和网络经济的前进步伐，一门新的"互联网经济学"发展起来。

1995 年 3 月，美国麻省理工学院在美国国家科学基金（National Science Foundation）的支持下，举办了互联网经济学研讨会（a Workshop on Internet Economics）。会后，由美国学者 Lee W. McKnight 和 Joseph P. Bailey 将会上的发言稿编纂而成《互联网经济学》①一书，在书中，首次比较明确地阐述了互联网经济学的定义：互联网经济学是一门研究互联网服务市场的经济学，其研究的主要目的就是实现对互联网中"云"② 的部分的经济解释，弄明白在网络的"云"中究竟发生了什么，为什么它会存在，以及它的关键经济特征是什么。

《互联网经济学》界定了互联网经济学的主要研究内容。该书分为以下 5 个部分。第一部分是"互联网的经济学"，从技术、经验和历史 3 个角度阐述了互联网的经济性质，介绍了历史上关于固定费率定价和基础使用量定价的争论。第二部分是"互联互通与多点传送经济学"，研究互联网服务供应商（ISP）是如何分担网络互联互通和多点传送服务成本的，研究内容关注互联互通商业模式所涉及的基本经济问题。第三部分是"根据使用定价"，提出了一些根据基于使用量的互联网定价模型。这部分的论文关注在给互联网用户提供尽力服务基础上，如何利用不同的定价机制来提供质量更好的服务。第四部分是"互联网商务"，阐述基础设施层以上的互联网服务的经济学，描述了互联网作为一个市场的一些基本条件，如安全、保险和支付等。第五部分是"互联网经济学与政策"，在更为广阔的公共政策背景下讨论了基础设施、商务和定价问题。

总之，早期的互联网经济学研究主题主要包括对拥塞定价的讨论，ISP 如何就互联问题和多址传输分配成本等。互联网经济学主要是从互联网服务价格和服务提供者的竞争方面出发，研究与有限资源的配置、互联网投资获利和适当的政府政策有关的问题。

互联网经济学的近期发展，研究范畴的拓展，使其越来越成为"网络经济学"中的主干。

2）互联网经济学与通信经济学

经济学界认为，互联网经济学实际上是"网络经济学"的一个分支，早期有人甚至视其为通信经济学的分支。互联网经济学与通信经济学的天然关联来自于网络技术上的关联。在技术上，互联网是建立在各种信息基础设施之间的相互通信基础上的，为了实现这些基础设施之间的相互通信，许多相互竞争的产业，包括电话、有线电视、私人商业信息服务、电子数据交换服务、无线通信产业之间必须要实现互操作。网络服务的低价格产生网络拥堵，地方电话公司与互联网服务供应商（ISP）之间开始了信道费用争夺战，政府对互联网服务和

---

① MCKNIGHT L W. BAILEY J P. Internet economics. Cambridge：MIT Press，1997.

② 这里的"云"意指通过 TCP/IP 协议提供数据传输的网中之网（这些网络拥有多种所有权结构）。由于实际的网络拓扑结构是十分复杂的，这里的"云"代表了互联网的一部分，在这部分网络中，数据通过复杂的方式实现输入/输出，但是用户无须了解"云"中究竟发生了什么。互联网经济学的一个重要内容就是研究在"云"的数据传输过程中的经济学问题，以实现资源的最优配置，提高市场运作效率。这里所说的"云"和目前流行的"云计算"有区别。关于"云计算"问题见本章案例。

交易的征税方式等问题的产生，也成为经济学家们研究的焦点问题。这些问题由通信网产生，也和通信网关联，经济学中长期积累关于通信经济学的理论研究成果被充分地运用到互联网经济问题的解释中，如互联网的资源配置效率、互联网的通信政策制定等。但随着互联网实践的发展，以及对其理论研究的新进展，互联网虽和电信网络具有共同之处，但在许多方面的研究已经超出了原来的通信经济学的范畴，从而使"网络经济学"向前发展了一大步。

3）互联网经济学的特点

互联网与此前的电信网等其他网络相比的一个最重要的不同是其开放性，主干服务商不能像骨干电信运营商那样利用瓶颈资源排斥竞争者获得市场支配力。在互联网中，和谐共存是原则，定价不依赖于订户的距离和方位，甚至不依赖于服务商获得的订户数量、持续性和传输类型，定价仅仅取决于用户购买的带宽。互联网骨干服务市场上的成功是基于互联网协议的公共性、容易进入、网络的快速扩展，以及可以通过同一的服务商（ISP）与多个骨干服务商连接，通过同一的网站站点与多个服务商连接，这些特性提高了价格竞争的有效性，使服务商发现通过切断与其他骨干服务商互联互通，试图垄断互联网接入市场来获利是不可能的①。

互联网经济的充分竞争使网络经济学中的竞争与垄断的讨论不再成为核心问题，因此互联网经济学的研究内容演变为：信息处理和循环，通过网络的商业交易，组织协调和网络管理等。

正如 20 世纪 80 年代通信网络的发展、通信经济学的研究所带来的革新一样，互联网的发展也呼唤着理论研究的概念创新。以下 3 个主要原因解释了互联网作为经济理论与实践创新发展催化剂的双重作用。

（1）互联网是一个数字网络的联盟，它的技术潜力作为独特的信息管理媒体的显著能力，引起了数字化的增长：有权使用这个相互连接的灵活的网络激励着经济主体增加其服务的信息化强度和放大他们的信息交换。

（2）这个标准化和分散网络的逻辑作为基于信息和创新的服务供应平台，在全球范围内扩展，制造了现实经济的原形，这里，产业由于标准化而能够按照柔性原理被组织，竞争与创新能力密切相连，经济空间越来越跨越国界，等等。

（3）由互联网引起的数字网络联盟导致的组织创新正在扩散到整个经济中②。

互联网的核心特征之一是允许经济机构很好地控制信息交换，信息交换能够与发送者和接收者的个人偏好相一致。而且，这个控制过程通过使用标准化界面而可以完全分散化进行。这个双重性形成了互联网的网络和数字经济的特征。

5. 信息基础设施经济学与电子商务经济学

网络时代的经济学和传统经济学的一个不同之处就是其必须随时跟上技术和经济发展的变化。网络经济时代，技术和经济处在不断的变迁之中，作为其经济解释的经济学必然随之变化。当科学技术中互联网通信本质发生变化的时候，经济学家们开始认为，即使是互联网

①　ECONOMIDES N. The Internet and network economics//BROUSSEAU E，CURIEN N. Internet and digital economics. London：Cambridge University Press，2007.

②　BROUSSEAU E，CURIEN N. Internet and digital economics. London：Cambridge University Press，2007.

经济学也无法完全反映网络时代的经济现实，于是出现了用"信息基础结构经济学"取代互联网经济学的观点。从技术上看，下一代的网络通信会绕过传统的电话网络或有线网络，而通过卫星直接将数据传送到个人计算机中。通过低空地球卫星和计算机中的红外线传感器，未来的网络结构可能并不需要以有线网络为基础，尽管目前互联网在很大程度上仍然是信息基础结构的同义词，但是当所有这些有线网络和无线网络都转变为数字网络，并且成为可互相操作的网络系统之后，有线连接的互联网将仅仅是信息网络结构的一小部分。这样，以"信息基础结构经济学"来取代"互联网经济学"就是很自然的事。当信息基础结构从有线通信网络发展为各种不同结构包括卫星电视和无线通信网络在内的综合形式时，信息基础结构经济学就不仅仅包括有关定价、资源配置和政府规制等问题了。其分析重点将有可能集中在如何建立一个包含不同类型网络相互竞争的基础结构市场等问题。总的来说，尽管着眼点和侧重点尚有待于将来进一步的研究，无疑，信息基础结构经济学将比互联网经济学更加超越通信经济学简单扩展的外延。

无论是互联网经济学还是信息基础结构经济学，其着眼点都集中在承载经济过程运作的技术平台上。一些经济学家超越具体的技术平台，提出了电子商务经济学的概念。电子商务经济学把电子商务看成是一个市场，这个市场通过通信网络和传输系统使交易更为便捷，因此，其组织市场和开展交易的方式与传统市场大为不同，即通过可视化的市场代理商、数字产品和电子过程进行交易。电子商务经济学就是研究在这样一个革新的市场上，市场过程和产品发生了怎样的基本变化，市场参与者在生产、营销、消费过程中应当就产品选择、市场战略、价格制定等考虑哪些新的影响因素。这显然和互联网经济学甚至是信息基础结构经济学所研究的网络产业的资源配置、市场竞争等有所不同。因此，这些经济学家认为，把电子商务经济学内容置于互联网经济学之内的做法是不恰当的，应该有独立的"电子商务经济学"。电子商务经济学的代表作品是美国得克萨斯州大学的经济学家乔伊、斯塔尔和温斯顿（Soon-Yong Choi，Dale O. Stahl 和 Andrew B. Whinston）合著的《电子商务经济学》（*The Economics of Electronic Commerce*）。

电子商务经济学把电子商务看成是一个市场，利用微观经济学的分析方法研究电子商务所涉及的各种基本经济学问题。乔伊等的《电子商务经济学》大致勾画出了电子商务经济学的轮廓。该书共有 9 章内容，前 3 章是框架。首先，研究了电子商务市场及其买卖双方的特点，介绍了理论研究的情况。接着定义了电子商务市场上的数字产品，数字产品不仅包括软件和在线内容，还包括广告和产品信息、支付信息、数字化过程及通信、数字化的实物产品，如数字房门钥匙、音乐会门票、货币和智能产品等。然后，介绍了互联网技术，回顾了有关互联网的各种定价问题。从第 4 章开始，该书具体论述了电子商务市场的各种基本经济问题，包括电子商务市场的质量不确定性与市场效率问题；版权保护在提高电子商务市场效率和产品质量方面的作用；电子商务市场的信号质量与产品信息问题；电子商务市场上各种信息查询工具的效率问题；数字产品的选择策略和差别定价问题；金融中介在电子商务市场上的作用及其对效率的影响，以及电子商务市场的电子支付系统、公共政策问题等。

由此可见，电子商务经济学是对一个买卖双方、产品和交易过程都发生了本质性改变的市场进行的微观经济分析，目的是为电子商务这个全新商业模式的发展奠定良好的经济学基础，并对电子商务发展的战略前景作出了预测。

电子商务经济学家强调，电子商务和承载其运作的具体技术平台没有必然和永远的联系。由于互联网的开放性和用途的广泛性使其目前成为电子商务所选择的使用媒介，也使人们常常将通过互联网进行的商务活动等同于电子商务。但是，随着技术的发展，任何一种数字通信媒体都可以支持电子化市场的运作，互联网从本质上只是电子商务最初运作时暂时依赖的基础结构，电子商务这样一个具有革新意义的市场形式，无论是建立在何种基础结构上都能够存在并且起作用。

纵观以上网络经济学的发展历程，可以再提炼一下本书的研究对象，本书研究本原意义上的网络经济学，但与上述第二阶段"网络"经济学的不完全相同之处是互联网和电子商务的发展，以及对其研究的深入，使本书的"网络经济学"涵盖了互联网经济学的理论成果，以及部分电子商务经济学的理论成果。互联网经济学是网络经济学的基本内容，因为其本身就是"网络"性质的，电子商务经济学研究的对象也是建立在一定的网络架构基础上的，因此，其一部分内容也可以纳入网络经济学微观方面的研究范畴。

在考察研究对象时，重点是从宏观的高度来认识网络经济，网络经济是一种新的经济形态。本书研究在这样一种新的经济形态下，经济发生了怎样的变化，又有什么样的经济规律产生。而目前看来，互联网因其强大的渗透性和对经济的强大影响力，使互联网经济学涉及的内容成为本书的研究主干。

1.2.3　网络经济学的研究内容

网络经济学的研究内容包括以下 4 个方面。

（1）界定网络经济内涵，研究其本质特征。网络经济学首先要对网络经济给出明确的界定，明确其研究对象和研究范围，分析网络经济与传统经济的区别与联系，研究网络经济的本质特征。

（2）研究网络经济中的各种经济现象及其背后的经济机理。网络经济中出现了许多传统经济所没有的现象，如边际收益递增、网络外部性、需求方规模效应、正反馈机制、竞争性垄断等，对这些新经济现象从理论上进行分析，研究产生这些现象的原因和内在机制，进而说明在这些现象背后隐含的经济学意义，是网络经济学的根本任务，这方面的理论成果也成为现代经济学理论发展的新领域。

（3）研究网络经济中经济主体的行为。在网络经济中，经济主体的生产、流通、消费等行为都发生了变化，网络经济学需要从微观上对各种经济主体的行为进行分析，说明在网络经济中生产者与消费者的选择，以及市场供给与需求的均衡条件，同时从产业组织理论的角度，对企业产品的生产与定价、企业之间的竞争与合作等行为进行解析，说明经济主体的行为法则。

（4）研究网络经济运行和公共经济政策的选择。研究网络经济下的宏观经济运行的新现象，如经济增长方式的改变、经济周期的变化、产业发展与变革、国际竞争变化等，研究这些现象发展的规律性。与传统经济相同，网络经济下也存在市场失灵问题，需要政府的政策规制，网络经济学需要对网络经济下的立法和公共政策进行研究，为政府制定新的经济政策提供理论依据。

1.2.4　本书的框架结构

本书共分为五个部分。

　　第一部分是网络经济学的概述和基础研究。本部分由 3 章内容组成。第 1 章是网络经济与网络经济学概述，总体界定网络经济内涵，分析网络经济与传统经济的区别，以及网络经济的本质特征，介绍网络经济的发展历程和发展现状，以及网络经济学的研究对象。第 2 章是数字产品及其供给，定义什么是数字产品，数字产品的特点及其供给规律。网络经济的细胞应该是数字产品，因此，分析数字产品的特征及其供求规律，是网络经济研究的基础。第 3 章是数字产品需求，分析数字产品的需求法则，数字产品的需求函数与需求曲线。

　　第二部分是网络经济主体微观行为研究。本部分由 3 章内容组成。第 4 章是网络消费者行为，分析网络消费者行为决策和行为特征及其影响因素。第 5 章和第 6 章是网络经济企业行为研究。其中，第 5 章是网络经济企业运营管理，研究网络企业的管理特征；第 6 章是网络企业的市场竞争策略，论述网络企业市场竞争取胜的常用战略和策略。

　　第三部分是网络经济市场结构分析。本部分由 2 章内容组成。第 7 章是网络市场的运行，介绍网络市场类型和网络市场结构特征。第 8 章是网络垄断与竞争，研究网络经济下垄断与竞争的关系，以及垄断的特殊性。

　　第四部分是网络经济产业与其增长规律。本部分由 2 章内容组成。第 9 章是网络产业经济与创新分析，介绍网络产业的发展情况、特征、规律及其创新分析，并且揭示其成长的基本动力。第 10 章是网络经济产业结构变迁与经济增长，介绍网络产业结构变迁及信息网络技术产业的崛起与产业优化，研究网络经济增长和经济周期。

　　第五部分是网络经济下金融系统和宏观规制。本部分由 2 章内容组成。第 11 章是网络经济的金融支撑系统，介绍新型网络企业的资金来源和筹措。第 12 章是网络经济的宏观规制，研究网络经济中政府的职能、政府的网络经济政策，以及对网络经济问题的规制。

案例　百年老店的危机

　　北京时间 2013 年 9 月 3 日，微软正式宣布，将以 54.4 亿欧元（约合 72 亿美元）现金收购诺基亚的手机业务，以及相关的专利授权。这距离 2011 年 2 月，双方宣布在智能机领域展开合作，仅仅两年半时间。

　　回顾诺基亚的发展历史，这家发迹于芬兰的公司经历过无数次劫后余生的转型，他们从来不缺乏危机意识和转型意识，为何这次在终端市场全面落败？而卖掉了手机业务的诺基亚还能不能东山再起呢？

　　1. 诺基亚的百年历史

　　诺基亚公司成立于 1865 年，最早是一家木浆工厂，到了 20 世纪 20 年代，逐步转向胶鞋、轮胎、电缆等领域。到了 20 世纪 90 年代，数字模拟取代信号模拟成为行业主流，GSM 通信标准在全球范围内快速普及，诺基亚也迎来了公司发展的重要转折点。同时期芬兰经历了一次严重经济危机，当时诺基亚的高层果断地将其内部的其他产业全部舍弃，只保留通信业务，此举化解了财务危机，被称作是诺基亚公司最重要的战略决策。转型之后，诺基亚不仅摆脱了破产窘境，而且手机销量和订单在全球范围内飙升，为公司积累了巨大财富。

1996 年，诺基亚分析消费者需求，研发出多款颇具个性和创意的产品，比如滑盖手机等。诺基亚正是凭借这种产品创意和用户体验创新，扩大了市场占有，超越其他厂商，成为行业龙头。之后，作为手机行业里当仁不让的王者，诺基亚创造了一系列辉煌：2003 年上市的诺基亚 1100 全球销量累积 2 亿台，是世界上卖得最多的一款手机；1998 年到 2011 年，连续 14 年全球手机销量第一；曾有 9 款手机销量过亿……在全盛的 10 年里，诺基亚贡献了芬兰全国经济增长和出口的 1/5，成为芬兰人的骄傲。

2. 百年老店何故崩塌

诺基亚沉溺于自己的地位，忽视了其他潜在竞争对手的发展，令其为了日后的失败买单。2007 年 1 月 9 日，传统 PC 巨头苹果公司在乔布斯的带领下，发布了被认为是改变世界的 iPhone 手机。自此，全球智能手机浪潮接踵而来。同年 11 月，谷歌携手 84 家软硬件制造商及电信运营商组建开放手机联盟，共同研发改进 Android 系统，并以开源授权的方式提供给各大手机终端厂商使用。次年 10 月，谷歌携手 HTC 推出了首款搭载 Android 平台的手机 G1。由此，一个全新的移动互联网时代到来，全屏触控智能机以其独特的全新体验开始改变手机行业的格局。然而，诺基亚也不是一家没有危机意识的企业。2008 年，诺基亚依旧取得了很好的成绩，联合西门子成立了 NSN，在电信设备市场赚取大把利润。但此时它在终端市场的占有率已经下降，整体业务盈利也有下滑。诺基亚此时就已经看到了全屏智能手机的趋势，在 2008 年，推出了基于 S60 V5 系统的全屏触控智能机 5800。诺基亚在全球首次提出了转型互联网的战略。在所有的手机厂商中，诺基亚是第一家正式提出需要转型的厂商。

诺基亚的转型方向可以归结为 Ovi。企图通过软件商城、音乐、地图、邮件及 N-Gage 移动游戏平台等五大业务，来全面支持诺基亚转型移动互联网。诺基亚对此也花费了巨大的心血，比如收购导航公司 Navteq，在中国市场推出更符合中国消费者习惯的运营商支付渠道。除此之外，诺基亚还联合英特尔，共同开发 Meego 的智能机操作系统。可以说，从提出转型互联网战略，到一系列的布局措施，再到 Meego 系统的开发，诺基亚的每一步方向都是正确的。但其转型结果却是失败的。Ovi 这个名字如今已经被诺基亚放弃，Meego 系统仅推出了一款 N9 手机，便再无下文，诺基亚自己的软件商店也一直不温不火。

"我们并没有做错什么，但不知为什么，我们输了。"当时诺基亚 CEO 约玛·奥利拉在微软收购的记者招待会上说出这句话。

那么，诺基亚的问题到底出在哪？

1. 领导人选择不适

很多人认为，问题主要出在人力方面。2010 年 9 月，诺基亚新上任的 CEO 史蒂芬·埃洛普（Stephen Elop）导致了其日后手机业的衰退。埃洛普原本是微软业务部总裁，上任诺基亚后，便抛弃了 Meego 系统，彻底拒绝开放式的 Android 系统，诺基亚于 2011 年 2 月宣布放弃其他平台，在智能手机上全身投入发展边缘化的微软 Windows 手机操作系统。之后，诺基亚的战略似乎都是为了有利于微软进军移动领域，而不是帮助诺基亚转型。

当时，诺基亚最迫切的任务是完成智能手机领域的转型。作为业界霸主多年的诺基亚还有足够的选择空间。微软自身对移动互联网的挑战更加艰巨，不是一个可以让诺基亚孤注一掷的对象。

诺基亚与微软共同推出 Windows Phone 产品后，并没有缓解公司连续几个季度的持续亏损。诺基亚不得不变卖芬兰总部的大厦、关闭全球多地的组装工厂，全球范围内大裁员。即便如此动静，诺基亚还是没有进行深刻的思考，继续与微软合作，最终将手机业务及诸多专利打包卖给了微软。从任命埃洛普为 CEO 到与微软合作，再到最终被微软收购，三个致命的错误决策环环相扣，可选择余地一点一点被剥夺，注定了诺基亚继续走向不归路。

2. 变革政策失误

现如今是一个以手机为第一终端的时代。作为昔日手机领域最成功的企业之一，诺基亚的转型使命远远没有其他失败企业那样困难。芬兰赫尔辛基大学经济学教授马蒂·帕约拉认为，诺基亚注重产品质量，形成了以工业制造为主的企业文化，诺基亚手机质量的好是公认的，恐怕现在再也找不到有当初诺基亚手机那么好质量的手机了。但是等到移动互联网时代的到来，操作系统和应用程序便成了手机领域竞争成败性因素，而在这方面诺基亚做得远远不如其他企业。

也有评论者则认为，诺基亚对产业变革的迟缓反应和频繁的失误策略，致使它一步步滑向无底深渊。1996 年，诺基亚率先推出第一款智能手机诺基亚 9000，有 E-mail、传真和上网功能。2000 年，诺基亚就开发出类似 iPhone 的触屏式智能手机，并于 2004 年对消费者出售。可惜的是，虽然方向正确，但其智能机的可用性和稳定性不佳，在市场上并没有获得预期成功。面对投资者的相继质疑，奥利拉开始动摇并于 2006 年卸任。其继任者、诺基亚财务总监克拉斯沃则过度关注财务状况，将智能手机和传统手机部门合并，盈利的传统手机又再度成为诺基亚的主导。其后，苹果和谷歌分别推出了全新产品，按照博弈论的理论，诺基亚此时正处于不完全信息动态博弈，面对市场上种类纷繁的手机产品，诺基亚在这个时候不应该一味地追求销售量等财务指标，而应该将目光转向技术革新上来，选用新的技术来寻求差异化竞争，以新鲜的客户体验来吸引消费者的目光，博得消费者的青睐，以此扩大销售增加利润。但此时的诺基亚，由于机构臃肿，企业运营成本居高不下，机型太过陈旧，无法满足消费者日益增长的需求，既不能进行自我变革，也不能与时俱进。再加之，埃洛普的错误方向，使得诺基亚没有把握住时代变革的发展方向，彻底被新技术浪潮所吞噬。不重视客户体验，沉迷过去，故步自封，诺基亚的没落可以说是时代发展的必然。

手机巨鳄的诺基亚，在异常激烈的历史竞争中，退败下来。诺基亚一个稍微掉以轻心或者说是一步错，便导致了满盘皆输。互联网时代，充满变更和创新，没有谁能掉以轻心。

参考文献

[1]　赵闪闪. 谁杀了诺基亚 [J]. 国企，2014 (10).

[2]　郭川. 又一次转身，新诺基亚将去往何处 [J]. 人民邮电，2014 (7).

[3]　秦姗. 诺基亚转型：有那么难吗？ [J]. 中国企业家，2008 (1).

[4]　为国. 从木材作坊到通信巨人：诺基亚的成功转型之路 [J]. 中国集成电路，2009 (10).

案例讨论题

1. 诺基亚的结局带给我们什么启示？
2. 近年来，网络创新给我们经济社会发展带来哪些影响？

本章思考题

1. 什么是网络经济？简述网络经济与数字经济、知识经济的区别与联系。
2. 简述网络经济学与传统经济学的关系。
3. 网络经济学的研究内容和研究对象是什么？

第2章
数字产品及其供给

数字产品是网络经济下的典型产品，可以说网络经济运行的细胞是信息与数字产品，分析数字产品的供给和需求，揭示其规律性，是网络经济学的基本任务。本章阐述数字产品的特征、分类、供给规律，以及其特有的正反馈原理。

2.1 信息与数字产品

在网络化迅速发展的今天，数字产品是信息存在的特定形式。数字产品的形式越来越多，无论数字产品本身，还是数字产品在经济领域中的作用都有其特性。

2.1.1 数字产品的定义

1. 信息产品

数字产品与信息产品相关，在介绍数字产品前，先厘清什么是信息产品。

在广义上，具备传递一定信息功能的产品就是信息产品，由信息及其物质载体构成。广义的信息产品和传统的物质产品没有明显界限，因为物质产品也包含有信息。例如，糖果中有成分信息、甜度信息、包装所包含的信息等。

在狭义上，信息产品是基于信息的交换物。1949 年，克劳德·申农（Claude Shannon）把信息定义为人们对事物了解的不确定性的消除或减小。因此，信息就是事前概率与事后概率之差，信息是传递中的知识差。信息产品以传递信息为主要职责而存在，这是信息产品与物质产品的根本区别。本书的信息产品是指狭义上的信息产品。

信息产品在网络出现以前就大量存在，如书籍、报刊、广播、电影电视等，这些主要是以实物形式存在的信息产品。计算机和网络信息技术出现后，信息技术改变了信息的捕获、数字化、编码、存储、处理、传递和表达方式，使信息产品的形式发生根本改变，开始出现数字产品的概念。

不是所有的信息都是信息产品，信息产品是其减小不确定性的能力被认可的交换物，因此，信息产品的使用价值包含有一定的主观成分，对一些人有价值，对另一些人无价值。提高信息的价值就是提高其减少不确定性的能力。

2. 数字化产品

数字化产品包括有形数字产品和无形数字产品。有形数字产品是指基于数字技术的电子产品，如数码相机、数字电视机、数码摄像机、MP3 播放器等，有形数字产品表现的具体形态是物质，而不是知识和信息。使用价值靠物质产品来实现，而不是传递信息。无形数字产品又称数字产品。

3. 数字产品

数字产品是被数字化的信息产品，是信息内容基于数字格式的交换物。数字化是指将信息编成一段字节，转换成二进制格式。因此，任何可以被数字化和用计算机进行处理或存储，通过如互联网这样的数字网络来传输的产品都可以归为数字产品。目前，市场上常见的数字产品有以数字格式分布和使用的数据库、软件、音频产品、股票指数、电子邮件、网络服务、电子书刊等。

4. 信息与数字产品的边界

图 2-1 展示了信息与数字产品的关系和边界①。

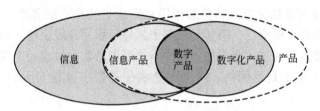

图 2-1　信息与数字产品的关系和边界

信息产品是人类劳动的结果，信息不一定是劳动产品，如自然信息不属于劳动成果。信息与产品的交集是信息产品。信息产品和数字化产品的交集是数字产品。

2.1.2　数字产品的分类

根据不同的标准可以对数字产品进行不同的分类。依据数字产品用途的性质，可以将数字产品分为内容性产品、交换工具、数字过程和服务 3 种类型。

1. 内容性产品

内容性产品是指表达一定内容的数字产品。这类产品的代表形式如新闻、书刊（含报纸）、电影和音乐等。在网络环境中，大量的新闻信息被数字化，且多数新闻网站都免费向消费者提供信息。网络新闻由于传播速度快、时效性强而受到消费者的青睐。消费者也可以在许多站点下载免费书籍，部分网站要求消费者交纳一定的费用，这类收费网站往往提供多种类型的服务。此外，网络中的娱乐性产品数不胜数，许多电影和歌曲被制作成数字格式在网上传播。

2. 交换工具

交换工具是指代表某种契约的数字产品，如数字门票、数字化预订等。在线下人们采用纸质货币作为交换工具，在网络环境下，货币和传统的金融工具都可以被数字化成数字产品。大多数的金融信息都已经被数字化存储在计算机硬盘中，或者以数字格式在互联网上传播。

随着互联网、个人计算机和网络银行终端的渗透和普及，数字化交换工具在现代商业社会中的作用越来越突出。数字化交换工具从数字化银行卡等金融交换工具到数字化高速公路缴费卡等运输交换工具，从政府公共管理事务活动的交换工具到社区活动的交换工具等种类

---

① 参见中山大学谢康教授的教学讲义。

繁多，数字化交换工具提高了社会运行效率，降低了社会交易成本。

　　3. 数字过程和服务

　　任何可以被数字化的交互行为都是一个数字过程。自 20 世纪 70 年代以来，许多公司或机构使用 EDI 软件在客户、合作伙伴和供应商之间创建商务性的电子网络。随着互联网的商业化和个人计算机的普及，厂商或组织更多地依赖互联网作为数字过程和服务的平台来开展商务活动。

　　数字过程本身必须由软件来驱动，这是数字过程和服务与内容性产品的一个明显区别。例如，当人们用超星阅读器阅读网上数字图书馆的书籍时，必须先启动超星软件。启动超星软件就是数字过程。数字过程与内容性产品的第二个区别在于数字过程是交互式的。数字过程往往不能依靠软件来单独完成，软件的作用是完成一些自动的程序，激发数字过程的发生，完成数字过程需要人的参与。例如，发电子邮件、填写在线表格、参与在线拍卖和参加远程教育等，都需要人作为主体来参加，软件不过是启动数字过程的工具。在这些数字过程中，人的参与程度和水平是不同的，网上服务往往是数字过程与人的参与相互结合而发生的。

2.1.3　数字产品的物理特征

　　如果重点考察数字产品在数字网络上传播和使用行为的商业因素，数字产品在物理性质上有 3 个基本特性：不可破坏性、可变性（容易改变）和可复制性。一些非数字产品也有这样的特点，但程度有限。例如，精心保管的图片可以用几十年；一首歌的一部分可以被复制和改变；整本书都可以被复印。

　　1. 不可破坏性

　　数字产品一经生产出来，就能永久保持其存在形式，永不变质。数字产品不会磨损，也不会因使用而质量下降。数字产品是真正的"永久性产品"，尽管一些传统意义上的耐用品，如汽车或住房，其寿命较长，但其物质形态会在使用中不断磨损，会被用坏。而数字产品无论用得多久或使用多频繁，其质量不会下降。因此，数字产品无耐用和不耐用之分，无新产品和旧产品之分，新产品和二手产品没有区别。

　　数字产品的不可破坏性对消费者而言，保证了数字产品质量的稳定性，并且可以长期使用。对于生产者而言，不易损坏性导致消费者对于同一种数字产品只会购买一次，增加销售量只能通过扩大新市场，而不能通过重复购买来实现。

　　2. 可变性

　　数字产品的内容随时可变，它们很容易被制定或随时被修改。数字产品的修改会出现以下 3 种情况：生产时，生产商可以根据顾客的需要对产品进行修改，也可以在后续的生产中对产品进行升级；在网络传输过程中，数字产品的内容和真实性可能会被改变；数字产品到达客户手中被客户改变，这使生产商难以在用户级别上控制其产品的完整性。

　　生产过程中的修改，使生产商可以差别化其产品，从而使差别化成为数字产品供给的全方位战略。数字产品的可变性特点，使生产者可以适时改变数字产品的内容，提高数字产品性能和扩充数字产品信息量，打破不易损坏性带来的不利影响，并且可以根据每个用户的特殊需要，为客户提供订制的个性化产品和服务。

　　传输过程中的修改和失真，可以通过加密技术来尽量避免。加密技术（数字加密标准，以及 RSA -公共密匙计划，由 RSA 数据安全公司授权）提供传输过程中的保密功能，防止修改。

用户层面的修改，使购买者可以对产品进行修改、组合，对性能进行改进，提高使用价值，增加产品价值。

生产商可以通过一定的技术手段来鉴别在售产品的完整性，防止用户修改对销售市场产生不利影响，如通过鉴定技术可以检查真实性或文档内容是否已改变。但生产商还是难以有效控制未经授权的修改和复制。

3. 可复制性

数字产品能够方便地复制、储存或传输，并且复制成本低。

数字产品的可复制性对于生产商来说，一方面是可复制，边际成本低，可以带来丰厚的利润。生产商进行最初的固定投资后，因为生产的边际成本几乎是零，大量销售可以获得大量利润。但另一方面，可复制导致盗版盛行，盗版侵蚀市场，给生产商带来巨大损失。

数字产品的可复制性，对于消费者而言，可以实现共享和搭便车，产生免费消费的期望。

生产商保护版权成为其旷日持久的战斗。生产商一般用以下方法来反盗版：①设计防盗版机制，增加盗版成本；②持续改进产品，在盗版还没有盛行时，就淘汰旧产品；③投资加密技术，如设置特定的阅读程序等；④将产品与服务捆绑销售，服务无法复制，甚至产品免费提供，只销售服务；⑤运用法律手段，寻求法律保护。

2.2　数字产品的经济学特征

对数字产品供给和需求的分析是建立在对数字产品经济学特征深入剖析的基础上，本节介绍数字产品的三大经济规律，重点分析数字产品的成本特征，最后介绍数字产品的一般特征。

2.2.1　数字产品的三大规律

1. 摩尔定律（Moore's Law）

信息技术功能价格比的摩尔定律是指计算机硅芯片的性能每 18 个月翻一番，而价格以减半数下降。该定律的作用从 20 世纪 60 年代以来已持续 50 年，预计还会持续 20 年，它揭示了信息技术产业快速增长和持续变革的根源。

2. 梅卡夫法则（Melcalfe's Law）

信息网络扩张效应的梅卡夫法则是指信息网络价值随用户增加而倍增的效应。该法则的详细分析见本书第 3 章。

3. 马太效应（Matthew Effect）

信息活动中优劣势强烈反差的马太效应，即正反馈效应，是指在信息活动中由于人们的心理反应和行为惯性，在一定条件下，优势或劣势一旦出现，就会不断加剧而自行强化，出现滚动的累积效果。因此，某个时间内往往会出现强者越强、弱者越弱的局面，甚至发生强者统赢、胜者统吃的现象。

2.2.2 数字产品成本和效用

1. 数字产品的成本结构特征

（1）研究与开发成本高，生产制造成本低。耗资几百万元开发出来的软件，花费极小的成本就被复制到磁盘等介质上去。微软公司开发 Windows 投入 2 亿美元，即生产第一张 Windows 光盘支出 2 亿美元，以后每张光盘只需支付 50 美分。

（2）生产过程中固定成本高，变动成本低。信息产品可变成本的特殊性是将已经生产了的产品大量复制，其成本不会增加。软件生产商有能力生产一份拷贝，就能以几乎相同的单位成本生产 100 万份拷贝或 1 000 万份拷贝，因此对信息产品生产能力通常没有自然限制。正是这种低增量成本和大规模的运作使微软公司得以享受 92％的毛利率。这种成本结构产生了巨大的规模经济效益，供应商生产得越多，平均成本就越低。数字产品成本与规模无关情况如图 2-2 所示。

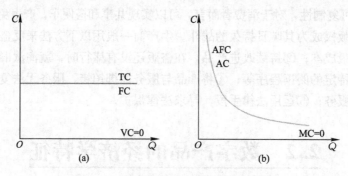

图 2-2　数字产品成本与规模无关情况

在图 2-2（a）中，VC 为可变成本；FC 为固定生产成本；TC 为总生产成本。假设厂商生产的可变成本为零，则总成本就是固定成本，总成本和固定成本是一条与产量平行的直线，其大小与生产规模无关。在图 2-2（b）中，MC 为边际成本；AC 为平均成本；AFC 为平均固定成本。假设厂商生产的边际成本为零，平均固定成本就是总平均成本，平均固定成本和总平均成本为一条向右下降的曲线，生产规模越大，单位产量分摊的成本越少，则平均固定成本和总平均成本越低。

（3）数字产品的固定成本绝大多数表现为沉没成本。沉没成本是指已经付出且不可收回的成本，沉没成本是投资者在生产开始之前就预付了的。沉没成本常用来和可变成本作比较，可变成本可以被改变，而沉没成本则不能被改变。数字产品的固定成本大多为沉没成本，一旦中途停止，前期投入的人力、物力、财力等固定成本将无法收回。即如果信息产品供应商投资生产一种计算机软件，一旦停产或未将其售出，则将血本无归，固定成本转售的机会极小。

数字信息产品的边际成本几乎为零，使生产者能够实现没有限制的规模经济，也产生了先进入市场者垄断的可能性，一旦先进入者面临潜在竞争者，可以凭借成本优势大幅度降价抢占市场，提高市场进入壁垒。但是该成本特征也使后进入者模仿成本趋近于零，先进入者的产品一旦被模仿，沉没成本难以收回。

（4）销售过程中生产成本低，销售成本高。数字产品往往需要花费极大的销售成本来推广产品，被消费者认识、接受，甚至要花费极大的培训成本，对消费者进行使用方法的培训。

2. 数字产品成本共享

数字产品成本的共享性构成了数字信息产品和信息资源共享性的基础。数字信息产品和信息资源的共享性存在约束条件。

假设数字信息产品提供商为了收回高额的研究与开发（R&D）投入，只能向消费者索取高额要价，厂商的利润函数 $f(p_1)$ 为：

$$f(p_1)=r(y)\times y-cy-F \tag{2-1}$$

式中：y 代表消费者人数；$r(y)$ 代表消费者购买信息产品的支付意愿；c 代表生产信息产品的边际成本；F 代表信息产品的研究与开发费用。

数字信息产品市场上购买意愿低的消费者可能无法独立购买信息产品。假设每 k 个愿意购买信息产品的消费者集合成一个可共享信息产品的消费者群体，且形成 x 个消费者群体。这样，如果厂商销售 x 个产品，就有 kx 个消费者可以共享。又假设每个消费者为实现共享而支付的成本为 t，具有最低购买意愿的消费者的购买意愿为 $r(kx)$，即第 kx 个消费者为最后一个愿意加入该群体的消费者。这样，厂商的利润函数 $f(p_2)$ 为：

$$f(p_2)=[r(kx)-t]kx-cx-F \tag{2-2}$$

经交换移项后，得：

$$f(p_2)=r(kx)kx-(t+c/k)kx-F \tag{2-3}$$

对于厂商而言，式（2-3）中的 kx 就是式（2-1）中的 y，因此，代换 $y=kx$，得：

$$f(p_2)=r(y)y(t+c/k)y-F \tag{2-4}$$

比较式（2-1）与式（2-4）可知，当且仅当满足：

$$(t+c/k)<c \tag{2-5}$$

的条件时，式（2-4）的解 y_2 将大于式（2-1）的解 y_1，即实现信息资源共享给消费者带来的福利高于没有实现共享的福利。其中，式（2-5）为实现信息产品共享的约束条件，一般改写为：

$$t<c(k-1)/k \tag{2-6}$$

式（2-6）表明，当为实现共享信息而产生的每个消费者的共享成本低于厂商生产该信息产品的边际成本（$t<c$）时，就能实现信息产品的共享，且厂商和消费者都从共享中获得收益。

厂商可按原先较高的价格销售更多的产品，因为式（2-4）的解 y_2 大于式（2-1）的解 y_1，同时有 kx 个原先为较低购买意愿的消费者获得该信息产品，从而提高了社会的信息福利。

3. 数字产品的效用特征

1）数字产品效用的定义

经济学用"效用"这个概念来分析消费者的需要。一个人购买一种商品，获得一种满足感，追求到了某种程度的快乐；而购买商品总是要支付货币，支出是一种"痛苦"，要尽可能减少。

信息与数字产品的效用是指一个人在占有、使用或消费某种数字信息商品时所得到的快乐和满足。这种快乐和满足的程度是不易计量的，并且效用也不是一成不变和绝对的，不同的人对同一商品的效用评价不同，效用甚至会在不同的人之间引起冲突和对抗。同一商品或服务，对有的人是正效用，而对有的人却是负效用。例如，有人通过广告的指引获得相关满足，而有的人却认为广告浪费了他的时间。又如，喜欢网络游戏的人能从网络游戏中得到满足，认为其提高了生活质量，而不喜欢网络游戏的人会认为网络游戏浪费时间和生命。

2) 数字产品的总效用与边际效用

一个消费者消费某种商品得到的总效用，可以规定为一定时间内消费一定数量的商品而得到的全部满足量。消费者在消费商品时，随着消费数量的增加，总效用增大，但到一定的极限值以后，消费数量增加，将导致总效用减少。这一点可以称为饱和点（极大值点），过了此点，效用量就开始下降，消费产品越多，则所得到的总效用就越少。一个消费者的需求虽然从整体上是无限制的，但对某种具体商品来说，在一定时期内消费数量达到了某种程度，就达到了满足的最大值。

总效用的变化趋势，缘于边际效用递减的作用。"边际"是指数量差额，边际效用可以规定为在一定时期内消费者在消费某种商品时，由于消费量的变化而引起的总效用量的变化。随着消费品数量的增加，边际效用逐渐变小，这种现象称为边际效用递减规律。生活中也存在这样的情况，如吃第1块面包带来的效用要比第2块大，第2块要比第3块大。

但边际效用递减规律对数字产品并不适用。数字产品所带来的效用与数量无关，而与使用次数相关。对于一次性使用的数字产品（如一个搜索结果），其市场平均效用是个定值。对于可多次使用的数字产品（唱片、游戏等）的效用函数有以下两种情况。一种情况是带来市场平均效用递减的产品，如电影。如图2-3所示，产品刚投放市场时效用值最大，然后递减。第二种情况是由于网络的外部性带来的市场平均效用递增，如电子邮件。如图2-4所示，市场平均效用递增。

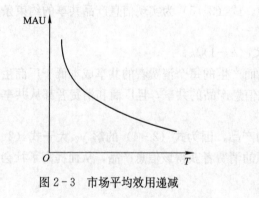
图2-3　市场平均效用递减

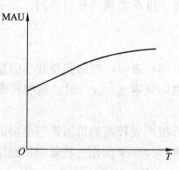
图2-4　市场平均效用递增

市场平均效用 MAU 的量度为：

$$MAU=P_1U_1+P_2U_2+\cdots+P_nU_n$$

式中：U_i 代表效用的大小，P_i 代表效用 U_i 下的概率，$i=1,2,3,\cdots,n$。

2.2.3　数字产品的一般经济特征

数字产品除上述成本效用方面的特殊性外，还具有以下的一般经济特征，这些特征也是一般物质产品所不具备的。

（1）存货形态具有无形性特征。传统的会计方法无法真实反映数字化产品的存货价值。

（2）生产过程具有虚拟化特征。数字产品生产的过程和结果都有虚拟化的特点，因此，生产的管理过程要彻底变革。

（3）经验性产品。消费者要在使用过产品或服务后才知道其真实价值。实际上，所有的新产品都具有这个特征，而数字产品在整个生命周期中都是"经验产品"。由于典型的数字产品没有实物形态，无法通过视觉、听觉、触觉、心理等直观的方法体验评价，这就大大加强了数字产品的经验产品性质。而且，由于数字产品的易于生产性，生产者的规模与信誉度也无法确定，质量不确定的风险进一步加大。消费者面对这种不完全的信息和不确定的质量，会变得更加谨慎。因此，只有通过试用和体验，才易于降低交易费用，达成市场交易。但允许消费者试用和体验就存在消费者试用后不购买的风险，这就为网络经济中价值的创造设置了一道门槛。对此，数字产品供应商的市场策略常常是将适量信息产品免费提供，如软件的测试版等，通过建立消费者信得过的品牌，使消费者对品牌有信任和信心，而产生购买意愿。

（4）数字产品的使用价值和价值。数字产品的使用价值不会随时间流逝而磨损，同时数字产品使用价值具有非排他性的特点。数字产品的不可破坏性，决定了它可以同时被众多消费者使用而不会失去效用，消费者在共同消费过程中也不会损害别人的利益。

数字产品的价值由生产该产品的个别劳动时间决定。同时，数字产品具有高附加值的特点。附加值是附加在原来产品上的价值，数字产品技术知识密集性强、附加值高。例如，"老鼠爱大米"的彩铃能够给服务商创造一个月几百万元的收入。

（5）个人偏好依赖性。数字产品的价值常常依赖使用者的素质和偏好。从传统意义上看，数字产品不是"可消费"产品，被消费的是数字产品所代表的思想和用处。任何产品的需求都随消费者的个人口味差异而变化，数字产品的需求个性化则更显突出。因此，数字产品的销售者要更多地依赖消费者信息，以便根据偏好来对消费者进行分类。有必要根据消费者类型或其他身份信息进行产品定制和差别定价，因为数字产品的用途和价值是相对不同的。对于差别化的数字产品，应根据消费者的评估意见或他们的边际支付意愿，而不是边际生产成本来制定价格。

（6）时效性和累积效用。一方面，数字产品时效性强，会很快被替代，很多数字产品的价值依赖于时间，如股票、气象信息，以及有时间限制的凭证和票据，过时、过期的数字产品，可能是无用的，如昨天的天气信息不再有用。另一方面，过期的或消费过的数字产品也有价值，可以存档，可以再开发，这种短期信息用作归档的价值在于积累效应。任何信息文件的一部分都可以被循环利用，以生产不同的产品。与其他产品相比，甚至"消费过"的数字产品也有价值。可以说数字产品积累性的消费和积累性生产特征都可以成为定价的基础。

（7）网络外部性。外部性是一个经济行为主体的经济活动对另一个经济主体的福利所产生的效应，这种效应并没有通过市场交易反映出来。网络外部性表现在如果有更多的人使用，它的价值就会增大。一般经济学原理认为，越稀缺的商品价值越大，对数字产品来说，由于网络外部性的缘故，稀缺的产品价值反而低。

2.3　信息与数字产品供给

在传统经济学中，产品的供给可以用一条向右上方倾斜的曲线表示。数字产品由于其与传统产品的差别，使数字产品的供给和供给曲线也与传统产品不同。

2.3.1　传统供给曲线解释数字产品供给的局限性

1. 传统经济学中的供给分析

1）生产函数

研究供给行为首先要了解生产函数的理论。企业生产行为实际是通过投入生产要素，如土地，资本，劳动等，生产出一定量产品的过程。产出量和投入量呈现出一定的函数关系，经济学中用生产函数来表达企业的投入和产出的关系。生产函数的表达式为：

$$Y = f(X_i)$$

式中：Y 为产量；X_i 为生产要素的投入。

假设只使用一种生产要素，如资本 X_i，则资本的投入量与产量 Y 的函数关系如图 2-5 所示。

随着投入要素（资本）X_i 的增加，产量相应增加，但产量增加的速度不断减小，生产函数由陡峭变平坦，这是边际产量递减规律作用的结果。边际产量是指每增加一单位的投入所带来的产量。边际产量递减规律就是随着一种生产要素投入的增加，其带来的产量增量越来越小。例如，在一定的生产技术水平下，一个工人可以

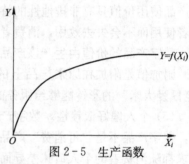

图 2-5　生产函数

操作 5 台机器，企业最初有 1 台机器和 1 名工人，随着资本投入增加，设备增加，工人的生产能力得到发挥，产量不断增加，但当设备投入大于1 名工人和 5 台机器的配比后，再增加资本投入，其产量增加越来越小。

2）边际收益递减规律下的供给曲线

传统经济学分析中，价格决定供给量，供给法则（Law of Supply）是：价格上升，供给量上升；价格下降，供给量下降。

传统经济学分析中，供给函数为：

$$Q = f(C, T, P_r, P_e, P)$$

式中：C 为投入要素的成本；T 为技术水平；P_r 为相关商品价格；P_e 为对未来价格的预期；P 为价格。

假设其他条件不变，则供给函数可以用以下公式表达：

$$Q = f(P)$$

$$Q = -\delta + \gamma P$$

式中：δ 为价格为零时的供应量；γ 为一单位价格的供给量，是供应量对价格的反映程度。

传统经济学分析中的供给曲线向右上方倾斜。厂商由于追求利润最大化，要求边际收益和边际成本相等，而产品的边际收益是递减的、边际成本是递增的，因此，厂商的供给曲线

必然和超过其平均成本最低点的边际成本线重合。即单个厂商的供给曲线向右上方倾斜。对单个厂商的供给曲线进行叠加后，可以推出整个市场的供给曲线也是向右上方倾斜。如图 2-6 所示，D 为供给曲线，如果价格由 P_1 上升到 P_2，则供给量就由 Q_1 上升到 Q_2。

　　如果其他条件发生变化，如投入要素成本下降或技术进步，会导致供给曲线的右移，如图 2-7 所示。供给曲线从 D_1 移到 D_2，同样的价格水平下，产品的供给量从 Q_1 增加到 Q_2。

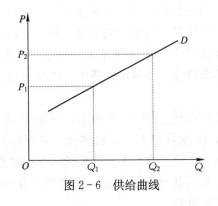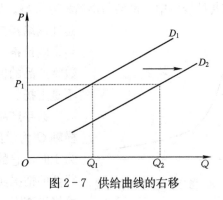

　　图 2-6　供给曲线　　　　　　　　　　图 2-7　供给曲线的右移

2. 传统供给曲线的缺陷

　　传统经济学对供给规律和供给曲线的分析是在许多限定条件下进行的，因此，存在以下缺陷。

　　（1）传统供给曲线忽略了如果市场总需求小于企业平均成本达到最低点的情况。这种现象可能缘于以下两种情况。①建立成本或固定成本非常高，而产品的可销售数量又不大，这时，即使边际成本递增，平均成本也会下降，如飞机的生产。②建立成本或固定成本虽然不是很高，产品的可销售数量也比较大，但是边际成本非常低，近似于零，如软件产品中的复制现象。

　　（2）传统供给曲线没有考虑时间的因素。边际成本递增规律采用短期视角，要求至少有1 种要素不变，并且，其还要求生产函数稳定，即企业在生产技术、管理效率等方面没有明显的变化。而在长期中，所有要素均可变，企业可以根据产量的大小，调整投入要素比例，采用最适宜的技术进行生产；产量的增加意味着生产规模的扩大，从而分工进一步深化；同时，生产者在劳动过程中能够积累经验，提高自身的生产技能。这些都表明供给方在时间维度上具有报酬递增倾向，一旦这种报酬递增倾向超过了报酬递减倾向，则代表厂商的单位成本就会随着产量的增加而降低，随之而来的是企业愿意接受的价格也将减少，供给曲线呈下降趋势。传统的供给曲线虽然也解释了供给曲线右移动的情况，但没有据此进一步对边际收益递减规律提出例外情况，或者进行修补。

　　（3）这种分析方法把空间维度排除在研究之外，没有考虑企业与企业之间的相互作用。马歇尔关于外部经济、地方性工业的论述和近年来对产业集群的研究都表明，企业间会因相互关联而具有互动作用。这种互动作用不仅发生在企业和其上游企业或下游企业之间，还发生在与其产品的互补品制造商之间，以及企业和其竞争对手之间。以集群为例，根据波特的分析，企业至少可以从集群中获得以下好处：获取雇员和供应商的更好途径，获取专业化信息的途径，获得产品的互补性支持，获取机构和公共物品的途径，获得更好的动力和衡量方法。这就表明，即使单个企业的生产呈报酬递减趋势，从集群中获得的好处也能使整个行业呈现报酬递增趋势。因此，即使单个企业的供给曲线向上倾斜，整个市场的供给曲线却可能向下倾斜。

2.3.2 数字产品的价格与供给规律

1. 数字产品的供给规律和供给曲线

在传统经济中，价格与供给相互影响。价格上升使供给增加，价格下降使供给减少。但是在网络经济中，价格对供给的影响十分有限，反过来是供给影响价格。网络经济中的供给规律为：随着产量的增加，数字产品的售价越来越低，在网络经济中，供给曲线下滑而不是上扬。

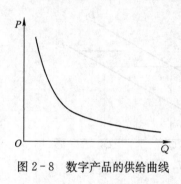

图 2-8　数字产品的供给曲线

数字产品的供给曲线如图 2-8 所示，纵轴 P 为价格，横轴 Q 为供给量，供给量越大，价格越低。在产品的数量为 1 时，它的价格就是所有的投入。然而价格很高和供给量很低的情况实际上只能在理论上存在，随着供给量的增长，价格迅速降低，直至免费。

2. 数字产品的边际成本和平均成本的作用

数字产品的上述供给规律是由数字产品的成本特征和网络外部性规律决定的。

从成本特征看，在网络经济中，边际成本递减规律使数字产品的成本随产量增加而下降。因此，价格就可以随产量增加而下降。

以经营网站为例，当一个经营者购买了服务器，雇用技术人员、收集信息、制作网页之后，就可以通过互联网对广大用户提供信息服务了。当第一个用户访问该网站时，这个网站的产出为 1，网站的所有投入就是这一单位产出的总成本。当第二个用户访问时，产出增加了一倍，但几乎没有增加投入。也就是说，只要在网络服务器设备承载能力范围内，网站可以几乎不增加任何投入地为后来的用户提供信息服务。在服务器不饱和的情况下，增加用户对于网站来说是头等重要的问题。由于边际成本在第一单位产品以后都是零，所以其成本曲线表现为急剧下降，逐渐趋于横轴，与之无限接近。在此，网络产品的价格不是由生产出的第一个单位产品的价格决定（网站建设者当然希望能从第一个访问者中收回全部投资，但事实上是做不到的），网站建设者产出的信息产品的售价可能极低，但商家在一定的预期下，只要继续扩大产量，就能得到补偿。在传统经济中，价格和供给的相互影响表现在价格上升时供给增加，价格下降时供给减少。但是在网络经济中，价格对供给的影响有限。网络的边际成本很低，即使产品的售价极低，厂商也能得到补偿并愿意继续扩大产量。

网站提供信息服务的边际成本曲线如图 2-9 所示。

边际成本 MC：在第 1 个单位以后都是 0，所以其表现为一条先急剧下降，后和横轴重合的水平线，永远低于平均成本曲线。

平均成本 AP：边际成本曲线决定了平均成本走势，平均成本最终趋于 0，但不等于 0。

3. 网络外部性规律的作用

数字产品供给决定价格的另一个原因是网络外部性规律的作用。根据梅卡夫法则和正反馈现象性质，产品供应量大，产品对消费者的吸引力就大，产品的价值也就大，价格就可以较高。相反，消费者对低市场规模的产品只愿意出较低的价格。因此，网络产品的价值决定于市场规模，生产商的市场占有规模决定产品的价值。

当然，在其他条件相同的情况下，消费者总是选择消费价格低的产品，即如果厂商要价过高，消费者就转而消费其他厂商的同类信息产品，其规模就会下降，这反过来又会影响其价格。因此，厂商在获得最大市场规

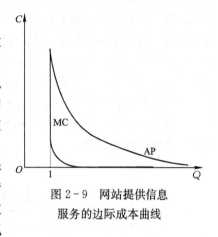

图 2 - 9 网站提供信息
服务的边际成本曲线

模以前，为了增加产品对消费者的吸引力，不得不以低价销售，这就是网络经济的"反经济学"特性。网络经营者为了获得最大的供给规模，唯一途径是使产品性能越来越好，而价格却越来越低。

目前，各网站为了吸引顾客，采取最多的办法是免费，如免费邮件、免费主页、免费下载等。有这么多"免费午餐"的另一个原因是"赢家通吃"，也就是竞争胜利者获得所有的或绝大部分的市场，而失败者往往被淘汰出局。由于信息产品的投入是一次性的而回收是长期的过程，如果在竞争中被淘汰出局，就意味着以前的投资全部覆没。而由于消费者在使用某一信息产品后，要转用其他产品需要支付很高的"转移成本"，消费者很容易被锁定在某一产品上，如习惯使用 Windows 系列产品的人很难转用金山系列产品，反之也是一样，消费者转移成本高，也推动数字产品市场赢家通吃局面的出现。

2.3.3 影响数字产品供给的因素

以上讨论的是单个数字产品生产商的供给曲线（对同一个数字产品进行多次复制的供给次数曲线）。由于网络经济的各种特性，通过对各个供应商的供给曲线叠加而绘制一个市场的供给曲线是没有意义的，因为如果存在其他情况完全一样的信息产品而仅仅是因为价格不同，由于"赢家通吃"定律的作用，价格高的必然被迫降价，否则会被挤出市场。但是可以绘制数字产品的种类供给曲线，如图 2 - 10 所示，横轴表示产品的供给数量 M，纵轴表示多种信息产品的平均价格 P。供给种类数量是在一定时期下，它们的生产者愿意向市场提供的不同种类。

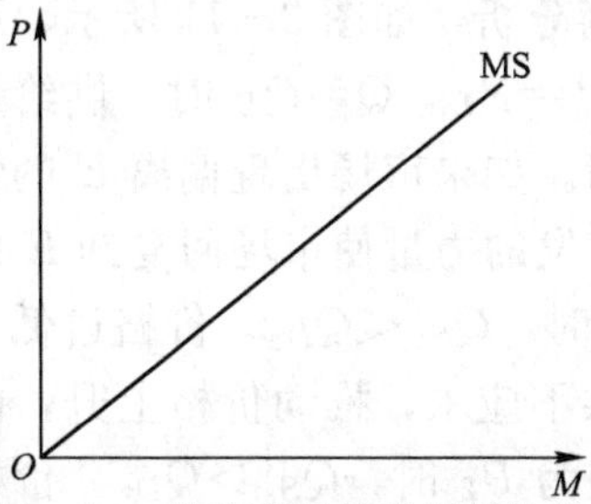

由于生产者追求的是利润最大化，因此信息产品的收益越大，生产者提供的数字产品的种类越多，直到边际收益等于边际成本为止，因而数字产品的种类供给曲线是一条向右上方倾斜的曲线。从这个曲线可知，其他

图 2 - 10 数字产品的种类供给曲线

因素不变时，当数字产品价格高时倾向于提供更多种类的数字产品，当数字产品的价格降低时倾向于不提供数字产品。

在实际生活中，影响数字产品供给的因素主要有科学和教育、专利制度、市场规模和经济政策等。科学知识特别是基础科学研究的进展是信息产品生产的最终源泉，其为数字产品

的创新提供新的途径和新的思想。数字产品是人的智力劳动的结果，而智力在很大程度上来自于教育。教育是培养从事知识产品生产人才的重要方法和途径。国内数字产品市场发展情况也证明了科学教育越发达，数字产品供给也越大。专利制度的作用是鼓励数字产品的生产和发明，保护发明者的权益和减少他们的风险，因此强有力的专利制度会增加信息产品的供给。市场规模是指对数字产品的有效需求规模。这个规模越大，越有利于信息产品供给的增加。经济政策主要是指税收政策和金融政策，目前各国一般都采用减税、提供优惠贷款等政策促进数字产品的供给。

2.4　正反馈理论

网络经济中的正反馈原理，对不同企业供求量、市场规模的影响极大，并由此影响企业的未来。

2.4.1　网络经济的正反馈效应

1. 正反馈与负反馈

反馈（Feedback）是指受控对象对施控主体的反作用，是将有关系统实现状态的信息经过一定转换后输送回系统的输入端，以增强或减弱输入信号效应的一个过程。按所起的作用分为负反馈和正反馈两类。

1）负反馈与经济均衡

负反馈（Negative Feedback）是指检测出系统实现状态与期望状态的偏差（目标差）并自动出现某种减少目标差的反映，使系统的实现状态逐渐接近其期望状态的过程。

传统经济中的市场均衡价格的形成即是典型的负反馈过程。任何对均衡状态的偏离都会自动回归均衡状态，均衡是唯一的、最优的、线性的。负反馈使经济处于稳定水平，因为任何大的变动将被由其产生的反向偏移所抵消。最终市场达到可预测的均衡状态，均衡是给定环境中的最优结果，对资源的分配和利用达到最优状态。

采用马歇尔的均衡分析，如图 2-11 所示，E 为均衡点，即当价格为 $P = P_E$，$Q = Q_E$ 时，供给量和需求量相等，市场出清。如果市场出现偏离 E 的情况（扰动），就会有一种自发的力量使市场回复到 E 的状态。例如，价格为 P_1 时，$Q_{S1} < Q_{D1}$，价格过低，供给量小，需求量大，供不应求，推动价格上升，向均衡价格 P_E 靠拢；价格为 P_2 时，$Q_{S2} > Q_{D2}$，价格过高，供给量大，需求量小，供过于求，推动价格下降，

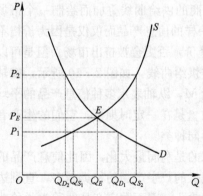

图 2-11　传统经济中供求均衡决定价格

向均衡价格 P_E 靠拢。最终市场形成均衡价格，E 点就是均衡点。从系统控制理论角度，E 点就是负反馈点，市场为典型的负反馈系统。

在传统经济中，经济均衡现象无处不在，如一种产业发展中的技术选择，也存在均衡发展的情况。水力发电和火力发电是两种发电技术，如水力发电厂获得更多的市场份额时，为

提供更多的电力，要勘探更合适的坝址，需投入昂贵的勘探费用，增加了水力发电的成本，火力发电获得了价格优势。当火力发电厂获得更多的市场份额时，为了提供更多的电力，受原材料的限制，需高价购买原材料或花费昂贵的代价来控制污染，水力发电的成本相对降低，市场向水力发电倾斜。最终市场将达到两种技术共享市场的均衡状态，各自占有可预测的最优份额。

2）正反馈与多态均衡

正反馈（Positive Feedback）是指受控对象对施控主体的反作用，是将有关系统实现状态的信息经过一定转换后输送回系统的输入端，以增强输入信号效应的过程，系统显示出明显的自增强特征。

现实经济世界存在大量的正反馈（反均衡）系统。20多年前，美国经济学家布莱恩·阿瑟（Brian Arthur）与其他学者（历史学家、政治学家、自然科学家等）一起展开了对现实世界正反馈系统的理论研究。布莱恩·阿瑟在他发表的一系列学术论文和专著中，揭示了以高科技知识产品为核心的正反馈经济世界。他指出，以马歇尔为代表的报酬递减经济学反映了均衡的经济世界，以报酬递增为基础的经济世界遵循着正反馈原理。布莱恩·阿瑟等主张正反馈的学者，采用80多年以前数学家逐步发展的非线性随机过程理论，为正反馈学说构筑了一个复杂的理论分析框架。随着新经济的发展，正反馈学说越来越受到经济学界的关注和重视。

在报酬递增的情况下，正反馈会显示出经济中有许多可能的均衡点。没有一种机制能保证在正反馈经济中，从诸多可能结果中挑选出来的结果一定是"最优结果"。而且，一旦某种随机经济事件选择了某一条路径，这种选择就可能被"锁定"在该条道路上，而不会选择更为先进或合适的其他道路。如果一种产品或一个国家在竞争性市场上因某种"机会"或"机遇"而领先，它就会一直领先，并扩大这种领先程度，可预测性和市场分享就不再能实现。

2. 网络经济中的正反馈

1）网络经济中市场均衡的不稳定

与传统经济中供求均衡决定价格的情况（见图2-11）相反，在网络经济条件下，需求曲线和供给曲线出现倒置的情况。前已述及，在网络经济下，不是价格影响供求，而是供求对价格有更强大的影响力。

在网络经济条件下，供给曲线和需求曲线可能出现倒置，当下倾的供给曲线和需求曲线的上扬部分相交的时候，均衡将不再稳定。如图2-12所示，E是均衡点，当在市场规模$Q_1 < Q_E$时，消费者的需求价格是P_{D_1}，小于供应商愿意接受的最低价格P_{S_1}，厂商为了把商品卖出去，只能按P_{D_1}定价，厂商处于亏损状态，任何在点Q_E以下的市场规模都不可能长期存在。此时，厂商继续扩大供给量，消费者的需求价格与供应商愿意接受的价格之间的差距越来越小，直到不存在差距，达到E点，产生均衡，至此一直遵循负反馈规律。

但是，随着供给量的进一步增加，正反馈现象开始出现。

随着Q的增长，消费者效用增加，需求价格越来越高，厂商由于平均成本递减，供给价格越来越低。当Q超过Q_E时，如图2-12中Q_2点，$P_{D_2} > P_{S_2}$，如果不存在竞争，厂家仍然以P_{D_2}定价，厂家供应越来越多的商品，获得巨大利润，产生爆炸式增长。即如果市

场出现偏离 E 点的情况（扰动），市场的自发力量将会导致越来越远离 E 点，不会回到 E 点。E 点就不是均衡点了，而是均衡的对立面即反均衡点。根据系统控制理论的解释，E 点就是正反馈点。

在网络经济学中，E 点也被称为临界点，Q_E 被称为临界产量，达到这个临界产量，正反馈机制开始起作用，Q_E 有时被称为安装基础。

2）网络经济中的正反馈

当两个或更多的公司争夺正反馈效应大市场时，只有一个赢家会存在，即出现"赢家通吃"的市场。这种情况在网络经济中表现得最为突出。

图 2-13 说明在网络经济中，产品的普及和价值的关系。良性循环说明，拥有大量兼容用户的普及产品会吸引更多的用户，对用户来说又变得更有价值；恶性循环则说明，随着客户逐渐抛弃产品，产品失去价值，最终使那些坚持使用的顽固者陷入困境。

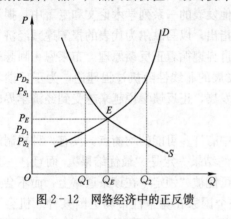

图 2-12　网络经济中的正反馈

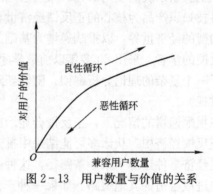

图 2-13　用户数量与价值的关系

当需求方规模经济作用很强时，消费者预期某种产品会普及，它就会成为流行，从而形成良性循环，消费者的预期将被证明正确。

在网络经济中，供应方规模经济和需求方规模经济结合起来，使其正反馈作用更为强大。在这种"双重作用"下，需求方的增长既减少了供应方的成本，又使产品对其他用户更具有吸引力，进一步加速了需求的增长。结果是极强的正反馈效应，使网络企业的成长和失败都远远快于其他产业。

3）网络经济正反馈的市场结构

在数字产品市场上，开始领先的技术也许只有大于 50％ 一点的市场份额（假设只有两个竞争者的情况），由于用户害怕选择用户网络较小的技术而无法获得大的协同价值，害怕被锁定在老的技术中无法摆脱从而必须支付一个较大的转移成本，用户往往趋向于选择市场份额较大的厂商或技术。于是，在这个竞争区域，大量用户选用开始领先的技术，迅速导致其市场占有率上升，就出现了强者更强、弱者更弱的正反馈效应。数字产品正反馈市场的发展过程如图 2-14 所示。

就单一数字产品受正反馈影响的发展过程看，这个过程多采用 S 形动态增长，启动时是平坦的，然后随着正反馈起作用，在起飞阶段急速上升，随着市场饱和出现，增长再次趋于平坦。单个数字产品的正反馈发展过程如图 2-15 所示。

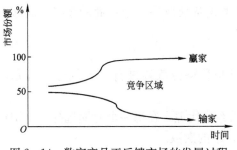

图 2-14　数字产品正反馈市场的发展过程

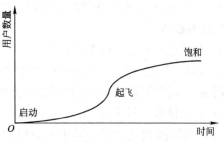

图 2-15　单个数字产品的正反馈发展过程

2.4.2　网络经济正反馈效应的产生

与均衡经济系统形成对比的是，正反馈自增强机制的经济系统具有 4 个特征：①多态均衡，系统中可能形成两个或两个以上的均衡，系统选择哪一个是不确定、不唯一和不可预测的；②路径依赖，经济系统对均衡状态的选择依赖于自身前期历史的影响，可能是微小事件和随机事件影响的结果；③锁定，系统一旦达到某个状态很难退出；④可能无效率，由于路径依赖，受随机事件的影响，系统达到的均衡状态可能不是最有效率的均衡。这 4 个特征实际是相互联系的，多态均衡导致选择的随机性，路径依赖导致锁定，这些因素都会导致可能的无效率。产生这种自增强机制的原因，主要是由于系统建立的成本过高，一旦建立就不容易改变，再加上学习效应、合作效应和适应性预期等因素作用，使转移成本过高，使经济系统逐渐适应和加强这种状态。

分析网络经济正反馈效应产生的原因，即是要重点分析锁定、路径依赖和转移成本。

1. 经济系统中的锁定

1) 锁定的含义

在非线性物理系统中，当系统处于某个局部极小值，即局部均衡时，要想让系统从该极小值转换到另一个极小值，需要给系统足够的能量来克服两种状态间的"势能差"，即存在"潜在障碍"。

当经济系统处于某个均衡状态时，这个特定的结果已经积累了经济优势，要想转换这个状态，其所积累的经济优势就构成了"潜在障碍"。因此，这样的均衡已被系统锁定，锁定的程度用克服这种状态所需的最小能量，即最小的转换成本来度量。

"锁定"在网络经济条件下是一种普遍现象，如贝尔大西洋公司被 AT&T 锁定的例子就很典型。在 20 世纪 80 年代，贝尔大西洋公司投资 30 亿美元购买了 AT&T 的 5ESS 数字转换器，以运行其电话网络。5ESS 转换器采用了一种被 AT&T 控制的操作系统，因此，每当贝尔大西洋想要增加一项新功能或将一种新设备与之相连时，就发现自己不得不依靠 AT&T 来提供必要的操作系统升级和开发所需界面，因为 AT&T 没有向其提供开发新功能所必需的计算机编码。例如，贝尔大西洋公司想让其系统自动识别免费电话，AT&T 收取了 800 万美元；贝尔大西洋想向顾客提供"语音拨号"服务，AT&T 又收取了 1 000 万美元。这些软件的市场价格远低于 AT&T 的价格，但贝尔大西洋公司已经没有了选择余地，只能使用 AT&T 的软件，而如果把整个系统换掉，则必须付出更加巨大的成本。这个例子表明，一旦贝尔大西洋公司购买了 AT&T 的转换器，它就被 AT&T

"锁定"了。贝尔大西洋公司如果要把 AT&T 的设备换成另一个厂商的设备，就必须付出巨大的转移成本。

2）布莱恩·阿瑟对锁定的分析

布莱恩·阿瑟（Brian Arthur）对自增强机制和路径依赖进行了开创性的研究。布莱恩·阿瑟对经济系统中的锁定作了如下分析。

有 N 个被选项目 A_1，A_2，A_3，…，A_N 供经济代理人在每一个时期选择，未来贴现率是 β，A_i 的回报为 $\Pi i(n)$，其中 n 是以前选择 A_i 的次数。

经济代理人最初是根据贴现率来选择项目的，假设他选择了 A_j，最初这一选择就为以后的选择开辟了一条路径，第二次选择时，由于回报 $\Pi i(n)$ 随 n 单调递增，他就很可能再次选择 A_j，该活动越是增加了回报，这项活动被再次选择的机会就越大，并锁定于这一选择。

每一阶段的最优选择都是在确定的情况下作出的，每次选择都是那一次的最优选择，不存在经济无效率的情况，但还是可能存在"后悔"。在第一阶段经济代理人选择了贴现率最高的 A_1，他以后的行动都将选择 A_1，这是他的最优选择。但假设 A_2 虽然最初的贴现率低于 A_1，但其 $\Pi 2(n)$ 随 n 的增加迅速上升，到某一时期，假设 j 时期，A_2 的回报率更高。此时，经济代理人可能存在"后悔"。

自增强可以将理性的选择锁定在一个活动之中，虽然该活动在短期看是最优的，但长期看未必是最佳的。

技术选择亦如此。当一项新工程出现时，最初有几种技术可选择，但如果某种技术萌芽相对于其他技术具有哪怕只是一点优势，就会被选择，选择后被改进，促使下一个发展者对该技术的选择和进一步改进。因此，工程发展被这种技术锁定。但长期看，这种技术未必是最佳的。

3）锁定条件的讨论[①]

要使系统从锁定的状态退出，进入新的均衡状态，就要看系统的转移成本是否小于转移收益。下面通过一个简单模型来分析锁定条件问题。

模型的基本假设有 3 个：①市场上有两个厂商，研发出新产品 A 和 B，两种新产品都具有网络外部性；②消费者分为两类，R 和 S，两类消费者人数相等，其中 R 类消费者偏好 A 产品，S 类消费者偏好 B 产品；③产品进入市场后，不再进行升级或更新，网络外部性的大小只与现有版本的网络规模有关。

表 2-1 产品选择的效用表

	产品 A	产品 B
R 类消费者	$a_R + rn_A$	$b_R + rn_B$
S 类消费者	$a_S + sn_A$	$b_S + sn_B$

在以上的基本假设条件下，R 和 S 两类消费者购买产品 A 和 B 所得到的效用如表 2-1 所示。

R 类消费者购买产品 A 获得的效用为 $a_R + rn_A$，购买产品 B 获得的效用为 $b_R + rn_B$。其中：a_R、b_R 分别为产品 A 和 B 的自有价值给 R 类消费者带来的效用；n_A、n_B 分别为已经购买并使用产品 A 和 B 的人数；r 为人均已经购买产品的人为 R 类消费者带来的协同价值；rn_A、rn_B 分别为购买产品 A 和 B 时的协同价值；n 为总体网络规模，$n_A + n_B = n$。

产品 A 和 B 的网络规模差异为 $n_A - n_B$，在不考虑网络规模的情况下，R 类消费者偏好

① 张铭洪. 网络经济学. 北京：高等教育出版社，2007.

产品 A，$a_R > b_R$。

S 类消费者购买产品 A 获得的效用为 $a_S + sn_A$，购买产品 B 获得的效用为 $b_S + sn_B$。其中，a_S、b_S 分别为产品 A 和 B 的自有价值给 S 类消费者带来的效用；s 为人均已经购买产品的人为 S 类消费者带来的协同价值；sn_A、sn_B 分别为购买产品 A 和 B 时的协同价值；S 类消费者偏好产品 B，$a_S < b_S$。

报酬递增、递减还是不变，取决于 r 和 s 的情况：r 和 s 都大于零，报酬递增；r 和 s 都小于零，报酬递减；r 和 s 等于零，报酬不变，消费者选择不受网络规模影响，不会产生锁定。

在报酬递增的情况下，会产生消费者锁定。R 类消费者偏好产品 A，但如果产品 A 带来的总体效用小于产品 B，R 类消费者也会选择产品 B。锁定出现的条件可以从以下条件推出：

$$a_R + rn_A < b_R + rn_B$$

将上式变形可得：

$$n_A - n_B < (b_R - a_R)/r$$

当产品 B 的消费者数量比产品 A 多时，新进的 R 类消费者就会转而选择产品 B，则 R 类和 S 类消费者都会选择产品 B，从而被产品 B 锁定。

4）锁定的退出

在网络外部性和自增强机制作用下，次优技术获胜情况时常发生。如何退出锁定，需要研究自增强机制的起源和劣等均衡向优势均衡转化所需投入的成本，看该均衡是否具有可转移性。

当自增强机制起源于学习效应和专用固定成本时，转移成本较高，常常不可转移。当自增强机制起源于协作效应时，常常可以转移。如果一项特定的技术标准，处于劣等均衡时，只要大部分用户同意作出改变，就可以使用更好的标准。谈判和政府强制措施与硬性的规定都能够改变集体选择。

2. 路径依赖

路径依赖表示即使在一个以自愿抉择和个人利益最大化行为为特征的世界里，经济发展过程中的一个次要的或暂时的优势，或者是一个看似不相干的事件都可能对最终的市场资源配置产生重要而不可逆转的影响。

锁定是资源配置的结果，路径依赖是资源配置的过程。

第一个研究"路径依赖"理论的经济学家是道格拉斯·诺思，由于用"路径依赖"理论成功地阐释了经济制度的演进，道格拉斯·诺思于 1993 年获得诺贝尔经济学奖。诺思认为，"路径依赖"类似于物理学中的惯性，事物一旦进入某一路径，就可能对这种路径产生依赖。这是因为经济生活与物理世界一样，存在着报酬递增和自我强化的机制。这种机制使人们一旦选择走上某一路径，就会在以后的发展中得到不断的自我强化。

显然，路径依赖与网络经济正反馈效应相互促进。

3. 转移成本

对试图在市场推出新的、不兼容的技术的公司来说，最大的挑战就是通过克服所有用户转移成本的总和，即以总转移成本来扩大网络规模。转移成本通常来源于耐用的互补资产。在网络效应的作用下，一个人在网络中的投资与另一个人的类似投资互补，大大地扩展了互补资产的数量。在信息产业中，总转移成本是对当前的市场占有者最有利的力量，对潜在的进入者和创新者是不利的障碍。

夏皮罗和瓦里安的著作《信息规则》对转移成本作了比较详细的分析，转移成本大小取决于以下因素。

(1) 以新产品替代现有产品的价格成本。

(2) 产品间及后续产品与主干产品的兼容性。

(3) 产品间的互补性。

(4) 针对特定品牌的培训费用。

(5) 用户基数。

(6) 对专利与专有技术的保护制度。

(7) 公司忠诚客户计划和积累折扣。

(8) 搜索成本：顾客对替代品质量认知所花费的成本。

2.4.3　网络经济正反馈效应的影响

1. 正反馈效应对市场的影响

正反馈效应对市场的影响主要表现在两个方面：市场的不稳定性；可能次优技术获胜。

1) 市场的不稳定性

网络经济系统的自增强机制，必然导致市场的不稳定。某种产品或技术今天占据了市场，但并不意味着这一成功能够永远持续下去，因为市场是不稳定的。

首先，网络市场不稳定性的最主要原因就是在正反馈系统中的多态均衡。由于均衡状态不是唯一的，任何偶然事件的发生都可能产生新的竞争格局，这显然会导致市场的不稳定。其次，市场的不稳定性来自预期的作用。由于预期的自我实现机制，预期的销售量比实际的销售量更加重要，消费者根据预期来选择产品，厂商根据预期来制定相应的企业战略，而预期是不稳定的。因此，市场也是不稳定的，今天的成功无法保证明天的成功。

2) 可能次优技术获胜

在网络市场中，临界容量的存在暗示了一种能支撑得住的网络成长需要一个最小的非零均衡规模。经济学家 Nieholos Eeonomides 和 Chorles Himmelberg 根据他们的观察把临界容量解释为"鸡和鸡蛋"的悖论：预期的网络规模过小以至于无法吸引消费者进入该网络，反过来，因为没有消费者愿意加入这个网络，则这个预期的网络规模将会很小。正是基于这个概念，由于网络外部性和正反馈的存在，当一个更优的技术由于无法达到临界容量而不会被采用时，一个次优的技术可能获胜。同时，由于路径依赖和锁定的作用，一个购买了某种后来证明是次优的技术或产品的用户，只能继续使用次优技术，因为转移到一个更先进技术的转移成本可能十分昂贵。这样，私人的转移成本将阻止消费者采用更优越的技术。从整体上看，由于网络外部性的作用，现有技术的整个安装基础将成为技术更新的障碍，这样就产生了过大惰性现象。

但是，市场失灵尤其是次优技术的获胜是否真的会发生，是一个争论颇多的话题。在现实生活中可以观察到，许多新式且不兼容的技术能够成功地被引进，这一现实似乎否定了过大惰性的存在。而且，经济学家们在理论层面上也提出了对过大惰性的怀疑。例如，Kotz 和 Shopiro 的研究发现，可能存在一种倾向于支持新式且不兼容技术的趋势，这种预期的趋势被称作不充分摩擦。在市场最终实现过大惰性还是不充分摩擦的过程中存在几个关键的要素。

首先，是否拥有资助对新兴技术而言是至关重要的，因为得到资助的技术才更有可能成功。设想在一项有资助的新兴技术与一项过时且供给激烈竞争的技术之间比较，后者因为相关专利的到期可能不会得到资助。获得资助的技术会在将来表现出更优的改进和更低的成本，而得不到资助的技术可能就没有前途。这些在过时与新兴技术之间存在的赞助地位不对称，在一定程度上决定了结果是过大惰性还是不充分摩擦。

其次，新旧用户之间存在着不对称的转移成本。在许多次优技术获胜的模型分析中没有考虑不对称转移成本的问题。假设新旧技术之间是不兼容的，那么旧技术的用户面临比新技术的用户更高价格的情况，如果有显著的网络效应存在，则旧技术用户会拒绝转向使用新兴技术。但是，同时也存在一些决定购买新式且不兼容技术的新用户，他们不存在转移成本问题，同时对新技术发展有良好的预期，因而成为支持新式且不兼容技术的一股力量。

2. 正反馈效应对企业的影响

虽然正反馈机制是网络经济的一个重要特征，但是正反馈机制发挥其作用绝非只局限在网络产品范围内，也并不是只对网络经济环境的企业生存起作用，在传统的大型企业集团，正反馈机制也同样发挥着重要的作用。在正反馈机制作用下，企业应该有以下改变以适应新的竞争环境。

1) 企业管理的改变

在正反馈机制作用下，企业管理的改变表现在组织机构设计中的扁平化，管理目标的任务导向，管理过程的团队合作，以及企业战略的再定位、再设计等方面。

(1) 在企业机构设计中，需要从等级制向扁平化管理转变。在传统经济中，大规模生产存在着标准价格。生产要进行计划安排和有效控制，追求效率，日复一日重复性生产，人们可以对生产进行持续改良，努力实现最优化，因此，管理上要求分工明确，实行等级管理。但在网络经济中，没有重复劳动和稳定最优的关于生产与产量的均衡水平，充满不确定性。扁平化管理能够实现有效沟通，在不稳定的世界里追求创新。

(2) 在企业管理中不是生产导向而是任务导向，以取得下一个任务成功为目标，过程是不需要监控的，或者监控过程不一定能够达到目标，因为创新是难以程式化的。

(3) 企业创新目标的实现常常是团队整体作战的结果。建立团队，加强团队合作，调动团队的个人积极性，是获得成功的关键。因此，在网络经济组织中等级制度被淡化甚至消失，平等合作融洽是基本的企业文化特征。

(4) 企业在发展过程中需要对企业战略进行持续不断的再定位、再设计。每一次寻求的目标和任务的变化都有可能导致公司整个发展方向的变化，需要再定位公司的目标和构思公司运作的方式；需要任务导向、再设计，关注市场变化，识别下一个创新形式；成功不仅取决于技术、资金优势，还取决于毅力、对游戏规则的分辨能力等多种因素。

2) 企业竞争战略的改变

在网络经济中，企业竞争战略将从多侧面发生改变，如企业的抢先超越临界点战略、客户锁定战略、"企业产业化"战略、标准竞争战略等，都是网络经济企业竞争的特有战略。关于该问题，本书第 6 章将进行详尽的论述。

3. 正反馈效应对政府行为的影响

在网络经济条件下，政府规制的内容和方法都发生了巨大变化，对于政府管制的探讨将在本书第 12 章展开。这里仅从正反馈效应角度来考察其对政府行为的影响。

1) 关于国家战略

在全球技术竞争中，如何支持本国企业获胜，这在传统经济和新经济存在着不同的国家战略。在正反馈机制下，如果一个国家具有领先的技术、高质量的产品和低成本优势，正反馈机制会不断加强其优势，使其能够轻而易举地将其他国家从竞争市场上排除。例如，20世纪70年代日本小型汽车进入美国市场，获得一定的市场份额后，在生产销售过程中进一步获得更丰富的经验，提高质量、降低成本、完善销售网络，直到占领整个小型汽车市场。

当一国面对负反馈机制发挥作用的传统经济世界时，传统政策是开放市场、打破垄断，通过竞争锻炼企业，逐步形成优势。当一国面对正反馈机制发挥作用的世界时，政府政策的重点是发展高科技产业赖以依存的国家基础研究力量，鼓励企业联盟，鼓励共享技术知识，以提高整个产业的竞争力，国家主导下进入单个公司无法控制的综合产业等，帮助本国企业获得初始竞争优势。

2）关于垄断

网络经济下的垄断有几个新特点，这些特点使其对经济产生正向的作用。因此，政府反垄断的基点和方式都要进行相应的改变。

首先，垄断提供统一标准，增加了消费者便利。其次，企业为了建立广大的客户基础，达到正反馈作用的临界点，要通过低价来实现垄断。因此，政府不用担心垄断者的掠夺性定价问题。最后，也是最重要的一点是，短期垄断是市场对创新的肯定和敢于承担风险的回报，惩罚成功者会挫伤创新者的积极性。

图2-16描述了垄断市场中的厂商定价曲线 a—E—b，该定价曲线保证了厂商的前期投资得到补偿。

市场规模在临界数量以下时，由于 $P_S > P_D$，厂商只能按 P_D 定价，厂商的先期损失是曲边形 aEc，超过临界点后 $P_D > P_S$，因为不存在竞争，厂商仍然按照 P_D 定价，厂商获得垄断利润（曲边形 dEb）足以弥补其先期的损失（曲边形 aEc）。

知识产权保护，厂商通过专利、技术保密等手段，在很长一段时间里垄断创新产品的供应，产品销量达到临界量后，就可以获得超额利润。例如，MS-DOS获得垄断地位后，其以后的升级版Windows系列高价销售，获得巨额垄断利润。

如果政府反垄断，市场是完全竞争的，则厂家的定价曲线是 a—E—d，如图2-17所示。厂商的前期投入得不到补偿，打击了厂商创新的积极性。

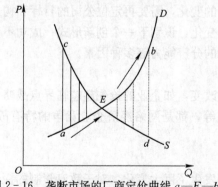

图2-16　垄断市场的厂商定价曲线 a—E—b

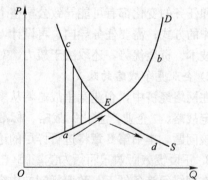

图2-17　完全竞争市场的厂商定价曲线 a—E—d

市场规模在临界数量以下时，厂商仍然按 P_D 定价，厂商的先期损失仍然是曲边形 aEc。但超过临界点后，由于完全竞争，只要定价高于 P_S，就有其他厂商进入，竞争导致零利润，厂商的先期损失（曲边形 aEc）得不到补偿，厂商净损失是曲边形 aEc。由此可见，如果政府不允许垄断的存在，要求公司公开技术等，公司不能获得垄断利润，将不再有创新的动力。

案例　智慧的地球

2009 年 2 月 24 日，在以"点亮智慧的地球——新机遇·新智慧·新世界"为主题的 2009 年 IBM 论坛和中国策略发布会上，IBM 公司倡导共建"智慧的地球"的新理念，以实现文明的跨越。

1. 背景

2006 年，在整个中国开始将"创新"提升到国家战略的时候，IBM 公司提出了新的战略——"创新"。两年多来，IBM 公司一直在延续着这个非常重要、正确，但又让人感觉宏观空泛的概念——"创新"。"创新"一词的内涵和意义已经广泛到无法超越的地步，IBM 公司是否还能提出下一个新的理念，继续领航 IT 创新。在坚守了两年"创新"概念之后，IBM 公司提出了让业界再次眼前一亮的理念——"智慧的地球"。这一理念更加贴近人们的工作、生活，同时也更容易让人理解。IBM 公司的"智慧的地球"理念不再单纯强调 IT，而是强调了 IT 与社会的融合。从 2004 年起，IBM 公司就开始逐渐弱化 IT 形象，实现企业的战略转型，站在用户、社会的角度提出企业的战略方向，虽然这些理念的落脚点都紧密联系到 IBM 公司的三大产品集团：软件、硬件和服务，但是 IBM 公司一直努力让 IT 融入社会。

IBM 公司认为，信息技术产业每隔 10～15 年就会发生一次重大变革，并催生新的市场、新的业务模式、新的产业。"智慧的地球"是"互联网"浪潮后的又一次科技革命。人类历史上第一次出现了几乎任何系统都可以实现数字量化和互联的事实，这就是全面的"物联网"和"互联网"的融合。同时，计算力高度发展和计算力的普及性，使爆炸式的信息量得以高速有效处理，并实现智慧的判断、处理和决策。

2. 内容

在 IBM 公司提出的"智慧的地球"愿景中，勾画出世界智慧运转的 3 个重要维度：①人们需要也能够更透彻地感应和度量世界的本质和变化；②世界正在更加全面地互联互通；③在此基础上所有的事物、流程、运行方式都具有更深入的智能化，人类也获得更智能的洞察。这也就是 IBM 公司对"智慧的地球"认知的 3 个"I"：物联化（Instrumented），即更透彻的感知，任何事物或人群都可以被感知到；互联化（Interconnected），即更全面的互联互通，人与人、人与物和物与物之间都可以无障碍地互联互通；智能化（Intelligent），即更深入的智能分析，通过 IT 手段使互联互通更智能。当这些智慧之道更普遍和更广泛地应用到人、自然系统、社会体系、商业系统和各种组织，甚至是城市和国家中时，"智慧的地球"就将成为现实。这种应用将会带来新的节省和效率，同样重要的是，提供了新的进步机会。

"智慧的地球"的目标是让世界的运转更加智能化，涉及个人、企业、组织、政府、自然和社会之间的互动，而他们之间的任何互动都将是提高性能、效率和生产力的机会。随着地球体系智能化的不断发展，也为人类提供了更有意义的、崭新的发展契机。互联网与物联网的创新融合所造就的"智慧的地球"，将是继互联网之后的又一次科技革命。物联网是由装备了传感器、芯片、RFID 等"数字神经"的物理对象彼此互联所形成的巨大网络，它能够以数字化方式感知客观世界。物联网与互联网的融合，将大大提升人们对自己活动的理解，进而增强人们管理控制客观世界的能力，使人类的世界运行得更加智慧。IBM 公司在中国的三大重点策略分别是：聚焦中国行业，为行业订制解决方案；繁荣商业生态系统，与合作伙伴共成长；深入区域市场，紧密支持客户。

3. 落实

（1）关键问题。"智慧的地球"在中国落实，其背后有三大关键因素，即资源、生态链和技术。首先是资源。"智慧的地球"需要资源共享，国内的许多关键资源都是某一行业特定的资源，并不开放，不能在一定程度上进行自由的竞争，因而透明化、智慧连接就无从谈起。其次是建立健康完整行业生态链，实现多方共赢、共同成长的局面。最后是技术和解决方案。最后，真正建设智慧的地球，技术挑战可想而知。

（2）各方努力方向。建设智慧地球，就政府而言，可以从宏观角度推动各个行业的健康发展，创造更为和谐开放的环境，更高效地协调和利用各方资源，推动和建立新的生态链，实现多方共赢、共同成长的局面。

电信运营商在智慧地球建设中发挥很大作用。首先，电信网络可以是建设智慧地球的基础。例如，手机是一个终端，现在的手机终端是用来接收信息的，如果创新业务模式，在现有的基础架构和网络上将手机的运营终端成为信息的提供者，网络就将产生巨大变化。人们可以对数据进行大量的收集和捕捉，从数据中提取一些智能的信息，用于智能的决策。其次，运营商可以利用自身创新平台的特性，在一些资源可开放的领域（如音乐行业）发挥推动创新的作用。最后，对于一些资源不开放的领域，运营商可以发挥其影响力，让一些行业看到多赢的可能性，推动一些资源的开放，推动新的生态链形成。

具体到单个企业的智慧变革，有 4 个重要的因素影响变革的成功与否：①最高管理层的支持度；②员工的参与度；③是否具有能够激发和促进变革的企业文化；④是否具有诚恳并及时沟通的态度。其中，居于最重要地位的是企业中最高领导层的支持。

（3）实施。要想向"更智慧"方向发展，需要关注以下 4 个关键问题。①新锐洞察。面对无数个信息孤岛式的爆炸性数据增长，需要获得新锐的智能和洞察，利用众多来源提供的丰富实时信息，作出更明智的决策。②智能运作。需要开发和设计新的业务与流程需求，实现在灵活和动态流程支持下的聪明运营与运作，达到全新的生活和工作方式。③动态架构。需要建立一种可以降低成本、具有智能化和安全特性，并能够与当前的业务环境同样灵活动态的基础设施。④绿色未来。需要采取行动解决能源、环境和可持续发展的问题，提高效率和提升竞争力。

参考文献

[1] 俞伟. 通信、IT 融合是"智慧的地球"落地核心. http://www.c114.net/news/208/a443433.html，2009 - 11 - 16.

[2] 吕廷杰. 智慧地球与移动互联网应用. 搜狐 IT，2009 - 09 - 15.

案例讨论题

IBM 智慧地球项目市场的最新进展情况如何？该项目带来哪些影响？

本章思考题

1. 简述数字产品的概念与特点。
2. 简述数字产品的供给规律及其与传统产品供给的区别。
3. 简述正反馈现象是如何形成的。
4. 网络经济中正反馈效应的影响有哪些？
5. 举一个你所知道的正反馈现象的实例，并加以讨论。

第 3 章

数字产品需求

数字产品的需求与一般产品的需求相比有其特点，在边际效用递减规律和网络外部性的双重作用下，数字产品需求曲线呈现为先下降后上升的 U 形曲线。本章从分析网络经济外部性入手，展开讨论数字产品的需求问题。

3.1　梅卡夫法则与网络经济外部性的经济学分析

数字产品作为典型的网络产品，具有显著的网络外部性特点。梅卡夫法则很好地解释了网络外部性问题。

3.1.1　梅卡夫法则

1. 梅卡夫法则的定义

梅卡夫法则是以以太网发明者 3Com 公司的创始人罗伯特·梅卡夫名字命名的，该法则的内容是：网络的价值以其节点数量的平方速度增长，即 $V=n^2$（V 表示网络的总价值；n 表示网络的节点数量）。

梅卡夫法则可以归结为数学选择问题。例如，当社会上只有 1 位电话用户时，电话没有价值，但如果增加 1 位电话用户时，其价值便变为 1；再增加 2 位电话用户时，每位电话用户都可以再打给另外 2 位，其价值骤升为 6（3×2）；当有 100 位电话用户时，每位电话用户可以打给另外 99 位，其总价值则是 100×99；当有 n 位电话用户时，其总价值便可达到 $n×(n-1)$，而当 n 趋于无穷大时，其总价值可以达到 n^2。

梅卡夫法则给出了网络成本的递减规律和网络价值的增值规律，他的研究虽然开始时只限于电话网络，但后来学者们认为，该法则可以扩展到其他的网络中，使得法则得到了极大推广。

2. 通过价值矩阵解释梅卡夫法则

由表 3-1 可知，对角元素价值全为零，这是客户自己给自己带来的价值，不计入网络价值的估算中，矩阵中反映的是因其他客户加入网络而给第一个客户带来的价值增值。一个客户加入网络所获得的价值就可以表示成：$V_j = \sum_i b_{ij}$，其中 b_{ij} 是第 i 位客户给第 j 位客户带来的价值，表现为第 j 位客户的一种收益，这部分价值就是因网络经济的外部性产生的。这样，就可以得出整个网络的价值，表示为：$V = \sum_i \sum_j b_{ij}$。

表 3-1 网络的价值矩阵

客户	1	2	3	⋯	n
1	0	b_{12}	b_{13}	⋯	b_{1n}
2	b_{21}	0	b_{23}	⋯	b_{2n}
3	b_{31}	b_{32}	0	⋯	b_{3n}
⋮	⋮	⋮	⋮	⋮	⋮
n	b_{n1}	b_{n2}	b_{n3}		0

如果将 b_{ij} 假设为常数 1，即各客户之间各自为他人带来的价值都是一样的，则模型就是典型的梅卡夫法则。此时，某一客户 j 获得的价值为：$V_j = \sum_i b_{ij} = n-1$，而整个封闭网络获得的价值为：$V = \sum_i \sum_j b_{ij} = n \times (n-1)$。当网络规模不断扩大时，网络节点数也会不断增加。

3.1.2 网络经济外部性的经济学分析

1. 外部性

1）外部性概念的提出

经济学界公认的最早论述外部性问题的是马歇尔，他在 1890 年出版的《经济学原理》第 4 章中提到"外部经济"这一术语，用来定义经济中企业的外在因素变化对企业的有利影响，如知识进步、技术进步等引起的单个企业成本的下降，这种影响对产业是内部的，但对企业是外在的。庇古继承了外部经济的提法，同时补充了外部不经济的概念，形成了较为完整的外部经济理论。在庇古之后，鲍默尔、萨缪尔森、史普博、布坎南、斯蒂格利茨等著名经济学家都对外部性问题进行了精辟的分析。

2）外部性的含义与特征

美国经济学家萨缪尔森把外部性定义为：在生产和消费的过程中给他人带来非自愿的成本或收益，即成本或收益被强加于他人身上，而这种成本或收益并不是由增加成本或接受收益的人加以偿付。更为确切地说，外部性是一个经济主体的行为对另一经济主体的福利产生影响，而这种影响并没有从货币上或市场交易中反映出来。如果用数学语言来描述，就是只要某人的效用函数或某厂商的生产函数所包含的某些变量在另一个人或厂商的控制之下，就表明该经济中存在外部性。

外部性的特征可以概括为以下几点。

（1）经济主体之间的外部性影响是直接的，而不是间接的。即这种影响不是通过市场价格机制，以市场交易的方式施加的。如果没有这个限定，则外部性概念就会过于宽泛。因为每个经济主体的利益总会受到来自价格变动的影响，而这种价格变动无疑是由其他主体的行为造成的。因此，外部性是市场交易机制之外的一种经济利益关系。

（2）外部性有正也有负。从外部性的发生主体来看，其行为可能对他人带来未补偿的效用或产量的损失，也可能带来未付报酬的效用或产量的增加。前者为负外部性，或者称外部不经济；后者为正外部性，或者称外部经济。

（3）外部性会出现在消费领域，也会出现在生产领域。即外部性影响的承受者可能是厂商，也可能是消费者。

外部性的本质是社会收益（成本）与私人收益（成本）的不一致，如果经济系统中存在外部性，则市场均衡不是社会有效的，或者可以说是市场失灵的，存在帕累托改进的可能性（没有达到帕累托最优，帕累托最优是指有限资源配置给出价最高的主体）。即私人收益的最大化并不代表社会收益的最大化，有时甚至会出现矛盾的情况。外部性正效应产品的产量会低于帕累托最优产量，外部性负效应产品产量高于帕累托最优产量。外部性负效应特别强的产品（公共产品），需要政府投资才能够实现资源配置最优。

外部性正效应产品的产量情况如图 3-1 所示。

图 3-1 中 PMC 为私人边际成本；PMR 为私人边际收益；SMC 为社会边际成本；SMR 为社会边际收益；XMR 为外溢收益。

假设私人边际成本等于社会边际成本，外部性正效应产品的实际产量水平是私人边际收益（PMR）等于私人边际成本（PMC）时的水平，即图 3-1 中的 x_0 水平。而最优产量应该是社会边际成本与社会边际收益相等时的产量水平，即图 3-1 中的 x^*。实际的产量水平 x_0 忽视了外溢给其他人的边际收益（XMR），由于私人边际收益小于社会边际收益（SMR），使产量水平（x_0）低于帕累托最优状态水平（x^*）。

外部性负效应产品的产量情况如图 3-2 所示。

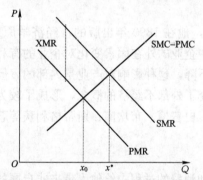

图 3-1 外部性正效应产品的产量情况

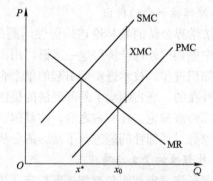

图 3-2 外部性负效应产品的产量情况

在存在外部性负效应时，边际社会成本 SMC 大于边际私人成本 PMC。外溢给社会的边际成本为 XMC，厂商利润最大化在 PMC＝MR 处，即产量水平为 x_0，而有效产出水平应该在 PMC＝MR 处，即产量水平为 x^*。厂商利润最大化产量高于帕累托最优状态水平。

3）外部性的分类

根据不同标准对外部性进行的分类，可以有以下几类。

（1）正外部性与负外部性。依据外部性的作用效果，可以将其分为正外部性和负外部性。正外部性的概念来源于马歇尔提出的"外部经济"，而负外部性的概念来源于庇古的"外部不经济"。正外部性表示该外部性影响能够给承受者带来某种利益，而负外部性则表明该外部性影响能够对承受者造成某种损害，一个经济主体可能同时产生正、负两种外部性。

例如，如果 B 是一家发电厂，A 是该地区的居民，由于 B 所排放的烟尘对本地区居民的衣服具有污染性，因此增加了 A 清洗衣服的难度，即增加了居民的生活成本，据此，可以认为 B 对 A 具有负外部性影响；如果 B 不是一家发电厂，而是一家公园，这时，A 从 B 那里获得赏心悦目的机会增多了，即增加了 A 的效用，因此，B 对 A 具有正外部性影响。关于正、负外部性对资源配置的影响上文已作了分析。

（2）公共外部性与私人外部性。按照外部性影响是否具有公共产品的性质，可以将外部性分为公共外部性和私人外部性。公共外部性（Public Externality）也称不可耗竭的外部性（Non-Depletable Externality），即这种外部性具有公共品的某些特征，不仅受体众多，而且受体之间对外部性影响的"消费"具有非排他性和非竞争性的特点。在一定范围内，人们很难摆脱这种外部性的影响，即非排他性；同时，该外部性影响了一个市场主体，却并不会减少对另一些市场主体的影响，即非竞争性。例如，工厂排出的浓烟对周围居民的影响就具有公共外部性的特征。

相反，私人外部性（Private Externality）也称可耗竭的外部性（Depletable Externality），即这种外部性具有私人用品的某些特征，如竞争性和排他性，即私人外部性影响只能针对有限的受体（受影响者），而且每增加一个受体，其他受体所受到的影响就会相应减少。例如，工厂排放的固体垃圾，影响的是附近的特定居民，而且对于一定数量的垃圾，排放在一些居民附近的垃圾增加，就意味着排放在另一些居民附近的垃圾减少。

区分公共外部性和私人外部性的意义是对于公共外部性来说，很难通过主体和受体之间的交易将外部性内部化，因为受体的数目众多，并且其成本和收益信息很难确知，交易成本过高。相反，对于私人外部性来说，比较容易通过谈判的方式将外部性影响内部化。

（3）货币外部性与技术外部性。从来源来看，外部性可以划分为货币外部性（Pecuniary Externality）和技术外部性（Technological Externality）。该划分方法是瓦伊纳（J. Viner）1931 年提出来的。瓦伊纳区分这两种外部性的标准是看它们是否会对社会总产出这一真实变量产生影响，即外部性是否会影响资源配置的效率。

货币外部性是通过市场机制的相互依赖由价格变动所引起的。当一个企业的利润不仅取决于自己的活动，而且取决于其他企业的活动时，货币外部性就产生了。而技术外部性是由生产者之间通过直接的、非市场的相互依赖所产生的，巴塞尔将其定义为产权约束在"公共领域"所导致的高昂交易费用和收益的不确定性。货币外部性是通过价格体系起作用的，如甲增加葡萄酒的消费，结果会提高该酒的价格，由此会影响乙的福利。这种影响只涉及货币利益的转移，并不影响竞争均衡的帕累托最优，即不会影响资源配置效率。而技术外部性则是不经过市场机制直接发生作用的，如空气污染、交通拥挤等，它们将影响资源配置效率。在大部分经济学文献中，对外部性问题讨论的是技术外部性。

（4）网络外部性和非网络外部性。根据外部性影响的大小是否同参与某项活动的经济主体的数量正相关，可以将外部性划分为网络外部性和非网络外部性。无论是正外部性还是负外部性，如果其大小随着参与其中的经济主体数量的增加而递增，这种外部性就是网络外部性[①]。在现代社会中，具有网络外部性的产品和服务越来越多，对经济生活的影响也越来越大，如电话网、互联网、交通网、手机通信网等，都具有不同程度的网络外部性。即由于其具有成本递减和报酬递增的特点，进入这些网络的经济主体越多，用户之间互相受到的正外部性影响越大，对各方越有利[②]。

① 林成. 从市场失灵到政府失灵：外部性理论及其政策的演进［D］. 沈阳：辽宁大学，2007.
② 贾丽虹. 外部性理论及其政策边界［D］. 广州：华南师范大学，2003.

2. 网络外部性

1）网络外部性的含义

网络外部性和网络效应是两个不同的概念。网络效应的雏形是网络价值，其产生的根本原因是网络自身的系统性、网络内部信息流的交互性和网络基础设施的垄断性。只有当市场参与者不能把网络效应内化（Internalization），即网络效应不能通过价格机制进入收益或成本函数的时候，网络效应才可以被称为网络外部性。

网络外部性可以从不同的角度来理解，主流的观点倾向从市场主体中的消费者层面来认识。与规模经济是由厂商的规模效益高所产生的相类似，网络外部性是由消费者的规模效应所产生的，所以又称作需求方的规模经济。网络外部性的定义是：当一种产品对用户的价值随着采用相同产品或可兼容产品的用户增加而增大时，就出现了网络外部性。即由于用户数量的增加，在网络外部性的作用下，原有的用户免费得到了产品中所蕴含的新增价值而无须为这一部分的价值提供相应的补偿。

2）网络外部性的特征

网络外部性除了具有外部性所具有的特征外，就其网络特征而言，还具有互联性和非补偿性的特征。

互联性是指经济个体的决策是互动的，因为网络中的消费者很容易结成一个联盟，绝大多数的计算机使用者都会使用微软公司的操作系统、使用相同的操作软件，全球移动用户中GSM 用户比例高达 80％，这些都是很好的例证。

非补偿性是指某人所产生的成本（或收益）无法要求其他人支付，这一点类似公共产品。由于非补偿性特征，可以区分网络经济中的购买成本和使用成本，网络产业或是具有网络特征的产业本身的获利来自于设备的出售，但实际上网络成本还来自使用成本。使用成本受学习和使用网络的费用、网络基本设施情况、其他用户使用网络的情况等因素的影响，这些成本与购买各项网络设备的成本无关，而且这一成本必须自行消化，故称为非补偿性。

3）网络外部性的分类

（1）正网络外部性与负网络外部性。人们一般默认网络外部性是正外部性，但实质上也存在负外部性。

在网络外部性中，正外部性引起了人们极大的关注，而且其也是网络外部性的主要体现形式。但是，负外部性也同样可能作为网络效应出现。例如，拥塞就是一种能够抵消积极的网络外部性的消极外部性。以通信网络 E-mail 或新闻组为例，如果使用的人增多，其价值就提高，老用户就可以得到额外的收益，这时 E-mail 就体现出正的网络外部性。但是如果人们都在大量地使用这种通信方式，就有可能出现拥塞，E-mail 或新闻组的使用者有可能会因为速度太慢而苦恼，这时就出现了负的网络外部性。

（2）直接网络外部性与间接网络外部性。经济学家 Katz 和 Shapiro 早在 1985 年就对网络外部性进行了分类研究。他们将网络外部性分为两种：一种是直接的网络外部性，即通过消费相同产品的市场主体的数量所导致的直接物理效果而产生的外部性；另一种是间接的网络外部性，即随着某一产品使用者数量的增加，该产品的互补品数量增多、价格降低而产生的价值。间接外部性的例子包括作为互补商品的计算机软硬件。当某种特定类型的计算机用户数量提高时，就会有更多的厂家生产该种计算机所使用的软件，这将导致这种计算机的用户可得到的相关软件数量增加、质量提高、价格下降，因而获得了额外的利益。又如，互联网用户和网站的建设，连接到互联网的用户越多，互联网的价值越大，老用户得到的额外价值也越高，这是直接的网络外部性。同时，连接到互联网的用户增加时，由于互联网价值的增大，会有更多的人到网上建设新的网站，提高网站的质量，降低使用的价格。这样，互联网用户在这个过程中实际上也得到了新的价值，这就是间接的网络外部性。在这里，互联网和网站都是互补商品。

后来，经济学家 Farrell 和 Sallower 遵循同样的思路对这两种网络外部性作了更加清晰而准确的界定：直接的网络外部性是指一个消费者所拥有的产品价值随着另一个消费者对一个与之兼容的产品的购买而增加。而当一种产品的互补品（如零件、售后服务、软件、网络服务）变得更加便宜和容易得到时，这个产品的兼容市场范畴得以扩展，这时就出现了"市场中介效应"，因为该产品的消费者可得到的价值增多了。这里所说的市场中介效应就是 Katz 和 Shapiro 所说的间接网络外部性。

3. 网络外部性的经济分析

1）网络外部性对需求曲线的影响

在传统经济学中，需求曲线是向右下方倾斜的，消费者对某一商品的需求量随价格下降而增加。网络外部性却强调了价格和数量的正相关性，使用的人越多价值越大，后来进入市场的购买者会给出更高的价格预期。因此，网络外部性对需求曲线产生影响。本章后文将对此作详细分析。

2）网络经济下的边际收益递增规律

所谓边际收益递增，是指在生产过程中增加最后一个单位的产出所带来的收益逐步扩大。在传统经济环境中，由于资源的稀缺性，随着市场参与者的不断增加而使有限资源的争夺不断恶化，从而使再生产一单位产品所付出的成本增加，最终导致边际收益递减；而在网络经济下边际收益递增，其原因有以下几方面。①由于网络经济三大定律梅卡夫定律、摩尔定律和达维多定律的作用结果。②源于数字产品特有的高固定成本、低边际成本，甚至是零边际成本的特点，随着网络的普及，企业内部的各种运营生产成本下降。③当用户花费一定成本学会了某种数字产品，就不愿意转向其他产品。④数字产品行业的高进入成本使领先企业很容易形成垄断势力。

3）网络经济下的规模收益递增

与边际效用递增相类似，在网络经济下还有一个与传统经济相悖的规律，即规模收益递增。规模收益递增是指当所有要素投入都按比例提高时，收益提高的比例大于要素投入的比例。在传统经济学中，规模收益一般会经历先增加、后不变、最后递减的过程，因为传统的基于供应方规模经济的收益递增有很明显的自然限制，在企业生产产量达到一定规模，必然将出现规模收益递减。而在网络经济下，基于网络外部性的收益递增，讨论的是基于消费者的需求对收益的影响，这种影响在生产量够大的时候也不会分散，而以更强烈的形式出现，即在网络经济下规模收益会继续保持增加的态势。

4）网络外部性的效用函数

（1）无网络外部性下的消费者效用函数。在网络外部性不存在的情况下，消费者对产品或服务的效用评价函数仅由产品或服务本身的一些属性作为变量来决定，如消费者 A 对某一产品的效用函数可以表示为：

$$U_A = U_A(x_1, x_2, \cdots, x_n)$$

式中：x_1，x_2，…，x_n 分别表示产生效用的一些产品属性。例如，对于 PC 来说，这些属性可以是价格、CPU 速度、显示器大小、硬盘大小、内存条、光驱、主板等。

（2）存在网络外部性下的消费者效用函数。当网络外部性存在时，消费者对产品的效用评价发生了变化，其他消费者对同一产品或服务的消费活动也作为影响因素而成为效用函数的解释变量。此时，消费者 A 对产品的效用函数可以表示为：

$$U_A = U_A(x_1, x_2, \cdots, x_n; c_1, c_2, \cdots, c_m)$$

式中：c_1，c_2，…，c_m 表示其他消费者的消费活动，而这些消费活动对消费者效用函数产生正影响。这些正影响可以是直接的（如电信市场中，额外用户增加了可以通话的终端，因而对电信网络的效用评价增加），也可以是间接的（如浏览器市场中，IE 的浏览器用户的增加，会吸引更多的 ICP 采用 IE 的 web 编辑软件来建站，从而使与 IE 浏览器完全匹配的网站内容增加，最终增加用户对浏览器产品的效用评价）。

上述网络外部性下的产品效用函数可以进一步简化，前一部分可作为消费者对产品本身属性价值的评价，而后一部分由众多其他消费者的消费活动所产生的正外部性可集合为网络外部性价值，即消费者对网络外部性的评价。消费者 A 的效用函数为：

$$U_A = U_A(X, W)$$

式中：X 为产品本身的价值；W 为网络外部性给消费者带来的价值，即网络外部性价值。

5）数字产品的自有价值和协同价值

购买数字产品的网络用户获得的价值可以分为"自有价值"（Autarky Value）和"协同价值"（Synchronization Value）两部分。"自有价值"是在没有其他使用者的情况下，产品本身具有的价值；"协同价值"是当新用户加入网络时，老用户从中获得的额外价值，在没有实现外部性的内部化之前，用户无须对这部分价值进行相应的支付。数字产品的价值如图 3-3 所示。

6）数字产品的产量等于帕累托最优产量

数字产品消费需要付费，不存在"搭便车"问题，市场价格机能能够发挥作用。因为数字产品的网络外部性是消费者外部性，是消费者对网络的消费不通过价格机制对其他消费者的效用水平产生直接影响。这种外部经济性不是生产者提供产品私人边际收益的外溢。

消费外部经济性同样引起社会边际收益增加，使网络消费者对网络效用评价上升，对网络消费愿意支付的价格也上升。这样，生产者的私人边际收益也增加，保持私人边际收益与社会边际收益一致，从而产量可以达到帕累托最优，如图 3-4 所示。

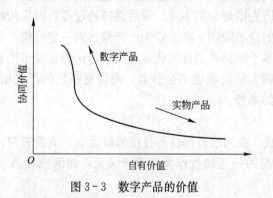

图 3-3　数字产品的价值　　　　图 3-4　数字产品帕累托最优产量

在图 3-4 中，PMC 为私人边际成本；PMR_0 为不计算外部性情况下的私人边际收益；PMR_1 为网络外部性情况下的私人边际收益；SMC 为社会边际成本；SMR 为社会边际收益；XMR 为外溢收益。

3.2 数字产品的需求函数与需求曲线

网络经济外部性的分析为人们理解数字产品的需求特征作了铺垫，但影响数字产品的需求和效用还有更广泛的因素。

3.2.1 消费者的时间价值

1. 时间价值：闲暇

闲暇可以给人带来效用，因此可以将其引入消费者的决策行为中。假设消费者的工资是每小时 W 元，则其闲暇的价格就是他不工作而失去的工资，这样可以说闲暇的价格是每小时 W 元。假设有一个经济人甲每星期可以工作 168 小时，一周最多可以赚到 $168W$ 元的工资收入。又假设此时甲只有 CD 这种消费品可供购买。这样，甲的预算约束为：$P_{CD}Q_{CD}=B=W(168-Q_{闲暇})$，即 $P_{CD}Q_{CD}+WQ_{闲暇}=168W$。其中，$Q_{闲暇}$ 表示闲暇的数量。此时，甲的最优消费决策就是使最后一元钱用在购买 CD 与购买闲暇上的边际效用相等，即其预算约束线与一条无差异曲线的切点。

在此，将时间看作是一种有效用的消费品。既然如此，如果消费者很富裕，则他可能愿意多一些闲暇，少一些工作。相反，如果他缺钱，他就更愿意多工作。

如果将时间纳入成本来考虑就出现两种情况。第一种情况如图 3-5 所示，I_1 表示有采购成本（花费时间）的预算线；I_2 表示无采购成本的预算线。假设甲购买每单位 CD 要花费 t 小时，此时，他的预算约束就变成为 $P_{CD}Q_{CD}=W(168-tQ_{CD}-Q_{闲暇})$，效用最大化的点也要根据新的预算约束线进行变更，由 A 点移到 B 点。

第二种情况如图 3-6 所示，假设甲购买 CD 总共花费的时间为 T，他的预算线则变成 $P_{CD}Q_{CD}=W(168-T-Q_{闲暇})$。效用最大化的点由 A 点移到 B 点，如在线购买的情况下，节省采购成本，就能够实现效用最大化。

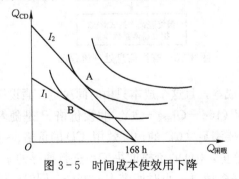

图 3-5 时间成本使效用下降

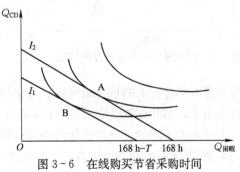

图 3-6 在线购买节省采购时间

2. 时间价值：搜寻成本

在完全信息假设下，交易会顺利高效。但市场摩擦（Marketing Fricitions）干扰理想状态。市场摩擦因素有时间、距离等。由于时间和距离等的原因,人们是在不完全信息条件下进行交易,这些不完全信息包括商品的价格、品质、服务、区位等。

交易者往往愿意花费一定的时间和资源去搜索信息(尽量减少摩擦),以获得更为满意的交易效果。但搜寻要花费成本,当搜寻的收益小于成本时,消费者会停止搜寻。

投入多少资源去搜索效益最佳,需要对搜索进行成本效益分析。假设搜索的回报随搜索费用的增加而递减,因此,要权衡获得额外信息的开支与信息回报的价值比例关系。

图 3-7 给出了最佳搜索平衡点的分析情况。其中,MR 为边际收益曲线,向下倾斜,随额外搜索费用的逐渐增加,获得额外信息的收益递减;MC_1 为边际成本曲线,向上倾斜,随搜索费用的逐渐增加,获得有价值的额外信息的难度随之增加。

边际收益曲线和边际成本曲线的交点 A 是最佳搜索平衡点。超过 A 点,额外搜索是不经济的。

由于互联网赋权于消费者,扫除时间和距离障碍,减少交易市场摩擦,同时降低了搜索成本,提高了市场效率。交易向着有利于买方倾斜。互联网使边际成本曲线向右下方倾斜至 MC_2,最佳搜索平衡点移动到 B 点。

在网络经济中,搜寻技术的改进可以更好地降低消费者的搜寻成本。例如,用户对检索结果的点击是一种正向的反馈,表示用户认为这条检索结果切合其查询意向,一种基于用户兴趣和相关语义库信息,并结合各种相关反馈技术的搜索引擎系统模型,可以有效地提高搜索结果的查全率和有效率。查询信息处理流程如图 3-8 所示。

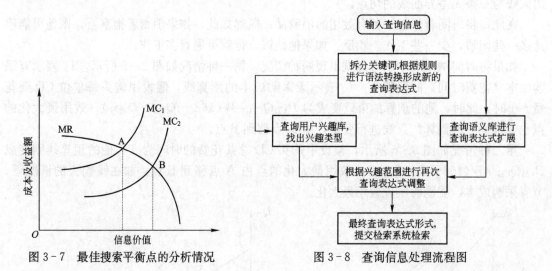

图 3-7　最佳搜索平衡点的分析情况   图 3-8　查询信息处理流程图

针对某具体经济人的情况来考察。考虑搜寻成本,且这个成本只由时间决定。假设甲的搜寻成本为 S,则其预算线变为 $Q_{CD}P_{CD}(S)=W(168-Q_{闲暇}-S)$。假设价格 P 是随着搜寻成本的增加而下降的,甲的最佳消费选择同样要满足(CD 的边际效用/CD 的价格)=[闲暇的边际效用/闲暇的价格(工资)]的条件。这里,CD 的价格取决于甲进行搜寻的结果,用 $\Delta P_{CD}Q_{CD}$ 表示甲进行搜寻的边际收益,即甲每多搜寻一小时所带来的好处。同时,甲进行搜寻的边际成本可以表示为 ΔCQ_{CD}。

如果前者大于后者,即 $\Delta P_{CD}Q_{CD}>\Delta CQ_{CD}$,则甲有继续搜寻的动机;反之,甲不会继续搜寻。这也部分地解释了高收入消费者不愿意花费大量时间进行搜寻的经济学原理，因为在搜寻的边际收益固定的情况下，高收入消费者搜寻的边际成本要远远高于低收入消费者。

图 3-9 给出了当搜寻成本为 S（只包括时间）时甲的预算线的变化情况。如果甲进行搜寻时无差异曲线与预算线的切点（B 点）所处的效用水平要低于甲不搜寻时的效用水平（A 点），甲会选择不搜寻。在图 3-10 中，甲的无差异曲线稍微偏向纵轴，此时，甲更偏好 CD，对 CD 进行搜寻的预算线与无差异曲线的切点（B 点）所代表的效用水平明显高于不进行搜寻的结果（A 点）。因此，在偏好为图 3-9 的情况时，甲会选择不搜寻。如果偏好是图 3-10 的情况，甲的理性选择就是搜寻（I_1 表示有搜寻成本的预算线；I_2 表示无搜寻成本的预算线）。

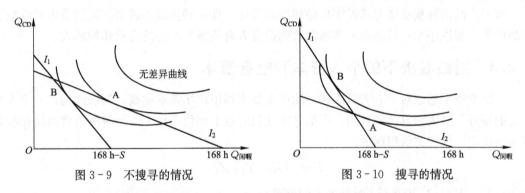

图 3-9　不搜寻的情况　　　　　　　　　图 3-10　搜寻的情况

可以得出结论：随着信息搜索技术水平的不断提升，消费者对数字产品的需求水平也在不断提升，即信息搜索水平与数字产品的需求水平呈正向变动。

3.2.2　消费者外部性与转换成本

1. 消费者外部性

数字产品的外部性可以划分为消费者外部性和厂商外部性两种形式。消费者外部性是指消费者在购买产品时既受到产品本身效用的约束，也受到该产品将来可能实现信息共享的其他消费者数量预期的约束。厂商外部性是指厂商生产信息产品时既受到自身生产的信息产品市场预期的约束，也受到生产与该产品相关的其他产品的厂商数量及产品产量预期的约束。平狄克和鲁宾费尔德给出一个通俗的消费者外部性解释。

在图 3-11 中，横轴表示数字产品的销售量，每月以千计算。假设消费者预期只有 2 万人购买该数字产品。在这种情况下，需求由曲线 D_{20} 来表示。假设消费者现在认为有 4 万人会购买该产品，且发现该产品内容精彩而愿意多买，这时，需求曲线为在 D_{20} 右边的 D_{40}。同理，如果消费者认为有 6 万人会购买该产品，需求曲线会变为 D_{60}。如果消费者对购买该数字产品的人数的预期越高，需求曲线就越往右边移动。

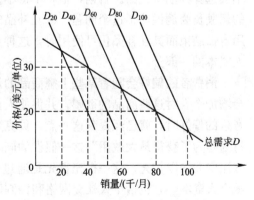

图 3-11　数字产品的消费者网络外部性

2. 转换成本与需求价格弹性

消费者外部性或间接的网络外部性也可以从消费者的转换成本角度来考虑。转换成本 (Switching Costs) 是指消费者用一种商品取代原来消费的商品时所产生的成本。这些成本可能表现为产品淘汰的机会成本、技术培训成本、时间成本和心理成本等。

假如甲计划购买一部数码相机，要在两种品牌 A 与 B 之间作出选择。又假定这两种品牌的性能对甲来说都是一样的，且两种数码相机的寿命均为 10 年。A 与 B 之间不同的是 A 没有转换成本而 B 存在转换成本，这种转换成本可能是由操作造成的。甲在习惯了 A 的操作后可以毫不费力地熟悉 B 的操作方法，但是，如果甲先熟悉了 B 的操作后，再要操作 A 仍然要费力气学习 A 的操作。则甲对 A 产品的需求弹性小。

数字产品的转换成本与其需求价格弹性成反比，即若转换成本越高，则消费者对该数字产品的需求弹性越小；若转换成本越低，则消费者对该数字产品的需求弹性越大。

3.2.3　网络经济下的个人资本和社会资本

传统经济学通过对个人需求曲线的简单叠加来得出市场需求曲线，其假设为：一个人在一定的偏好下最大化自己的效用，而偏好在任何时点上都仅仅由个人当时所消费商品和服务本身所决定。传统的效用函数为：

$$U=u(X_t，Y_t，Z_t)$$

式中：X_t、Y_t、Z_t 均表示 t 时期的不同商品。

然而这仅仅是对事实的一种抽象而非事实本身，因为个人的选择实际上还受到其他力量的左右，包括个人资本和社会资本。

1. 个人资本和效用曲线

传统需求理论的偏好稳定性假设受到了个人资本存量的挑战。个人资本的概念在新经济的需求理论中是需要加以考虑的，理由有以下 2 个。①新经济产品以高技术含量为特征，要求使用者花费相应的时间、金钱来学习产品的使用。这些时间、金钱构成了消费者的学习成本 (Katz & Shapiro)。从另一个角度考虑，这实际上属于一种人力资本投资，而人力资本投资亦形成个人资本的一部分，会影响人们的次效用函数。假如当一个人花费许多时间和金钱来接受一定的培训，以学习某种产品的操作方法，则在将来他就会更加偏好这类产品，而不会选择其他替代品。否则，他将不得不重新学习各种新的技能。Gillen 以波音和空中客车的驾驶员为例说明了这个问题。②互补品的作用。如果考虑产品的使用寿命，则当某产品使用寿命结束而其互补品仍可使用时，这种互补品的剩余使用寿命对消费者的效用就构成了个人资本的一部分。

消费者的偏好会随着某些上瘾商品的消费而发生变化。例如，长时间的吸烟、喝酒通常会增加个人对这些商品的欲望，并促使人们不断增加消费量。马歇尔在讨论人们对"美妙"音乐的偏好时，就已经提到这一点。贝克尔和斯蒂格勒进行了进一步研究。在保留"个人的行为是为了获得最大效用"这一假设的同时，贝克尔将内生性偏好纳入到效用最大化的研究方法中并加以扩充，这一扩充首先是通过引入个人资本存量的概念来实现的。如果用 P 表示个人资本，它包括个人社交网络和控制体系中的同辈人与其他人以往活动的影响，则扩展的效用函数可以表示为：

$$U = u(X_t, Y_t, Z_t, P_t)$$

式中：X_t、Y_t、Z_t 均表示 t 时期的不同商品；P_t 表示 t 时期的个人资本。

贝克尔认为，效用函数本身是独立于时间之外的，但如果现在的选择会影响将来的个人资本水平，那么，仅仅由所消费的商品和服务本身所决定的效用函数，即传统的效用函数是不稳定的，因为它会随着 P 的变化而变化[①]。

效用函数中引入个人资本后，边际效用则不一定会递减，而有可能递增。随着消费者对某一种产品消费量的增加，需求价格也可能增加，即需求曲线可能上升。

2. 社会资本和效用曲线

社会资本的影响具体到新经济的需求理论中，表现为网络外部性，相关的研究有 Besen 和 Gillen 等。网络外部性表明，随着某种产品的消费量增加，其对个人的效用会随之增加，消费者的需求价格也相应增加。

在需求曲线被杰文斯、瓦尔拉斯、马歇尔等人系统阐述之前，经济学家就曾讨论过他们所认为的需求的基本决定因素，当时讨论的包括社会名望、好名声、仁慈等（Bentham, Marshell）。但是，随着需求理论严密性的加强，这些变量已经不在研究的范围之内。每个个体都被假设拥有一个效用函数，这一函数直接由个体所消费的产品和服务决定。但这并不意味着个体之间的作用被经济学家完全忽略了。Pigou、Fisher 和 Panteleoni 曾在效用函数中引入了其他变量的属性。Brady 和 Friedman、Duesenberry 研究了消费行为中产生的"示范"效应和"相对收入"效应。Liebenstein 指出，产品消费包含 Bandwagon Effects、Snob Effects 和 Veblen Effects，消费者可能从市场规模的扩大中得到正的价值。进一步的研究包括显著性消费模型（Bearden & Etzel；Mason）、包含模型（Horiuch, Rossice, Percy & Donovan）。其他的研究还有 Lester W. Johnson 的威信框架，该框架在 Liebenstein 的研究基础上提出了第 4 种效应，即享乐主义成分。

加里·贝克尔从另一个角度给出了他的分析，把影响人们选择的社会力量用社会资本 S 来表示，并把效用函数扩展为：

$$U = u(X_t, Y_t, Z_t, S_t)$$

式中：X_t、Y_t、Z_t 均表示 t 时期的不同商品；S_t 表示 t 时期的社会资本。

当在效用函数中考虑社会资本存在时，传统经济学的将个人消费简单相加得出市场需求曲线的方法就不再可行。David 认为，当市场规模对产品的价值产生影响时，真实的市场需求曲线将是传统需求曲线的某个点的轨迹。如图 3-12（a）所示，当市场规模为 Q_1 时，传统需求曲线为 D_1，当市场规模增大到 Q_2 时，由于产品对消费者价值的增加，传统需求曲线右移，新的传统需求曲线为 D_2。真实市场需求线由一系列点 (P_1, Q_1)、(P_2, Q_2)……组成，这些点在图 3-12（a）中表现为曲线 D。采用这种方法，一旦市场规模的扩大导致的产品增量超过某种程度，需求曲线就可能上升，如图 3-12（b）所示。此时，如果采用瓦尔拉斯的分析框架，则存在一个逻辑上的弊病：如果数量由价格决定，而需求曲线的移动又取决于数量的影响，这就形成一种循环。因此，如果当存在网络外部性时，采用马歇尔的分析框架，把数量 Q 作为自变量进行分析更加恰当。

---

① 张小蒂，倪云虎. 网络经济学概论. 重庆：重庆大学出版社，2005.

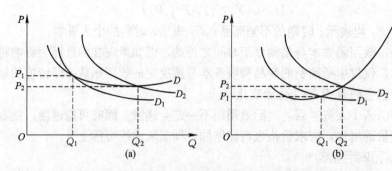

图 3-12　市场规模对产品价值产生影响时的真实市场需求曲线

综上所述，可以得出结论：当个人资本或社会资本在个人选择中起作用时，需求方就可能出现报酬递增现象，随着市场消费量的增加，消费者的需求价格也将增大，需求曲线也因而可能上升①。

3.2.4　数字产品的需求分析

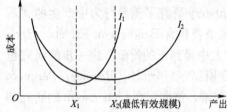

图 3-13　数字产品的长期平均总成本曲线

数字产品与传统物质产品最大的区别是数字产品的边际生产成本为零，即如果市场足够大，数字产品的生产基本不受限制。由于资源的稀缺，物质产品则受到生产要素投入的较大限制。因此，数字产品的长期平均总成本曲线能够从 I_1 平移到 I_2，如图 3-13 所示。

在理论上，数字产品的最低有效规模比传统产品的要大，但是，市场规模是由供求双方共同决定的。在新经济环境下，需求方规模占有更明显的优势。所以，只能生产单一产品的数字产品企业不能达到理论上的最低有效规模 X_2。同时，这意味着数字产品企业一般都表现为产能过剩。

1. 数字产品边际消费者需求函数

假设在某个既定的时期内，消费者使用一个数字产品（如软件等）的次数为 n，共有 $g(n)$ 位使用频率相同的消费者。令每个消费者使用该数字产品的固定成本为 F，可变成本为 v，这时，容易学习的数字产品具有较低的固定成本 F，容易操作的数字产品具有较低的可变成本 v。

假设厂商的总成本为 $C(x, v, F)$，且 $C(x, v, F)=C_x(X)+C_v(V)+C_F(F)$。其中，$C_x(X)$ 表示厂商生产 x 个数字产品的生产成本；$C_v(V)$ 表示当消费者具有可变成本 v 水平时厂商投资的研究与开发成本；$C_F(F)$ 表示当消费者具有固定成本 F 水平时厂商投资的研究与开发成本。

由于数字产品的边际成本极低，因而可以将 $C_x(X)$ 表示为：$C_x(X)=C_xX+K$。其中，C_xX 为边际生产成本；K 为生产数字产品的固定成本。这时，厂商投资的研究与开发成本与消费者的使用成本负相关，即消费者的 v 或 F 越小，厂商的 $C_v(V)$ 和 $C_F(F)$ 就越大。

假定消费者每次使用该数字产品的效用为 u，如果消费者使用 n 次，则其总效用可以表示为：

$$TU=(u-v)n-F$$

这样，如果数字产品的销售价格为 p，则消费者剩余为：$(u-v)n-F-p$。显然，当消费者剩余大于零时就会购买数字产品；反之，则不会购买。因此，当最后一个消费者选择购买该数字产品，且其消费者剩余等于零时，该消费者就是边际消费者。

假设该消费者使用数字产品的次数为 n^*，则有：$(u-v)n^*-F-p=0$，求解 n^* 得：

$$n^*=\frac{F+p}{u-v}$$

该式揭示了数字产品的使用频率与数字产品自身特征之间的关系。数字产品的自身特征包括容易学习的特征 F，容易操作的特征 v，以及消费者效用 u 和价格 p 等。

边际消费者的需求函数为一个线性方程式，可以表示为图 3-14 的形式。

当厂商投资以减少消费者的固定成本 F 时，数字产品变得更加容易学习，这在图 3-14 中体现为需求函数的截距减少了，需求曲线向下平行移动。当厂商投资以减少消费者的可变成本 v 时，数字产品变得更加容易操作，$(u-v)$ 的值变大了，这在图 3-14 中体现为曲线的斜率增加，需求曲线绕 $(P_0，X_0)$ 点向上移动，这时，消费者的消费剩余得到增加。

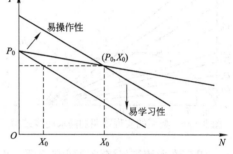

图 3-14　数字产品边际消费者的消费剩余的变化

首先，当数字产品的易学习性与易操作性具有一定组合时，使用数字产品的次数为 X_0 次的消费者就是边际消费者，当软件的易学习性提高时，边际消费者的需求曲线向下移动，那些原来没有购买意愿的潜在消费者发现，如果按照原先价格 P_0 购买数字产品，消费者净剩余会大于零而选择购买，从而成为新的边际消费者。厂商通过投资数字产品的易学习性，可以吸引到更多的消费者，使原来因使用次数少而不购买数字产品的潜在消费者决定购买该产品。

其次，当数字产品的易学习性与易操作性具有一定组合，且边际消费者使用该数字产品的次数为 X_0 次时，如果厂商投资提高数字产品的易操作性，只会使需求曲线绕 $(P_0，X_0)$ 点向上移动，而边际消费者的使用次数没有增加或减少，这意味着愿意购买数字产品的消费者数量既没有增加也没有减少，只是整个消费者群体的消费净剩余增加了，而厂商的销售数量并没有增加或减少。

2. 数字产品的需求函数和需求曲线

数字产品的需求曲线和传统经济学存在冲突和"矛盾"。这是因为网络经济下存在非线性的外部性，即一个具有网络外部性的商品价值随其销售数量的增加而可能呈指数增长。

传统的需求曲线描述了一个静态的单期行为，反映了价格对需求数量的影响；而网络外部性则强调了预期的作用，反映了预期数量对价格的作用。即网络经济下的外部性不同于传统经济下的外部性，它可以被更精确地描述为"一个商品的价值随其预期销售数量的增加而增加"。如此，可以确切把握的是需求曲线依然向下倾斜，但在存在网络外部性的情况下，它又将随着其预期销售数量的增加而上升。

　　进一步，用数字产品的需求曲线图来描述对这一新"矛盾"的解释。在存在网络外部性的前提条件下，消费者在购买第 n 个单位的商品 A 时，消费意愿将受到其对 A 预期销售数量的影响，即其预期商品 A 销售得越多，他越愿意为商品 A 支付更高的价格。但是，在预期销售数量已确定的情况下，其消费意愿又将随着价格的下降而上升。这样，设该消费者在预期销售 n^e 单位的情况下，愿意为第 n 个单位商品 A 支付的价格为 $P(x, n^e)$。很显然，$P(n, n^e)$ 是第一个变量 n 的减函数，因为需求曲线是向下倾斜的；然而 $P(n, n^e)$ 是第二个变量 n^e 的增函数，这一点抓住了网络外部性的经济特征：消费意愿随预期销售数量的增加而增加。在一个

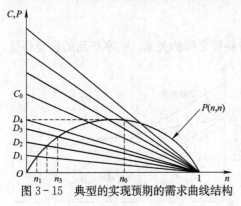

图 3-15　典型的实现预期的需求曲线结构

简单的单期市场（即取值在 ［0，1］ 之间的市场）均衡模型当中，预期已经实现，这时 $n=n^e$，（n 和 n^e 表示市场相对份额）进而可以定义已实现预期的需求为 $P(n, n)$。图 3-15 描述了一个典型的实现预期的需求曲线结构[①]，每条曲线 D_i（$i=1, 2, 3, \cdots$）表明在给定的预期销售数量 $n^e=n_i$ 的情况下，消费者为一个变动的数量 n 所愿意支付的价格（即传统的需求曲线）。当 $n=n_i$，预期实现，消费意愿函数 $P(n, n)$ 上的点为 $P(n_i, n_i)$。这样，函数 $P(n, n)$ 就是一条由点 $P(n_i, n_i)$ 组成的曲线。

　　伊克洛米德等经济学家研究表明，由于不会出现无限销售的情况，假设 $\lim\limits_{n \to \infty} P(n, n)=0$ 是合理的，当 n 较大时，$P(n, n)$ 随 n 的增加而减少，因此，$P(n, n)$ 最终向下弯曲。

　　从图 3-15 可以看出，需求曲线的变化使传统经济条件下的需求曲线予以修正，即传统向下倾斜的需求曲线实质上发生了改变，它不再和边际收益曲线重合。

　　从供求两方面对数字产品市场进行分析，一方面数字产品的特殊成本结构使单个企业也具有巨大的规模经济；但另一方面，在现实经济中，这种规模经济特征并不构成一个企业垄断整个市场的充分条件。并且在网络经济下，数字产品在生产方面的规模经济的实现更多地依赖于消费者的选择，即图 3-15 中描述的那样甚至取决于消费者对数字产品的预期。由于边际生产成本是趋于零的，理论上企业几乎可以任意地选择产品的生产数量。但是，在网络市场上，企业面临消费者预期选择的影响，同时更面临现实的或潜在的（即新的生产者进入市场）竞争威胁，如果消费者不选择购买本企业的产品而采用竞争者的产品，则企业拥有的潜在生产能力将不能实现。由此，生产者必须实施各种各样的竞争策略去影响消费者的选择。而同类产品或技术之间的竞争和可替代性等问题的存在使网络经济下的产品价格决定问题变得更加复杂。

　　网络外部性使网络的价值随着加入网络的消费者的增加而增加（Katz & Shapiro）。

　　传统产品的需求曲线向下倾斜。如图 3-16 所示，随着产品需求的增加，价格下降。其原因是边际效用递减规

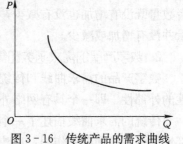

图 3-16　传统产品的需求曲线

---

① 张小蒂，倪云虎. 网络经济. 北京：高等教育出版社，2008.

律的作用。

对于网络产品的需求而言，一方面，遵循边际效用递减规律，随着需求量的增加，价格有降低的趋势；另一方面，随着加入网络的消费者越多，由于网络外部性的作用，使网络的价值越大，这时消费者的支付意愿也越大。假设消费者的支付意愿与网络的价值成正比，可以写出网络产品的需求函数：

$$P=\alpha-\beta Q+\delta Q^2，dP/dQ=-\beta+2\delta Q$$

当 $Q>\beta/2\delta$ 时，$dP/dQ>0$；

当 $Q<\beta/2\delta$ 时，$dP/dQ<0$；

当 $Q=\beta/2\delta$ 时，$dP/dQ=0$。

由此，可以画出数字产品的需求曲线。如图 3-17 所示，左半段的需求曲线向下倾斜，随着需求量的增加，消费者的支付意愿降低，这时，边际效用递减效应大于网络效应，当数字产品的需求落在这个区域时，类似于传统产品；右半段的需求曲线向上倾斜，这时，网络效应大于边际效用递减效应，随着网络规模的扩大，网络的价值增加，消费者的支付意愿也增加。

数字产品供求曲线的异常表现，使传统经济学理论难以作出完美解释。在现实经济中，数字产品供给商积极实施若干定价方案形成市场均衡。

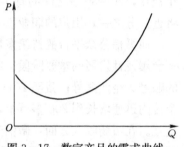

图 3-17 数字产品的需求曲线

案例 微信的快速崛起与网络外部性的关系

1. 微信崛起

2013 年 8 月 5 日，微信 5.0 登陆 App Store，这是微信版本的一次重大革新。从微信版本的历史发展看，微信 1.X 和 2.X 重点在即时通信功能；微信 3.X 和 4.X 重点在于社交，包括熟人社交朋友圈、陌生人社交摇一摇等，国际化以及微信公众平台体系的搭建；微信 5.0 增加了微信支付、游戏平台、公众平台、扫一扫等多种功能，其重点在于移动支付、手机游戏和 O2O，同时对于其公众服务体系进行了进一步的规范和梳理。对于被视为移动互联网商业化重点的游戏和 O2O，微信 5.0 发力扫一扫和游戏中心，成功打造了游戏和 O2O 两大入口，并带来微信支付解决了支付环节，从而完成了移动互联网商业化的闭环。同时，微信 5.0 进一步完善其公众账号体系，将公众账号定位于服务，而不是营销和推广，加强了企业、商家的公众账号的存在感。

微信是人际沟通的重要工具，它契合了社会黏性化与人性化发展，满足了人们的各项需求，在沟通与交流过程中逐渐将弱关系向强关系转变。用户使用微信主要是基于情感交流、自我满足和缓解焦虑等方面的需求，它是以人们的强关系为纽带而确立的关系网络，对于维护人际关系、增强人际关系的信任度有重要意义。但是，过于依赖这种虚拟化的工具对于人们的生活和现实人际关系会产生一定的负面作用。用户对于微信的信任与接受程度与性别、年龄、受教育程度和网络经验等因素相关,对微信认知越明确的人,可能对其信任较高。微信朋友圈是强连带与弱连带的有机结合,它能够为人们积累较为丰富的社会资本,有利于感情关系的增进和人脉资源的丰富。

微信之所以可以迅速扩张其业务面,推出多样化的互联网服务,和其高速增长的用户规模无不关系。正是以沟通为基础的社交需求,带给了微信更多的功能。根据 2013 年 7 月工信部发布的数据显示,2013 上半年我国微信用户超过 4 亿,微信用户拉动移动互联网流量收入同比增长 56.8%。2013 年下半年,微信用户规模依旧维持高速增长,截至 2013 年 11 月,微信注册用户量已经突破 6 亿,成为亚洲地区最大用户群体的移动即时通信软件。微信覆盖了中国最主流的移动互联网人群,用户群体主要分布在广东、北京、浙江、江苏等省份和一线城市。在年龄方面,微信用户群体特征相比整体移动互联网用户和微博用户来说更加年轻化,20～30 岁之间的青年占了 74%;19～24 岁用户的比例将近半数,25～30 岁用户也将近三分之一,用户的职业以大学生和白领为主。

而微信公众平台的持续发展,显示其商业化探索取得成效。2013 年下半年是微信公众平台爆发性发展的重要阶段。2013 年 6 月,微信公众平台有 3 万认证账号,其中超过七成的账号为企业账号;截至 2013 年底,据腾讯内部披露的数据,微信公众平台在推出后的 15 个月内迅速增长到 200 多万个,并且保持着每天 8 000 个的增长速度,以及超过亿次的信息交互。在市场收入方面,微信升级 5.0 版本后,新增了表情商店、微信支付、游戏中心等内容。2013 年微信在商业化上所做出的尝试,通过收费表情、手机游戏内付费等方式实现了微信自主运营下的收入来源。

在自主运营收入之外,通过与其他行业和领域的广泛联合,微信不断探索其商业模式。例如,首先是微信与电商的联合,如 2013 年"双十一"微信支付和易迅的合作。据腾讯公布的数据,"双十一"当天微信和易迅合作的"微信卖场"成交超过 8 万单,占易迅全站的 13%。另外,截至 10 月底,易迅网购的用户选择微信支付的订单(通过微信扫描订单二维码付款)累计达 35 万单,订单金额突破亿元。不到三个月的时间,微信支付订单额已经占到易迅订单总额的 5% 以上。其次,如微信与 App 的联合,拓展了微信的应用场景,延伸了微信的商业触角。据报道,迄今为止已经有 2 万多款 App 接入微信平台。以生活服务类 App 为例,用户不仅可以通过微信好友、朋友圈分享 App 上的内容,还可以通过微信支付购买 App 提供的团购等服务。微信与 App 的联合,把线上与线下、用户与服务紧密地结合在一起。

2. 微信成功与网络外部性

用户规模和用户数量是决定微信成功的关键因素。消费者从购买的产品或服务中获得的效用不仅取决于产品或服务本身,而且会随着使用者的增多而增加,用户规模越大会让用户觉得产品越具有吸引力,具有越大的价值,这种特性即被称为网络外部性。直接网络外部性指由用户数量的增加直接导致的效果,如邮箱、手机、即时通信工具等,用户规模越大,用户感知的效用就越大,转移成本也越大;而间接网络外部性指的是由于用户数量的增加导致产品的互补品增多,从而价格下降而产生的效果,如计算机软硬件等,用户使用该产品的数量越多,产品的互补品的价格越低,用户能享受到的实惠就越大。网络对用户的价值会随着其他用户数量的增加而增加,因此,对于未使用网络的用户来说,不断增长的网络是具有相当吸引力的。网络外部性可以运用到解释产品效能与用户数量之间的关系，移动社交完全具有网络外部性的特征，使用的用户数量越多，用户觉得它的价值越大，越想使用这个产品。

移动社交产品或者服务也会刺激其他商家来开发与产品兼容或互补的产品，通过不断向用户提供服务多样化或价廉的兼容或互补品，从而不断提升用户在使用该产品中所获得的效用。网络外部性通过不同经济网络为用户带来不同方面的网络外部性效应。

信息系统的采纳需要许多用户积极参与使用，进而产生一种集体行为。在移动服务用户采纳研究的文献中指出，网络外部性对用户感知的有用性和易用性影响显著，对用户使用行为也有显著的影响。根据微信所具备的特征及功能，这一理论可以用来解释微信用户采纳行为的影响因素。

腾讯微信是一个典型具有网络外部性的产品，当微信用户感知到的使用微信的好友或者用户数量越多，用户就更愿意去使用微信，也有利于鼓励越来越多的新用户来体验微信，有利于新老用户更频繁地进行交流以及体验新功能。反之，如果使用微信的用户数量少，那么微信作为一款手机聊天软件，一种网络交流方式，它的功能就起不到明显作用，那么其就无法吸引更多的用户来体验使用。另外，使用微信的用户数量越多，也可以说明微信的有用性越强；同时，用户之间的交流越多，使用微信越频繁，用户会觉得使用微信越来越容易。

3. 移动社交用户使用意愿的影响因素

移动互联网时代，作为即时通信和移动互联网技术整合的产物，以微信为代表的新型移动即时通信一经推出便迅速获得了市场的关注与青睐，预示着其巨大的市场潜力和广阔前景。在激烈的市场竞争中，用户的态度和意愿是新技术或产品取胜的关键因素。

多种即时通信工具在人际沟通功能上的对比如表 3-2 所示。

表 3-2　多种即时通信工具在人际沟通功能上的对比

即时通信工具	特　　点	缺陷	用户满足程度
微信	半实名制，有社交圈，用户黏度高	较少	★★★★★
手机通话	即时通信，现场感强	资费贵	★★★
手机短信	不会错过	耗时长、资费贵	★★
手机 QQ	联系人多，功能多	杂人多，不上档次	★★★★
新浪微博	大众传播为主，大号为王	草根用户存在感差	★

用户使用意愿影响因素多元化已是发展趋势，用户自身的感知仍是主要因素，但非唯一因素。可以从内外两个方面对移动社交用户行为影响因素进行分析。所谓内部因素，指的是用户对于社交产品的主观感受，这也是影响移动社交用户行为的核心和关键；外部因素指的是非用户的外在因素，主要包括软件在线服务质量和社会性影响。外在因素直接或间接地影响用户的使用意愿。

1）内部因素

（1）有用性感知。用户如果能够感受到移动社交的价值，比如认识更多的朋友，即时了解与关注朋友的动态，与朋友共享知识或随时与朋友交流互动等，那么他们就会有很大的兴趣去了解这个社交平台，使用态度就会有所改变，并且由于自身积极性的增加，同时也就提高了对移动社交的使用意愿。相反，如果觉得社交平台没有价值，使用意愿就会大大降低。

（2）易用性感知。易用性感知包括易理解、易学习、易操作等，是用户对于该移动社交平台的使用难易程度的认知。在如今这个快节奏的社会中，用户没有时间花大力气学习一个社交软件，很多时候就是凭刚上手的感觉，因此移动社交平台必须在很短时间内就让用户觉得好用，在基本功能完善的基础上，相应的使用意愿就会提高。而有一些社交软件在功能上没有缺失，但功能隐藏较深或不方便使用，自然会被用户抛弃。

（3）趣味性感知。当用户在使用社交软件时感受到了乐趣，乐于使用此平台进行互动交流、资源共享等一系列操作，在平台上停留的时间会加长，用户黏性会增强，使用意愿也会提高。许多流行的软件因为界面、功能的新颖，使用户感觉到趣味性，进而提高了用户的使用意愿。

（4）信任感知。信任感知是用户对自己使用的移动社交平台的功能、信息内容以及开发商和运营商的认可程度。有信誉的大公司通常会使用户感觉可靠。用户对该社交平台的信任感越强，那么就会更有兴趣和意愿去使用这个平台，使用积极性将增强。

2）外部因素

（1）软件在线服务质量。软件在线服务质量包括定制化、便利性和安全性等。定制化是指互联网服务提供商为个人客户提供定制产品、服务和交易使用环境的能力。拥有以用户为导向的定制化界面的产品和服务将会为客户提供便利，并对用户使用意愿产生正向直接影响。便利性是指一项互联网产品能够给客户提供简单、直观、用户友好的界面。研究表明，30％的客户在没有产生购买使用的情况下离开一个平台，是因为他们无法接受平台浏览的方式。安全性是由于移动社交涉及个人隐私和在线交易，因此安全性受到众多用户和研究者的关注。毫无疑问，用户希望使用安全性高的移动社交平台。

（2）社会性影响。用户容易受到"从众"心理的影响，当一种产品的使用被视为一种大众消费品时，那么个体的消费行为将被朋友和同事所影响。使用的用户数量越多，用户觉得它的价值越大，就越想使用这个产品。用户出于维系与群体内其他成员的关系而使用相应的移动社交产品。

参考文献

［1］周文成，沈杨．移动社交用户使用意愿的影响因素探究．通信企业管理，2014（11）：80-81.

［2］刘颖，张焕．基于社会网络理论的微信用户关系实证分析．情报资料工作，2014（4）：56-61.

［3］卢迪．"微信"的猜想：从"微信"的发展看移动互联网即时通信的平台化．中国传媒科技，2014（3）：31-35.

案例讨论题

网络经济的外部性还应用在哪些领域？

本章思考题

1. 试用梅卡夫法则分析腾讯 QQ 的价值特征及快速普及的原因。
2. 试论述如何减小或降低网络的负外部性，从而提高网络价值。
3. 为什么说数字产品对个人偏好的依赖程度更深？
4. 数字产品有哪些经济特征？
5. 比较网络外部性作用下的需求曲线、边际收益曲线与传统理论的区别及其原因。

第4章

网络消费者行为

网络环境下的消费者与传统环境下的消费者相比，有诸多特点。本章着重探讨网络消费者及其行为特征，分析影响网络消费者行为的内外因素及网络消费者决策过程。

4.1 网络消费者行为概述

消费者通过网络实施消费行为，就成为网络消费者，因此，界定网络消费者要从界定网络消费开始。

4.1.1 网络消费

1. 网络消费的含义

网络消费是人们借助互联网络实现其自身需要的满足过程，是包括网络购物、网络教育、在线影视、网络游戏在内的所有消费形式的总和。

2. 网络消费特征

（1）消费体现个性化特征。近代工业化和标准化的生产方式在降低成本的同时，也使不同消费者只能选择无差别的产品，消费者的个性需求得不到满足。网络经济使定制生产、提供个性化产品成为可能，消费者可以有"个性的消费"，购买符合自己要求的"独一无二"的产品。

（2）消费者有更大的选择权。在网络消费环境下，消费者对产品和服务的选择具有更大自主权。传统购物方式下的诸如购买时间、购买地域、同一时间同一地域内店家及店家数量等的限制不复存在，消费者通过网络可以快速搜索到所购产品和服务在全国甚至在全球范围内的相关信息，极大地扩展了其选择范围，并且由于搜索引擎的强大作用，使消费者能够在极短时间内获得关于产品的充分信息，从而可以对厂商及产品进行比较，作出最有利于自己的选择。

（3）消费更加便捷。网络消费时代，消费者坐在家中轻点鼠标，或打开手机图标，就可以在网上浏览产品信息、查看产品图片展示、下订单、电子支付等，完成购物的全过程，而且信息收集、产品比较、消费决策和支付都大大简化了。消费不再受时间、地域的限制，消费者可以在一天24小时中的任何时间完成在全球大部分地域的商品购买，并省去路途中的奔波，省时省力。

（4）交易对象具有不完全可感知性。对于实体产品的购买，与传统购物环境下消费者可以"眼看、手摸、耳听、鼻闻、口尝"的方式挑选产品不同，网络购物过程中，消费者不能体会真实的购物环境，触摸不到真实的产品，只能通过图片、文字的描述来对产品进行选择和比较。在购物过程中缺少各种知觉的参与，在一定程度上影响了消费者的判断力。

3. 我国网络消费的发展情况

网络消费给消费者带来诸多便宜，越来越多的消费者参与到这种新型消费中，网上消费人群的不断壮大最终会带动整个社会消费人群的观念转变，使网络其他商务模式也得到快速发展。

根据艾瑞咨询公司《2014 年中国网络购物行业年度监测报告》研究显示，2013 年中国网络购物市场交易规模达到 1.84 万亿元，增长 39.4%。网络购物交易额占社会消费品零售总额的比重达到 7.9%，比 2012 年提高 1.6 个百分点。随着网民购物习惯的日益养成，网络购物相关规范的逐步建立及网络购物环境的日渐改善，中国网络购物市场将开始逐渐进入成熟期，未来几年，网络购物市场增速趋缓，但网络购物仍是网络经济中增长较快的行业之一。随着移动端的不断发展与改进，移动网络购物市场规模也在不断扩大，且移动购物增长空间大。2011—2017 年中国网络购物市场交易规模的现状与预测情况如图 4-1 所示。

图 4-1　2011—2017 年中国网络购物市场交易规模的现状预测情况
资料来源：http://www.iresearch.com.cn。

4.1.2　网络消费者及其行为

1. 网络消费者及其特征

1) 网络消费者的界定

网络消费者是指以网络为构架，以网络工具为手段，通过互联网进行消费的人群。

2) 网络消费者的特征

(1) 网络消费者人口统计特征。网络消费者的人口统计特征可以从 4 个变量来考察，即年龄、性别、教育程度和收入水平。中国互联网信息中心（CNNIC）发布的《2013 年中国网络购物市场研究报告》显示，从性别结构看，男性用户在网购市场中占 54.5%。从年龄结构看，20～29 岁用户人群是网购市场的主力军，占比高达 56.4%。从教育程度结构看，网购用户受教育水平大学本科所占比例为 35.9%；其次是大专学历，所占比例为 25.7%。从收入结构看，网购用户的收入水平主要分布在 1 001～3 000 元之间，所占比例为 34.5%。

(2) 消费者具有网络经验。相对于新网民，网龄较长的用户上网经验较为丰富，他们掌握了一定的网络知识、网络购物技能，以及信息资源，熟悉购物流程，消除了对网络的恐惧感，从而更有可能在网上购物。

（3）消费者注重自我。网络购物的消费者以 20～29 岁的网民为主，并拥有高学历。他们多数是"独生代"，从小有自己独立的见解，个性强，喜欢与众不同、个性化的产品，希望产品能够体现自身的价值，喜欢尝试新鲜事物。同时，他们是时尚消费的引领者和追随者。

（4）注重价格因素。借助于网络，消费者可以获得充分的信息，这使其在挑选产品时更注意"货比三家"。价格始终是影响消费者行为的重要因素，价廉物美是其追求的目标。电子商务的发展使厂商和消费者直接进行交易，减少了很多中间环节，节约了交易成本，与传统渠道的价格相比，网上商店的商品价格具有较大优势。价格低廉是网络购物发展的重要因素之一。此外，消费者对互联网的免费心理预期也影响着网上消费行为。互联网在发展初期推行免费策略，消费者已经习惯了免费服务，目前还有不少免费项目，其他不免费的产品，价格也要比传统渠道的价格低，否则消费者就难以接受。

2. 网络消费者类型

网络消费者可以根据不同的指标进行不同的分类。

按照消费目标是否明确，网络消费者可分为以下 3 种类型。①确定型消费者。消费者在开始购物之前已经有了明确的购物清单。这类消费者对所去的网站、所要购买的产品都非常明确，他们会直奔目标网站，不愿花费更多时间，消费行为果断利落。这类消费者的时间宝贵，上网的目的就是快捷地购物，他们每月只花少量时间上网，其中网购的时间占了一半。②基本确定型消费者。这类消费者在消费之前有大致的消费目标、方式和标准，但具体要求还不太明确。消费者在网上商店进行浏览、搜寻和比较，最终选定产品。③不确定型消费者。这类消费者在进入网上商店时并无既定目标，毫无目的地随意浏览，看到网上广告、促销信息，会刺激其消费需求，从而进行网上消费。

按消费者购买特性可以将网络消费者分为 3 种类型：冲动型消费者，他们迅速购买商品；有耐心消费者，他们在进行了某些比较后进行购买；分析型消费者，他们在作出购买决策之前要进行大量的调查。

按消费者购买追求的目标，可以将网络消费者的购买行为分为功利型和快乐型。前者是为了达到某种目的和完成某种任务而进行的购买，后者是通过购买可以从中感觉到乐趣而采取的行为。功利型购买行为通常与合理推理和相关任务联系在一起，其购买行为具有针对性并讲求效率。快乐型购买行为表现为购物的娱乐性，追求购物过程的刺激，高度参与感和快乐满足感，体会购物过程的自由度和对于现实的逃避，而购买是整个过程的附带品。

3. 网络消费者的行为特征

1）消费者主导化

在网络经济环境下，消费者借助网络浏览、搜索大量的信息，进行筛选和综合分析判断，对产品的认知程度大幅提高，最终形成对产品和服务的选择。此外，消费者还可以在网上发布需求信息，得到其他上网者的帮助。同时，消费者充分享受交互式的操作手段，通过网络消费者可以参与到企业产品设计和生产环节中去，选择色彩、式样和包装，创造出能展示自己个性的产品。消费者在整个交易过程中掌握着主动权，起到主导作用。

2）消费具有层次性

网络消费就其内容来说，可以分为从低级到高级的不同层次。在网络消费的开始阶段，消费者重视对精神产品的消费，到了网络消费的成熟阶段，消费者完全掌握了消费的规律和操作，并且对网络购物有了一定的信任感后，消费者才从侧重精神消费转向日用品的消费。

3）消费者时间机会成本大

随着人们生活节奏和工作节奏的日益加快，时间的机会成本会越来越大，网络购物相对于传统购物的优势便越来越明显。资料显示，基于时间节约进行网络购物的人数占到了网上消费总人数的 35.7%。对于双收入家庭来说，搜寻的边际成本（选择和购买商品所支付的时间、精力和情感成本）往往要大大高于其他消费者，因而他们更趋向于方便、快捷的网上购物。

4）追求购物的便利性

消费者选择网上购物的很大原因是网络购物的便捷性。网络商店 24 小时全天候服务，可以适应消费者的时间安排，不用像传统购物方式那样受制于商店的营业时间，并且足不出户，即可以得到商品，现代消费者由于时间压力，更追求购物的便利性，包括搜集信息、网上订购、支付和收取货物等各个环节的便捷。

5）信息搜索以网络为主

在网络消费时代，消费者信息搜索方式发生了很大改变，信息搜索的主要方式是网络搜索。而 89% 的用户首先选择通过网络查询信息（包括搜索查询、网友评论、门户网站查询等）[①]。

6）购物与娱乐社交合二为一

上网购物具有双重功效，购物与娱乐、社交合二为一。闲逛购物平台成为一类群体的新爱好，以淘宝为例，休闲时逛淘宝首页、频道、活动页面，特别是淘宝社区的人不在少数。淘宝网为代表的购物平台不仅提供了交易服务，而且还集成了大量的资讯和人脉，成为消费者了解最新消费理念、时尚等信息的重要阵地。不仅如此，购物平台的社区互动还充分满足了用户的交友沟通需求。

4.2　网络消费者行为的外部影响因素

4.2.1　环境影响因素

1．法律政策环境

1）有关法律、法规

我国政府高度重视电子商务的立法工作，虽然我国实质意义上的电子商务立法还没有出台，但是与电子商务有关的法律性规范文件已相继出台。目前，我国关于电子商务方面的法律规定主要集中在以下法律和法规之中。

（1）《合同法》中有关电子合同形式的规定。1999 年我国颁布的新的《合同法》在合同形式方面吸收了数据电文形式，并将之视为书面合同。这是世界上第一部采纳电子合同形式的合同法。

（2）《中华人民共和国电子签名法》中关于电子合同签名的规定。该法规定了数据电文、电子签名与认证和法律责任 3 个方面的问题，是我国电子商务立法中的一个里程碑。

---

① 　http://www.51lanz.com/values.asp? id=1&Page=3.

（3）各地制定的电子商务管理办法。2000 年 4 月，北京市工商行政管理局发布了《北京市工商行政管理局网上经营行为备案的通告》，意在将在线经营行为纳入工商管理渠道；2000 年 5 月，北京市工商行政管理局又颁布了《关于对网络广告经营资格进行规范的通告》，针对网络广告的现状，对北京市网络广告经营资格作出规定，同时还出台了《关于利用电子邮件发送商务信息的行为规范的通告》。与此同时，上海市、广州市等电子商务发展比较迅猛的城市也在积极地探索制定有关电子签字、网上经营、工商管理甚至综合性的电子商务管理办法。

2）存在问题

尽管在电子商务立法方面已经取得很大成就，但仍存在以下问题。

（1）目前，我国在处理网上交易纠纷时主要依靠《民法通则》《合同法》《消费者权益保护法》《产品质量法》等法律调整，还没有一部全国性的电子商务法对网络消费行为进行规范。

（2）各地方电子商务规定的地域局限性与互联网的互联、互通、地域无限性的矛盾，使其难以形成全国范围的约束力。2008 年 6 月，上海市一审通过的《上海市促进电子商务发展规定（草案）》，因为缺乏实际操作性而遭到了质疑。

（3）目前一些电子商务法律、法规还只是概念上的规定，缺乏可操作性，在立法的技术操作上存在一定的欠缺。

2. 经济、人口因素

实际的经济购买力取决于网络消费者的收入、价格、储蓄、信贷等因素，而收入因素是和宏观经济发展密切相关的。目前，我们 GDP 总量已经占据世界第二的位置，宏观经济的持续发展是网络消费增长的基本支撑。

从人口因素看，人口的数量、结构、家庭类型等都对网络购买产生影响，而直接影响网络购买的人口因素当然就是网民的相关情况。

1）总体网民规模

截至 2015 年 6 月，我国网民规模达 6.68 亿，互联网普及率为 48.8%。中国网民规模与互联网普及率如图 4-2 所示[1]。

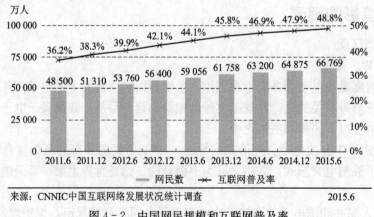

来源：CNNIC中国互联网络发展状况统计调查　　　　　　　2015.6

图 4-2　中国网民规模和互联网普及率

---

[1]　中国互联网信息中心（CNNIC）. 第 36 次中国互联网络发展状况统计报告，2015-07.

2）网民结构特征

（1）性别结构：截至 2015 年 6 月，中国网民男女比例为 55.1∶44.9，近年间基本保持稳定。中国网民性别结构如图 4-3 所示。

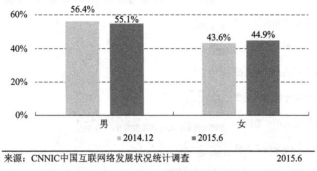

来源：CNNIC中国互联网络发展状况统计调查　　　　　　　　　2015.6

图 4-3　中国网民性别结构

（2）年龄结构：截至 2015 年 6 月，我国网民 20～29 岁年龄段的网民占比最高，达31.4％。中国网民年龄结构如图 4-4 所示。

来源：CNNIC中国互联网络发展状况统计调查　　　　　　　　　2015.6

图 4-4　中国网民年龄结构

（3）学历结构：截至 2015 年 6 月，网民中具备中等教育程度的群体规模最大，初中、高中/中专/技校学历的网民占比分别为 36.5％与 30.5％。中国网民学历结构如图 4-5所示。

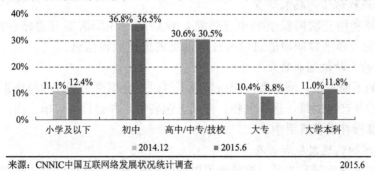

来源：CNNIC中国互联网络发展状况统计调查　　　　　　　　　2015.6

图 4-5　中国网民学历结构

（4）职业结构：截至 2015 年 6 月，网民中学生群体的占比最高，为 24.6％；其次为个体户/自由职业者，比例为 22.3％；企业/公司的管理人员和一般职员占比合计达到 15.8％。

中国网民职业结构如图 4-6 所示。

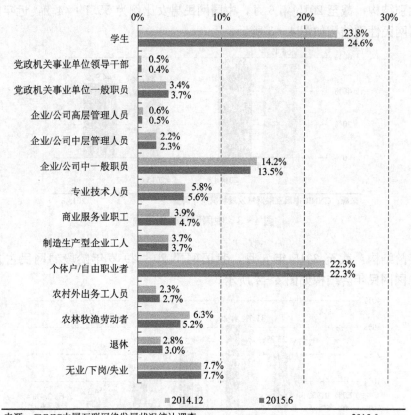

来源：CNNIC中国互联网络发展状况统计调查　　　　　　　　2015.6

图 4-6　中国网民职业结构

（5）收入结构：截至 2015 年 6 月，网民中月收入在 2 001～3 000 元、3 001～5 000 元的群体占比最高，分别为 21.0％和 22.4％。中国网民收入结构如图 4-7 所示。

3. 技术因素

1）消费者获取的信息越来越多

消费者能够利用互联网提供的中立信息，找到满足他们需要且价格性能比最高的商品。同时，消费者越来越期望通过没有任何偏见的渠道获得信息。

2）消费者的主动权越来越大

由于技术的不断进步，消费者在网络环境下可以充分享受交互式的操作手段，消费者通过计算机网络参与产品决策，选择色彩、样式、包装等，并自行下订单。由此可见，网上交易的主动权已掌握在消费者手中。

3）移动技术的迅速发展和普及

移动技术的迅速发展和普及，消费者可以通过手机等移动通信终端实时跟踪其订单状态和交易流程。同时，消费者可以通过多种方式与销售商进行沟通，尽量将交易过程中产生的问题减到最少。移动技术的发展也增强了消费者反馈信息的能力，传统的电子商务模式在一定程度上解决了消费者与销售商的双向沟通问题，而移动技术在这一点上更为优越，使消费者可以随时随地向销售商反馈信息。

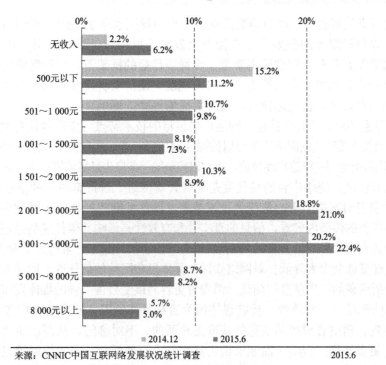

来源：CNNIC中国互联网络发展状况统计调查　　　　　　　　　　2015.6

图 4-7　中国网民收入结构

4.2.2　市场营销因素

1. 市场的变化

在网络环境下，通过电子商务手段，产品的生产者会更多地直接面对消费者，原先那种层层批转的中间商业机构的作用将逐渐淡化，这将引起市场性质的变化，主要表现在以下几方面。

（1）直接性。在网络交易环境下，消费者与销售商可以通过网络直接进行交易，从而避开某些传统的流通环节，使交易更加直接、面对面和自由化。

（2）市场的多样化、个性化和多变性。原有的以商业为主要运作模式的市场机制将部分地被基于网络的电子商务所替代，使市场更加趋于多样化。并且，由于网络的双向和动态的特点，市场会更显个性化和多变性。

（3）市场细分的彻底化。目前，市场变化主要体现在市场的划分越来越细和越来越个性化这两个方面。但是在传统的市场环境中，这两种方式无论如何发展，多数商品的提供最终还是难以一对一营销。只有在网络环境下，才有可能把这两方面的趋势推向极点，演变为一场针对每个消费者的营销，即微营销。

2. 网络广告的影响

网络广告是以互联网为载体，使用文字、图像、动画、声音等多媒体信息表示，由广告主自行或委托他人设计、制作并在网上发布，旨在推广产品及服务的有偿信息传播活动。与传统的媒体广告相比，网络广告具有覆盖面广、受众自主性强、交互性强、能够精确统计等优点。

广告是以说服为手段，促使消费者购买商品或服务的，它必须与消费者的购买心理相契合，才能达到预期的目的。网络广告对消费者的影响体现在以下 5 个方面。

（1）吸引有意注意程度。吸引消费者有意注意的程度水平是评价一则网络广告心理效果的重要指标。在传统媒体的框架下，广告产生效果的第一步是依赖于引起消费者的无意注意，进而通过激发兴趣和欲望诱导消费者。在网络传播的框架下，由于网络传播的交互性提升了消费者接触广告信息的自主性和个性自由程度，使消费者接触到的广告信息多与自己的兴趣和愿望相关联，并在自主选择的前提下形成偏好和信赖感。

（2）广告信息的针对性和个性化。网络广告独特的技术特点可使广告信息的针对性更加到位。现有的网络技术使特定的网络广告可以按照受众所属行业、居住地点、用户兴趣和消费习惯、操作系统和浏览器类型等进行选择性投放，也可以控制同一条广告暴露给同一个受众的次数。

（3）淡化可信度。网络广告的信任度是消费者对网络广告持有的一种信心期望，这种期望值越高，消费者对网络广告的信任度也就越高，而这种期望的形成会受到多种因素的共同作用。从网络广告的传播内容看，信息的真实性和有效性是影响其信任度的最基本因素。网络广告的表现形式也直接影响消费者的判断和认同。当网络广告的泛滥超过消费者的容忍度时，网络广告的信任度就会大大降低。对网络媒体和具体发布网站的信任度，同样直接或间接地影响着消费者对所承载的广告信息的信任。消费者更容易接受公信力强的媒体发布的广告信息。

（4）尽量降低信息不对称性。传统媒体因为自身特性所限，不可能在广告中将产品的有关信息完整呈现，消费者对产品信息的获取是片面的、不对称的，从而也使消费者对广告信息存在质疑，更多地把广告归于商业推销工具而形成心理抵制。网络传播的主要优势是海量的信息存储和海量的信息传输，通过多重链接方式，全方位展示产品或服务的信息，如果消费者对广告信息有疑问，还可以通过网络的双向互动交流平台进行查询和解答。消费者在此基础上进行理性分析比较，会获得一种心理上的平衡，增加对广告及产品的信任度。

（5）提高消费体验。网络传播超越时空限制和娱乐性特征使消费者的空间和心理距离缩小，改变传统媒体传播中的疏离与隔阂，消费者在亲身体验与享受乐趣中形成积极的情绪体验。

3. 网络营销服务水平

网络营销顾客服务水平是影响网络消费者行为的重要因素之一。这里所说的服务包括售前服务、售中服务和售后服务。

1）售前服务

售前服务主要是利用互联网把产品的有关信息发送给消费者。这些信息包括产品技术指标、主要性能、使用方法与价格等。

（1）发布产品信息和相关知识。消费者在购买决策之前，需要搜集该品牌产品的性能、结构、技术、功能等情报，甚至要求掌握产品的操作使用规则或技巧。销售商只有满足了消费者的这些供其决策之用的情报需要，才能使他们从准消费者转化成现实的消费者。

（2）建立虚拟展厅充分展示产品形象，激发购买欲望。网上购物的缺陷之一就是难以满足消费者眼观手摸商品的需求。如果建立网上虚拟展厅，利用网络上立体逼真的图像，结合声音甚至味道来展示企业的产品，使消费者如身临其境一般感受到产品的存在，对产品能有一个较为全面的认识与了解。

（3）网上售前服务还包括为消费者提供订货服务，包括接受消费者自行设计的产品，有助于提高消费者的满意度。

售前服务作为整个销售过程中的有机组成部分，还必须与售中服务及售后服务相衔接。

2）售中服务

售中服务主要是指产品买卖关系已确定，在等待产品送到指定地点的过程中的服务。在这一过程中，消费者比较关心的问题是销售的执行情况。售中服务主要包括在交易过程中，销售商向用户提供简单方便的商品查询、体贴周到的导购咨询、简便高效的商品订购、安全快捷的货款支付、迅速高效的货物配送等服务，保证商品交换活动顺利实现。在网络虚拟的交易环境下，部分消费者会对销售的执行情况产生不信任感。因此，销售商必须在提供网上订货功能的同时，也提供订单执行情况的在线查询，方便消费者随时随地了解销售的最新执行情况，减少消费者对购买的忧虑，增加消费者的满意度。

3）售后服务

售后服务是销售商利用互联网直接沟通的优势，满足消费者对产品的使用帮助和技术支持，以及产品维护等方面的需求。售后服务主要有两类：一类是基本的网上产品支持和技术服务；另一类是销售商为满足顾客的附加需求而提供的增值服务。

4. 网络商店和网店产品

网络商店是建立在互联网上的商场，一个可以让消费者通过终端计算机或手机购物、让商家销售产品服务，又可以缩减维护实际店面管理成本的虚拟商店。对于消费者来说，网络商店的好处很多。首先，价格比传统的商业模式要低；其次，花样品种的选择多；第三，对于某些商品来说，如书籍和音像制品网上搜寻与选择更加便利；第四，送货上门，方便快捷。

影响网络消费者的消费意向和行为主要有以下 4 个因素。

1）网络商店的设计风格

网络零售商店，由于没有实体建筑物的依托，其只是一个虚拟想象中的概念，因此，网络商店界面设计的好坏直接影响网络消费者的第一印象。色彩、分类、明细是否合理、有序，直接影响消费者在网站上的停留时间，从而影响消费者购物的可能性。一个吸引人的、舒服的网络商店通常可以起到以下的作用。

（1）交流平台。用户对网站的某些服务与功能可能需要与网站工作人员进行沟通，希望与自己有相同兴趣的人交流看法，如此网站的信用、服务等。网站应该提供电邮 BBS、网络社区等交流工具和平台以满足消费者交流需要。

（2）在线广告与促销。用户在网上闲逛的时候，有时并没有明确的目的想购买哪种商品，商家推荐的（如最畅销的、折扣的）和广告宣传的产品就有可能引起消费者注意，吸引消费者点击相应的链接进一步了解相关信息或作出购买决定。

（3）模拟现实。B2C 网站用户界面相当于传统商店的店面，它给消费者创造了一个与实际商店类似的逼真体验，大大地影响了消费者在线购物的参与程度，因此，其设计的好坏对网络消费者的购物产生直接影响。

2）网络商店的知名度和信誉

在浩瀚的网络世界中，知名度是吸引消费者注意的有利条件。知名度高，一方面表示消费者知道这个网站的存在，当有需求时，自然会成为浏览目标；另一方面，知名度高可增加消费者的信赖，从而较容易形成交易。信誉良好的网络商店会在网友之间广为传播，逐渐取得消费者的信任。网络商店还可以通过提供免费送货、无条件更换保证、降低价位、采用优惠卡等方式建立商店的信誉。

3）商品陈列设计

在虚拟的网络空间中没有了店堂和货架的概念，取而代之的则是网页、商品分类目录和店内商品搜索引擎，所列出的也不再是商品的实体，而是有关该商品的说明介绍和图片等，这必然也会影响到网络消费者的行为。

一般消费者是"认知吝啬"的,即消费者会尽量降低认知的努力程度。因为在认知过程中,信息搜寻、评价比较和决策思考都需要花费时间与精力,也即消费者的认知过程是有机会成本的。在互联网的环境下,消费者通过使用网络商店自有的搜索引擎或第三方比较购物代理等一些智能化的工具搜集信息,极大地节省了购物所花费的时间和精力,网络消费者认知的机会成本显著降低,从而能够作出更符合自己需要和偏好的购物决策,提高了购物决策的质量和效率。因此,商品陈列设计中提供帮助消费者认知的智能工具是必不可少的。

4) 网店产品的特性

消费者了解商品的途径是通过产品的信息介绍、形象的图片效果。详细准确的产品说明、清晰的图片效果会激发消费者的购买需求。另外,相对于传统商店,网上商店能提供产品的增值信息,使消费者不用花费时间和精力去特意搜索就能掌握更多的产品信息。

越来越多的消费者希望拥有专为自己量身定做的商品,既可以满足某些特殊需求,又可以体现消费个性。网店产品可以分为实体商品、信息与媒体商品、在线服务等,这些商品有一个共同特征,即商品质地统一,不易产生歧义。

4.2.3　网络文化

1. 网络文化的定义

网络文化是指网络上的具有网络社会特征的文化活动及文化产品,是以网络物质的创造发展为基础的网络精神创造。网络文化作为文化的一个子集,有着十分丰富的内涵。网络文化可以分成以下层面。

(1) 网络文化行为。网民在网络中的行为方式与活动,大多具有文化的意味,它们就是网络文化的基本层面,是网络文化的其他层面形成的基础。

(2) 网络文化产品。这既包括网民利用网络传播的各种原创的文化产品,如文章、图片、视频、Flash 等,也包括一些组织或商业机构利用网络传播的文化产品。

(3) 网络文化事件。网络中出现的一些具有文化意义的社会事件,不仅对网络文化的走向起到一定作用,也会对社会文化发展产生一定影响。

(4) 网络文化现象。有时网络中并不一定发生特定的事件,但是,一些网民行为或网络文化产品等会表现出一定的共同趋向或特征,形成某种文化现象。

(5) 网络文化精神。网络文化精神是网络文化的一些内在特质。目前,网络文化精神的主要特点表现为:自由性、开放性、平民性、非主流性等。但随着网络在社会生活中渗透程度的变化,网络文化精神也会发生变化。

2. 网络文化对消费者的影响

互联网的发展大致经历了以下过程,并在不同的阶段消费者体现出不同的文化特征[①]。

(1) 开创阶段。这一时期的用户主要是一些科研工作者,在他们的努力推动下,互联网发展成为一种共享科研资源和方便学术交流的优秀工具。这些人在建立互联网络并推动其科研应用的同时,形成了一些约定俗成的规则和开放自由的信仰,这些规则和信仰就是网络文

---

① 叶文. 网络消费者购买行为研究. 南京经济学院学报, 2001 (4).

化的雏形。

（2）商业化阶段。商业化应用的成功使互联网展现出巨大的潜力，并得到了历史性的飞跃发展，摆脱了仅限于研究和学术领域时发展缓慢的境况。这一阶段的互联网用户称为早期追随者，集中于信息技术领域的从业人员和公司，他们承续了先驱者创立的传统并加以发展，其从事的工作主要是互联网商业应用的研究开发，这一阶段的网络商业行为以企业与企业间的交易为主。

（3）大众化阶段。这一阶段的早期主要是一些尝新者，这部分用户接受过良好的教育，能够率先感受到网络化的发展趋势，并且具有打破传统消费观念的冒险精神，对他们来说上网或网络购物是将自己与其他人区别开来的一种手段或方式；随着电子商务的深入发展，各种相关技术逐渐趋于成熟，应用变得更方便，越来越多的消费者打消原来的疑虑，认可和接受电子商务环境下的消费观念与消费方式，这部分消费者属于潮流或趋势的接受者；更进一步，网络和电子商务触及生活的方方面面，成为生活中必不可少的一部分，这时人们的生活形态和生活方式已经发生了根本性的变化，绝大部分消费者都会认为网络消费观念是理所当然的，并且网络购物也将构成消费者购物活动的绝大部分，网络和电子商务完成了大众化的普及过程。在这一阶段，网络消费者出现指数级的增长，网络空间开始出现多种文化相互冲突碰撞的现象，但在相互影响之下将逐渐融合为一个意义更广泛的网络文化，当然在这统一的网络文化之下多元文化仍将并存。与此同时，企业与消费者间的交易额迅速上升，最终占据网上交易额中的大部分。互联网发展的不同阶段网络文化的不同特征如表 4-1 所示。

表 4-1　互联网发展的不同阶段网络文化的不同特征

发展阶段	开创阶段	商业化阶段	大众化阶段		
用户特征	先驱者	早期追随者	尝新者	潮流接受者	普及型消费者
网络文化	排斥商业行为	引入商业因素	追求新奇刺激	文化冲突碰撞	多元文化并存
行为表现	科研学术应用	商业应用研发	网络冲浪交友	网络购物娱乐	多样化发展
产品组合	自由共享软件	信息技术产品	新颖奇特商品	实体产品为主	服务娱乐为主

4.2.4　网络安全

1. 网络安全的定义

在网络消费中，买卖双方通过网络联系，由于距离的限制，建立交易双方的安全和信任关系相当困难。网络消费的安全要素主要体现在以下几个方面。

（1）信息真实性、有效性。网络消费以电子形式取代了纸张，如何保证这种电子形式的贸易信息的有效性和真实性是开展网络消费的前提。

（2）信息机密性。网络消费建立在一个较为开放的网络环境上，信息机密性是影响网络消费的重要因素。

（3）信息完整性。由于数据输入时的意外差错或欺诈行为，或者是数据传输过程中的信息丢失、信息重复或信息传送的次序差异都会影响信息的完整性。

（4）信息可靠性、不可抵赖性和可控性。可靠性要求是能保证消费者对信息和资源的使用不会被不正当地拒绝；不可抵赖性要求是能建立有效的责任机制，防止实体否认其行为；可控性要求是能控制使用资源的人或实体的使用方式。

2. 网络消费者面临的网络安全问题

网络消费的主要特征是其与信息技术的高度结合，由于互联网本身的虚拟性、互动性和公开性，使网络购物的模式与消费者所熟悉的传统实体购物环境的经验有所不同。例如，消费者无法直接面对商家，无法事先检查商品，无法就交易条件与商家直接进行接触与沟通。因此，网络购物也给消费者带来一些潜在的安全隐患[1]。

1）商品投递安全问题

网络购物的商品常常不能及时送达，或者商品在递送时破损。

2）商品质量安全问题

在网络购物中，消费者看不到商家、摸不到商品。由于选择时无法事先检查商品或服务，只可眼观而不能手动，缺乏触摸感，消费者往往无法得到商品更多的内在信息，只能通过商家在网络上所提供的信息进行判断，因此可能收到商品或服务时，才发现品牌或规格跟自己原先的期望有所落差，从而造成选择的商品与实际得到的商品在品质上存在明显区别。

3）交易安全问题

传统意义上的一手交钱一手交货，在这里不再适用，代之而起的是网络上的虚拟交易行为。并且大多数情况下，交易中付款与收货一般不是同时进行的，加上网络商家的身份良莠不齐，很容易诱发网络欺诈行为。虽然发生在网络的欺诈行为与传统交易环境并无太大的差异，但网络的普及性、匿名性和全球性等特性，使网络上的欺诈更容易进行且缉查更加困难。

4）支付安全问题

由于网络购物常常采用信用卡（或借记卡）结算，消费者在网络交易时提供的信用卡（或储蓄卡）资料或其他财务资料极有可能在传递过程中被不法分子截取。这些资料进入商家之后，可能被商家不当使用，或者被黑客及商家公司内部未经授权员工盗取。此外，有些企业考虑自身资金安全问题较多，往往要求款到发货，没有从消费者的角度去考虑付款方式，也是消费者不放心的原因之一。

5）隐私安全问题

大多数的网站在消费者购物时，都会要求消费者提供一些个人资料以完成交易，但这些资料却可能被用于其他目的。例如，作为商家今后营销之用，与其他商家分享或出售给其他商家等，致使消费者常常面对垃圾邮件、垃圾电话的骚扰，隐私权被严重侵害。

6）售后服务安全问题

在网络交易形态中，消费者在浏览电子商店的时候，只能从网站经营者设计制作的商品目录和说明中获得商品信息，在决定购买的时候，可能会因为过于仓促而没有经过适当的考虑。在商品送达后，难免出现对商品不满意而要求退货的情况。一些网络销售者则从自己的利益出发，在商品出售后以种种理由拒绝退货。而且，由于无法与商家进行面对面的沟通，发生争议时可能较难求证，特别是与国外商家发生购物纠纷问题时，更牵涉证据的搜集和司法管辖等复杂问题。

由于上述安全隐患的存在，往往使网络消费者在购买时犹豫再三，甚至放弃购买。

---

① 刘国防. 网络购物安全问题研究. 武汉科技学院学报，2004（8）.

4.3　网络消费者行为的内部影响因素

4.3.1　个性特征

1. 网龄

一般网龄长的用户上网经验较为丰富,网络购物用户多是网龄较长的用户。目前,中国互联网正处于快速增长期,每年的新增网民较多,随着时间的推移,网络购物渗透率应会逐步加深。

2. 性别

与普通网民中男性较多的特点有所不同,网络购物用户中女性用户占据半边天。

3. 学历

网购用户的学历水平远高于网民平均学历水平。

4. 年龄

网购用户年龄以 18～30 岁网民为主,比全体网民年龄分布更为集中,年龄较小和较大的网民比例都比较小。

5. 月收入

网购用户的个人月收入水平高于全体网民平均水平。

4.3.2　心理因素

1. 需要

网络消费主要是为了满足消费者兴趣的需要、聚集的需要和交流的需要。这些需要的特征体现在以下 5 个方面。

(1) 消费者的消费个性回归,需求体现差异性。

(2) 消费的主动性增强,消费者可以通过各种可能的渠道获得与商品有关的信息并进行比较,消费者掌握的信息量大大增加,减少了交易过程的信息不对称性。同时,消费者在选择商品上更趋于理性化。

(3) 消费者往往直接参与生产和流通的全过程,与生产者直接进行沟通,减少了市场的不确定性。

(4) 价格仍是影响消费心理的重要因素。

(5) 网络消费需要具有层次性。在网络消费的开始阶段,消费者偏重于精神产品的消费;到了网络消费的成熟阶段,消费者从侧重于精神消费品的购买转向日用消费品的购买。

2. 动机

动机是指引起和维持个体活动,并促使活动朝向某一目标进行的内在作用。动机的产生来自于两方面的诱因:消费者内在的需要和外在的诱因。消费者选择网络消费,主要是出于以下 4 个方面的动机。

(1) 情感动机。消费者选择上网和在网上购物,有的是由于各种心理情感的作用,如新奇感、快乐感、满意感等。这种基于情感的动机,往往具有不稳定与冲动的特点。

（2）理智动机。一方面，网上消费者大多是年轻人，且其中大多数用户受过高等教育，分析判断能力一般较强，能在众多的产品信息中比较选择出最适合自己需要、性能价格比最优的产品；另一方面，由于互联网强大的信息搜索功能，使用户可以迅速获取丰富的产品信息，拓展比较选择的范围，可以做到"货比三家"。

（3）光顾动机。这是指消费者由于对特定的网站、图标广告、商品等产生特殊的信任与偏好而习惯性光顾，并在光顾的过程中产生购买动机。这类消费者往往是某一网站的忠实浏览者，他们不仅自己经常光顾这一网站，还会鼓动周围的消费者也去光顾。

（4）方便的动机。在传统购物中，消费者为购买商品必须付出时间和精力，同时，拥挤的交通和日益扩大的店面更延长了消费者为购物所消耗的时间。而网上商店365天、24小时营业，网上支付或货到付款的支付方式、送货上门等服务特色带给消费者许多便利。对于追求购物的方便性和追求节省购物时间的消费者，网上购物是很好的选择。

3. 动机的扩展分析：网络游戏消费者的动机与行为

网络游戏消费是消费者最受动机影响的一项网络消费行为，深入分析网络游戏消费者的动机和行为有利于深入理解动机在消费行为中的影响。网络游戏消费行为的动机有以下3个方面。

1）物质自我层面的消费动机

娱乐动机是物质自我层面最显性的网络游戏消费动机。娱乐动机类游戏消费者偏好视听感官的刺激和享受绚丽的游戏场景、特别的人物造型和震撼的视觉冲击。网络游戏超现实的画面视觉冲击，配合场景和情境的音乐，使游戏消费者体验到一种从"物"到"感觉"的消费。

2）社会自我层面的消费动机

（1）逃避现实动机。逃避动机是由于消费者在理想与现实的落差中，难以理解现实也无法接受现实，内心感受到很大的冲突，消费者倾向于把心中的负面情绪投射到外部世界，沉浸在自我想象的世界中。网络游戏模拟了现实生活，让消费者在游戏中寻找到一种超现实的空间，暂时忘记现实带来的烦恼。

（2）情感补偿动机。情感补偿动机主要是指消费者在游戏中体验到在社会人际交往中没有得到满足或受到伤害的情感。这里的情感是指社会中人与人之间产生的各种情感，如友情、亲情、爱情等，属于马斯洛需要理论的归属需要。网络游戏虚拟出理想的社会，人际关系简单明了，正义与邪恶分明。消费者在进行网络游戏的过程中，把自己内心渴望的与人交往情感投入到游戏当中，从而获得原来无法获得的情感慰藉。

3）心灵自我层面的消费动机

（1）幻想动机。幻想动机是网络游戏把消费者内心不可见的想象变成视觉和听觉上的感官艺术存在，带给消费者更具实在感的幻觉。幻想消费动机是享乐主义在精神体验上的延伸，现代之前的享乐主义追求的是感官体验，即注重感觉，满足感官享受。而现代享乐主义则倾向于在幻想中追求快乐的体验，其已不再与感官享受和生理满足发生联系，并且也是一种情感受到控制的体验。游戏的幻想特质提供给消费者一个内心梦想展示的舞台，通过游戏的格斗及杀敌的方式，游戏的故事与画面把他们心中向往的一切展现为艺术形式的现实化，让他们似乎身临其境体会实现目标的艰辛历程与成功的喜悦。

（2）成就动机。成就动机是人们在完成任务的过程中，力求获得成功的内部动因，即个体对自己认为重要的、有价值的事情乐意去做，力求达到成功的内在动力。在网络游戏中，消费者把游戏的虚拟空间想象成一个现实社会，在其中探索未知的兴趣，有着在完成游戏任务的过程中证实自己的智力、能力的欲望，并且因为成绩的优异而赢得相应的地位和自尊的满足。是从个人需要、集体需要和社会需要 3 个方面定位的成就动机。

（3）自我激励动机。自我激励消费动机是指消费者一般沉浸在自己设想的理想世界中，他们不关心外界，一心只想实现自己内心的理想，玩网络游戏的过程是消费者将自己内心与理想交流，在不断的胜利或满足中得到自我激励。

4．消费者态度

消费者态度是指消费者对特定产品或服务的评价或见解，是一种协调一致的、有组织的、习惯化的心理反应，它直接影响购买决定。一般消费者态度对购买行为的影响，主要通过以下 3 个方面体现出来：首先，态度影响消费者对产品、商标的判断与评价；其次，态度影响消费者的学习兴趣与学习效果；最后，态度通过影响消费者购买意向，进而影响购买行为。

有用性认知、易用性认知、风险认知和创新特性是构成影响消费者态度的因素。

（1）有用性认知、易用性认知和创新特征与网络消费正向态度的形成呈显著正相关。这是因为消费者感受到网络购物的快捷高效或是操作方便简单，则有可能对网络购物作出较好的评价；具有创新特质的消费者更倾向于使用网络了解商品信息或是购买商品和服务，因此可能对网络购物持正向态度。

（2）风险认知对消费者态度呈显著负相关。研究结果显示，消费者对网络消费的风险认识得越多，越可能逃避网络消费。

（3）创新特征与风险认知有显著负相关。具有创新特性的消费者喜欢环境或事物的变化，并且不惧怕不确定的事情，因此能够将对网络购物是虚拟交易所带来的不确定和可能承担风险的认知降到最低层次。

5．消费者的网络经验

经验是过去知识的积累，在许多领域，经验都被认为是影响消费者行为的主要因素之一。经验不同的消费者，对产品的态度、评估的准则、购物意向与购物行为的表现均不相同。有研究表明，消费者使用网络的时间越长，越倾向于网络购物。消费者使用网络的强度，包括使用网络的时间与频率，能够降低消费者对网络购物的感知风险水平，提高网络购物的次数、访问产品类别的多样性和购买产品类别的多样性。这说明消费者的网络经验和网络购物之间存在正相关关系，网络经验的水平越高，参与网络购物的可能性越大。

4.3.3　感知风险

1．感知风险的含义

网络消费者感知风险是指某一个消费者对将要从事的某项网上消费活动所主观感受的期望损失，即消费者对某项网上消费活动主观感知到的不确定性和损失大小。因此，感知风险包括两个方面：①决策结果的不确定性，如决策可能未满足消费目的；②错误决策后果的严重性，亦即可能损失的重要性。由于购买风险本身具有不确定性，人们对这种风险的感知也必然具有不确定性。

感知风险具有主观性，是消费者对客观风险的主观认识。在产品购买过程中，消费者可能会面临各种各样的风险，这些风险有的会被消费者感受到，有的则不一定被感觉到；有的可能被消费者夸大，有的则可能被缩小。因此，感知风险与实际风险可能并不一致，因为无法感知的风险，无论其真实性或危险性有多高，都不会影响消费者的购买决策。

2. 网上消费者的感知风险来源

实体购物环境下消费者的风险认知主要与某一产品或服务本身有关，而网络环境下感知风险不仅与购买的产品或服务有关，而且与购买方式和环境有关。消费者网上感知风险主要来源于以下 5 个方面。

（1）与网上交易有关的风险。在网络消费中，信息流的转移与实际的价值转移不同步，网络购物中付款与交货是在时间和空间上分离的两个过程，商品必须经过递运才能到达消费者手中。这使消费者对网上购物还存在着许多顾虑和担心。这些问题不仅造成消费者的时间损失，还有可能导致支付的失败和相应的资金损失。

（2）与互联网及互联网技术有关的风险。这与互联网及互联网技术本身的虚拟性、开放性、复杂性和全球性有关。在网络购物环境下，支付地点是客户任意选定的网络终端，因而存在密码被人偷窥或强行窃取的风险；交易过程被置于完全开放的互联网环境之中，因而存在交易信息被网络黑客窃取的风险。支付风险扩大了消费者网络购物的风险感知，因而成为制约网络购物发展的重要因素。

（3）与零售商/网站有关的风险。网络的虚拟性使信息不对称的程度提高了，消费者网络购物时接触不到产品，而商家的真实身份又难以查明，所以，零售商或网站的信誉度及可靠性成为影响消费者接受网上购物的一个主要因素。

（4）与产品有关的风险。这是由互联网及互联网技术本身的虚拟性和复杂性决定的。在实体购物环境中消费者有眼看、手摸、耳听、鼻闻、口尝的购物习惯，而网上购物则缺少身体多种感官知觉的参与和协调，消费者体验不到真实的购物环境，触摸不到商品的质地，无法准确判断、比较商品的质量、大小或风格，这些都将影响消费者的判断力，可能使消费者作出错误的选择，从而导致功能风险的增加。消费者无法直接触摸和感觉商品是网上购物在技术方面的一大缺陷。

（5）与物流配送、服务有关的风险。目前，我国的网络商店由于经营实力有限，普遍没有建立覆盖全国的物流体系，只能依靠各类快递公司、邮政公司进行商品传递，既无法保证及时送达，也不能保证送达时商品不受损伤。这种因商品传递而造成的风险大大减少了网络购物"方便、快捷"带来的好处，使消费者在网络环境下进行购买决策时感知到更高的风险存在。

3. 网上购物感知风险类型

感知风险的产生主要由于购买过程中信息的不对称，因此，可以把网上消费者所面临的主要风险归纳为以下 8 类①。

（1）隐私风险。隐私风险是由于在线商店收集消费者的个人信息，并滥用这些信息而造成的风险。例如，个人信息被泄露、购物习惯被追踪、未经允许的联系等。

（2）财务风险。财务风险即经济风险，由于网络购物可能造成的资金损失，如操作失误导致货款损失、信用卡信息被盗；信用卡信息被误用等可能造成的经济损失。

（3）功能风险。功能风险是消费者担心产品不具备所期望的功能或产品使用性能差而带

---

① 李宝玲，李琪. 网上消费者的感知风险及其来源分析. 经济管理，2007（2）.

来的损失，如假冒伪劣产品、产品性能较差、产品性能与宣传不符等。

（4）时间风险。时间风险是指人们因为网上购买行为而损失时间的可能性。除了购物时间，这一维度还包括得到商品的等候时间，以及退还不满意商品所花费的时间。

（5）来源风险。来源风险是担心网站的信誉度或可靠性，如网络零售商的信用，网站所提供的信息的真实性等。

（6）交付风险。交付风险是担心不能按时收到或需要很长时间才能收到所购商品，如付款后根本没有收到或不能按时收到所购商品。

（7）支付风险。支付风险是由于网络支付提供个人的信用卡密码和相关个人信息而可能导致的经济损失。

（8）心理风险。心理风险是由于网上购物行为而遭受精神或心理压力的可能性。例如，如果购买行为失败或个人信息被披露，消费者可能面临一定的心理压力。

在网上购买决策过程中，各个感知风险要素对消费者的总感知风险有着不同程度的影响。当总感知风险超出了消费者个体所能承受的风险范围，消费者就会推迟或放弃消费行为；反之，则实施购买行为。网上感知风险要素与购买决策的关系如图4-8所示。

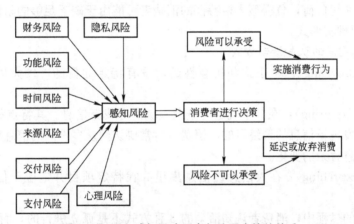

图4-8　网上感知风险要素与购买决策的关系

4.3.4　消费者的学习与网络信息空间的认知

1. 消费者的学习

消费者的学习是存在于人类消费领域里的一个特殊学习现象，是指消费者在购买和使用商品的活动中，由于自利本性的内驱力作用，不断地获取知识、经验与技能，不断地提高自身能力，完善自身的购买行为过程。通过正式与非正式的方法，消费者在消费活动中不断积累经验，获得商品知识与消费技能，形成消费观念，这就是消费者的学习。消费者不仅能够保存过去获得的经验，而且能够运用这些经验来改变或调整自己的消费行为。

网络消费者的学习对消费者网络购买行为的积极影响主要体现在以下3个方面。

（1）消费者的学习可以增加消费者的商品知识，丰富消费者的网络购物经验，帮助消费者更好地作出购买决策。

（2）消费者的学习能够提高消费者的网络购物能力，加速购买活动的完成过程。

（3）消费者的学习有助于消费者养成一种正确的网络购物观念，不仅可以较快地接受新的产品，而且可以使消费者认牌购买，成为某一品牌的忠实顾客。

　　2. 消费者对网络信息空间的认知

　　在网络消费中，消费者从事交易活动的一项重要任务是对网络信息空间的认知。消费者进行网上交易可以描述为：消费者为完成购物或与之有关的任务而在网络中浏览、搜索相关商品信息，从而为购买决策提供所需的必要信息，并实践购买决策和购买行为。

　　1）消费者的网络认知能力与特点

　　（1）由于人们记忆容量的限制，人的注意特点不同，导致对界面布局、对象的位置结构关系、交互的表征方式等网上商店的设计因素的感知差异。因此，不同的消费者对于网上商店的"假想购物商品区"的商业空间所提供的各种信息的注意度和反应是不同的，所以其表现出的行为特征的差异也是各不相同的。

　　（2）用户个体的文化差异和人格特征差异也会带来与之相应的系统表征的差异。因此，为激发消费者对网上购物的兴趣，非字母文化背景环境下的网上商店假想购物空间的设计就更为重要。

　　（3）人的性格等差异会要求特定的设计表征倾向。例如，接近物理世界的活动表征会减少网上消费者的使用负荷，急躁型人格特征的消费者可能由于缺乏足够的耐性而不喜欢效率低下的 Web 虚拟现实形式。

　　2）网络信息空间的认知活动方式

　　（1）浏览（Browsing）：非正式和机会性的，没有特定的目的，较大程度地依赖信息环境。

　　（2）搜索（Exploring）：在一个既定的概念领域内寻找新信息。其特点是搜集到的参考信息有助于达到发现新信息的最终目的；消费者时常要访问众多不同的信息源；消费者兴趣的演化依赖于信息背景的变化。

　　（3）寻找（Searching）：在大信息量信息集里寻找特定项目并定位于信息的最有效的方式。

　　在网上交易的过程中，消费者认知活动的 3 种方式不是孤立进行的，而是交替互动的。表 4-2 描述了 3 种认知活动的差异情况。

表 4-2　3 种认知活动的差异情况

活动方式	目的性	概貌	效率	认知负荷	计划	标志依赖
浏览	低	高	低	低	高	高
搜索	中	中	中	中	中	中
寻找	高	低	高	高	低	低

　　3）消费者掌握的知识与经验

　　网上消费者的认知活动特征主要是通过其掌握的知识、经验和具备的认知能力与特点表现出来的。

　　（1）网上消费者的职业与专业属性。在网络经济条件下，消费者的职业和专业分布等人口统计特征反映的是同一群体的消费者有共同而区别于其他群体的知识经验、认知能力和行为倾向，因而会有特定的网上交互倾向。

　　（2）计算机与网络经验属性。网上消费者所具备的计算机能力和网络经验不同，其表现出来的行为特征差异很大。计算机与网络经验属性，可区分为首次使用、偶尔使用和经常使用 3 类。具有这 3 类不同经验的网上消费者，对信息系统的要求，或者说信息系统的不同特点对于不同消费者的重要性与适应性是不同的。系统概貌的有效表征与用户对概貌的形成对首次使用计算机的用户是重要的；系统的结构及其表征、信息空间的特定标志对偶尔使用者是重要的；对于经常使用计算机的用户来说，提供信息访问的快捷方式可以加速任务的完成。

（3）完成特定网络任务的行为频度，具体到用户在特定网络购物站点上实施与购物有关的信息行为的频度。因为在用户界面中，信息对象的不同表征方式，对不同频度计算机应用的任务绩效的影响是不一样的。

4.4 网络消费者决策

消费者的购买是消费者决策的结果，互联网的存在影响消费者决策制定行为。由于网络消费者面临着大量的选择，因此其决策过程较为复杂。

4.4.1 网络消费者的决策类型

网络消费者的决策和传统消费者的决策大致相同，都可以按消费者在决策过程中付出努力的程度来描述决策过程。按照消费者制定决策时需要搜索信息量的不同程度，网络消费者决策分为以下 3 种类型。

1. 习惯性决策

习惯性决策是消费者在决策时处于很低的介入度（介入度是指一种产品或服务在消费者心目中的重要程度），即极少需要或在不经思考时就已经作出了决定。这种决策经常发生在消费者对某种经常使用的品牌产品的购买。消费者甚至没有怀疑过自己是否应该购买这种产品。例如，很多女性消费者都会在网络上购买自己经常使用的护肤品，当她们在进行网上购买时，甚至没有考虑过更换品牌。习惯性的决策有两种典型的表现形式：高度的品牌忠诚购买和重复购买。

这种不假思索的购买决策方式经常发生在消费者对于日常生活易耗品的购买中。这种习惯性的行为使消费者花费在日常购买决策上的时间和精力降到了最低。另外，在这类决策中，新信息是不予考虑的，这使得网络上的各种营销措施难以影响网络消费者的决策。

2. 有限型问题解决

当购买行为对消费者较为重要，但风险有限，产品或服务功能方面的技术不复杂时，消费者进行的是有限性问题解决的决策。该行为涉及一定的评判选择标准和有意识的思考决策，但是并没有特定的动机。选择过程较为简单，通常是在相同品牌或是相同功能的产品间进行横向比较，同时评判标准也较为简单和容易量化。例如，消费者在网络上进行商品选择时，通常会设定一个价格区间进行选择，这种简单的认知上的捷径要求 B2C 的电子商务网站在设计时一定要为消费者的决策提供捷径。

3. 拓展型问题解决

拓展型问题解决是网络消费者在决策时介入度最高的一种状态，也是最接近传统购物的一种行为。通常这种决策的进行是基于消费者的自我意识、生活方式等内部影响因素，以及宏观环境、亚文化等外部影响的共同作用。在决策的过程中，消费者会有意识地搜集大量的信息，然后对每一个产品进行仔细评估。这类决策常出现在购买以前从未购买过的产品或一旦选择错误风险较高时的情况。这也是网络营销者在研究网络消费者决策时应重点关注的问题。

4.4.2　网络消费者的决策步骤

网络消费者的购买实质是对问题的一种反映。为了解决问题需要进行一项购买，并通

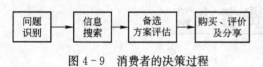

图 4 - 9　消费者的决策过程

过一系列的步骤来完成这一购买。与传统实体市场的消费者相同，网络消费者的决策过程也分为以下步骤：问题识别，信息搜索，备选方案评估，购买、评价及分享。消费者决策过程如图 4 - 9 所示。

1. 问题识别

作为一个消费者，决策过程开始于一个需要解决的问题。消费者所遇到的问题可以分为主动型问题和被动型问题。主动型问题是指消费者意识到自己的消费需要，如换季了，消费者需要购买衣服。这一类的问题是营销者较为容易解决的问题，因为消费者已经认识到了问题，产生了购买的冲动，营销者只需通过各种营销手段来促使消费者购买特定产品即可。

被动型问题是指作为决策者的消费者并没有意识到自己需要购买某种商品，外部的刺激物会导致消费者认识到问题的存在。例如，选择在互联网上购物的消费者，网络的弹窗式广告就很容易唤醒其购买的欲望。也许只是打算在网上购买一本需要的书籍，但是在浏览网页时，看到其他产品的广告，也会下意识地思考自己是否需要购买这一类的产品。因此，卓越网在推广计算机吸尘器、睫毛增长液、用于冰箱除味的活性炭等新产品时，都将产品图片放在醒目位置，并加以详细的文字介绍。消费者在看到广告后，有可能发现自己有此方面的需求，从而产生问题识别。

在电子商务环境下，外部刺激物只能采用刺激视觉和听觉的方式，即通过文字的表述、图片的设计、声音的配置等来完成。营销者必须能设计出吸引消费者眼球的浏览页面，从而能使消费者认识到自己的需求。在网站的设计上，必须独树一帜，体现自己的特色、经营理念和企业文化；界定目标人群，制作符合目标人群喜好的网页；提供方便的搜索界面，在网页中采用多种技术，将文字、图像、动画、声效多元素融合，提供网站导航支持、站点结构图与其他网站的链接、BBS 和娱乐项目等，从而吸引消费者，刺激其需求的产生。

2. 信息搜索

信息搜索是当消费者识别问题后主动或被动的收集足够的信息来解决问题的行为。在互联网时代，很多消费者在网上或网下购买产品或服务之前，都在互联网上进行信息搜索。网络消费者的信息搜索主要是通过互联网进行的，所收集的信息质量和数量都远远超过传统购物方式。

1）信息的来源

网络消费者的信息源可以分为内部信息源和外部信息源。此外，信息来源按照是否与营销者有关，分为商业来源和非商业来源。商业来源是指营销者提供的信息，包括广告、销售人员的介绍、宣传册、店内陈列等；非商业来源则包括个人来源和独立来源。个人来源是指通过家庭个人、有经验的朋友、熟人及消费者以往的经验；独立来源是指非厂商的独立第三方信息来源，具有相关知识的出版物和组织也是独立来源的一个组成部分。

与传统消费者相比，网络消费者可以借助互联网这一媒介获得大量的信息。在互联网上，消费者几乎可以找到任何商品或服务的商业来源和非商业来源。

2）信息搜索的成本

信息搜寻成本是指为找到某物品市场最低价而支付的各种费用、时间、精力和各种风险的总和。由于消费者和商家之间的信息不对称，消费者要努力寻找在不同地域或商店出售的同质商品的价格信息，以找到性价比最高的商品。信息搜寻行为无疑会帮助消费者作出比较理想的购买决策。"货比三家"就是对信息搜寻行为的经典描述。但是信息搜寻也是需要成本的，这主要是指搜寻过程中耗费的时间成本。信息搜寻成本作为一种机会成本，当其大于信息搜寻带来的商品价格收益时，搜寻可能会失败或被终止。另外，相同的时间损耗对于不同的个体来说，其时间成本是不同的。例如，已经退休的老年人，可能为了几块钱的差价，而跑遍多家超市，以寻找到最低的价格；而工作繁忙的年轻人，可能更愿意就近购买所需的商品，而不在意是否买到了最低价，因为时间对于他们更是一种稀缺资源。

实验心理学常引用信息论中的信号检测理论来描述人的许多信息行为。该理论认为，人对信息的反应分为 4 种：击中、正确拒斥、虚报和漏报。其中，击中是指成功地找到目标信息；正确拒斥是指成功地排除信息噪声，虚报是指把噪声当成目标信息；漏报是指把目标信息当成噪声。因此，成功的信息搜寻必须是前两者的集合：成功找到目标信息并且排除信息噪声。于是可以得到公式：

信息搜寻成本＝获得目标信息的成本＋排除信息噪声的成本

在不同的历史时期，这两种成本的相对重要性是不同的。在信息匮乏、信息流通不畅的时代，获得目标信息的成本要远远大于排除信息噪声的成本。而在信息爆炸、信息畅通无阻的时代，排除信息噪声的成本就很可能要大于获得目标信息的成本。

比特时代的到来，使消费者的信息获取十分容易，只需轻敲键盘，输入关键字，便可获得大量信息。但与此同时，由于海量信息中包含大量无用信息，消费者搜索有用信息会花费大量的时间，获取的有效信息比例也会下降。总体来说，比特信息时代和互联网的普及，使消费者的信息搜索成本有可能上升。

迈克尔·所罗门认为，消费者在搜索过程中结合了信息经济学的方法[1]：他假设消费者会尽可能搜集需要的资料以作出明智的决定。这样一个功利主义的假设也就意味着消费者最先收集的信息是其认为最具有价值的，而随着搜索时间的推移，消费者所获得的信息效用是依次递减的。这样就为消费者的信息搜索带来难题，即在这样一个信息高度冗余的社会里，到底搜索到多少信息对消费者是最优的。实际上消费者会努力地搜集尽可能多的信息，只要这一

① 所罗门，消费者行为学. 卢泰宏，译. 北京：电子工业出版社，2007.

过程不会过于耗费精力或是占用其过多的时间。消费者进行信息搜索的这一基本准则，就要求营销者在进行网站设计时，要为消费者的信息搜索提供多维度的工具。Ronald R. Yager 在《网络消费者购物决策系统》中就提出了一种以语言学为基础的产品资料数据库，网络消费者在进行购物时，可以从语义的角度直接模糊（Fuzzy Sets）搜索到所需要的信息。例如，当消费者要在网上购买商品时，可以把价格区间定义为 100～200 元，产品数据库将会依照要求返回有效信息，这样可以有效的节约网络消费者的时间。

3）影响信息搜索数量的因素

（1）消费者的可感知风险。可感知的风险越大，消费者的信息搜索就越广泛。那些对风险预期比较高的消费者，倾向于搜寻更多的信息，他们会看更多的论坛，在论坛中提问、看网友留言和评价，以及更多的专家评价和试用报告。

（2）介入程度。购买决策介入程度直接影响信息搜索和信息处理的程度。持久的产品介入会使消费者了解关于产品或服务类别的专业知识，使他们不断搜索信息，并对产品进行填补和升级。

（3）对产品或服务的熟悉程度和专业知识。以前搜集的信息和个人消费经验影响消费者对产品的认知。过去的经验和外部信息搜索之间是负相关的：随着经验的增加，消费者信息搜索方面的工作量会越来越少。一旦消费者认为过去经验不足以作出决策，就会进行新的信息搜索，这时，专业知识水平就会对搜索的信息量起决定性影响。研究表明，专业知识较多的消费者比专业知识较少的消费者会搜索更多的信息。这种无知悖论现象也出现在网络消费者身上。

（4）时间压力。21 世纪的消费者生活节奏加快，普遍都有时间压力。时间压力使消费者寻求方便的购物方式，使购物时间减到最少。网上购物方式正好满足了消费者的这一愿望。时间的机会成本大小影响消费者搜集信息的数量。

3. 备选方案评估

由于互联网带来大量有效的或无用的信息，网络消费者的决策过程总是充满着选择。当消费者搜索到足够的信息之后，对信息进行比较分析，形成几个备选方案，下一步就是对不同的方案进行评估选择，即对不同品牌产品进行选择。

与传统消费者相同，在进行方案的评估选择中，网络消费者会制定自己的评估标准，不同的消费者价值倾向不同，选择的标准也不同。同时，根据决策的复杂性和产品对其自身的重要性，使用不同的决策规则。除此之外，网络消费者在决策时还受到以下因素的影响。

（1）对网络营销商的信任感。

（2）对网络营销商售后服务的评价。

（3）其他网络消费者的评价。

艾瑞咨询公司 2013 年调查数据显示，2013 年中国网络购物用户在购物网站或旗舰店做比较时最常考虑的问题是"商品价格"，占比为 70.3％；另外，"商家信誉"、"商品质量"的占比接近四成，成为网络购物用户比较购物网站或旗舰店时的重要参考因素。2013 年中国网络购物用户在购物网站或旗舰店做比较时常考虑的问题分布如图 4-10 所示。

尼尔森（ACNielsen）公司进行的全球网络购物调查则显示，在网上购物时，60％的消费者选择常去的网站购买，23％消费者对于信息源的收集主要是来自个人。即在进行网络购

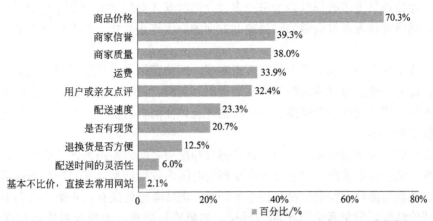

样本：*N*=2630；根据2013年12月iClick社区第十三届艾瑞网民网络习惯及消费行为调研数据获得。

图 4-10 2013 年中国网络购物用户在购物网站或旗舰店做比较时常考虑的问题分布

物时，消费者偏向于人员之间的"口碑"传播[1]。

由此，带给网络营销者的启示如下。①培养消费者对网站的信任感，形成忠诚客户群。通过提高服务商品质量、加强广告宣传等方式，提高网站的信誉度、美誉度，当消费者有了愉快的购买经历，形成对网站的信任之后，会发生重复购买行为，成为忠诚用户。②不断提高网络购物的售后服务水平。许多网络消费者担心在网上购买的产品能否得到与传统购物同样的售后服务，能否方便地退货，货物是否能按时送达。网络营销者应从完善物流配送体系和售后服务，及时解决消费者的问题方面加强工作，赢得消费者的信任，从而赢得更多的顾客。③重视用户评论信息。根据艾瑞咨询公司的调研数据显示，用户评价影响网民购买决策最重要的 3 个因素是信息真实性、评定者信誉和有用性。真实有用的信息属性和一定的评论数量通过提高网民购买决策的信心，增加购买行为。现在主流 B2C 网站和 C2C 网站，都在商品的订购页面为消费者设立了留言的空间，这样消费者在选择购买时就可以看到其他消费者真实而有效的评价。通过这种方式可以使消费者在进行外部信息搜索时，获得别人评价，达到"口碑营销"的效果。

4. 购买、评价及分享

消费者作出决策后，下一步就是购买行动。在传统购物环境下，从决策到实施购买间变数较小。但在网络消费环境下，作出决策到最终完成购买之间还存在很大的变数。消费者作出决策，采取购买行动，在购买过程中，会出现一些意料之外的情况，导致消费者改变甚至终止购买。目前大多数网站的购物流程过程包括"开户、订货、送货时间、礼品包装、付款方式、确认订单……"等一长串的购物流程，使不熟悉流程的消费者感觉购物过程困难重重，常常因为在结算时花费更多时间而感到厌烦，对于初次体验网络购物的消费者，过多的信息填写、过复杂的购买过程，往往使其望而生畏，从而半途而废，放弃购买。A. T. 科尔尼（A. T. Kearney）的报告显示，在互联网上，5 个购物者中有 4 个会放弃他们的购物车，消费者称他们之所以没有完成购买过程，最重要的原因是网站要求他们填写的个人信息过多。这表明消费者在第一次访问网站时不想提供大量的个人信息，只有他们对零售商

---

① Trends in online-shopping a global Nielsen consumer report. www. nielsen. com，2008（2）.

产生信任，相信提供更多的信息会带来更多益处的时候才会愿意分享更多信息①。而据其他调查显示，网络购物者常常会因为购买速度方面的原因终止购物，放弃购物车里已经选择的商品。

因此，为了使消费者购买决策得以真正实现，网络营销者必须改进网络购买环境，简化购买步骤。此外，应给出详尽的购买步骤流程图和解释，设置功能型按钮，方便消费者修改信息。只有给消费者创造一个便捷的网上购物环境，使消费者快速、方便、愉快地购物，才能减少购物的废弃率。

消费者在购买和使用商品后，通过自身感受和期望之间的差距来评价商品。评价的可能结果有两种：满意和不满意。当消费者在预期的时间内收到产品，并且产品与展示的图片相符，产品的性能与消费者预期相符，甚至更好时，消费者感到满意；否则，则会不满意。根据不同的评价结果，消费者会有不同的反应。如果感到满意，消费者可能会再次购买，同时，会告诉亲朋好友，鼓励他人购买；如果感到不满意，消费者不仅自己不会再次购买，还会把这种不满意告诉他人，并劝说他人不去购买。因此，对网络营销者来说，应该想方设法使消费者感到满意，这样可以带来三重好处：①消费者本人会重复购买；②消费者会"口碑相传"，树立良好的品牌形象；③消费者会推荐更多新顾客购买。

在移动互联网广泛应用的今天，网络消费者会随时随地将其购物体验、对商品和服务的感受记录下来，在网上分享，这种分享互动的放大效应，更容易形成网络消费者口碑。

4.4.3　网络消费者的满意度研究

消费者是否满意是保持消费者忠诚的重要因素。研究影响消费者满意的各项因素，改进消费者网络购物的每一个环节，能有效地提升网络消费者的满意度。

1. 网络消费者满意度评估模型

网络消费者的满意度评估与传统购物行为的评估类似，主要研究消费者的期望和实际体验的对比情况。研究者 Szymanski 和 Hise 进行了一项名为网上满意度的研究，研究消费者对网上零售的满意程度。研究表明，网上交易满意的 3 种重要推动力是购物方便性（体现在所花费的总时间、方便性和浏览的简便性）、网站设计（页面整洁、搜索方便、打开速度快）和交易的经济安全性。而产品信息（信息的数量和质量）对满意度影响非常小，产品供应（供应品的数量和种类）没有任何影响②。

总体来说，影响网络购物者满意度的因素主要有产品的质量、网络购物的安全、网络的互动程度、产品质量、购买的便利程度、产品的价格、操作的便捷和售后服务等。网络消费者在购物前，都会有自己的对该购物过程的期望，如希望网络购物所购买的产品价格比传统的实体购物要便宜多少，购买商品送达所需的天数，以及购买的产品售后保修情况。这些消费者在购买前的设想都会影响网络购物的满意度。网络消费者基于自己的实际体验，将期望的水平和所实际感受的水平进行对比，最终得出自己是否满意的结论。因此，网络消费者满意度评估模型所包含的因素如图 4-11 所示。

---

① ROHRBACHER B. Top Reasons for Abandoned Online Purchases. http://www.clickz.com/article/cz.3178.html，2001-01-17.

② 谢斯，米托. 消费者行为学. 罗立彬，译. 北京：机械工业出版社，2004.

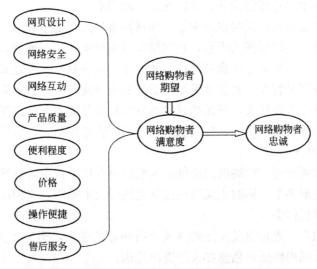

图 4-11　网络消费者满意度评估模型所包含的要素

2. 对网络营销者的启示

在网络销售中，"口碑相传"是最好的广告。而口碑相传是把双刃剑，因为有了互联网，消费者就更容易表达他们的不满，而且由于互联网这种媒介的力量，消费不满意带来的负面影响传播的速度更快、涉及面更大，给企业带来的消极影响和压力也就更大。因此，努力从影响消费者满意的各因素着手，不断提高消费者满意度，是网络营销者今后工作的重心之一，让顾客满意了，也就留住了顾客。

与此同时，消费者是否满意取决于消费者实际感受和期望之间的对比。如果网络营销者在营销沟通及营销组合的其他要素（如广告、图片展示、价格、服务）中包含的承诺太多，消费者就会产生过高的、无法满足的期望值，也会导致消费者不满。当然，如果期望值过低，则不会吸引消费者购买。因此，正确的策略是使期望值处于一个合理的范围内，给目标消费者足够的吸引力，又不至于使消费者存在过高的预期。

案例　从微博到微信：网络消费新特征

微博和微信的兴起不仅改变了人们的交流方式，同时也改变了消费模式。微营销使网络消费产生新特征。

1. 微博

1）微博的出现

微博，即一句话博客，是一种通过关注机制分享简短实时信息的社交网络平台，也是一个集文字、图片、视频、音频、LBS 等形式于一身的基于用户关系的信息分享、传播以及获取的自媒体平台。相比博客，微博更加注重时效性和随意性。

2009 年 8 月，中国门户网站新浪推出"新浪微博"内测版，成为中国第一家提供微博服务的门户网站，微博也正式进入主流人群视野。随着微博在网民中的日益火热，在微博中诞生的各种网络热词也迅速走红网络，微博效应逐渐形成。

伴随着微博的广泛应用，同时也迎来了一场微博世界人气的争夺战，大批量的名人被各大网站招揽，各路名人也以微博为平台，在网络世界里聚集人气。同样，新的传播工具也造就了无数的草根英雄，从默默无闻到新的话语传播者，往往只在一夜之间、寥寥数语。

微博的出现，在某种程度上是为了满足消费者的安全需求、社会需要、尊重需要、自我实现需求。而商家从中发现机会，开始通过微博发动社会化关系来促进销售，微博上有很多商家利用这个平台销售自己的货品、提供服务和进行广告宣传活动，微博营销由此诞生。

2）微博营销的特点

第一，低成本和便捷性。微博的门槛低，人们只要利用手机或者电脑上网就可以免费注册微博，并且可以注册多个，同时也无需经过繁复的行政审批等，这相比于电视报纸等的传统广告方式的成本要低许多。

第二，覆盖范围广。通过粉丝关注的方式进行病毒式传播，迅速扩大知名度、关注度，使得企业可以在短时间内将活动信息在大范围内传达。

第三，互动性强。转发、@、评论、收藏等功能大大提高了微博用户之间的互动性，这也是营销中不可或缺的一部分。

第四，立体化。微博营销可以借助先进多媒体技术手段，运用文字、图片、视频等展现形式对产品进行描述，从而使潜在消费者更形象直接地获取和接受信息。

第五，高速度。微博最显著的特征之一就是传播迅速，一条关注度高的微博在互联网及与之关联的手机 WAP 平台上发出后短时间内互动性转发就可以抵达微博的每一个角落。

第六，也是最重要的优势，即微博的名人效应。微博上有很多备受普通博友关注的名人，而信息的流动绝大多数是从话语权集中的名人流向普通博友。

3）微博营销的影响机理

首先，微博营销诱导消费者产生消费兴趣，如参与兴趣、购买兴趣，在微博中发布一个讨论议题或销售信息很容易被广泛传播和接收，这也方便了消费者的即时参与。

其次，微博上能够发布一些对消费者或粉丝有利的信息，如一些打折信息、秒杀信息，而这些利益信息是很多粉丝消费者喜闻乐见的。

最后，互动是微博营销的一大特点，通过微博，如果消费者对产品感兴趣，那么发动评论就可以跟企业商家互动，帮助进一步了解商品解决疑问，从而使得消费者（粉丝）与企业商家之间建立关系。

微博作为新媒体不同于一般的信息搜索行为在于，微博是真正意义上的自媒体，这就会导致任何一个消费者，不仅仅是一般意义上的针对特定人群的有影响力的"意见领袖"，都具有多维度上的影响力（包括破坏力）。

2. 微信

1）微信的出现

微信（WeChat）是腾讯公司于 2011 年 1 月 21 日推出的一个为智能终端提供即时通信服务的免费应用程序。到 2014 年初腾讯内部统计的微信注册账号已经达到了 9 亿之多，是亚洲地区最大用户群体的移动即时通信软件。

微信是基于熟人的圈子社交，人与人之间都是强关系连接的。然而这样的强关系社交会造成一种现象，当你所处的关系网络中都是熟人时，基于各种各样的原因会有一些事情、一些观点不愿意让熟悉自己的朋友亲人所知晓，这时候使用微信朋友圈功能就会有一些顾虑。而匿名社交将会满足中国人对社交媒体的这一需求。

2）微信营销

有人气就有商业机会，微信不仅改变着用户的消费方式，也为商家增加了新的营销思路。

作为最早与微信平台直连的生活服务类商家，布丁酒店的微信订房功能上线 6 个月后，就吸引微信用户近 55 万。通过微信账号，就能直接查询附近的布丁酒店，然后直接订房。和 APP 及网站相比，微信订房更为方便。目前，微信已是布丁酒店在移动互联网布局的三大基石之一。由于看中微信庞大的用户群，以及点对点的沟通方式，首都航空、南方航空和春秋航空等航空公司先后开通官方微信。以南方航空为例，微信账号不仅能查询票价和起降时间，而且可以办理登机牌，办理成功后系统会发送一个二维码。在支持二维码登机的机场，凭借二维码就能直接登机，省去了打印纸质登机牌的时间。

除了酒店、航空业，金融行业也将服务搬到了微信上。在其他银行的微信平台还停留在基本业务查询或产品营销的阶段时，招行推出的国内首家"微信银行"全面覆盖各类业务。其账号下包括三个菜单：我的账单、我的卡片和"招招精彩"。不仅可以实时查询银行卡信息，而且可以进行还款、支付、贷款申请、办卡申请、手机充值、生活缴费等多种便捷服务。

3. 从微博和微信看消费特征

1）媒介依赖症

微博产业的高速发展让新一代媒介依存症——"微博控"大放异彩。人们在微博上可以快速便捷地找到自己感兴趣的企业或企业家的微博，在其界面可以通过留言和发表私信的方式与他们进行直接的对话交流，让这些平时难以接触到的成功企业家们走下神坛，就好似与他们面对面交流一般。部分粉丝过度沉湎于所谓的微博"亲密接触"而不可自拔，不分任何时间、场合、地点流连于企业微博界面，查看企业家们是否发布了微博，自己是否能够"抢到沙发"，以期望博得企业家们的青睐。更有甚者，价值和行为选择一切必须从微博中寻找依据；有的粉丝甚至对自己感兴趣的企业所发布的每一条微博都进行转发。

2）消费共同体

消费者不仅具有最基本的社会人属性，而且还具有特定社会位置和群体归属属性。人们接受了某种认同，也就是接受了某种与之相对应的认同框架，并在这个框架内从事对认同的管理、维护和创作活动。人们的消费活动，实际上也是在特定的认同框架内进行的。消费建构认同的结果，便是消费者共同体的出现。所有以企业微博为核心的公共空间都构造了一个示范性的认同框架，不同类型的受众群体在这一认同框架下的表现，促使了不同年龄、不同性别、不同区域、不同阶层消费共同体的出现。主要的几个消费共同体如下。

（1）青少年消费共同体。青少年大部分都渴望张扬自己的个性，叛逆，他们是一个骚动、浮躁、好奇和创新的消费群体。这一类消费共同体主要聚集于电子、餐饮、旅游、电商、服装、餐饮等企业微博下。

（2）女性消费共同体。女人的消费通常力图体现"女人化"或"女人味"，即女性认同。此类消费共同体的人员数是所有共同体中最为庞大的，它包含了社会各个年龄层的女性。据研究表明，女性的购物消费欲望远远高于男性，女性永远处在社会消费金字塔的顶层。

（3）区域消费共同体。人们一般会将自己曾经或现在所生活的区域，当作自己的精神家园和情感归属地。同一地区的企业官微对成员有精神上的聚合作用，相同的地域特色和消费方式促使了消费一致性的产生。

（4）阶层消费共同体。不同的社会分层形成不同的阶层消费认同。认同空间提供了与各成员的经济地位相适应的文化认同（或文化形象），人们为了维护和再生产与自己经济地位相适应的文化认同，不得不选择不断地消费。

这四类消费共同体成为表达自我的方式之一，促使类同消费的产生。随着消费时代的日益蓬勃发展，各式各样的消费共同体层出不穷，人们因为拥有共同的消费行为而聚集在一起，形成不同种类的消费共同体，这些身份不断地与他们在社会上的其他各种身份相互重合。在商品符号价值的文化标识作用之下，消费也终于成为了文化认同的一种表达方式。

参考文献

[1]　胡婷婷.企业微博消费特征浅析 [J].新闻爱好者，2013（4）.

[2]　李贝.浅析新媒体：微博对消费者购买行为的影响 [J].河北企业，2013（8）.

[3]　叶静.社会化媒体语境下企业微博与微信营销研究 [D].暨南大学，2013.

案例讨论题

企业如何针对网络消费新特征制定新的营销策略？

本章思考题

1. 网络消费者的购买行为具有哪些特点？
2. 影响网络消费者购买行为的因素有哪些？
3. 感知风险在售前、售中、售后如何影响网络消费者行为？
4. 简述网络消费者的购买决策过程。
5. 影响满意度的主要的因素有哪些？

第5章
网络经济企业运营管理

在网络经济环境下，微观企业的运营管理会出现一些新的特征，如企业的管理理念、管理手段、管理方式和管理内容等都会发生深刻的变化。这个跃进的过程是漫长、艰巨的，企业如果能将运营管理活动针对网络经济作出相适应的调整，无疑将在新经济中获得竞争优势，同时，也能够促进网络经济的繁荣。

本章针对网络经济大环境下企业运营管理出现的新变化、新特征进行研究，从知识信息管理、产品策略、价格策略、渠道策略和促销宣传策略等方面进行分析，目的是在新经济形态下重新审视企业的运营管理模式。

5.1 知 识 管 理

21世纪是知识的世纪，从国家竞争到企业竞争，实质都是知识的竞争，知识就是实力，是创造一切价值的源泉。因此，在新经济时代，企业的知识管理是企业管理中的核心内容之一。

5.1.1 知识管理的含义

1. 网络经济下知识的重要地位

在20世纪初，劳动生产率的提高靠增加人力和设备，知识的含量仅占5%~20%，而在当今的网络经济中，劳动生产率的提高靠知识的比重已占60%~80%。由此可见，知识是网络经济的主要核心，是经济竞争中获得竞争优势的必要条件。企业要强化"知识管理"意识，必须考虑如何去获得知识、传递知识和利用知识。要把管理对象从以人、财、物等"硬件"为重点，转变到以知识和学习等"软件"为重点。知识资本是企业的重要资产，随着网络经济的进一步发展，这种资产的重要性不断提升，企业在未来活动中面临的共同挑战，就是对所需知识的界定、积累、生产、共享和管理。

2. 知识管理的本质

知识管理是企业运用先进的技术和信息手段，把知识作为"资产"来进行管理的一整套特有的管理实践活动，目的是为了充分利用知识资源，使之发挥全部潜力，全面提高知识生产率。知识管理包括3个层次：第一个层次是知识内容管理；第二个层次是知识能力管理；第三个层次是企业文化管理①。

---

① 盛晓白. 网络经济通论. 南京：东南大学出版社，2003.

信息和知识存在很大的不同，信息一般与对象的性质和执行效果紧密相连，而知识则可以理解为"具有某种行动能力的潜能"，只有和人的行动能力结合才能产生效益。一些企业把知识管理简单化为信息的处理，把知识管理的重点放在知识管理技术的引进和升级上，这个做法有失偏颇。

知识管理体系由知识系统、信息技术系统和学习型组织三要素构成。金字塔形知识管理体系框架如图 5-1 所示[1]。

图 5-1　金字塔形知识管理体系框架图

企业管理者很好地吸取市场知识，从合作伙伴处获取知识，并整合利用已有知识进行创新，把知识成功地应用到具有市场潜力的新产品和服务中去，是知识管理的根本目的。知识管理就是要通过结合数据、信息技术的处理能力和人的创造、创新能力，实现企业发展战略和信息技术的有机统一，提高组织在非连续性变化环境中的生存能力和竞争能力。

5.1.2　企业知识管理策略

1. 知识内容管理策略：建立知识共享平台

企业经营中的知识有以下 3 个方面。①市场知识。这是指企业在市场开发、消费者服务、品牌建设等过程中涉及的知识和信息，如市场调研、销售渠道、合作关系、客户资料、协议与合同等。②技术知识。这是指企业生产经营中涉及的知识和信息，包括企业专利、版权、商标、商业秘密、生产工艺、专门技术等。③制度知识。这是指使企业正常运转的一切制度、规范和方法，包括生产流程、管理程序、经营模式、组织结构、规章条例等。

构建知识库、建立知识共享和交流平台，才能推动企业内部员工之间、企业内部员工与企业外部客户及合作伙伴之间的知识交流和共享，通过知识应用和知识创新创造企业竞争优势。

在企业构建知识库、建立知识共享和交流平台方面，信息技术的应用起到十分重要的作用。知识管理有价值的信息技术有内部网络（Intranets）、组件（Groupware）、文件管理、数据仓库、人工智能和智能代理（Intelligent Agents）等。

有学者提出了 5 层结构的知识管理架构，如图 5-2 所示[2]。即分为用户界面、知识元模型和知识地图、知识库、知识存取工具、知识管理实施。

（1）用户界面。用户界面保护用户免受技术复杂性的影响，代表用户日常的工作空间，并提供应用和获取数据的窗口。

（2）知识元模型和知识地图（Knowledge Metamodel and Knowledge Map）。是知识管理的核心。元模型包含元知识，即"有关知识的知识"。包括：谁在何时创造了知识、知识体的格式及媒介、知识体的目的（用途）、该知识如何被应用、运用该知识的问题、围绕其

① 朱祖平. 刍议知识管理及其体系框架 [J]. 科研管理，2000 (1).
② 赖启正，任皓. 知识管理技术及其基础架构. 数字化企业网，http：//articles. e-works. net. cn/KM/Article102071. htm.

存在的行动和顺序、知识开发的条件、与其他知识体的联系。为了保证信息的一致性、清晰度和完整性，构架信息的存取十分重要。在知识产生时就已经完成的电子模板和方式是最好的。知识地图是用于帮助人们知道在哪儿能够找到知识的管理工具，是一个企业知识资源的导航系统。知识地图的作用在于帮助员工在短时间内找到所需的知识资源。它显示整个企业知识资源的分布状况，不管是分类还是查找，知识地图都可以为用户提供满意的结果。

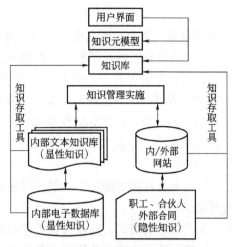

图 5 - 2　知识管理的 5 层架构图

（3）知识库（Knowledge Repository）。建立专门的知识库，用于储存企业中的各类知识。知识库可以是文件服务器、数据库服务器、组件（Groupware）服务器、文件管理系统或网站。每一个知识库的结构依赖于该库内容或知识的存储与管理。

（4）知识存取工具（Knowledge Access Tools）。用于管理知识库，该过程是一个系统管理与知识管理相结合的复杂过程，需要的工具因环境的差异而不尽相同。潜在分类包括安全模式、目录界面、网络界面、有关知识物理位置的信息、不同类型的知识所在的数据库、必要的协议、存取知识的工具与搜索引擎、分布工具与引擎。

（5）知识管理的实施。这是对现有各类知识库的管理。

一些网络企业在知识管理方法上走在前列，如盛大公司的知识管理平台就起到了很好的员工知识交流共享的作用。盛大公司在 2006 年 5 月启动知识管理项目，其知识管理平台构建了四大功能。第一大功能是员工工作平台，即是每个员工的工作树，如一个做策划的员工可以在该平台上看到一些策划设计方案和策划规划等资料。每个员工今后的工作产品都会沉淀在这个平台上，这也是员工工作平台系统的核心部分。第二个功能是会议管理平台，如会议纪要、会议资料的管理等。第三个功能是报告管理系统，把盛大公司的各种报告都集中管理起来。最后一个功能是会议管理平台的延伸，负责把会议布置下来的任务管理起来。盛大公司知识管理系统的启用，提高了工作效率，实现了知识共享。

2. 知识能力管理策略：建立学习型、创新型组织

知识能力管理包括获取知识的能力、创造知识的能力、传播知识的能力、运用知识的能力、管理知识的能力等方面的管理。

通过建立学习型组织，提高企业获取知识的能力，通过建设创新型组织，提高企业创造知识的能力，是企业知识能力管理的核心策略。

彼得·圣吉在其名著《第五项修炼》中，定义了什么是学习型组织，阐释了怎样才能成为学习型组织。该书对学习型组织的定义是：在学习型组织中，大家得以不断突破自己的能力上限，创造真心向往的结果，培养全新、前瞻而开阔的思考方式，全力实现共同的抱负，以及不断地一起学习如何学习。这里的学习有 3 种含义：①组织学习是有共同思维模式的个体进行的学习，是个体之间相互联系、相互影响的学习，能够显著扩大组织的知识面；②学习的目标是使员工的知识能力能够充分发挥；③要提高员工的知识能力，就必须改变人们的

思维方法。

根据彼得·圣吉的研究成果，以下是构建学习型组织的"五项修炼"。

（1）形成全局性的系统思考。彼得·圣吉认为："学习型组织的核心是一种心灵的转变，从将自己看作与世界分开，转变为与世界连接；从将问题看作是由外部的某些人或事引起的，转变为看到我们自己的行动如何造成问题。学习型组织是一个促进人们不断发现自己如何造成目前的处境，以及如何能够加以改变的地方。"实际就是把企业看成是一个系统，是世界的组成部分，企业需要不断向外界学习，与外界交互信息，从内部寻找企业与外界不能和谐的原因。

（2）培养自我超越的员工。组织要强化个人成长有益于组织的观念，并提供个人发展的最佳环境。

（3）改善心智模式。这是改善人们的价值观和思维方式。

（4）建立共同愿景。共同愿景是员工行动的巨大推动力，共同愿景使员工主动奉献而不是被动服从。

（5）促进组织学习。学习的基本单位是组织而不是个人，组织学习要求员工超越自我，克服戒备心理，学习如何相互学习和工作，形成有效的共同思维。

创新型组织是指有着最适合创造性才能成长的氛围，把创新看成是企业的第一任务，采用各种手段和制度，促使企业持续地、系统地创造知识的组织。建立创新型组织，需要通过积累知识、将隐性知识显性化、建设创新的企业文化等多方面措施来实现。

5.2 产品管理

数字产品提供商的产品管理与其他类型企业的产品管理有许多共性，如在产品的选择、产品组合策略、产品生命周期、品牌管理等方面，遵循许多共同的原则。本节从竞争角度研究数字产品提供商产品管理的两个特征明显的策略：产品差异化策略和新产品开发策略，并分析互联网服务的类型及其产出指标，助力互联网服务企业的服务管理。

5.2.1 数字产品差异化策略

管理学大师迈克尔·特认为，企业要想在激烈竞争的市场上取胜，基本的战略方向是两个方面：低成本或差异化。而低成本战略的竞争空间是有限的，因此，多数企业都采取差异化战略，通过差异化战略，为消费者提供独特价值而获得消费者的认可。数字产品的差异化也是企业竞争的一个基本策略。

1. 产品差异化的理论分析

1）产品差异化的概念

产品差异化是通过提供差异化产品，即为产品增加一系列有意义、有价值的差异，从而将公司的产品与竞争者的产品区分开的一种竞争策略。

经济学定义的差异化产品是指基本用途和特性充分相似，但不完全相同的产品。例如，Windows NT、Windows 7、Max OSX 和 Linux 等都是同一类别的差异化产品。不同品牌的奶粉，同一品牌的不同配置的计算机，或者不同口味的糖果，也都是产品差异化的例子。产品差异化存在着程度之分，企业可以借助多种方式或从多个方面对产品进行差异化。

2）产品差异化的动机与风险

产品差异化具有以下优点：①厂商可以在竞争中形成一个特定的市场领域，进行独家经营，在与替代品的竞争中比其他厂商处于更有利的地位；②产品有特色，赢得了顾客的信任，顾客对商标的忠诚形成了强有力的进入屏障；③产品差异可以产生较高的利润；④由于购买者对价格的敏感程度低且别无选择，增强厂商作为卖方的讨价还价能力。

在图 5-3 中，斜线范围的图形面积 S_1 和 S_2 分别代表差异化厂商的利润和行业平均利润，实行产品差异化的厂商与同行业其他厂商相比，生产成本会有所提高。但同时由于差异化减少了竞争对手，厂商获得了垄断优势，产品价格会有更大提高，因此利润会提高。

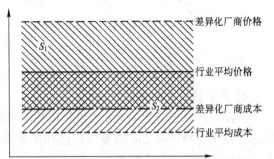

产品差异化给厂商带来较高经济利益的同时，也带来了风险。产品差异化风险主要有以下 3 个方面。①实施差异化战略的厂

图 5-3　差异化厂商利润和行业平均利润的比较

商成本可能很高。因为实施差异化战略的厂商要增加设计和研究费用，选用新工艺和新材料增加了制造成本，强化营销增加了营销成本。②由于消费者变得更加精明，会降低对产品或服务的差异化价值的评价。③竞争对手的模仿。随着行业的日渐成熟，差异化的产品必然引来竞争对手的模仿，而这会缩小消费者感觉到的产品差异，使产品差异化的厂商失去优势。

3）产品差异化的经济学解释

如果产品不存在差异，且行业中存在许多企业，每个企业的规模小，不能影响产品的价格，则该行业的市场就是完全竞争的市场结构。如图 5-4 所示，Q 为产量，P 为价格，MC 为边际成本，MR 为边际收益，ATC 为平均总成本，D 为企业的需求曲线。P^* 是边际收益等于边际成本时的价格，在完全竞争的市场结构下，每个企业面对的需求曲线是水平的，即图 5-4 中的 D，因为各企业提供的产品是没有差异的，在一定的价格水平下，消费者对某个企业的产品需求是恒定的，则每个企业提供的产量就是生产边际成本等于边际收益时的产量，即图中的 Q^*，相应的价格为 P^*，高于平均总成本曲线 ATC，该产量水平下企业可以实现利润最大化。此时，企业的利润就是图 5-4 中的阴影部分。

当企业提供的产品有差异时，市场就不再是完全竞争的市场结构，每单个企业所面对的需求曲线就不再是水平的，而是一条向右下方倾斜的需求曲线 D，即随价格下降，对单个企业的差异化产品需求量增加，如图 5-5 所示。

厂商为了追求利润最大化，生产边际成本等于边际收益的产量 Q^*，产品的价格为 P^*，高于平均总成本曲线 ATC，此时厂商获得的利润为图 5-5 中的阴影部分，高于图 5-4 中的阴影部分的正常利润。

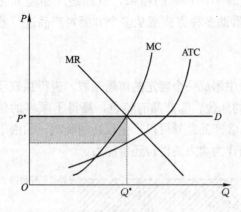

图 5-4　产品无差异情况下的厂商收益

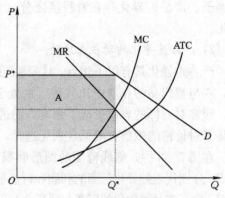

图 5-5　产品差异化情况下的厂商收益

4）产品差异化的衡量指标

产品与产品之间的差异化程度可以用需求的交叉弹性和供给的交叉弹性来衡量。这两个概念是用来解释产品之间的替代程度和由此而产生的竞争程度的，产品之间差异化程度越小，替代性越强，竞争性就越强。

需求的交叉弹性表示一种商品的需求量对另一种商品价格变动的反应程度，其弹性系数等于一种商品需求量变动百分比与另一种商品价格变动的百分比之比。替代品具有正值的需求交叉弹性，如牛肉与羊肉；互补品具有负值的交叉弹性，如汽车与汽油；当交叉弹性为零时，两种商品为不相关品，如牛肉与汽车。

交叉弹性越大，产品间替代性越大，产品差异化程度就越低；反之，交叉弹性越小，产品间替代性越小，产品差异化程度就越高。因此，为了减少产品被替代的可能性，实行产品差异化是厂商最好的选择。

供给交叉弹性反映一种产品价格变化比率对另一种产品供给量变化比率的影响。需求的交叉弹性和供给交叉弹性公式形式相同，即为：

$$E_{xy}=(\Delta Q_x/Q_x)/(\Delta P_y/P_y)$$

式中：E_{xy} 为交叉弹性系数；Q_x 为商品 x 的需求量或供给量；P_y 为商品 y 的价格。

2. 数字产品差异化的方向

在数字产品市场上，如果厂商尽力使消费者认为自己的产品与竞争对手的产品有差异，使消费者成功地相信其产品没有替代品，就能够比其他情况下索要更高的价格。这会激励每一家厂商努力创新产品，创建自己的品牌，以获得产品差异化带来的高利润。

数字产品的差异化可以按差异化的方向不同，分为横向差异化和纵向差异化两类。

（1）横向差异化。横向差异化又称横向差别化、水平差异化、水平差别化，是指产品的差异表现在外观或用户偏好方面的差异化。这种差异化没有质量的区别，决定消费者购买行为的是一些非主要因素，如颜色、大小、图像和消费者的主观喜好等。联想 2014 年推出的 S850 手机，是一款定位在女性用户的四核手机，外观迎合了女性用户的口味，采用一体化的玻璃机身，机身采用粉色、蜜桃粉、清新白和深海蓝等颜色，S850 的系统中也加入了专为女性用户定制的应用，如粉色日历等，受到女性用户喜爱。在购买计算机芯片时，大多数用户都会偏好选用英特尔（Intel）公司的中央处理器（CPU），而不会考虑其他公司的产品。之所以如此，并不是因为其他厂商的产品质量不好，而是由于用户对品牌的信任和偏好，使得英特尔公司多年来一直独霸 CPU 领域。

（2）纵向差异化。纵向差异化又称纵向差别化、垂直差异化、垂直差别化，是指产品的差异表现在功能、特征和质量方面的差异化。纵向差异化策略假设不同消费者对产品和服务各项特征与功能的偏好相同，都认为产品特征和功能数量越多越好，但是，对额外增加一单位消费或额外增加一项特征的评价却不相同。

纵向差异化的产品通常会有不同的价格，质量好、功能多的产品比质量差、功能少的产品有更高的价格。全球第一大网络照片共享社区 Flickr 就是一个很好的例子。Flickr 是雅虎旗下一个以社区为基础的照片共享网站，它可以帮助用户轻松、快捷地同朋友和家庭甚至全世界的人共享自己的照片。照片上传到 Flickr 之后，用户可以把它发送到自己的博客，并进行编辑、归类、添加标志、共享及其他操作。Flickr 还和诺基亚公司合作，通过诺基亚 N 系列手机，用户可以直接把来自于摄像头或图库（Image Gallery）的全尺寸照片上传到 Flickr，并为照片添加评论。2006 年，美国咨询公司 Nielsen/NetRatings 宣布，在美国增长最快的 10 个网站中，Flickr 以 201％ 的增长率排名第六，用户数从 201 万增长到 603 万。由此可见，Flickr 以其优质的服务占领了市场，拥有了大批用户。与一般的网络照片共享社区相比，Flickr 的服务增加了与手机兼容、共享照片的功能，成功地实现纵向差异化。

3. 数字产品差异化策略

在市场竞争中，数字产品提供商采取各种具体的产品差异化策略，以获得竞争优势。这些策略主要有以下方面。

（1）定位差异化。定位差异化是指厂商审时度势，不是跟在其他企业后面随波逐流，而是运用逆向思维，找准市场的"空白点"并及时切入，从而赢得先入优势的差异化战略。定位差异化能够实现错位竞争、同时还通过不断开发新产品，设置进入壁垒，保持差异优势。

（2）功能差异化。功能效用是数字产品营销的基础，是满足消费者需求或潜在需求的载体。厂商运用功能差异化战略，开发不同功能的产品，满足不同类别消费者的需求差异，形成并发展自己的目标顾客群。Windows 系列产品能够在竞争产品中胜出，其多种独有的功能功不可没。

（3）质量差异化。消费者由于支付能力的差异，不同消费者对产品质量的要求不同。厂商可以通过提供质量的差异产品来满足不同消费者的需求差异。

对于数字产品而言，质量差异化战略更多地体现在服务质量的差异化方面，如价格低的产品在升级服务方面受到更多的限制。

（4）品牌差异化。品牌是一个名称、术语、标记、符号、图案或这些因素的组合。品牌的基本功能是辨识卖者的产品或劳务，以便同竞争者或竞争者的产品相区别。品牌是一种知识产权，更是厂商宝贵的无形资产。

品牌差异化战略就是厂商通过品牌产品的高质量、品牌文化的差异化，实现对消费者的吸引和赢得消费者的忠诚。

数字产品要真正在市场竞争中取胜，品牌差异化战略是根本。厂商需要通过提供差异化的产品和服务，建设差异化品牌文化，组织差异化的营销活动，吸引消费者，获得消费者的知觉、偏爱和购买行动，使品牌能够带给消费者超过商品本身的满足感，品牌效应形成消费者对商品的忠诚。在旅游业，青旅在线（www.cytsonline.com）是一个品牌差异化的成功案例。青旅在线充分依托首家国内 A 股上市旅行社——中青旅控股股份有限公司，承载其丰富的产业资源和雄厚的资金支持，利用现代网络技术对传统资源进行更新整合，开拓商务旅行、休闲度假、主题旅游等个性化服务领域，以客户需求为导向，全方位跟进旅游相关产业服务。新颖的定位和商务模式的成功运作，使青旅在线成为中国极具吸引力的旅游服务专业电子商务网站。

5.2.2　数字新产品开发策略

新产品是指厂商一切创新的产品，包括全新产品、换代新产品、改进新产品、仿制新产品。厂商需根据网络经济的特点来选择开发新产品，形成一系列的相关产品，更好地适应各类目标顾客群的需要，获取更大的市场份额和利润。

数字产品的新产品开发常用战略主要有以下方面。

1. 个性化定制

网络经济时代，消费者的需求呈现出多样化、个性化的特点，同时，网络生产和销售方式也为满足消费者个性化需求提供手段，因此，数字产品的个性化定制，是厂商开发新产品的基本方向。通过个性化定制战略，厂商根据消费者的不同需要提供不同特点的商品。在戴尔公司的网站（www.dell.com）中，顾客可以获取不同配置的计算机性能和价格信息，提出自己对所要购买计算机的各种部件的具体要求，然后下订单。戴尔公司根据顾客的要求装配好计算机，通过自己的配送渠道，将满足消费者要求的计算机送到消费者手中。与此同时，顾客可以在网站上方便地跟踪自己的订单处理情况，获得在线技术支持等。戴尔公司的个性化定制战略形成该公司的核心竞争力。

2. 传统产品数字化

将传统产品数字化是对产品形式的创新。产品形式的创新带来了用户服务、用户感知和用户消费的根本改变。因此，推出适合网络用户的传统产品数字化的新品，也是网络经济下新产品开发的重要策略。在"互联网＋"时代，传统产业的互联网化是网络经济发展的新趋势，产品数字化成为数字新产品开发的重点领域。

由传统产品数字化而形成的新产品类型很多，如网络报刊、网络音乐、网络教育等。传统产品数字化扩大了传统产品的市场范围，延长了传统产品的生命周期，尤其是丰富了数字产品市场的产品类型和数量，为消费者提供了更多的消费选择。

印度的远程网络家教市场的快速发展是传统产品数字化成功的典型案例。目前，印度的远程网络家教已经风靡英美等国，如英国顾客只要向网络家教中心支付每月 50 英镑的费用，就可以享受无限制的网络家教服务。在教学过程中，家教老师和学生通过计算机上显示的"白板"交流，用鼠标在白板上做题目、写符号，并同时通过语音授课和交流。一部分印度远程教师定时到远程网络家教中心"上班"，也有不少远程教师在家里用计算机给学生上课。尽管印度各地的教育水平差异比较大，但数学等理科的基础教育却是名声在外，而英美的理科基础教育相对弱一些，因而印度远程家教的辅导科目主要集中在代数、几何、生物等理科科目上。由于英国孩子的数学基础较差，印度远程教育中心专门为英美学生设计了针对性的数学教育软件，以方便他们学习。

3. 现有产品功能的扩充

对现有产品功能的扩充也是数字新产品开发的基本思路之一。数字产品的一个重要特点是产品生命周期缩短，厂商需要不断推出新产品实现对老产品的替代。而在推出的新产品中相当大一部分是在现有产品基础上进行功能扩充形成的新产品。

5.2.3　网络经济服务类型及其产出指标

互联网企业的服务指标可主要分为 7 个方面：质量指标、创新性指标、研发过程指标、用户体验指标、市场竞争指标、财务指标和运营指标。本节将互联网服务分为 8 种服务类型，主要针对互联网运营指标逐一讨论。

1. 搜索服务

搜索服务的主要指标如下。

（1）页面访问量（Page View，PV）：指访客实际浏览过的网页数的总和。（而不是某网站中的网页数的总和）

（2）每月独立访问量（Monthly Uniques，MU）：指每月每台上网终端访问某网站的独立访问记录。

（3）每月查询量（Queries Per Month，QM）：指每月某网站页面被查询搜索的次数。

（4）点击付费链接的用户百分率（Percentage of users that click a paid link）：指点击付费链接的用户数与总用户数之比。

（5）每次点击收入（Revenue Per Click）：指访客每次点击广告等付费链接为网站所带来的平均收入。

以上指标相互依赖。搜索服务主要看重生成的查询，点击率越多，用户就越可能点击你的付费链接，则点击付费链接的用户百分率越大。每次点击的平均收入在一定程度上决定所需的每月独立访问量，在网络产出效益一定的情况下，每次点击收入越大，所需的每月独立访问量次数越少。

2. 网络游戏

网游的盈利模式主要包括计时收费模式与准免费模式。计时收费利于企业形成稳定的现金流入，但有损于用户体验；准免费模式目前适用更广泛，企业主要靠销售虚拟物品、增值服务和广告来获取利益，吸引潜在用户。因此，网游产出指标主要分为用户活动指标和付费指标两类。

1）用户活动指标

（1）活跃用户（Activited Users，AU）：指自统计周期内，登录过游戏的用户总量。根据统计周期，有 DAU（日活跃用户）、WAU（周活跃用户）、MAU（月活跃用户）指标等。这个指标可以衡量服务的衰退周期，总体上反映了游戏在特定维度下的人气表现，便于把握整体的游戏质量和活动影响力。

（2）活跃付费账号（Active Payment Account，APA）：指自统计周期内，登录游戏并付费的用户账号总量。

（3）平均同时在线人数（Average Concurrent Users，ACU）：指 24 小时内平均每时同时在线用户的总和。这个指标更加客观的反映游戏的整体用户使用程度，同时也作为计算平均在线时长的基本数据之一。

（4）最高同时在线人数（Peak Concurrent Users，PCU）：指 24 小时内同时在线最高达到的用户数。

（5）平均在线时长（Average Time，AT）：指活跃用户在线时长之和与活跃用户数之比。这个指标通常统计用户黏性，可用来比较单个用户对于游戏的黏着程度。

2）付费指标

（1）付费比率（Pay User Rate，PUR）：指付费用户数与用户总数之比。其中具体可包括：注册用户付费率（总注册用户/APA）、平均在线付费率（平均同时在线用户/APA）、活跃用户付费率（AU / APA）等。

（2）付费用户转化率（Conversion Rate to Paying Users，CRPU）：指普通用户转化为付费用户数与总付费用户数之比。此指标维持在 1‰~2‰ 为正常值。

（3）用户每月平均消费（Average Revenue Per User，ARPU）：指用户每月总消费与每月活跃用户数目之比。该数值可以反映企业从每位用户所获得的利润，每月的 ARPU 值愈高，网游企业利润愈高，而使用高端或高收费产品的用户愈多，ARPU 亦会上升。

（4）平均每付费用户收入（Average Revenue Per Paying User，ARPPU）：指用户每月总消费与每月活跃付费用户数之比。

（5）付费渗透率（Pay User Revenue，PUR）：指付费用户数与活跃用户数之比。这个指标代表了在玩家群体的付费意愿、消费观念，一般结合 ARPU 与 APA 指标一起分析。

（6）生命周期价值（Life Time Value，LTV）：指每平均用户在首次登录游戏到最后一次登录游戏内，为该游戏创造的收入总计。

3. 社交网络、音乐、视频服务

社交网络、音乐、视频服务的主要商业模式为广告和赞助商，尤其视频的广告费率属于最高档，同时企业也能从用户付费购买中获取利益。这两种服务的指标主要包括用户、关系网、内容质量指标和营收指标 5 个方面，其中相对重要的指标如下。

（1）独立访客（Unique Visitors，UV）：访客的独立 IP 地址或 Cookie 访问某网站的数量。计算的时间标准一般以天或月为单位。该指标与访问量（PV）不同，访问量高不一定代表真实来访者数量，但 PV 与来访者的数量成正比。

（2）广告印象（Ad Impressions，ADI）：指广告信息接触用户的一次机会。该指标一直作为衡量显示广告效果的重要指标。

（3）每千印象费用（Cost Per Impressions，CPM）：指的是广告投放过程中，广告信息接触用户每千人（次）平均分担的广告成本。

（4）跳出率（Bounce Rate，BR）：一般指没有二次浏览行为的访问者（即进入目标网站立即退出的人）占总访问者的比率。

4. "新媒体"平台

新媒体平台不同于社交网络，它围绕着新技术支持的体验创建内容，致力于传统媒体与新媒体的融合，综合了技术平台与媒体运作，在内容生产与分发方面产生极大的新能量。

（1）独立用户（Unique Users，UU）：指同一 IP 地址代表的唯一的用户数。独立用户越多，说明网站推广越有成效，也意味着网络营销越有效果。

（2）行动（Actions）：指用户在网络平台上采取的互动行为，如发送消息、签到等。

（3）从行动中获利的百分率（Percentage Monetizable，PM）：指用户采取行动获利情况与所付出成本之比。

（4）每次行动成本（Cost Per Action，CPA）：指每个访问者对网络广告所采取的行动收费的定价模式。该指标包括形成一次交易、获得一个注册用户或者对网络广告的一次点击等。

5. 订阅服务

订阅服务盈利模式主要包括广告收入和订阅费等，企业可按照月、季度或年度为单位提供收费服务。收费服务可包含内容、信息、使用服务或数据服务。

（1）转换率（Conversion Rate，CR）：指用户进行相应目标行动的访问次数与总访问次数的比率。这里所指的相应的目标行动可以是用户登录、用户注册、用户订阅、用户下载、用户购买等一系列用户行为。该指标通常用来衡量产品宣传效果。

（2）客户购置成本（Customer Acquisition Cost，CAC）：一般指说服用户购买相关产品和服务的成本，其中包括调查、市场和广告费用。顾客购置成本对于用户价值指标极为重要，有助于公司决策，有益于了解特殊客户群体投入资源的多少。

（3）客户流失率（Churn Rate，CR）：指顾客的流失数量与全部消费产品或服务顾客的数量之比。该指标可显示每月客户群以多大的比例停止付费，直接反映了企业经营与管理的现状。

6. 电子商务

电子商务关键指标如下。

（1）平均订货额（Average Order Amount，AOA）：指网站总销售额与总订货数之比。该指标用来衡量网站销售状况的好坏。

（2）每访问者销售额（Sales Per Visit，SPV）：指网站总销售额与网站访问总数之比。该指标用来反映网站的市场效率，衡量网站对每个访问者的销售情况。

（3）单笔订单成本（Cost per Order，CPO）：指网站投入的总市场营销开支与总订货数之比。该指标用来衡量平均的订货成本，利于反映企业的投入情况。

（4）重复购买率（Repeat Purchases，RP）：指网站现有用户订单数与总订单数之比。该指标用来衡量网站对客户的吸引力，重复购买率越多，则反映出消费者对品牌的忠诚度就越高，反之则越低。

（5）订单获取率（Order Acquisition Ratio，OAR）：指网站单笔订单成本与单个访问者成本之比。该指标用另一种形式来体现市场效率，体现网站与访问者之间的成本关系。

（6）订单获取差额（Order Acquisition Gap，OAG）：指单个访问者成本与单笔订单成本之间差额。该指标代表着网站所带来的访问者和转化的访问者之间的差异。

7. 第三方平台

第三方平台通过网络将买家和卖家联系在一起，吸引更多用户购买产品。企业对店家商品上架只收取象征性的费用，可为公司带来更多的佣金收入。

（1）上架量（Listings）：指将商品添加到购买页的数量。

（2）上架费（Listing Fee，LF）：指商品在网站上架所需要缴纳的一笔费用。上架费的调整关系着网站盈利情况，下调上架费有利于吸引买家，上调上架费利于收益的稳定。

（3）佣金（Commission）：指网站为卖家提供网络平台或代买代卖而收取的报酬。

8. 支付

支付服务通过系统对每笔交易收取小额费用，因此使用服务的客户数量和交易的平均数额较为重要。

（1）平均支付额（Average Payment，AP）：指每用户通过支付网站平均支付的金额数量。

（2）交易费（Transaction Fee，TF）：指网站对支付用户收取的一定比例的服务费用。

5.3 价 格 管 理

数字产品定价的基本原则也是遵循一般产品的定价原则：3C+R。成本（Cost）是企业定价的底线，顾客（Customer）价值评价是定价的上限，竞争者（Competitors）或替代品的价格是定价的标定点，价格规制（Regulation）是定价的外部约束。但数字产品定价和价格管理还有其特殊性，需要专门研究。

5.3.1 数字产品价格的影响因素

数字产品的价格形成与物质商品与服务相比有共性，其质的规定性在于商品的价格是其价值的货币表现，价格受到成本、价值、供求因素、垄断状况等因素的影响。但数字产品价格确定还受到其他多种因素的影响，包括社会信息化程度、商品的性能、转让次数、支付方式、商品生命周期与寿命、消费者的偏好与经济承受能力、社会信息化程度和网络建设与普及程度、法律环境、国家政策环境等。数字产品价格在多方面因素的影响下，在一定范围内波动。数字产品价格影响因素具体阐述如下。

1. 数字产品的价值

一般商品的价值由生产该商品花费的社会必要劳动时间决定，而数字产品的价值决定因以下因素的影响而变得复杂化。首先，数字产品的生产常常具有非重复性的特点，有时产品往往是瞬间的启发和灵感而形成。则数字产品价值量的决定就不是由社会必要劳动时间决定，而是由个别劳动时间决定。其次，许多数字产品消费者参与设计，参与商品的价值创造。最后，数字产品的使用，即价值的实现常常随着使用者的智力劳动的加入，呈现不同的效益。同一种商品会由于使用者的目的不同，经验经历、智力智慧不同，技术适应性不同，设备和规模等的不同，其效用发挥的程度也不同，使价值量难以计算。因此，数字产品价格的决定要综合考虑以上诸因素对价格产生的影响。

2. 网络信息商品的成本

成本因素是数字产品定价的基础，也是商家定价的底线，只有补偿成本并保持一定利润空间的定价才能保证生产者持续的商品供应和经营的发展。数字产品的成本是生产该项产品和服务所付出的人力、物力、财力等费用开支，如网络信息商品的成本主要是由生产成本、销售成本、网络运营的成本折旧与消耗、投递损耗成本与物流配送成本和售后服务成本等组成。生产成本是指生产网络信息产品所需要的少量的物质形态成本和主要的精神形态成本，具有固定成本高、可变成本低的特点。销售成本是指有形递送损耗成本和网上广告费用等，有形投递成本包括异地递送商品存在的运输费用和商品丢失损耗。网络运营成本折旧与消耗是指经营网站中电子产品的更新换代，软件的升级所形成的折旧与损耗。售后服务成本主要是售后维护和对产品升级等费用。总之，上述各类型成本组合越高，价格越高。

3. 网络信息商品开发的风险性与难度

数字产品是否先进、是否具有生命力、是否能在市场上扩大占有份额，与研制、开发的难易程度有很大关系，而研制、开发的难易程度，即生产该数字产品的风险因素，也是影响其商品价格的重要因素。开发的风险程度和难度与商品的价格成正比例关系，即生产者所承担的风险越大，生产产品的难度越大，产品的最终价格也就越高；反之，价格越低。

由于数字产品沉没成本高、效益难以预测，并且需要一段时间的网络实践的检验，使数字产品的生产比普通物质产品的生产具有更大的盲目性，生产的产品只能依靠生产者的预期估计，有时生产出来的产品很难达到预期目的，因此开发数字产品具有更大的风险性与难度。开发数字产品需要经过大量复杂的脑力劳动来完成，其劳动的复杂程度大大高于普通物质产品的生产，因此，开发难度越大，意味着所需投入的脑力劳动越多，则面临的风险越大，故其商品化后的价格也更高。此外，数字产品复制便利，一定程度上面临着被盗版的风险，更加剧了失败的风险性。

4. 数字产品的质量

数字产品的质量是由性能决定的，性能一般以先进性、通用性和实用性来衡量。能达到先进性、通用性和实用性统一的商品是成熟的商品。有些商品很难达到三者统一，先进的数字产品不一定能通用或实用，通用或实用的数字产品不一定先进。只有先进、通用、实用，其性能才高，市场需求面大，价格也相对要高；否则，价格相对要低一些。商品需求范围的大小、商品应用面的大小，对其价格的形成会产生影响。通用性的数字产品，形成正反馈效应，形成群体购买优势，价格会高。通用性差、实用性差的数字产品，购买者相对较少，价格相对较低。先进的数字产品具有发展前景，能够带来超额利润，价格较高；不能达到先进性、通用性、实用性的网络信息商品价格较低。

5. 市场供求因素

数字产品市场的供给与需求对于价格的变化具有不同于物质商品的特性。信息商品生产具有唯一性、独创性和非重复性，并存在知识产权保护的法律问题，形成了数字产品的供给具有一定的垄断性，供给的垄断性使价格具有趋高的可能性，但由于竞争的存在，供给是可以替代的，使需求有了可选择性，这限制了垄断价格的形成。另外，数字产品生产投入量大、风险高、生产周期长、产品寿命短等原因，使其产量对价格变化的敏感性较小，即信息市场供求价格的变化空间小于物质商品市场供求价格的变化空间。

6. 对商品的垄断性

由于数字产品的唯一性和创造性，使数字产品具有一定的垄断性，而数字产品生产的沉没成本高、可变成本低的成本特征，网络的外部性，消费者锁定等因素的影响，进一步加剧其垄断性。数字产品垄断力的强与弱直接影响其价格的高低，数字产品供给的可选择范围越大、可替代性越强，垄断程度就越低、价格也越低。

此外，数字产品的时效性和寿命、社会信息化程度、网络建设程度与费用、数字产品市场的完善程度、交易和支付方式、法律环境、政策环境等因素对价格都产生一定的影响。

5.3.2　数字产品定价的一般方法

数字产品的定价方法和一般商品相比，有共性也有特性，常用的定价方法有以下几种。

1. 低位定价法

在保证利润的前提下，数字产品经常采用低价策略。①为了通过低价渗透市场，获得规模优势；②因为互联网初期的服务基本上是免费的，消费者对网络数字产品低廉定价期望较高。

2. 竞争定价法

竞争定价是依据竞争者的价格，结合厂商产品的竞争能力，选择有利于市场竞争的定价方案。这种定价法的特点是：只要竞争者的价格不变，即使生产成本与需求发生变化，价格也不变；反之，即使成本与需求不变，但竞争者价格发生变化，也就相应调整价格。

竞争定价法是一种常用的定价方法。在厂商测算成本有困难时，或者对于顾客需求了解不多时，竞争定价法是一个有效的解决办法。但是，竞争定价法是一种被动的定价方法，厂商只能接受既定的价格而不能控制价格。

3. 声誉定价法

在互联网环境中，消费者很容易通过网络对产品进行全面比较，因此有了更多选择的机会。如果企业仅仅是依靠低价位吸引消费者，就会陷入低层次的竞争，从而导致整个行业陷入无序竞争状态。企业依靠品牌定价，依靠产品的非价格因素竞争，能够使企业的竞争优势长久保持。声誉定价法就是依赖企业的形象和声誉、产品的品牌和质量来制定价格。如果企业在长期经营过程中，一直保持过硬的质量和完善的服务，产品具有良好的品牌形象，从而在消费者中形成较高的声望，则产品的价格将会产生很大的品牌增值效应。

4. 差异化定价法

差异化定价法是指在网络经济中，厂商可以根据消费者的需求，依照消费者的个性化要求或购买特征将消费者分类，并依此确定不同的商品价格。与竞争定价法相比，差异化定价法向消费者索取不同价格，从而可以最大化厂商利润。网络的互动性使厂商能即时获得消费者的需要，使产品的差异化定价成为可能。

差别定价（Different Pricing）又称多重定价（Multiple Pricing）或歧视定价（Discriminating Pricing）。差别定价所形成的价格体系能够提高产品的社会总产量，减少单一定价时的效率损失。关于数字产品的差异化定价策略将在第 6 章详细论述。

5. 捆绑销售与搭售定价法

捆绑销售是指将两种或两种以上商品以固定比例组合在一起出售。搭售是指在销售一种产品时搭配销售另一种产品，两种产品组合的比例是不固定的。通常人们见到的搭售是将畅销的老产品与新产品一起销售，用以推广新产品。采用这两种方式，厂商会突破数字产品的最低价格限制，利用合理、有效的手段，减小消费者对价格的敏感程度。

6. 折扣定价法

常见的折扣定价法有 3 种：商业折扣、现金折扣和销售折让。商业折扣又称价格折扣，是指厂商为了鼓励购买者批量采购而在价格上给予一定数额的折扣，即购买量越大折扣越多，价格越低。现金折扣是指厂商为了鼓励消费者多消费或尽早付款，规定顾客凭借一定的条件可以享受折扣的销售方式。销售折让则是指商品销售时，商品的质量达不到顾客的要求，从而减价出售的销售方式。

在网络经济市场中，销售折让的作用在传统市场的基础上有所拓展，更加近似于担保。在电子商务的交易过程中，交易方只能进行远距离的搜索与议价，但大部分商品的质量只有在接触甚至消费之后才有可能获得感知，而买方必须在确定商品质量之前作出购买决策，这一交易过程与邮购类似。目前在网络市场中，有些企业开始提供与某一质量水平相联系的报价，并承诺当商品没有达到这一质量水平时则支付一定的折扣，这种定价方式有些学者将其称之为质量相关定价（Quality‑Contingent Pricing）。事实上，质量相关定价也是销售折让的一种形式，为卖方承诺的质量水平提供了一种担保。

7. 使用定价法

所谓使用定价，是消费者通过一些特定方式，免费得到软件，或者音频、视频文件等数字产品，但使用时要支付费用的定价方式。采用这种方式定价，消费者只需根据使用次数或时长进行付费，甚至可在包月后无限次使用，而不需要将产品完全购买。一方面，这减少了企业为完全出售产品而进行的不必要的大量生产和包装，同时还可以吸引很多喜欢新鲜事物，或者由于价格高不愿购买产品的消费者使用产品，扩大市场份额。使用定价减少了消费者的初始成本，对于那些并不经常使用的用户来说，是一种比较省钱的方式。另一方面，对那些使用非常多的用户也很有吸引力，因为其可以选择包月的方式降低自己的使用成本。

很多软件产品刚刚开发出来时，为了快速提高市场占有率、获得用户的认可，往往采取免费试用的策略，当试用期过后，产品获得了用户的认可，取得了一定影响力，用户再使用就需要付费。例如，Adobe Photoshop 图片编辑软件有 30 天的试用期，试用期过后软件就不能再用，除非购买一个序列号。

在目前很流行的大型网络游戏中，有的游戏是付费的，按在线时长收费，而另一些游戏是免费的，玩家只要注册就可以玩，但是，如果玩家想玩得很好或想要升级，通常要花钱购买一些装备、药物等虚拟物品来提升自己的战斗力。这也是一种典型的使用定价方式，先让用户喜欢使用，再通过附加功能来收费。

8. 拍卖定价法

拍卖（Auction）和投标（Bid）的定价方式在人类历史上有着悠久的历史。拍卖的最大好处是可以使交易的价值更大化，最终获胜的买主自然是对交易品评价最高的，从而使交易给买卖双方带来的剩余更多。在线拍卖定价是应用非常广泛的网络交易定价方式，有以下多种类型。

（1）英式拍卖（English Auction）。英式拍卖也称公开拍卖（Open Out Cry Auction）或增价拍卖（Ascending-bid Auction）。每个投标者对自己准备购买的物品进行报价，投标持续期间可以不断调整自己的报价，直到投标结束，最高投标者赢得标的。

（2）荷兰式拍卖和多属性拍卖。荷兰式拍卖是一种减价拍卖，一般用于易腐烂物品的拍卖。多属性拍卖允许买卖双方就拍卖品的多个属性进行谈判。

（3）封标拍卖。网上封标拍卖有两种类型：①价格密封投标，一旦投标就不能更新，投标价同时公开，最高投标者获胜，并支付最高价格；②价格封标拍卖，与前者相似，最高标者获胜，但是支付第二高价格而不是自己的投标价。

（4）双向拍卖。双向拍卖包括连续双向拍卖（Continuous Double Auction，CDA）和封标双向拍卖（Sealed Double Auction）。买卖双方宣布各自的价格—数量投标，拍卖商将卖者的投标和买者的投标匹配，双方能够根据其他标价的知识修改各自的投标。

（5）逆向拍卖。拍卖者是购买方，列出所需物品，由供应商进行投标，最低价格的投标者获胜，其特征是减价投标。

（6）集体议价。通过互联网集合买家的购买力从而可以使集合中的每个成员都可以获得价格折扣。

（7）Yankee 拍卖。这是一种多物品拍卖的形式。首先，按照价高者获胜；其次，如果最高价格相同，则根据最大购买数量而定；再次，如果前两者都相同，则按照投标的时间确定。

9. 免费定价

免费定价越来越成为互联网服务的常规定价策略，其目的是获得用户，如奇虎 360 杀毒服务免费，彻底颠覆了杀毒软件行业，也为奇虎 360 获得大批用户，使其在在线广告、游戏、浏览器等互联网和增值业务领域获得可观的业绩。

5.4　渠　道　管　理

渠道是促使产品或服务顺利地被使用或消费的一整套相互依存的组织。对于企业而言，渠道是实现利润、取得竞争优势的重要环节。

对于数字产品而言，网络渠道建设是营销渠道建设的重点和核心。

5.4.1　网络销售渠道体系的内容及类型

1. 网络销售渠道内容

网络销售渠道是指借助互联网将产品从生产者转移到消费者的中间环节，其主要任务是为消费者提供产品信息，让消费者进行选择；在消费者选择产品后要能完成支付这一交易手续。

一个完整的网络营销渠道应包括以下 3 部分。

（1）订货系统。订货系统可以为消费者提供详细的产品信息，让消费者选择所喜爱的物品或服务，同时也可使厂商获取消费者的需求信息，从而根据消费者的需求进行产品改进或其他营销改进。网上订货系统包括用户注册登录、物品搜索、信息查询、购物车等。

（2）结算系统。消费者要付款才可以购买商品，因此网上结算系统是不可或缺的部分。目前，网络上有多种结算方式，包括信用卡，如招商银行的 YOUNG 卡、中国银行以信用卡为基础的"电子钱包"；银行卡，如中国建设银行的"网上银行"；第三方电子商务交易平台提供的支付托管服务，如淘宝网上的"支付宝"、易趣网上的"安富通"等；借助于网络金融的电子支付服务，如 PayPal.com 在易趣中提供的"贝宝"；邮局汇款；货到付款等。

（3）配送系统。对于实物形态的数字产品，其产品交易的最后一步就是物流配送，也就是将产品送到顾客手中的过程。产品配送涉及运输、仓储、存货控制和订单处理等问题。通常，厂商会将这一业务外包给专门的配送公司，从而节省人力、物力，以达到最好的配送效果。

2. 互联网渠道类型

互联网渠道的类型可以分为直接渠道和间接渠道两类。直接渠道即 B2C，通过企业的官方网上商城或利用第三方电子商务平台向网络顾客销售产品；间接渠道即 B2B2C，通过网络经销商向网络顾客销售产品。不同类型互联网渠道的优缺点如表 5-1 所示。

表 5 - 1 不同类型互联网渠道的优缺点①

互联网渠道类型		优点	缺点
直接渠道	官方网上商城	（1）与顾客直接接触 （2）渠道协调和交易成本低	（1）需要投入大量的资源建设和维护官网 （2）需投入资源扩大官方网上商城的影响力，吸引顾客
	利用第三方电子商务平台	（1）企业资源投入较少 （2）受众面广，易吸引顾客 （3）与顾客直接接触	需有效协调与第三方电子商务平台公司间的关系
间接渠道	网络经销商	（1）企业资源投入少，借助经销商的力量增加销量 （2）可实现快速扩张	（1）不与顾客直接接触，难以在第一时间了解顾客需求变化 （2）较高的渠道协调和交易成本 （3）网络渠道和传统实体渠道冲突水平较高

5.4.2 网络营销渠道战略

数字产品的网络营销渠道战略分为以下 3 种。

1）网络直销战略

网络直销是指数字产品的供应商通过互联网直接把产品销售给顾客。网络直销渠道的结构如图 5-6 所示。

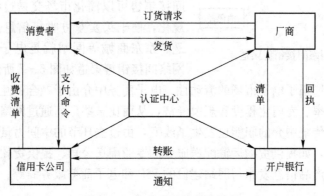

图 5-6 网络直销渠道的结构

网络直销有两种类型：①厂商在互联网上建立自己的站点，申请域名，制作主页和销售网页，由网络管理员处理有关产品的销售事务；②委托信息服务商在其站点发布信息，厂商利用有关信息与客户联系，直接销售产品。在数字产品的销售中，通过企业的网站销售是主渠道。

在网络直销渠道中，生产厂商可以通过建立电子商务网站，让顾客直接从网站订货，再

---

① 钱丽萍，杨翾翾，任星耀. 互联网渠道类型与管理机制研究 [J]. 商业经济与管理，2012 (1).

通过与一些电子商务服务机构如网上银行合作，直接在网上实现支付结算。在配送方面，网络直销渠道可以根据产品的特性选择利用互联网技术来构造物流系统，或者通过与一些专业物流公司进行合作，建立有效的物流系统。网络直销是通过互联网实现的从生产者到消费者的网络直接营销渠道，不仅包括厂商对消费者的交易（B2C），也包括厂商对厂商（B2B）的网上直接交易。

网络直销渠道有很多优点。首先，利用互联网的交互特性，将单向信息沟通变成双向直接信息沟通，增强了生产者与消费者的直接联系。一方面，企业可以在互联网上直接发布有关产品的价格、性能、使用方法等信息；另一方面，消费者也可以通过互联网直接访问了解产品信息，可以作出合理的购买决策，同时生产者还可以直接了解消费者对产品购买和使用的反馈。其次，网上直销可以提供更加便捷的服务。生产者可以通过互联网提供支付服务，顾客可以直接在网上订货和付款，然后等待送货上门，这一切大大方便了顾客。同时，生产者可以通过网上营销渠道为客户提供售后服务和技术支持，特别是对于一些技术性比较强的行业，如IT业等。提供网上远程技术支持和培训服务，既方便客户，同时生产者也可以最低成本为顾客服务。最后，网上营销渠道的高效性，减少了流通环节，给买卖双方都节约了费用，降低了成本，提高了效益。

2）网络间接销售战略

网络间接销售是指供应商通过电子商务中介把产品销售给最终用户，一些大的电子商务交易平台的影响力越来越大，这是吸引数字产品供应商从事网络间接销售的主要原因。

在网络间接销售中，电子商务中介作为网络商品交易中心，成为连接买卖双方的枢纽。网络间接销售可以简化市场交易过程，使交易活动常规化，便于买卖双方收集信息。阿里巴巴、亚马逊、京东商城等网站就是电子商务中介的代表。网络间接销售渠道如图5-7所示。

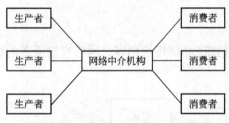

图5-7　网络间接销售渠道

网络间接销售增强了电子市场的流动性。电子商务中介由于融合了互联网技术，大大提高了中介的交易效率、专门化程度和规模经济，从而比某些厂商通过网络直销更有效率。在网络经济环境中，传统中介的职能也发生了改变，由过去环节的中间力量变成为直销渠道提供服务的中介机构，如提供货物运输配送服务的专业配送公司、提供货款网上结算服务的网上银行，以及提供产品信息发布与网站建设的ISP和电子商务服务商等。

3）双渠道战略

双渠道战略是指厂商同时使用网络直接销售渠道和网络间接销售渠道，以达到销售量最大化的目的。在数字产品网络销售中，双渠道战略的应用最为广泛。

在买方市场条件下，通过两条渠道销售产品比通过一条渠道更容易实现"市场渗透"。厂商在网络上设立站点开展直销，也许刚开始效果并不明显，但随着公众对厂商网站的熟悉和认可，顾客会越来越多，厂商的影响会越来越大，而且在网络经济市场中厂商通过应用网上拍卖与网上反向拍卖，也可以方便地实现积压库存的处理和需求波动引起的临时补货。另外，厂商与中介商合作，可以更好地宣传自己，开辟更多的渠道销售产品。如何达到双渠道的有效融合，避免渠道冲突，是数字产品网络渠道管理中的关键问题。

5.4.3　O2O 模式[①]

1. O2O 模式的含义

O2O 是英文 Online To Offline 的简写，即将线下商务的机会与互联网结合，线下服务和线上服务结合，使客户获得更便捷的服务，商家在节省费用的同时，获得更多的用户。O2O 被视为电子商务的一种新模式。从渠道管理角度看，O2O 是网络企业渠道创新的一种形式。

2010 年，Alex Rampell 在研究 Groupon、OpenTable 及 SpaFinder 等公司时首提 O2O 概念，他将其发现的新模式定义为 Online To Offline。O2O 模式与 B2B/B2C/C2C 模式的区别如表 5-2 所示。O2O 与 B2B/B2C/C2C 的商务模式不同，前者是以"电子营销＋客流"的模式，后者是以"电子营销＋物流"的模式。特别是它们与实体经济的关系有所不同，O2O 模式强调"在店体验或消费"，而 B2B/B2C/C2C 强调的是"在线采购或消费"。O2O 模式重点是将线下商务机会与互联网技术结合，使互联网成为线下交易的前台，同时促进线下商务的推广及成交。

表 5-2　O2O 与 B2B/B2C/C2C 模式的区别

	O2O	B2B/B2C/C2C
商业模式	电子营销＋客流	电子营销＋物流
产品特征	以服务型产品为主	以实体产品为主
技术支撑	整合互联网、移动互联网	互联网数据信息交互
与实体经济关系	为实体店带客	与实体店竞争

随着移动互联网 SoLoMo 应用的普及，O2O 模式获得良好的发展空间。移动互联网的广泛应用成为线上与线下无缝对接的最佳载体。随着移动互联网的发展，人们的消费习惯及消费行为逐渐向移动端过渡。O2O 模式下的移动电子商务具有实时性和便利性两大特征。手机中的二维码，成了 O2O 模式线上与线下联结的助推工具，移动互联网整合了大量资源，拥有海量信息，并可以高效传递这些信息。只要有移动终端，有无线网的覆盖，就可以实时、快捷地查询到需要的服务信息，并直接在线上下单。

SoLoMo 是由 Social、Local、Mobile 合成的词语，即"社会化"、"本地化"、"移动化"。它标志着社会化、本地化和移动化相结合的产品将成为电子商务的下一个大趋势，O2O 模式是 SoLoMo 概念的最好体现。对于本地商家而言，线上广告的成效被直接转换成实际的购买行为。每笔完成的订单在确认页面都有"追踪代码"，商家在掌握线上营销投资回报率的同时，还能持续深化 CRM 管理。

2. O2O 模式的优势

1）"三赢"效果

有效运作 O2O 模式能够实现商家、消费者和平台商的三赢。对线下商家而言，O2O 采用线上支付形式，支付信息将成为商家获取消费者消费信息的重要渠道。O2O 模式还可对商家的营销效果进行直观的统计、分析、追踪及评估，弥补了以往营销推广效果的不可预测

---

① 部分参考：池莲. 谈电子商务 O2O 模式面临的机遇与挑战. 商业时代，2014（25）：63-64.

性。O2O 模式对消费者而言，为其提供了全面、及时、丰富和适合的商家优惠信息，消费者可以更加快捷筛选并订购适合的商品或服务。在线上查找商家，除了可以获取更丰富、更全面的商家及其服务信息外，还可以获得相对比线下直接消费较为便宜的价格。对平台商而言，O2O 模式可以带来高黏度的消费者，对商家有强大的推广作用及其可衡量的推广效果，可吸引大量线下生活服务商家的加入。

2）改善用户体验

B2B 改变了制造业交易方式，B2C、C2C 改变了零售业销售方式和人们的消费生活方式。而 B2B/B2C/C2C 商业模式的最大局限在于"用户体验"，随着用户产品体验诉求及产品服务诉求的日渐高涨，单一线上模式的瓶颈凸现出来。O2O 显然有效地解决了这一难题，这一跨越也使 O2O 模式成了电子商务领域的新模式和新方向。线下的服务不能装箱配送，快递本身也无法传递社交体验所带来的快乐。但是通过 O2O 模式，将线下商品或服务进行展示，并提供在线支付"预约消费"，这对于消费者来说，不仅拓宽了选择的余地，还可以通过线上对比选择和享受最令人期待和合适的服务。

3）实现精准营销

互联网的虚拟性使 B2B/B2C/C2C 模式在线上达成了交易，但对线下发生了什么则无法掌控，这种粗放式交易无法提升电子商务的交易效率。O2O 模式的最大优势就是对每笔交易的"可追踪"及推广效果的"可追查"。一方面，通过线上平台为商家导入更多的客流，并提高用户消费数据的收集力度，帮助商家实现精准营销；另一方面，充分挖掘线下商家资源，使用户享受更便捷、更合适的产品或服务。

3. O2O 模式的发展

尝试 O2O 服务的企业首先是互联网企业，团购网站、京东商城、腾讯微信及赶集网、58 同城、百姓网这些以生活信息服务为主的企业率先开展；其次是传统的线下企业，如苏宁易购新社区是苏宁易购尝试 O2O 的标志，顺丰快递的嘿店也是典型的 O2O 模式。

随着互联网移动互联网应用的发展，O2O 越来越脱离其早期的渠道模式或商业模式的概念范畴，成为"互联网＋行业"结合的一个附属概念，如互联网＋工业，工业 4.0；互联网＋汽车，车联网；互联网＋医疗，在线医疗；互联网＋农业，农村电商；等等，都可以冠之为 O2O，即以上分别可以称为工业 O2O、汽车 O2O、医疗 O2O、农业 O2O 等。

5.5　促销与宣传

数字产品的促销和宣传基本上是在互联网中进行，传统媒体（广播、电视、报纸等）的线下促销和宣传是辅助，这里只讨论数字产品的网络促销和网络媒体宣传。数字产品提供商的网上促销和宣传有两种方式：①直接在企业网站上，通过文字、图像、声音等多媒体技术，全面详尽地发布企业信息，有效地宣传自己，树立企业的品牌形象和信誉；②通过其他网站发布广告，宣传产品或本企业网站，以吸引更多的消费者关注。

5.5.1　网络促销的特点

虽然传统的促销和网络促销都是表现出使消费者认识商品，引导消费者的注意和兴趣，激发消费者的购买欲望，并最终实现其购买行为的过程，但由于互联网强大的通信能力和覆盖面，网络促销在时间和空间观念上、在信息传播模式上，以及在顾客参与程度上都与传统的促销活动有较大的改变。

1. "软"营销

传统营销是一种强势营销。传统广告常常将信息以灌输的方式强加给消费者，期望在消费者心中留下深刻印象，而不考虑消费者需求与否。人员推销也是不经消费者允许而采取的一种主动形式。

而互联网有其"网络礼仪"，最重要的基本原则是：不请自到的信息不受欢迎。网络营销更多地具有软营销特征。

网络营销注重的是与消费者建立一种相互信任的关系，在交流产品信息的同时交流感情。随着互动的层次逐渐深入，厂商与消费者之间的双向沟通也更加密切，为进一步营销奠定了牢固的基础。数字产品生产商的网络营销主要是通过加强与消费者的沟通和交流来达到营销目的。

2. 互动性

传统营销观念中的促销策略是面向大众的、单一型的，以宣传式劝说为主要方式。例如，媒体广告以其单一的内容向广大消费者传递着同样的信息，人员推销也是面向不同的消费者推销着相同的产品，甚至说着同样的推销辞令。而网络营销中的促销策略则具有针对性强、消费者选择余地大、信息传递与反馈快捷、信息覆盖面全而花费少等特点。在网络营销中，广告的作用不再仅仅是引起消费者的注意和令消费者知晓该产品。由于网络广告信息容量大、费用低，营销人员可以尽可能详细地向消费者提供关于产品的特色和性能等方面的信息，消费者在获得该信息的同时，可以有选择地关注某些信息，进行仔细阅读，并可依据数字产品的本身提出问题，反馈给营销人员，营销人员再通过网络及时向消费者解答问题。这样，网络营销的促销活动就打破了传统营销以宣传式说服为主的方式，而形成了互动性、知识性、具有较强逻辑说服力的促销形式。

3. 针对性

网络促销具有一对一与消费者需求导向的特色，这一特色也使其成为发掘潜在消费者的最佳途径，使企业的促销方式和手段更加具有针对性与时效性。

互联网为企业促销提供了新的载体，它利用多媒体技术，可以同时以声音、图像、图形、文字和动画形式传播产品信息。企业只要在互联网上建立网站或主页即可进行各种广告宣传活动，消费者可以根据自身需求主动搜索广告，大大提高了针对性，加强了企业与消费者的沟通和联系，而且互联网的广告费用远远低于其他媒体。网络促销充分利用计算机技术，对大量消费者信息进行加工处理，反映出消费者的不同需求，网络广告也根据细微的个人差别对消费者进行分类，制作传送定制的产品信息，进行有针对性的促销。

4. 无限的空间

互联网和传统媒体相比的最大优势是具有无限而廉价的空间，打破了原有的地域，网络促销在时空上得到了大大的拓展，订货和购买可以在任何时间、任何地点进行。独有的、双向的、快捷的、互不见面的信息传播模式，为网络促销提供了更加丰富多彩的表现形式。企业在互联网中只需要很少的费用就可以把有关企业及其产品的有关信息刊登出来，一旦在网上发布广告，不用增加任何额外费用，产品和服务信息就会传遍全球，潜在的宣传效应巨大。

5.5.2　网络促销的实施

数字产品提供商实施网络促销，首先要深入了解产品信息在网络上传播的特点，分析网络信息的接收对象，设定合理的网络促销目标，通过科学的实施程序来进行。

1. 确定网络促销对象

网络促销对象是可能在网络虚拟市场上产生购买行为的消费者群体。随着网络的迅速普及，这一群体也在不断扩大。这一群体主要包括 3 部分人员：产品的使用者、产品购买的决策者、产品购买的影响者。

2. 设计网络促销内容

网络促销的最终目标是希望引起购买。这个最终目标要通过设计具体的信息内容来实现。消费者的购买是一个复杂的、多阶段的过程，促销内容应当根据购买者所处的购买决策过程的不同阶段和产品所处的寿命周期的不同阶段来决定。

3. 选择网络促销组合方式

网络促销活动主要是通过网络广告促销和网络站点促销两种促销方式展开。但不同的产品种类、销售对象和促销方法会产生不同的网络促销组合方式。企业需结合实际，根据网络广告促销和网络站点促销两种方法的特点与优势，扬长避短，合理组合，以达到最佳促销效果。

网络广告促销实施"推战略"，其主要功能是将企业的产品推向市场，获得广大消费者的认可。网络站点促销实施"拉战略"，其主要功能是将顾客吸引过来，保持稳定的市场份额。对于数字产品，网络站点促销的方法比较有效。在产品的成长期，需要侧重于网络广告促销；在产品的成熟期，则需要加强企业站点的建设。因此，企业应根据自身网络促销能力，选择不同的网络促销组合方式。

4. 制订网络促销预算方案

制订网络促销预算方案是企业在网络促销实施中的关键问题。一般通过本企业网站的促销和宣传费用是有限的、可控制的。如果要通过其他网络开展网络促销，制定网络促销方案需处理好以下 3 个方面的问题。

(1) 必须明确网上促销的方法及组合的方法。因为不同的信息服务商，宣传的价格悬殊极大。因此，企业要在比较所选站点的服务质量和服务价格的基础上，选择适合于本企业产品质量和价格的信息服务站点。

(2) 明确网络促销的目标。即企业进行网络促销的目的是为了宣传产品，还是宣传售后服务，或者是为了树立企业的形象。只有明确网络促销目标后，才能据此策划宣传内容，决定投放时间、频率和密度，广告宣传的位置，内容更换的时间间隔，以及效果检测的方法等。这些环节是整体投资数额预算的主要依据。

(3) 明确网络促销的影响对象。需要明确该企业的产品信息希望传递给哪个群体、哪个层次、哪个范围。不同的站点有不同的服务对象、不同的服务费用。一般侧重于学术交流站点的服务费用较低，专门从事产品推销站点的服务费用较高，而某些综合性网络站点的费用最高。企业的促销人员应熟知产品的销售对象和销售范围，根据自己的产品选择适当的促销形式。

5. 评价网络促销效果

网络促销的实施进展到一定的阶段，就必须对已经执行的促销内容进行评价，衡量促销的实际效果是否达到预期的促销目标。对促销效果的评价主要依赖于两个方面的数据。一方面，要充分利用互联网上的统计软件，及时对促销活动情况进行统计。例如，主页访问人次、点击次数、千人广告成本等。利用这些统计数据可以了解网络促销实施的优势和不足，以便对网络促销方式和方法进行调整。另一方面，可以通过销售量、利润、促销成本的变化，判断促销决策的正确性。同时，还应注意促销对象、促销内容、促销组合等方面与促销目标的因果关系的分析，以便对整个促销工作作出正确的决策。

6. 加强网络促销过程的综合管理

要想取得网络促销的成功，必须实行科学管理，不断进行信息的沟通与协调，并对偏离预期促销目标的活动及时进行调整，以保证促销活动取得最佳效果。

5.5.3　网络宣传

网络不仅是一个信息资源库、一种通信工具，同时也是一种全新的大众传播媒体。网络作为报纸、广播、电视三大传统媒体外的第四大媒体，具有新闻传播、宣传教育、商务广告、休闲娱乐等多种功能。企业通过网络媒体的宣传策略包括企业网站、网络广告等。

1. 企业网站

企业网站是企业的对外窗口之一，为企业形象展示、品牌展示、信息发布、商务应用提供了一个平台。知名企业的网下品牌可以在网上得以延伸，一般企业则可以通过互联网快速树立品牌形象，提升企业整体形象。企业网站良好的界面、丰富有序的内容能全面展现企业良好的形象。企业网站一般分为以下 3 种类型。

（1）基本信息型。基本信息型网站主要面向客户、业界人士或普通浏览者，以介绍企业的基本资料，帮助树立企业形象为主。

（2）电子商务型。电子商务型网站面向供应商、客户或企业产品（服务）的消费群体，以提供某种直属于企业业务范围的服务或交易。

（3）多媒体广告型。多媒体广告型网站面向客户或企业产品（服务）的消费群体，以宣传企业的核心品牌形象或主要产品（服务）为主。

对于数字产品提供商，企业网站是综合性的，内容丰富，且电子商务服务功能强大。

2. 网络广告

网络广告根据其表现形式，可以分为以下多种类型。数字产品提供商可以根据产品目标用户的特点，以及资源投入情况，对具体的网络广告形式进行选择。

1）移动终端的网络广告

移动互联网的应用，使得移动终端网络广告成为商家推广产品的平台。移动终端网络广告主要有微信平台广告、App 应用广告、彩信广告等。

（1）微信平台广告

微信平台推送广告的前提是对其公共微信平台进行关注。商家会利用人们关注的热点事件推送广告以吸引消费者眼球。例如，随着"奔跑吧兄弟"的热映，中国移动通过微信平台推送了"奔跑吧移动 4G 的广告"。

（2）App 应用广告

App 应用广告是通过手机客户端推送广告。App 应用涉及衣食住行等多个方面，App

应用推送的广告通常是通过下载指定应用或使用捆绑服务获取相应的积分或抵用券等。

（3）彩信广告

彩信能够传递功能全面的内容和信息，这些信息包括文字、图像、声音、动画等。彩信广告是手机广告的主要投放方式之一。

2）桌面互联网广告

（1）搜索引擎广告。搜索引擎广告以关键字（Key Word）为核心，利用竞价排名的方式来展示商家的排名顺序，按效果收取费用。收费方法有按点击率、按展示时间、按销售转换率等多种方式。

关键字广告有两种基本形式：①关键字搜索结果页面上方的广告横幅可以由广告主买断，这种广告针对性强，品牌效应好，点击率高；②在关键字搜索结果的网站中，广告主可以根据需要购买相应的排名，以便提高自己网站被搜索者点击的概率。当广告主买下流行搜索引擎的流行关键字，凡是输入这个关键字的用户都可能被吸引到广告主的网站。

随着互联网应用的普及，搜索网站已成为每个网民必须登录的网站，使用搜索引擎搜索自己所需的信息，从而在纷繁的互联网世界中找到自己最需要的信息，因此，搜索网站已经成为每个网民网上生活不可分割的一部分，搜索引擎广告的地位也随之越来越重要，搜索引擎广告的迅猛发展，成了网络广告的主力之一。

（2）标牌广告（Banners）。标牌广告又称标志广告、横幅广告、旗帜广告或网幅广告，是互联网上最流行的广告方式，约占所有互联网广告的六成。广告通常写上公司的名称，一段简短的讯息和鼓励用户浏览该网页的广告词。标牌广告可以是静态或动态的，如用户点击该广告就能得到更详细的信息，或者进入企业网站。标牌广告高度约为80～100像素，宽度一般为400～600像素，以GIF、JPG等图片格式放在网页中，多用来作为提示性广告，浏览者可以点击查看详细信息。

（3）按钮广告（Button）。按钮广告以按钮的形式存在在网页上，是旗帜广告的特殊形式，其制作方法、付费方式和自身属性与旗帜广告没有区别，仅在形状和大小上有所不同。按钮广告经常表现为不同的图形，可以被设置于网页的任何一处，图标在主页上是不动的，通过点击可链接到广告信息页面上。网上按钮因其经常能带来免费下载软件的缘故，所以被接受的速度快于标牌广告，并可取得巨大的成功。

（4）图标广告。图标广告一般由一个标志性图案构成，通常是厂商标志或商标。图标广告既没有广告标语，也没有广告正文，所以吸引力较差，只适合于一些知名度较大的公司及产品。常用的图标广告有4种尺寸：125像素×125像素、120像素×90像素、120像素×60像素、88像素×31像素。

（5）文本链接广告。文本链接广告以一排文字作为广告，点击之后可以进入相应广告页面。这种广告形式对浏览者干扰较小，效果却比较明显，而且成本比较低。文本链接广告一般不超过10个汉字，通常发布在页面上比较显眼的位置。

（6）电子邮件广告（E-mail）。电子邮件广告是厂商通过互联网，以电子邮件或电子报刊的形式，将广告信息直接发送给个人的广告形式。厂商可以通过网站中的电子邮件列表，或者通过用户反馈的个人资料、厂商加入有关的讨论组、从专门机构购买的用户E-mail地址等途径来获取用户的电子邮箱，将广告夹在用户订阅的刊物中发送给用户。电子邮件是互联网上最便宜和最有效率的宣传方法，能够准确地向目标消费群投放广告，节约广告成本。

（7）弹出广告（Interstitial Ads）。弹出广告又称插页广告、弹跳广告，是在打开一个网页的同时自动跳出来一个较小的广告页面，以其美丽的图画和优美的文字吸引用户点击，从而达到良好的广告效果。弹出广告属于强迫性广告，虽然浏览者可以关闭广告页，但还是容易引起网民的反感。

（8）电子公告牌（BBS）广告。BBS 是一种以文本为主的网上讨论组织，以文字的形式，通过网络聊天、发表文章、阅读、讨论、通信等形式进行。BBS 气氛自由、宽松，参与者可以自由交流，但要遵守公约。在 BBS 上发布广告，影响面较小，但是 BBS 客流量相当大，对于那些搜寻购买信息的人，比较容易产生作用。

（9）全屏广告（Full Screen Ads）。全屏广告是在页面开始下载时首先出现的大幅广告，大小刚好占满一个屏，但是只持续 3～5 秒，窗口就逐渐缩小，最后收缩为按钮广告，显示出正常页面内容。例如，乐百氏在新浪网上所作的全屏广告和联众游戏中 263 免费邮箱的全屏广告。这些广告醒目、具有很强的冲击力和感召力，但是由于过分地刺激浏览者，通常浏览者来不及反应就被迫接受了广告信息，因而容易招致浏览者的反感。

（10）视频广告（Online Video Ads）。视频广告通常是在打开一个页面后跳出一个较小的页面播放视频，内容通常是一个电视广告，有声有形，制作精美，容易引起人们观看的兴趣。类似于弹出广告，视频广告可以手动关闭，同样是一种强制性广告。

（11）悬停广告。悬停广告通常比较小，在页面滚动时始终固定在屏幕的某一区域，或者沿一条固定路线运动。这种广告会增强曝光率，通常放置在不影响浏览网页主要内容的区域，但也有一些站点悬停广告不允许手动关闭，或者遮盖网页的内容，给浏览者造成很大不便。

（12）赞助式广告。赞助式广告是指厂商与网站达成合作协议，由厂商出资赞助一个与其业务相关的网页或栏目，而网站提供给厂商相当数量的广告显示。赞助式广告与标语式广告的不同之处是前者的留置时间较长，也不与其他广告轮流滚动，对于想做品牌广告的客户尤其合适。赞助式广告分为 3 种赞助形式：内容赞助、节目赞助和节日赞助。

（13）互动游戏广告。互动游戏广告利用互动游戏技术发布广告。在一段页面游戏开始、中间、结束的时候，广告随时出现，并且可以根据厂商的产品要求，为之量身定做一个属于自己产品的互动游戏广告。其广告形式多样，很容易引起人们的注意。

（14）分类广告。分类广告又称名录广告，是指许多门户网站按类别划分广告，厂商可以根据产品相应的类别进行注册、发布广告。这种广告针对性强，用户容易准确地找到自己需要的内容。有调查显示，我国网民对分类信息的接受程度相当高，有 67% 的网民认为自己会根据新浪网提供的分类信息进行消费。但是分类广告的标题和图片要引人注目，内容要简练翔实，否则无法引起浏览者的兴趣。

（15）通过新闻组（Newsgroup）传播广告。新闻组也是一种常见的互联网服务，与公告牌相似，人人都可以订阅，成为新闻组的一员。

案例　互联网企业并购：BAT

互联网发展历程即互联网企业创立、成长、并购、倒闭生生不息的过程。并购是网络经济发展的常态，也是网络经济下企业运营管理不可回避的问题。

目前，互联网行业正处于整合分化的关键时期，企业横纵向延伸，产业链上下游融合成为主要的发展态势，其中，以 BAT 为代表的三大企业纷纷提出构建全方位、多领域的生态系统和全产业链的战略目标，试图通过自我搭建和投资并购的方式取长补短，加速抢占大数据时代的发展先机。尽管三家在战略意图上有相似之处，但各自的手法却不尽相同，其基本布局与并购如表 5 - 3 所示。

表 5 - 3　百度、阿里、腾讯的基本布局与并购

	百度	阿里	腾讯
业务核心	搜索	电商	社交
业务优势	技术能力突出	商业能力强，平衡能力强	具备产品优势
公司架构	前向业务群组，搜索业务群组，移动云事业部、LBS事业部、国际化事业部五大独立运营的机构	分拆为 25 个事业群，组织结构颗粒化	六大独立事业群，战略重心在社交、游戏、网媒、无线、电商和搜索六大领域
营运情况	营业收入主要来源于广告与营销，受制于用户正从 PC 时代向移动互联网时代转移，百度遭遇阵痛期，营收规模落后于阿里和腾讯	主要收入来源于企业服务费，即通过提供广告位、销售额分成的方式向商户收取费用。其中，淘宝和天猫成为营收的主要来源，天猫盈利有两种形式：一种是直通车，另一种是通过成交额收取交易费	目前，腾讯有 70% 以上的收入来自于网络游戏和娱乐服务。长期以来，腾讯的商业模式也导致其只能收到营销、广告、游戏类费用。如今通过对重资产公司的入股，腾讯间接分享佣金收益已成为可能。未来，腾讯拥有核心产品微信，随着微信进一步商业化，来自移动游戏和电商的收入可能会增加。另一方面，腾讯战略入股京东、大众点评，这些也可能带来规模的收入增长
产业链布局	其在移动上的闭环基本构建完成：搜索（浏览器，轻应用）＋分发（91）＋LBS（地图和糯米）＋支付（百度钱包），试图将中间页、移动互联网、O2O 几步棋首尾相连	UC、新浪微博、陌陌分别以浏览器和移动社交成为移动互联网重要入口，友盟提供移动数据分析，高德地图则构建了 O2O 的入口，加上淘宝、聚划算、美团等电商平台，以及支付宝这一 O2O 业务的重要"黏合剂"，阿里 O2O 闭环搭建基本形成	就移动端的产业链布局和产品体系来说，腾讯已经相对完善，主要围绕 QQ 和微信两大社交入口，在确立自己业务主线的同时不断补充所需的业务板块
战略方向	搜索、LBS、移动云、国际化、用户消费（娱乐文化）	平台战略，把握住入口，做强电商，同时以入股的方式与多家企业建立合作关系	以社交为核心，手机 QQ 将在商业模式最成熟的移动游戏和娱乐化应用市场上发力；微信将重点在支付、互联网金融、电商等层面探索，进一步完善微信端构架

续表

	百度	阿里	腾讯
投资并购逻辑	百度的投资策略相对保守和稳健，围绕核心业务加强、生态系统建设、未来机会布局。对于移动入口级企业，强调控股地位；对于其他补充生态型小企业，则采用参股的方式	阿里的投资核心是生态系统的构建，策略上较为灵活，基本分为两类，其一与阿里业务能够较强整合，整合方式多样，包括战略投资、收购、少数股权投资等；其二是关注与阿里巴巴打造生态圈、平台有关的公司，因而强调布局和共生关联性	腾讯强调战略投资，关注优势的互补、战略价值以及财务回报，因而倾向于通过投资占据一个垂直行业中有潜力企业的战略级股份。腾讯的对外布局中，通常以社交红利最大化为核心，围绕其具有较强黏性的用户深入挖掘用户价值；同时，在移动端进入更为宽广的生态系统空间。这些领域包括电子商务、O2O 服务、互联网金融、在线教育、医疗保健等垂直领域
投资并购思路	（1）PC 端具备搜索优势，移动端落后于社交，用户黏性不高，通过收购91 引流，同时与百度应用商店、百度轻应用、百度移动搜索形成协同效应，使百度在应用分发市场上占据重要位置 （2）打造核心业务 LBS，通过收购糯米等补充地图内容，为 O2O 搭建场景	（1）入口为阿里业务短板，通过对 UC，新浪微博和高德地图的投资，完成对浏览器（"神马"的推出更延伸至移动搜索领域）、地图和社交领域的卡位和入口布局 （2）通过对物流领域的收购巩固商务核心的运营实力 （3）积极布局战略性行业，如文化传媒等	专注于自身核心领域，将短板业务以注资的方式拉拢同盟，包括搜索（注资搜狗）、电商（注资京东）、O2O（投资大众点评）安全（投资金山网络）等。
投资并购情况	（1）紧紧围绕底层大数据和人工智能展开 （2）收购多集中于入口企业，对于一些垂直领域的主导型企业介入较少	（1）围绕着信息流、支付流和物流展开并购 （2）并未试图完全控股（如美团、UCweb、新浪微博等），对于平台入口（手淘、来往、高德等）的整合并没有形成具体的战略，入口分布相对分散，阿里也没有很好的模式将入口与电商业务合理整合 （3）线上＋线下商业模式所需的入口到后台的整合能力不足 （4）移动端的流量超越 PC 已经是大势所趋，但是移动端的广告价值如何体现目前却并没有明确的模式。移动端上如何能继续获取大量的购物流量以及移动端的流量如何变现尚不清晰	（1）取长补短，在保有核心业务的同时，一是不追求控股，但占股一般都在 20％以上；二是将外围的、垂直的业务与外部盟友合作 （2）微信开放平台基础设施建设尚未到位，商业模式尚不清晰

BAT 主要并购数据统计如表 5-4 所示。

表 5-4　BAT 主要并购数据统计

并购方	被并购方	所占股权	融资金额
阿里巴巴	中信 21 世纪	38.15	9.32 亿港元
阿里巴巴	1stdibs	—	1 500.00 万美元
阿里巴巴	高德软件	72.00	11.00 亿美元
阿里巴巴	文化中国	—	62.44 亿人民币
阿里巴巴	银泰百货	9.90	53.68 亿人民币
阿里巴巴	魅族科技	40.0	9.00 亿美元
阿里巴巴	优酷土豆	16.5	10.88 亿美元
阿里巴巴	新加坡邮政	10.35	2.49 亿美元
阿里巴巴	恒大足球俱乐部	50.00	12.00 亿人民币
阿里巴巴	UC 优视	34.00	—
阿里巴巴	21 世纪经济报道	20.00	5.00 亿人民币
腾讯	科菱航睿	100.00	6 000.00 万人民币
腾讯	华南城	9.90	14.97 亿港元
腾讯	大众点评网	20.00	4.00 亿美元
腾讯	京东商城	15.00	2.15 亿美元
腾讯	乐居	15.00	1.80 亿美元
腾讯	CJ Games	28.00	5.00 亿美元
腾讯	优酷土豆	20.00	3.00 亿美元
腾讯	Keyeast	—	—
腾讯	华彩控股	—	—
腾讯	58 同城	19.90	7.36 亿美元
百度	糯米网	41.00	—
百度	携程旅行网	—	—
百度	猎豹移动	—	2 000.00 万美元

数据来源：私募通

从 2014 年年初以来的投资收购案来看，BAT 依旧延续着以上的布局思路。

其一，巩固防线。BAT 尽管在业务领域有所交叉，但依旧各有所侧重，并倾向于通过收购与投资的方式丰富自身的资源内容。比如，百度战略投资猎豹浏览器，腾讯投资 CJ 游戏，阿里则投资物流企业卡行天下，均是以加强核心业务能力为主要意图。

其二，构建生态。搭建全面的业务平台，构建完善的产业链以及获取闭环优势已经成了 BAT 的共同的战略导向。而基于自身优势，借用 O2O 模式打通线上线下的交易则成为重要一环，因而无论是地图、浏览器的入口、相关 LBS 业务领域，还是线下商城资源、线上购物平台，都是搭建 O2O 场景的必备因素。

其三，战略布局。随着市场需求的大幅度增长，文化传媒、旅游及教育等传统行业将成为 BAT 业务延伸的重点领域。

由此可见，并购对于企业平台化战略的实现起着至关重要的作用，可以认为战略型并购是互联网行业并购最为重要的特点之一。

参考文献

[1]　2013 年中国并购市场年度研究报告 [R]. 清科研究中心，2013.

[2]　程兆谦，汪慧东. 解析 BAT 并购战 [J]. 企业管理，2014（7）.

[3]　马振民，方兴未艾的互联网并购浪潮 [J]. 上海信息化，2012（10）.

案例讨论题

1. 互联网企业并购有什么特点？
2. 讨论互联网企业并购动因和并购绩效。

本章思考题

1. 简述知识管理的内容。
2. 网络经济条件下，企业定价策略需要考虑哪些因素？
3. 简述数字产品差异化管理的方法。
4. 网络企业为什么要发展线下渠道？
5. 简述网络广告的形式。

第6章
网络经济企业的市场竞争策略

数字产品生产企业面临市场竞争时，采取的市场竞争策略和传统企业有相同的方面，诸多竞争策略的采用，如成本领先、差异化、品牌竞争等，与传统企业基本一致。但由于数字产品的特殊性带来的数字产品供求的特殊性、市场的特殊性，使其在竞争中所采取的竞争策略也有其特殊方面，本章讨论数字产品生产企业市场竞争策略的特殊方面。

6.1 跨越临界点策略

在数字产品市场发展中，市场规模存在一个临界规模，在此规模前，企业处于亏损状态，达到这个规模，企业开始盈利，并在正反馈机制的作用下，规模和盈利实现爆炸式增长。企业是否能够达到这个临界规模或临界点，是竞争成败的关键。

6.1.1 数字产品的临界点

数字产品的供给成本包括产品的研究开发成本、复制成本和营销成本。厂家研发过程投入的大量智力成本和在抢占"起飞"用户基础竞争中所花费的高额营销成本，使数字产品在上市供给的最初阶段占据了相当大比例的成本支出，全部的生产商在这一阶段都入不敷出。这一阶段的长短视竞争状况和用户成长情况而定。随着竞争分化和某一厂商的产品进入起飞临界点，大多数的厂商将退出供给竞争，营销成本大幅下降，生产成本趋向复制的边际成本。在这一阶段，竞争的获胜者因需求锁定效应和数字产品效应导向定价的特性将获得巨额利润。假设只有一个厂家最终竞争获胜，则某一数字产品的总体供给成本和获胜企业的供给成本变化可由图6-1反映。

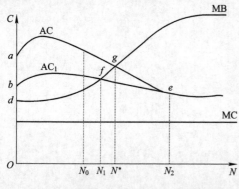

图6-1 数字产品供给成本变化模型

在图6-1中，MC代表边际成本；AC代表该数字产品总体平均供给成本；AC_1代表获胜厂家供给平均成本；N_0代表"起飞"用户基础；N_2代表进入成熟期的用户人数。AC和AC_1开始上升是由于激烈竞争导致营销成本大量支出所致，后来两者在点e会合是由于其他竞争者均已退出市场。进入"起飞"区后，数字产品的供给平均成本曲线剧烈向下倾斜，不断接近边际复制成本。设用户人数随着时间增长，MB线代表用户的平均边际收益随着用户增长而获得正反馈增长的需求线，每一用户使用一种数字产品，供给价格以用户效用评价为导向，则供给双方的盈亏均衡点是图 6-1 中的 g、f 点，其中 g 点为总均衡点；f 为获胜者均衡点。对数字产品的生产者而言，如果能够达到 N^* 规模，就是达到了规模的临界点。

在产品网络比较小的时候，产品的平均成本高于消费者的需求价格，如图 6-1 在临界规模 N^* 前（获胜企业的规模是 N_1），企业不可能盈利；当产品网络足够大时，消费者的需求价格就将超过产品的平均成本，而且，其中的差距随着网络规模的扩大而增大，企业面临的是一个巨大的盈利空间，它能够获得爆炸式的增长。以传统产品市场的均衡作对比，在正反馈市场上，产品的主要优势在于市场规模的大小。规模越大，对消费者的效用越大，就得到消费者的青睐，反过来又促进了市场规模的扩大，这是一个良性循环；与此同时，规模小的产品网络将陷入恶性循环，最后只能走向消亡。良性和恶性循环之间存在一个临界点，过了这个点，不需要借助外力，市场规模便能促进其本身的扩大，企业也就可能盈利。这样，在正反馈市场上，企业要实现利润最大化目标，第一步就在于能否达到临界点，反映在企业行为上，就是要采取正确的跨越临界点的战略。

6.1.2　数字产品跨越临界点策略

临界点是企业盈利与亏损的分水岭，因此，竞争的关键是谁能够最先将其产品的市场规模扩大到临界数量以上。从理论上说，企业要做到这一点，可以有 3 种选择：加快自己扩张产品市场规模速度；减少临界点的市场规模；延长竞争者产品市场规模到达临界点的时间。

1. 加快产品市场规模的扩张速度

提高市场规模的扩张速度是企业达到临界点销售量、实现主流化的主要战略。企业可以采取的策略有：免费赠送，减少用户使用成本，寻求风险资金帮助，建立联盟，开放技术，等等。

1）降低消费者的购买成本

数字产品市场上最常见的策略是免费赠送，有以下 3 种理由促使企业采取免费策略。①许多信息产品是经验产品，消费者只有使用后才能对其进行价值判断，因此，企业必须给予消费者免费试用的机会。②信息产品的边际成本极低，多赠送一套产品并不会给企业带来资金上的困难。③企业要缩短市场规模到达临界点的时间，产品价格越低越好。许多企业为了扩大市场规模，都赔钱销售。例如，为了在联机服务业中与 Compu Serve 公司竞争，American Online（AOL）公司在 1995 年给每种计算机杂志的订户都随刊赠送了一份内装有该公司浏览器软件的盘片。据估计，AOL 公司在每个用户身上花费了 93 美元，由于实现了主流化，AOL 公司的收入直线上升，而原来具有成本优势的 Compu Serve 公司在 1995 年后却步履维艰。

2）减少用户学习成本

数字产品技术含量高，使用者的学习成本也高，企业免费赠送产品并不意味消费成本为零。当学习成本非常大时，用户同样会对该产品望而却步。要加快市场推广速度，企业还要设法减少用户的学习成本，让产品界面标准化和免费提供培训是企业通常采用的方法。例如，微软公司的 Office 系列产品都具有大致相同的界面，对类似的功能也采用大致相同的操作手法。这样，Word 用户发现，相对于其他电子表格工具，如 Lotus 1-2-3，微软公司的产品用起来更容易。当产品更新换代时，仅仅依靠低学习成本还不够，企业还需要减少用户的转移成本。如果 Word 2007 不能打开 Word 2003 的文档，Word 2003 的用户也不能共享 Word 2007 建立的文档，那么 Word 2007 的推广将有一定的市场障碍。但 Word 2007 用户可以无损失地使用 Word 2003 建立的文档，而 Word 2003 用户只要拥有一种转换器，也可以打开 Word 2007 建立的文档，这就大大方便了市场的推广。

3）寻求风险资金的帮助

企业追求临界数量的过程是一个承受巨额亏损的过程，在这段时间内，只有投入没有收益。没有足够的资金，企业不可能快速扩大市场规模。而任何一家企业的资金终究还是有限的，企业本身的投入往往不能解决问题，并且，正反馈的特点也使企业不能通过自身的积累来进行再投入，企业只能通过融资来解决资金困难。同时，参与市场角逐的厂商众多，最终获胜的却注定只有一家，而且是"赢家通吃""输家出局"。因此，企业要寻求的必须是能承受巨大风险的金融机构。只有不断获得创业投资资金的企业才能在竞争中获胜。

4）率先推出产品

数字产品的市场推广求快不求完美，对于厂商来说，关键不是能否推出功能全面的产品，而是能否尽早推出产品，产品的性能稍差并不妨碍产品的推广。相反，产品性能过于完美，以至于没有升级的必要，厂商也失去了一种利润源泉。20 世纪 80 年代苹果公司和微软公司同时在研制图形界面操作系统，微软公司在技术不成熟的情况下抢先推出了 Windows，迅速推广了市场，一举成为图形界面操作系统的霸主。而苹果公司稍后推出的 OS2 操作系统虽然功能更完善，但是失去了先机，在操作系统的竞争上完全败给了微软公司。

5）建立联盟和技术开放策略

对于企业来说，为了促销一种产品或标准而与其他公司组成联盟非常必要，特别是对一些实力有限，不能独立引发正反馈的公司更是如此。技术在联盟内部可以完全开放，联盟各方也拥有一定的控制权。

与上下游企业结盟也是跨越临界点的策略。在 20 世纪 80 年代，微软公司与个人计算机硬件商合作，在计算机中预装微软公司的操作系统，这使微软公司获得了巨大的市场销量。

技术开放也是跨越临界点的重要策略。一般在竞争初期实力较弱的企业试图独自控制技术往往最终难以成功，免费开放新技术可以刺激正反馈，并且使技术的价值更大化。有时甚至领先的公司也通过开放让市场迅速成长，如 Adobe 公司对 PostScript 语言，Sun 公司对 Java 语言，均采取了这种策略。

2. 减少临界点的市场规模

对于处于激烈竞争中的企业，减少临界点的市场规模非常必要。减少临界点的市场规模实际就是提高消费者对产品的效用评价。在图 6-1 中，如果 MB 线与 AC 线提前相交，则临界点的市场规模就能够减少。消费者对数字产品的效用评估取决于产品的技术含量和用户规模，这就意味着，要让临界点的用户数量变小，企业可以从提高产品技术含量入手，即对产品不断进行升级、更新。另外，捆绑附送相关产品也是增大消费者效用评估的方法。数字产品边际成本很低，企业在销售产品的同时，附送相关的信息产品并不会增加太多额外的费用，却可以提高产品对消费者的效用，使原本处于购买边缘的消费者乐意购买产品，更何况附送本身也是推广了所附送产品的市场规模。

3. 延长竞争者产品市场规模到达临界点的时间

有时企业在产品的市场推广过程中慢于竞争对手，如竞争对手可能首先推出产品。那么，企业就必须想方设法推迟竞争对手到达临界点的时间。企业可以采取产品预告的方法。由于消费者同样了解数字产品市场具有正反馈效应的道理，为了使自己的效用最大化，他们也会选择预期将成为标准的产品。实际上，被预期将成为标准的产品大都会最终成为标准。在20世纪80年代中期，当Boeland公司推出电子表格Quattro Pro时，微软公司马上召开了一个新闻发布会，描述其即将推出的Excel电子表格程序的种种优点，尽管当时其并没有这种产品。微软公司的产品预告，使消费者预期微软公司的产品将成为主流，因此，放弃对Boeland公司产品的购买，使Boeland公司的产品难以达到临界规模。当然，只有市场竞争的强者才有能力让消费者产生这种预期。

6.2 定 价 策 略

前面论述了数字产品生产企业价格管理的一般理论，本节从竞争策略的角度解剖数字产品生产企业常常采取的价格策略。

6.2.1 价格歧视定价策略

数字产品的定价除了依据一定的定价方法，根据价格影响因素，制定价格模型，计算价格以外，还要采取一定的定价策略，最终得出实际价格。定价策略是数字产品定价的重要组成部分。

一般商品价格歧视定价难以实现，但在线商品销售中，价格歧视定价具有了实现的条件。因此，价格歧视定价成为在线产品销售经常使用的定价策略。

1. 价格歧视概述

价格歧视（Price Discrimination）是指对同样的产品和服务，针对不同的消费者，根据其不同的支付意愿制定不同的价格。

通过价格歧视定价，厂商可以占有消费者剩余，获得最大收益。但厂商要实现价格歧视定价，需要具备以下3个条件。①价格歧视必须在相互分离的市场上进行。如果市场不是分离的，消费者可以获得有关价格的信息，就不可能高价购买。同时，厂商要进行价格歧视就要阻止消费者进行倒买倒卖并从中套利。②厂商必须具有一定的市场垄断力。只有厂商具有领导力量，才能决定自己的产品价格，而不是被动接受市场价格。③厂商能够了解不同层次的消费者购买商品的意愿或能力。如果厂商不了解消费者的需求，就不能进行价格差异的层次划分，也就无法实行价格歧视。

英国经济学家庇古（1920）将价格歧视划分为3种基本形式，即一级价格歧视、二级价格歧视和三级价格歧视。这3类价格歧视各有特点，也有各自的适用范围。

2. 个性化定价——一级价格歧视

1）个性化定价的含义

一级价格歧视（First-degree Price Discrimination）也称完全价格歧视或个性化价格，是指具有垄断力的企业确切地了解买主的意愿，对每一个买主索取的价格都等于该买主愿意付出的最高价格。个性化定价如图6-2所示。

在图6-2中，D为需求曲线；MC为边际成本；厂商对Q_1单位产品索取的价格为P_1，对Q_2

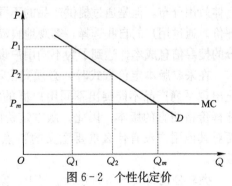

图6-2 个性化定价

单位产品索取的价格为 P_2。以此类推，厂商对最后一个单位产品 Q_m 索取的价格为 P_m。这样，由需求曲线表示出来的代表商品边际效用的买主购买一定量产品所愿意支付的价格，正是产品供应商的边际收入曲线。一级价格歧视厂商一定在价格等于边际成本处生产。因为，只要厂商可以索要的价格高于生产的边际成本，对于额外一个单位的产量，有人愿意支付的价格高于生产成本，那么，厂商当然会生产更多商品来获取更多利润。

2）在线市场个性化定价的实现

在现实生活中，人们很难看到一级价格歧视的例子。因为无法确定某消费者愿意支付的最大金额，而且即使知道某消费者愿意为产品支付多少钱，也难以做到向那些不愿支付更多金额的人以较低价格提供产品的同时，阻止愿意支付更高金额的人也以该价格获得产品。

但在在线市场中，实行完全价格歧视是有可能的。

首先，网络改变了传统的营销方式，可以对用户的购买或浏览行为进行分析，获取用户的兴趣所在，适时向其推荐新的产品或服务，并向其索要不同的价格。例如，亚马逊书店跟踪每位消费者的购买情况，在他们下次登录的时候推荐新的相关书目。

其次，在传统营销中，个性化定价厂商需要考虑包括目录调整的费用、产品变动费用等在内的一系列交易成本，而网上销售这些成本很小，以至于可以忽略不计。减价销售、抛售和其他形式的促销定价在互联网上毫不费力，价格可以随时改变，目录可以随时调整。越来越多的公司正在利用网络的这种优点销售产品，航空公司和轮船公司利用这种方式进行最后时刻的销售，以填满空舱。

但在线交易使买主从事套利行为也变得更加容易。于是，进行价格歧视定价的厂商为了限制这种套利行为的发生，一个常用的办法是不卖出产品，而是将产品以许可的方式租赁给消费者使用。采取许可使用的策略可以限制买主的倒买倒卖行为，从而使厂商价格歧视的目的能够实现。例如，软件供应商通过技术手段设定，一旦软件转移到另一台计算机就不允许使用，或者享受不到升级服务。

3）版本定价

版本价格策略是在数字产品市场中，销售者根据产品性能、功能、品质、级别等方面的差异，划分不同的版本（Version）。制定不同的价格，供消费者根据自身的效用自行选择。该策略必须有性能、功能、价格、品质等方面多样化的产品，作为必要的物质基础保障。

采用版本定价可以实现消费者的自我选择。在版本划分时，生产商虽然不清楚消费者的具体效用分布，但是通过提供产品的不同版本，消费者在选择不同的版本时就暴露了其效用评价。通过用户的自我选择，客观地自动划分出了不同的用户群，从而节约了销售者预先划分的搜寻信息成本，达到了为不同用户设置不同价格的目的。

在采取版本定价方式时，必须突出不同版本针对不同消费群体所具有的不同作用，防止出现系列产品不能突出不同用户群的需求，差异性设置不够合理的情况，使用户转去选择价格便宜的版本。因此，版本定价的关键是识别商品中那些对某些用户有极高价值，而对其他用户没有什么重要意义的特点，然后再设计出对不同的用户群有不同吸引力的版本。

微软公司将其产品划分为学习版、家庭版、专业版、企业版和黄金版等，以此版本划分让消费者"自我选择"而向消费者索取到更高的价值。

数字产品的版本划分可以分为基于功能的划分、基于性能的划分和基于时间的划分等多种类型。

(1) 基于功能的版本划分定价。基于功能的版本划分定价是指供应商提供不同功能的产品，制定不同的价格，以满足不同支付意愿的消费者的需求，实现产品在质量方面的差别化。有时厂商为了实行价格歧视而降低某些现有产品的性能和质量，即厂商提供受损产品（Damaged Goods），以在支付意愿高的消费者与支付意愿低的消费者之间进行价格歧视。例如，软件供应商针对那些需要使用软件，但是又不愿意为软件的完整功能付费的消费者，会减少软件的一些功能，以较低的价格实现销售。这一模式的优点是供应商在不影响高端消费者对全功能数字产品购买的情况下，通过减少部分功能吸引低端消费者购买，进而增加销售商的收益。

在高技术企业中普遍存在着销售受损产品的现象。英特尔公司的 486 微处理器有 DX 和 SX 两个版本。SX 版本除了其内部的数学协助理器不能工作外，其他方面都与 DX 版本一模一样。然而，在 1991 年 SX 版本销售价格为 333 美元，而 DX 版本却为 588 美元。

基于功能的版本划分定价如图 6-3 所示，高质量需求消费者的需求曲线 D_1，低质量需求消费者的需求曲线 D_2，供应商为其提供不同的产品功能版本，从而对前者索取 P_H 高价格，对后者索取 P_L 低价格，实现了歧视定价。

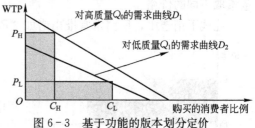

图 6-3　基于功能的版本划分定价

(2) 基于性能的版本划分定价。基于性能的版本划分定价模式，供应商保留信息产品的全部功能，但是不同的版本性能受到不同程度的限制，通过改变性能实现对不同消费者目标群的定制。例如，对于压缩软件，供应商可以针对高端消费者和低端消费者提供两种不同的版本，一种可以压缩 80%；另一种可以压缩 30%，还有一种是设置不同的压缩速度。比较典型的是音像和图像制品，对影音图像效果要求高的高端消费者将愿意为此付出更高的价格。这一模式的有效运用可以吸引新的消费者，实现更多的潜在利润。在与性能有关的版本划分中，要注意的是保持不同版本的兼容性和升级的能力。先以低价推出低质量的版本，甚至免费送出样品性质的版本，然后不断推出升级版本。只是偶尔使用的消费者满足于某个低质量、低价的版本，而对这一信息产品有着较高评价的消费者会愿意为升级版本支付更高的价格。基于性能的版本划分定价如图 6-4 所示。

(3) 基于时间的版本划分定价。对于网络产品，时间是用于差别定价的很好标准，供应商提供的产品性能完全一样，唯一的不同是供应商对于传送时间的控制和把握，通过实时的与延时的服务提供不同的价格安排。

基于时间的版本划分如图 6-5 所示，为不同时间需求的用户提供不同的版本，因此，可以根据时间的前后，为产品制定 P_H、P_M、P_L 3 种不同的价格，实现价格歧视。

在实际运作中，供应商通过调整产品的特征，对消费者认为有价值的产品进行差别划分，对不同群体提供不同吸引力的版本。供应商还可以从许多其他产品特征方面对信息产品进行版本划分，如用户界面、使用权限、计算速度、服务协议、图片分辨率、操作速度、格

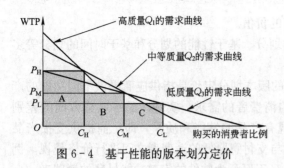

图6-4　基于性能的版本划分定价　　　　图6-5　基于时间的版本划分定价

式、容量、完整性、技术和服务支持等。

2. 数量定价——二级价格歧视

1）数量定价的含义

二级价格歧视（Second-degree Price Discrimination）是以数量为基础的定价，也称数量定价，是指企业将商品按照买主的购买量划分为两个或两个以上的级别，针对不同的购买量索取不同的价格。

在线下销售中，厂商常常推出诸如"购买3件以上产品打9折，5件以上打8折"，或者"3件以上免邮费"之类的优惠措施；在线销售服务时，厂商可以推出"消费10小时赠1小时免费时间"或"消费满30小时以后的消费打9折"之类的优惠，实际都是数量定价，目的是鼓励消费者多购买产品。图6-6表示了单个消费者购买价格与数量的关系。如果消费者只购买1~2单位商品，其要支付的价格为 P_1；如果其购买3~4单位商品，价格为 P_2，相比单独购买，其获得了一部分消费者剩余 S_1，也即通常所说的商品变"便宜了"；而如果其购买的商品超过5单位，价格就为 P_3，其获得了更大的消费者剩余 $S_1 + S_2$。

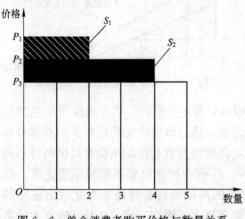

图6-6　单个消费者购买价格与数量关系

由于厂商可以从多出售的商品中赚取利润弥补给消费者的优惠，因此，只要出售一单位商品的利润高于给消费者折扣损失的利润，商品出售的数量越多，厂商利润越高。与一级价格歧视中消费者剩余被厂商全部获得不同，二级价格歧视是将消费者剩余在厂商和消费者之间按一定比例分配，厂商和消费者都获得了部分剩余。这也是二级价格歧视很常见的原因。

2）二部定价

二部定价（Two-part Tariff）是指价格分为两部分：一部分是固定的收费，消费者只要使用就必须支付，如电话收取的月租费；另一部分是随消费量收费，如打电话按次数收费。

二部定价被看成是数量定价的一个例子。消费者购买第一单位产品时要付出一个更高的价格，这个价格由入门费加第一单位价格构成，购买第二个单位以上产品支付低价格。

二部定价也称非线性定价，因为在这种定价模式下，厂商收入上升不是其销售数量的线性函数。

二部定价法被数字产品的销售商广泛使用，如订阅费的收取等。

假设 f 表示二部制资费定价中的固定收费，即每个消费者无论购买多少数量的产品都必须支付的价格；p 表示另外一部分随着购买数量的不同而变化的变动费用。

在图 6-7 中，$D(p)$ 为需求曲线；C 为边际成本。如果厂商制定与销售量无关的统一价格，则价格的最优值为 P_m。此时，边际收益等于边际成本，利润由图 6-7 中的面积 A 来表示。

如果 $P=P_m$，则消费者剩余由图 6-7 中的面积 B 表示，即 $\text{CS}(P_m)=B$。如果价格等于边际成本 c，则 $\text{CS}(c)=A+B+C$。

由于使总剩余最大化意味着价格等于边际成本，这时的最优二部制资费定价为 $P=c$，因此，最优的固定价格是 $P=c$ 时的消费者剩余，即：

$$f=\text{CS}(p)=\text{CS}(c)=A+B+C$$

最优二部定价的法则为：

$$\begin{cases} P=c \\ F=\displaystyle\int_{c}^{+\infty} Q(P)\,\mathrm{d}P \end{cases}$$

在数字产品中，当 MC=0 时，以上法则为：

$$\begin{cases} P=c=0 \\ F=\displaystyle\int_{0}^{+\infty} Q(P)\,\mathrm{d}P = \int_{0}^{Q(0)} P(Q)\,\mathrm{d}Q \end{cases}$$

这即为打包定价或称批量定价。例如，宽带包月、手机短信套餐中的包月制等皆属此类。

例如，某地移动公司推出动感地带套餐，包月 20 元发短信 300 条，超出部分每条 0.1 元。其非线性定价模式如图 6-8 所示，实际上相当于用户发送第 1 条短信时，支付 20 元，第 2～300 条短信免费，第 301 条后每条短信 0.1 元。

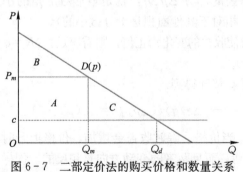
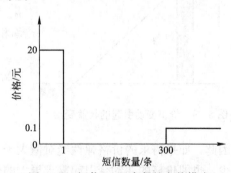

图 6-7 二部定价法的购买价格和数量关系　　　图 6-8 短信 20 元套餐的定价模式

3. 群体定价——三级价格歧视

三级价格歧视（Third-degree Price Discrimination）是以消费者身份为基础的定价模式，也称群体定价、信号选择（Selection by Indicators），是指厂商按照买主的某个或多个交叉特征值将价格划分为两个或两个以上的类别来索取不同的价格。这种价格歧视行为也称市场分割（Market Segmentation）。

三级价格歧视的例子也很常见，如学生乘火车享受半价优惠、军车通过收费站可以免票、老年人乘公共汽车免费、旅游景点有半价学生票和儿童票等。在网络经济市场中，最常见的群体定价方式是针对会员与非会员提供不同的价格和服务组合，非会员只能免费进入部分网页内容浏览，会员则可以根据不同的级别享受到不同深度的组合服务。

三级价格歧视产生的最主要原因是价格敏感程度。如果不同群体的成员对于价格的敏感性程度不同，厂商就可以向他们提供不同的价格。学生和老年人折扣是其中很普遍的一种形式，其原因就是这两个群体对价格敏感。

可以用需求的价格弹性来解释这一现象。需求的价格弹性 ε 的定义是销售数量的百分比变动除以价格的百分比变动，即：

$$\varepsilon = (\Delta q/q)/(\Delta p/p)$$

如果一种商品需求的价格弹性绝对值大于 1，这种商品富有弹性；如果一种商品需求的价格弹性绝对值小于 1，这种商品缺乏弹性。

现推导价格弹性对收益的影响。收益的定义为 $R = pq$，即一种商品的价格与其销售量的乘积。如果价格变动 Δp，相应地，需求变动 Δq，则新的收益为：

$$R' = (p+\Delta p)(q+\Delta q) = pq + q\Delta p + p\Delta q + \Delta p\Delta q$$

因而，收益的变化为：

$$R - R' = \Delta R = q\Delta p + p\Delta q + \Delta p\Delta q$$

对于 Δp 和 Δq 的微小变化，上式中最后一项可以忽略不计，从而得到：

$$\Delta R = q\Delta p + p\Delta q$$

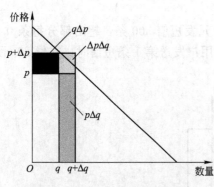

图 6-9　价格变动引起的收益变动

图 6-9 表示了价格变化引起的收益变化。在图 6-9 中，矩形面积代表了收益，当价格上升时，在其上方加入一块面积为 $q\Delta p$ 的区域，同时在其右边减去一块面积为 $p\Delta q$ 的区域，就得到了收益的变化（略去的部分 $\Delta p\Delta q$，就是矩形右上角的小矩形面积，相对于其他面积是十分微小的）。

要使收益的变化为正值，则需满足：$\Delta R = q\Delta p + p\Delta q > 0$。

重新整理得到：

$$-(\Delta q/q)/(\Delta p/p) = |\varepsilon(p)| < 1$$

因此，如果需求的价格弹性绝对值大于 1，当价格下降时收益会增加，价格上升时收益会减少，也即价格的变动会引起需求更大的变动，而且两者的变动方向是相反的。同样可以证明，如果需求的价格弹性绝对值小于 1，当价格下降时收益会减少，价格上升时收益会增加。因此，为了增加收益，对学生和老年人优惠是一种很好的选择。

除了价格敏感程度外，数字产品三级价格歧视定价策略的产生还有以下原因。

（1）网络效应。如果某种产品对一个用户的价值取决于其所属群体有多少其他成员使用该产品，则把这种产品定为标准就很有价值。微软公司在设计 Office 组件时就利用了这种标准化的愿望。

（2）锁定。如果一个组织选定一种产品作为标准，消费者改换其他产品转移成本高，就将消费者"锁定"了。

（3）共享。在许多情况下，单个用户管理或组织其消费的所有信息产品是很不方便的，但像图书馆和系统管理员这样的信息中介可以完成这种协调工作。因此，在线厂商可以进行站点授权，也可以以高价向图书馆出售，以低价向个人出售学术刊物。

对于企业来说，差别定价在实施中存在着诸多困难，同时也存在一定的风险。2000 年 9 月中旬，亚马逊公司开始了著名的差别定价实验。亚马逊公司选择了 68 种 DVD 碟片进行动态定价试验，其根据潜在客户的人口统计资料、在亚马逊的购物历史、上网行为，以及上网使用的软件系统，确定对这 68 种碟片的报价水平。例如，名为《泰特斯》（Titus）的碟片对新顾客的报价为 22.74 美元，而对那些对该碟片表现出兴趣的老顾客的报价则为 26.24 美元。通过这一定价策略，部分顾客付出了比其他顾客更高的价格，亚马逊公司因此提高了销售的毛利率，但这一差别定价策略实施不到一个月，就有细心的消费者发现了这一秘密，通过在名为 DVDTalk（www.dvdtalk.com）的音乐爱好者社区的交流，成百上千的 DVD 消费者知道了此事，那些付出高价的顾客怨声载道，纷纷在网上以激烈的言辞对亚马逊公司的做法进行口诛笔伐，有人甚至公开表示以后绝不会在亚马逊公司购买任何东西。尤其是，亚马逊公司前不久才公布了其对消费者在网站上的购物习惯和行为进行了跟踪和记录的情况，因此，这次事件曝光后，消费者和媒体开始怀疑亚马逊公司是否利用其收集的消费者资料作为其价格调整的依据，这样的猜测让亚马逊的价格事件与敏感的网络隐私问题联系在一起。亚马逊公司的此次差别定价实验使公司损失颇多。

6.2.2　捆绑定价策略

捆绑定价策略也是数字产品常用的价格竞争策略。

1. 捆绑定价的含义

捆绑定价策略（Bundling Pricing）是指企业将两种或两种以上的商品组合在一起以一个价格出售。卖方拒绝将 A 产品出售给消费者，除非消费者同时也购买 B 产品或其他更多的产品，在这种情况下，A 产品称为基础产品，B 产品和其他产品称为捆绑产品。捆绑销售是"整体销售两种及以上独立产品"。"独立产品"是指在独立分离的市场上已分别存在的产品。捆绑销售的产品或服务以固定的比例组合在一起。搭售是指在销售一种产品时搭配销售另一种产品，而两种产品组合的比例是不固定的。但因捆绑与搭售的目的和作用基本相同，因而在此不再进行区分。

2. 捆绑的分类

亚当斯（W. J. Adams）和耶伦（J. L. Yellen）最早提出了一个包含两个产品的捆绑模型。他们将捆绑分成纯捆绑（Pure Bundling）、混合捆绑（Mixed Bundling）和部件销售 3 种类型。纯捆绑也称为整体捆绑，是指一揽子销售产品或服务而不单独销售其中的部分产品或服务的捆绑。例如，原美国在线（AOL）只向那些购买了会员资格的使用者提供包含网络接入服务在内的各种服务，而不向非会员提供任何部分内容的服务。混合捆绑也称为非纯捆绑或部分捆绑，是指除了一揽子销售捆绑外也单独销售捆绑产品内的各个部分。部件销售也称拆零销售，是指厂商不进行组合销售，但消费者可以通过分别购买两种或多种产品而将购买的产品实现组合，如厂商分别销售显示器与主机，消费者购买后自行组装等。现实中最普遍存在的情况是混合捆绑，纯捆绑和部件销售都是混合捆绑的特例。而数量捆绑是指被捆绑的是同种产品或服务，也称数量折扣，是价格歧视的一种实现方式。

3. 数字产品的捆绑定价策略

网络技术为捆绑销售产品提供了极大的发展空间，因为数字产品的边际成本可以忽略不计，数字产品的捆绑销售可以以极低的成本在线进行。当消费者对数字产品估价相互独立，把大量数字产品捆绑在一起，可以降低消费者对数字产品估价的差异性，估价接近于捆绑产品的平均价值，销售商利用这种数字产品可预测性估价，制定适当的销售和价格策略，从而最大限度地获取消费者剩余。例如，微软公司的 Office 软件就是一种典型的绑定商品，它是由文字处理程序、电子表格、数据库和演示工具等软件捆绑而成的。

捆绑销售的收益体现在其价格上，数字产品组合套即捆绑后的价格都低于分装的每个单件的价格之和。较低的边际成本使数字产品组合销售对消费者更有吸引力，而厂商也可以获得更多的价值，同时，绑定商品可以降低用户的搜索成本、使用难度和交易成本。

有时消费者对产品偏好的不一致性、认知价值的差异性导致了对拆零产品的大量需求。在数字产品的实际销售中，往往是捆绑定价与拆零定价两种策略结合使用，供消费者自主选择。数字产品的销售捆绑定价策略还在一定程度上造成锁定效应，使供应商在市场竞争中处于有利位置。

4. 捆绑定价策略的效果

1）获取更多的剩余

厂商将数字产品进行捆绑销售可以攫取更多的剩余。与单独出售相比，捆绑可以通过降低支付愿望的分散程度，吸引更多的消费者购买捆绑产品，达到增加利润的目的。

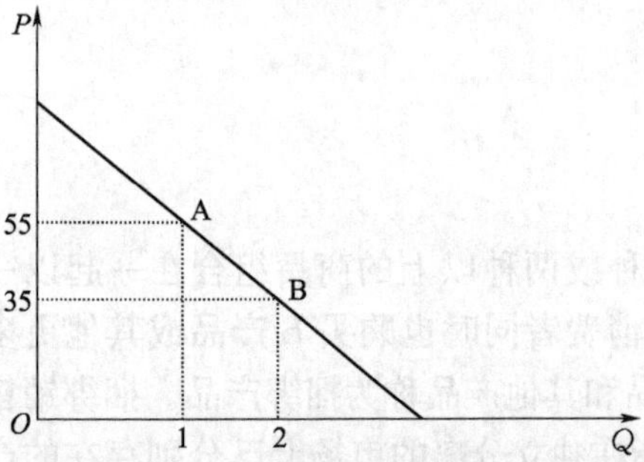

若某电信运营商销售包月市话和包月 ADSL（2M）两种商品，单独销售和捆绑销售的情况如下。

如图 6-10 所示，假设消费者 A 对包月市话评价为 55 元，消费者 B 则对包月市话的评价为 35 元，单独销售包月市话，如运营商希望销售 2 份的包月市话，则必须定价 35 元/月，两个消费者都购买，销售收入为 70 元，消费者 A 的剩余为 20 元。

图 6-10 两个消费者对市话的消费需求

如图 6-11 所示，消费者 A 对包月 ADSL（2M）评价为 145 元，消费者 B 则对包月 ADSL（2M）的评价为 165 元，单独销售包月 ADSL（2M），如运营商希望销售 2 份的包月 ADSL（2M），则必须定价 145 元/月，两个消费者都购买，销售收入为 290 元，消费者 B 的剩余为 20 元。

如果实行捆绑销售，两个消费者对捆绑后的价值评价都等于 200 元/月，因此，电信运营商将捆绑商品定价为 200 元/月，将获得收益 200×2＝400 元/月，如图 6-12 所示。通过捆绑销售，电信运营商的收入和利润均增加了 40 元/月，而消费者无剩余。

2）降低销售成本

捆绑定价策略可以降低销售成本，包括包装成本与广告成本等。通过捆绑可以取得整合优势，不同组件可以共享资源，节约制造成本。另外，捆绑销售节约了交易成本，因为不同的产品以一个价格出售，减少了交易次数。

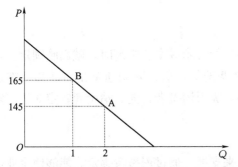
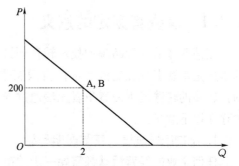

图 6-11　两消费者对包月 ADSL（2M）的消费需求　图 6-12　两个消费者对捆绑产品的消费需求

3）捆绑定价可以圈定市场

首先，捆绑销售可以加强垄断企业在基础产品市场的垄断实力。垄断企业通过捆绑销售可以阻止其他企业进入基础产品市场，从而增加未来利润的能力。卡尔顿和伍德曼分别证明了在存在进入成本和捆绑产品具有网络外部性条件下，捆绑销售能够保持垄断企业在基础产品市场的垄断地位。捆绑销售可以实现正的网络外部性效应，因为捆绑价格可以提高其基础产品的市场份额，而基础产品的用户基数越大，使用产品的用户获得的效用就越多，就会刺激更多的潜在用户购买该产品。同时，基础产品的用户基数越大，其他厂商就会为之提供更多的辅助产品，进一步增加使用该基础产品的效用，从而增强"正反馈"，最终使这种产品成为市场的主导，乃至市场标准，形成"赢家通吃"的局面。

其次，捆绑定价可以使垄断企业将垄断势力从拥有垄断地位的产品市场向捆绑产品市场延伸，形成市场圈定的效果。泰勒尔认为，市场圈定指的是一种商业行为（包括兼并），该行为限制若干买者与一个卖者接触的通道（上游圈定），或者限制若干卖者与一个买者接触的通道（下游圈定）。在捆绑销售中，生产者可以利用自己的市场地位，拒绝其他竞争者进入特定的下游或上游产业。例如，微软公司的视窗产品中捆绑销售的 IE 浏览器，使其在操作系统市场的垄断力延伸到浏览器市场，限制了浏览器市场的公平竞争，因此受到反垄断起诉。

最后，捆绑销售是垄断多种产品的企业阻止其他企业进入的一种可置信的工具。在位企业在两个产品市场都占据垄断地位，通过将这两种产品捆绑在一起，在位企业能够利用任意一个产品市场上的垄断势力来保护另一个产品市场。即使其他企业最终进入其中某个市场，该策略也能缓和竞争，使在位企业获得相对更多的利润。

6.3　消费者锁定策略

本书第 2 章在研究正反馈效应时，对消费者锁定进行了基本分析，本章从企业竞争战略角度研究，企业通过哪些方法可以实现消费者锁定。

传统企业面临着竞争的市场环境，产品标准化程度高、可替代性强，一般难以实现对消费者的锁定，常常是通过不断的革新产品、改进服务和提升品牌价值来培养客户忠诚。客户忠诚可以说是消费者的"自愿锁定"。而在数字产品市场上，厂家可以通过一定的策略来实现消费者锁定。

6.3.1 消费者锁定的意义

当消费者从一种品牌的技术转移到另一种品牌的技术成本非常高时，就面临锁定。锁定的本质是消费者现在的消费选择将限制未来的消费选择，这种限制通常是由转移成本造成的，较高的转移成本使竞争者无法通过降低价格来吸引消费者转向。消费者锁定对于厂家至少存在以下意义。

1. 维护市场规模，获得现期利益

任何企业的经营活动都需要一定的市场规模来支撑，通过消费者锁定，能够使企业获得一个较稳定的市场规模，获得现期利益，降低经营风险，同时能够降低营销成本。营销学研究表明，维持一个老顾客的成本是吸引一个新顾客成本的 1/5，客户忠诚是企业经营的基础。

对于数字产品提供商，通过锁定客户达到一定的市场规模在竞争中具有特殊意义，因为其既能帮助自身跨越临界点，又能抑制竞争对手跨越临界点。

2. 获得优势谈判地位

锁定客户可以在未来与客户的交易中获得优势谈判地位。锁定客户的过程也是买卖双方之间激烈竞争的过程：供应商希望锁定购买者获取利润，而购买者希望保持开放的选择权来加强其在讨价还价中的地位。对于消费者来说，一旦被锁定，势必处于一个弱势地位，因而总是努力防止自己被锁定或在锁定前讨价还价。

3. 开发市场，获得长远利益

锁定客户形成了一个相对封闭的市场，厂商可以通过对这个市场的不断开发，以获得长期利益。

（1）现有产品的升级。锁定客户后，企业常常通过对现有产品的不断升级来获得利益。就像微软公司几乎每半年就升级 Windows 一样。这时，消费者已经习惯或只能使用该产品，选择另外产品需要付出转移成本，从而厂商就有了收费的基础。当然，价格需要低于消费者的转移成本，否则消费者还是会选择其他产品。

（2）提供相关服务。厂商可以通过对相关服务收费获得利益。例如，位于美国加利福尼亚州的 Cygnus Solutions 公司为 Unix 之类的免费软件提供技术支持，年收入达 2 000 万美元。

（3）提供配套产品。厂商通过提供配套产品获得利益，即所谓的"剃须刀与刀片"原理。世嘉、索尼、乐声和 Matshushita 公司每出售一台游戏机都要亏本，这样做的目的就是为了吸引用户，建立游戏软件的销售基础，游戏机的亏损通过软件销售的利益来弥补。

艾美加（Lomerga）公司 1995 年推出了"Zip 驱动器"，它与"Zip 磁盘"相配合，是一种可移动的计算机存储设备，容量是传统软盘的 70 倍。艾美加公司投入巨资促进"Zip 驱动器"的销售，把价格定得很低，不惜血本。客户被廉价锁定，到 1998 年，艾美加公司已经销售了 1 200 万个"Zip 驱动器"。艾美加公司对"Zip 驱动器"进行设计，使其只能和艾美加公司生产的"Zip 磁盘"配套使用，因此，随着拥有"Zip 驱动器"的用户购买利润很高的"Zip 磁盘"，艾美加公司获得了高额利润。

6.3.2　消费者锁定的策略

网络企业消费者锁定策略集中在两个方面：如何"锁定"消费者和如何打破其他厂商"锁定"来吸引消费者。

厂商制定消费者锁定策略，其博弈方除了同行企业外，还有消费者。所不同的是同行竞争是对消费者的争夺，是利益的争夺，常常是你死我活的零和博弈（Zero-sum Game）。零和博弈是指在博弈论中，博弈双方无论采取何种对策，对双方利益的总和都没有影响。而与消费者的博弈，如果买卖双方能够规划好关系，双方都能获益，达到双赢（Win-Win）的效果。

夏皮罗和瓦里安对锁定和相关转移成本进行了分类研究[①]，这些类型的消费者锁定也正是数字产品提供商锁定消费者的具体策略，以下结合他们的分类来讨论数字产品供应商的客户锁定策略。夏皮罗和瓦里安分类结果如表6-1所示。

表6-1　锁定和相关转移成本的类型

锁定的类型	转 移 成 本
合同义务	补偿或毁约损失
耐用品的购买	设备更换，随着耐用品的老化而降低
针对特定品牌的培训	学习新系统，既包括直接成本也包括生产率的损失；随着时间而上升
信息和数据库	把数据转换为新格式，随着数据的积累上升
专门供应商	支持新供应商的资金；如果功能很难得到/维持，会随时间而上升
搜索成本	购买者和销售者共同的成本，包括对替代品质量的认知
忠诚顾客计划	在现有供应商处失去的任何利益，再加上可能的重新积累使用的需要

1. 免费锁定

免费锁定是指供应商通过提供免费的产品来锁定用户。对于免费的产品，许多消费者都愿意尝试使用，如果消费者在使用后对产品评价正向，就会愿意继续使用。在使用的过程中，随着消费者逐渐熟悉和了解该产品的性能，使用形成习惯，消费者就逐渐被该产品锁定了。厂商利用免费获得了锁定消费者的机会。

数字产品销售基本都是通过免费使用或低价销售，建立安装基础，即为产品升级或互补品销售建立基础。对于消费者而言，网络企业把一个充满诱惑的免费或低价的世界呈现在其面前，许多消费者会接受这些网络企业精心设计的"礼物"。在这个阶段，主动权掌握在消费者手中，消费者可以使用这种产品，也可以使用那种产品，或者干脆不使用这类产品。一旦消费者接受，其就被锁定了。

2. 合同锁定

合同锁定是供应商通过与消费者签订合同来锁定消费者。消费者购买品牌计算机时，销售商要求计算机的维修工作只能由该公司或该公司指定的机构来负责，否则对计算机的质量不予保证。这实际上就使用户的维修服务被"锁定"，虽然维修大部分是免费的，但零部件还是要收费的。这就可能出现维修机构对零部件的收费远高于市场价格的情况，而作为用户

---

① 夏皮罗，瓦里安. 信息规则：网络经济的策略指导. 北京：中国人民大学出版社，2000.

只能接受这种高价，因为如果使用自己购买的零部件，销售商就对计算机的质量不予保证了，用户就享受不到售后服务，从而会遭受更大损失。

通过合同义务带来的锁定程度取决于合同的性质。必需品合同要求购买者在一定时期内只从特定的供应商处购买所用必需品；而在最小订货量合同中，购买者需承诺进行一定数量的购买。

1997 年年底到 1999 年年初，韩国电信运营商推出手机补贴政策。用户可以获得免费手机，条件是要与运营商签约，约定使用运营商的服务 2～3 年。如果用户提前终止合同，要受到运营商的处罚。用户向韩国公平贸易委员会（KFTC）投诉，KFTC 回应用户的投诉，废除运营商对使用服务不到合同期限的用户处罚条款，用户如提前终止合同，返还补贴金即可，这就解除了合同对用户的锁定。

3. 技术锁定

技术锁定是供应商通过技术来锁定消费者。数字产品销售中技术锁定的情况很普遍，对于竞争者而言，提供兼容的系统产品是打破锁定的关键。

（1）对技术产品使用的学习产生的锁定（特定的品牌培训）。这是消费者对产品的熟悉而带来的锁定。学习使用一种软件是一个费时费力的过程，因此客户对某种软件的熟悉程度越高，转而使用其他同类产品的转移成本就越高。因此，客户总是不得不随着软件提供商的软件升级而一次次地把自己的软件升级，因为客户被锁定了。

众多的软件公司向高等学校提供廉价的"大学版"软件，有些甚至免费，目的就是通过学校完成对产品使用的培训，从而锁定未来的潜在使用者，如赛仕（中国）提供的 SAS 大学版产品。

（2）信息和数据库存储管理中的锁定。信息和数据库的存储管理依赖于硬件与软件，一旦客户选择某个硬件和软件产品后，后续的需求想更换产品是十分困难的，信息和数据库的应用要保持前后一致性，客户被先前的产品锁定了。依靠历史数据建立起来的会计软件、税务软件、各种信息库等，在需要新硬件或更好的软件来处理数据时，转换可能导致历史数据的丢失，通常把原始信息转换编码以应用另一个系统或软件是非常困难的。这就使客户不得不再次选用先前供应商的产品，因而被先前供应商锁定。例如，一个厂商一直使用金蝶的 ERP 软件，如果某一天想换成用友的 ERP 软件，就要考虑两种软件能否兼容，转移成本高不高，从而要慎重选择。

信息和数据库存储管理中的锁定随时间的增长而越来越牢固，因为信息库会随着时间的增长而增长，历史资料越丰富，改换产品带来的损失就越大，锁定就越牢固。

（3）技术不兼容带来的锁定。在技术标准不兼容的情况下，人们不得不选择市场规模大的软件或网络，因为客户使用网络产品是要和他人进行交流的，市场规模越大的网络或软件，交流价值越大。因此，客户被市场规模大的主流网络或主流软件锁定，无法自主按照偏好选择产品。

（4）技术应用产品的锁定。在数字产品市场上，如果与某基础产品配套使用的产品种类很多，即在该基础产品技术基础上开发的产品很多。客户就不得不选择该基础产品，就产生了技术应用产品的客户锁定。例如，虽然微软公司的 Windows 操作系统有漏洞，安全性也不太好，还需要时常更新，但客户难以更换新供应商的操作系统，除了学习成本原因外，很多应用软件是基于 Windows 的平台开发的，更换成其他操作系统产品就不能使用，因此客户被锁定。

4. 耐用品配套产品销售中的锁定

供应商向客户销售了耐用品，客户就被锁定，供应商可以从"售后"销售中获得较高的利润，如向客户销售了计算机软件，此后升级和产品改进就是原供应商的自留地了。由于销售者享受的专利权和版权保护，这种升级都是由原始销售者提供。由于售后服务和备件对大多数设备来说都很重要，因此，售后市场政策成为高技术耐用设备制造商的一个关键竞争战略。

购买了苹果 iPod 音乐播放器，就要购买相应的专用耳机、皮套等，并且要在苹果公司的网上音乐商店下载音乐，客户被锁定，必须消费这些后续产品。

5. 专门供应商锁定

当消费者随着时间的推移逐渐地购买专门设备时，就产生了专门供应商的锁定模式。对设备的首次购买和今后的购买是互补的，因为全部购买一个品牌的产品会带来优势，于是形成了专门供应商带来的锁定。在信息经济中，越来越多的公司面临专门供应商的锁定。对于专门设备来说，转移成本依赖于新供应商在将来需要时提供可比较设备的能力。如果耐用设备或软件是高度专门化的，客户寻找其他供应商就相对困难，使现在的供应商在下一轮购买时具有很强的锁定优势。

专门供应商的锁定模式与上述的技术锁定和耐用品配套产品的锁定相关，但分析侧重面有所不同。获得专门供应商锁定的策略是提供专门化的产品，而打破竞争对手作为专门供应商对客户锁定的方法是提供兼容产品。

6. 搜索成本锁定

搜索成本是购买者和出售者为了在市场中寻找到对方并建立关系而引起的成本。搜索成本是双向的，既有客户对供应商选择所花费的成本，也有供应商寻找客户所花费的成本。客户寻找供应商的成本就构成了客户更换供应商的转移成本，这个成本越高，客户越没有动力更换供应商，客户就被锁定。

客户重新寻找供应商花费的转移成本包括：改变根深蒂固习惯的心理成本、鉴定新供应商所花的时间和精力、选择未知供应商所带来的风险等。潜在供应商接触和获得新顾客的转移成本包括：促销费用、实际完成交易的费用、设立新账户的费用和处理未知顾客的风险等。

虽然在信息经济时代，"无摩擦经济"使各种搜索成本都在降低，但客户选择新供应商的心理成本和风险仍然是锁定客户的重要内容。

7. 忠诚顾客计划锁定

厂商通过忠诚顾客计划来锁定客户也称"人工锁定"，因为其完全是由公司的营销策略形成的。数字产品厂商随着其得到越来越多的关于顾客购买模式的信息，忠诚顾客计划的实行越来越简单，也会有越来越多的厂商使用忠诚顾客计划。厂商创造的忠诚客户计划类型很多。

（1）积分奖励。客户消费可以获得积分，积分累积到一定程度可以获得厂商的奖励。例如，航空公司、客运公司的常客计划，乘坐飞机和客车累积一定里程后，就可以获得该公司提供的免费机票和免费车票。很多百货店、连锁店、超市等传统商店，以及网上书店、网上音像店等网上商店也都广泛地采用这一策略，以此来鼓励消费者一直在同一商家消费。

（2）获得服务的优惠或优先权。对于购买量大的客户，提供服务的优惠或优先权。例如，当当网上书店根据用户的累计购买额给用户分级，并对不同级别的用户给予不同的折扣。

（3）互补品供应商的合作优惠。对于购买量大的客户，具有战略合作伙伴关系的互补品供应商提供合作优惠。

忠诚顾客计划给客户带来更换供应商的转移成本，对于竞争对手而言，要想降低或免除客户的转移成本，争取对手的客户，常用的方法是接受竞争对手的积分。例如，航空公司经常为在竞争对手处拥有"黄金席位"的顾客提供黄金席位，希望以此吸引他们更换航空公司。

8．会员制锁定

会员制锁定是通过吸纳客户为会员来锁定客户。这实际上也是忠诚顾客计划锁定的一种特殊类型。

会员制是数字产品提供商常用的一种锁定客户的策略。例如，现已成为一个集门户网站和销售网站于一身的综合性网站——腾讯（www.qq.com），在 QQ 中推出了"红钻贵族"和"黄钻贵族"。顾客要以付费包月的方式成为会员，才能享受到腾讯公司提供的一些相应服务。当客户付了钱成为会员的时候，就被腾讯公司锁定了——因为下一个月，客户可能还是会继续为此付费。又如，客户加入贝塔斯曼书友会，可以享受一切折扣和优惠，但同时也要履行会员义务，即在每季度的书友会杂志中至少订购一本书，如果不履行义务，今后将不再享受会员待遇。于是客户按时购买书籍，实际是被贝塔斯曼锁定了。

会员制是这样一种制度：厂商给消费者提供一定的优惠措施，并以此换取消费者对厂商的忠诚，而且这种交换是长期行为，是在一定时期内持续存在的。在这一过程中，厂商可以获得稳定的消费群体、销售数量和利润，还可以吸引新顾客的加入；而消费者则获得了一个长期优惠的承诺。因而，会员制实际上是一种厂商和消费者的互惠互利制度。

在网络经济快速发展的今天，会员制的应用也越来越普遍。很多网站非会员不允许浏览或只允许浏览不允许留言；很多商品折扣只针对会员；很多电影网站非会员不能观看；很多资料非会员不能下载等。会员制将顾客自动分成了两个群体：对某些商品或服务评价高的顾客和对那些商品或服务不感兴趣的顾客。

会员制本身也分级别。消费最多、忠诚度最高即保持会员身份最久的顾客获得最多的服务和优惠，而那些刚加入的新会员，则要凭借自己良好的信用和消费记录争取成为更高级别的会员，才能享受更高级别的待遇。也正是由于这种"升级"措施，激励会员们保持忠诚，会员们发现如果转换成为其他供应商的会员，又要从"零"开始努力，因此不会轻易转换，也因此会员制成为企业的一种强有力的锁定策略。

6.4　标准竞争战略

标准竞争是信息时代企业竞争的制高点，如果在标准竞争中取得胜利，企业就能够通过标准许可获利，或者通过标准控制在产业竞争中处于领先位置。

与标准竞争密切关联的问题是企业对于自己技术是采取开放还是控制战略。相对来说，开放更有利于其技术形成行业标准，但如果控制得力且技术发展遥遥领先，成为行业标准的情况也十分常见。

6.4.1　技术的开放与控制

一种新技术诞生后，其原创企业可以选择开放的战略，允许他人使用，也可以选择控制的战略，通过专利权的保护不允许他人使用，或者只允许他人有偿使用。传统企业基本都采取控制战略，获得技术创新带来的全部好处，而一些数字产品供应商却选择开放战略，以期望在行业标准确定中处于优势地位，这是由于数字产品产业发展中的特殊性。

1. 开放战略的优势

数字产品供应商通过技术开放可以有以下好处[①]。

（1）扩大网络外部性，增加产品的价值。对于网络产品而言，市场规模是其成功与否的关键。网络企业公开其技术后，会有更多的企业使用其技术，加速该技术的普及，使该技术能够得到更加广泛的应用，从而增加该技术或产品的价值。当网景公司公布浏览器的源代码时，它的股价就提升了，这是因为人们认为随着网景公司浏览器使用者的增加，它的价值也会增加。另外，网络企业公开技术，如果该技术确实比较先进，相关的其他企业就会学习和使用这种技术，提供更多与该技术或产品相配套的产品，从而做大了该技术或产品的市场，而更大的市场对消费者的吸引力更大，因此网络企业的产品价值会远远高于控制技术时的产品价值。正如 Sun 公司的首席科学家 John Gage 说："如果你把源码给每一个人，每个人就都成了你的工程师。"许多软件产品正是在众人的呵护下逐步走向市场的。

（2）提高产品的兼容性。公开一种新产品的技术，不但能使该产品本身获得发展，也能使与该产品相配套的产品增多，从而反过来又刺激该产品的发展。英特尔公司向计算机配件生产商开放了如"即插即用""加速图形端口"等技术，使相关配件与英特尔的芯片配合更加良好，运行更加稳定，从而使市场对英特尔芯片的需求更高。56 kbps 调制解调器是另外一个经典的案例。在美国，56 kbps 调制解调器主要是由美国机器人公司和一个由罗克韦尔与朗讯公司领头的集团提供的。两种产品使用的标准各不相同。这使消费者无所适从，不知该选择哪种产品，整个 56 kbps 调制解调器的市场受到了严重的影响，最后两种产品还是不得不实现兼容。对于软件产品，兼容性也同样重要。

（3）扩大后续产品的安装基础。网络产品的不断升级是网络经济的一大特点，产品的升级是建立在现有产品规模的基础上的，企业为了使后续产品有足够广的安装基础，往往开放前面的产品，如把第一版产品开放，使其拥有广阔的市场空间，后续产品的安装规模就更大。

2. 控制战略的优势

选择控制战略，企业可以继续控制技术发展路径，独享技术带来的利益。最强大的竞争者能够对技术保持很强的控制，如微软公司对操作系统的控制，英特尔公司对 CPU 技术的控制等。

企业技术控制战略的风险是如果其他企业的技术成为标准，本企业可能被淘汰出局。

3. 开放和控制的选择

对于数字产品的提供商，其开放和控制的战略选择的最终决定因素是实力，看企业的实力是否足够强大，能否依靠自己的力量引发正反馈，如果能够依靠自己的实力实现正反馈，

---

① 张小蒂，倪云虎. 网络经济. 北京：高等教育出版社，2008.

那么独家控制的价值会很高。

在技术的开放与控制之间选择时，最终目标是技术价值最大化，而不是控制最大化，获得控制力和市场优势的最终目标也是利益最大化。企业的利益可以用以下公式来说明：

企业的回报＝产业中增加的总价值×企业在产业价值中所占的份额

产业中增加的总价值取决于以下两个因素。①技术内在价值。这是其相对于现有技术的改进程度。②技术应用范围。在网络效应很强时，技术应用范围大，网络规模大，价值就大。企业在增加价值中所占的份额，包括最终的市场份额、利润、企业可以收取的版税、新技术对企业其他产品销售的影响等。

对于数字产品而言，开放战略更有利于产业中增加总价值；控制战略有利于企业在产业价值中所占的份额。如果希望通过市场规模的扩大来提高价值，那么可以考虑使用开放战略，促进该技术价值的正反馈，企业即使在市场中的份额很小，也能得到高额利润；如果企业在市场中占据的份额非常大，那么可以考虑采用控制战略，即使技术的总价值不是很高，但由于企业能获得绝大部分价值，企业也有高收益。总之，企业开放与控制战略的选择结果，可能是在大市场中占有小份额，或者小市场中占有大份额，最优化的选择是企业的回报最大化。现实中许多企业采用开放一部分产品，控制另一部分产品的战略，如英特尔公司对 AGP 技术采取开放战略，对 MMX 技术进行控制战略。微软公司同样如此，部分开放了其产品。这种做法主要是使产品的兼容得到保证，同时又保持产品的特点，能够发展独特的功能。

开放与控制的权衡[①]可以用图 6-13 表示，最优的选择是开放与控制的结合。

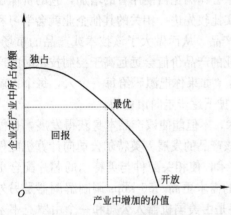

图 6-13　开放与控制的权衡

6.4.2　标准竞争的关键要素

卡尔·夏皮罗和哈尔·瓦里安在《信息规则：网络经济的策略指导》一书中具体阐述了在标准竞争中获得胜利的 7 种关键资产。这 7 种关键资产实际就是标准竞争中各参与方较量的关键要素。

（1）对用户安装基础的控制。控制用户安装基础，获得较大市场份额，有利于形成该领域的标准，通过后向兼容，形成产业系列标准。例如，微软公司控制了操作系统，后向兼容应用软件，就在操作系统和相关应用软件领域形成了标准。

（2）知识产权。拥有新技术的专利权、版权等知识产权的公司，在标准竞争中处于有利地位，拥有更大的选择权。如果拥有足够的用户基础，公司可以选择独占知识产权；为了开拓市场，公司也可以选择开放知识产权。选择开放知识产权，可以在该领域的标准形成中拥有更多的话语权。

（3）创新能力。拥有持续创新能力的公司，能够在标准竞争中最终取胜。即使在标准形

---

① 夏皮罗，瓦里安. 信息规则：网络经济的策略指导. 北京：中国人民大学出版社，2000.

成中没有获得有利的位置，也能够凭借创新能力在标准发展中领先。

（4）先发优势。拥有先发优势的公司，也拥有了学习曲线上的优势，在市场竞争中，比竞争对手拥有成本、质量和品牌优势。在标准发展中，将比竞争对手拥有更多的控制因素。

（5）生产能力。一个成本领先的企业，可以依据规模经济获得市场份额，使产品成为标准产品。格兰仕微波炉依靠成本优势，成为行业标准产品。

（6）互补产品。一个公司如生产的产品是市场的一个重要互补产品，就会有很强的动机来推广产品，因为新技术被市场接受会扩大本产品的销售。因此，互补品的生产商有时成为重要的产品标准的推广者。例如，英特尔公司销售更多 CPU 的动机是积极推动其他 PC 组建的新标准，包括主板和 CPU、总线、图形控制器接口等。

（7）品牌和名誉。在网络经济中，拥有品牌优势的公司，就拥有了预期的市场规模，而预期的市场规模会带来真实的市场规模。品牌和名誉的市场号召力能够在标准竞争中起关键作用。

6.4.3　标准竞争的战略类型

开放与控制战略的选择在很大程度上依赖于标准竞争的情况，依赖于企业在标准竞争中的地位。数字产品提供商的标准竞争战略可以通过以下模型进行分析[①]。

1. 标准主导战略

当企业是竞争性垄断市场中的在位企业时，它可以实施标准主导策略，从而利用标准实现价值垄断，获得可持续发展并主导本产业的发展。此时，两企业的博弈矩阵如表 6-2 所示。

表 6-2　标准主导战略博弈矩阵

		企业 B	
		标准 1	标准 2
企业 A	标准 1	10，—	10，0
	标准 2	—，—	8，2

在这种情况下，企业 A 主导着整个行业的发展和标准的进步，其最现实的选择往往是选择不向企业 B 开放其标准，从而获得最大的利润 10，企业 B 最好的选择就是退出市场。如果企业 B 试图进入市场并提出标准 2 与企业 A 进行对抗，其唯一的获利可能是其标准 2 确实在某部分优于标准 1，从而得到被企业 A 收购的命运，得到利润 2，企业 A 仍旧获得更大的利润 8。在这种情况下不可能存在企业 A 选择标准 2 而企业 B 去选择标准 1 的情况。企业 A 可选择的相应竞争策略如下。

（1）构建早期市场领导地位，扩大市场上配套产品的供应。企业会尽力游说互补产品供应商生产和销售与自己产品配套的互补品，显然市场的在位者更具有这方面的优势。

（2）新产品预告。新标准的发动者可以不断使消费者提前了解公司的产品信息，增加其购买的欲望，而且还可以减缓竞争对手用户安装基数的增长。

而企业 B 要不退出市场，要不可以选择以低价渗透的方式获得部分市场。

---

① 孙捷，王晓清. 网络经济下企业标准竞争战略博弈分析. 黑龙江对外经贸，2008（2）.
张保胜. 论网络效应下的企业竞争战略. 商业时代：理论版，2005（29）.

　　成功实施标准主导策略的例子是 2003 年 Intel 公司在笔记本计算机平台实施的"迅驰"平台。"迅驰"的蝴蝶翅膀贴在了几乎所有用户的笔记本计算机上,成为事实上的行业标准,用户也在期待着一代又一代"迅驰"不断发布。而作为其竞争对手的 AMD 公司仅仅能够在笔记本计算机市场上占领一部分低价产品的市场。

　　2. 标准挑战战略

　　当企业作为一个潜在进入者,或者作为希望挑战在位者标准地位的企业时,一般能够应用挑战者战略。

　　作为新产品的提供者,挑战者最为明智的决策是推出一个与标准产品相兼容而又有创新的新产品。在这种情况下,若在位者不能及时对这种新产品作出反应,挑战者就很有可能取得成功,成为新的在位者。实施标准挑战战略的假设条件还应该有:企业 A 虽然作为市场的在位者,但是其地位并不稳固,企业 B 推出的标准 2 相对标准 1 具有相当的优势。此时,两企业的博弈矩阵如表 6 - 3 所示。

表 6 - 3　标准挑战战略博弈矩阵

		企业 B	
		标准 1	标准 2
企业 A	标准 1	10, 0	2, 8/10, 0
	标准 2	—, —	0, 10

　　在这种情况下,企业 B 提倡的标准 2 相对于在位者企业 A 具有一定的优势,但是优势并不明显,其成功与否有赖于企业 B 的市场运作和对标准的完善。当企业 B 选择标准 2 时存在以下两种情况。①若企业 B 的标准取得成功,则将获得市场的绝大部分份额,得到利润 8;而企业 A 则只能获益于一部分老顾客的"习惯"仅仅得到利润 2;若企业 B 的标准 2 失败了,其将彻底退出市场,该市场仍旧由企业 A 的标准 1 把持。②若企业 B 的标准 2 获得彻底胜利,连企业 A 都只好采用其标准时,企业 A 将由于缺乏良好的技术支持,逐渐在标准竞争中败下阵来,退出市场,由企业 B 来占领整个市场,获得全部利润 10。此时作为企业 B 可能选择的竞争策略如下。

　　(1) 低价格承诺与渗透定价。公开的长期低价格承诺是使潜在购买者确信购买某种技术标准的产品将长期获益的一种策略。在标准竞争中,以价格折扣吸引市场上有影响力的顾客是一种非常重要的策略,因为这有助于使公司的产品迅速地达到良好的市场声誉所需要的临界销量。

　　(2) 基于标准本身的优势,展开各种营销手段,使自己获得一定的安装基数,从而逐渐获得整个市场。

　　企业 A 则可能一方面全力阻击竞争对手的标准,另一方面努力吸收对方标准的优势,进一步巩固本来的优势。

　　下载软件迅雷在 2004 年刚刚开发出来时,中国下载软件市场 90% 被网络快车 (Flashget) 和网络蚂蚁 (Netants) 所占领,但是依靠先进的基于多媒体搜索技术的搜索引擎和速度上的优势,迅雷历经几年的成长,不断改进优化自身软件,到今天已经"覆盖"了全球 1 亿多用户,拥有中国宽带用户 85% 的市场占有率。而 Netants 早已不知踪迹,Flashget 也是在勉强维持。

3. 标准兼容战略

当企业成为标准竞争中的失败者，或者是其不具备挑战在位企业地位条件时，可以采取的合适策略是标准兼容战略，争取实现与市场标准的兼容。兼容的方法可以是与标准制定者谈判协商，或者加入一个"适配器"；一种极端的情况是如果标准制定者不愿意开放标准，可以由政府出面迫使在位者开放标准。在这种情况下，对模型作出的假设是：企业 A 是市场的在位者，且获得了标准竞争的胜利；企业 B 在标准竞争中失败，但是希望继续留在这个市场（可能是出于国家利益）。企业 A 可以选择让对方兼容也可能选择不同意被兼容。此时，两企业的博弈矩阵如表 6-4 所示。

表 6-4　标准兼容战略博弈矩阵

		企业 B	
		标准 1	标准 2
企业 A	标准 1	10, 0	8, 2/10, 0
	标准 2	—, —	—, —

在这种情况下，企业 A 获得了标准竞争的胜利，如果其实力足够强大，或者由于别的原因，将不同意企业 B 使用其标准，也不同意企业 B 使用兼容的标准 2，这时企业 A 将获得全部的市场利润 10。而当企业 A 由于当地政府施压或本身实力不够等原因，同意企业 B 使用兼容的标准 2，则企业 A 获得市场的绝大部分份额 8，企业 B 能获得份额 2，而双方互换标准的可能性是不存在的。此时，企业 A 可能选择的策略是采用种种保护其知识产权的方法，防止企业 B 获得兼容的技术，另外也可以通过频繁改变标准来防止企业 B 的模仿。而企业 B 则可以全力学习企业 A 的标准 1，想方设法使对方能够兼容自身的标准 2，在一些涉及国家安全、机密的方面甚至可以寻求获得政府的支持，强迫企业 A 开放其标准。

金山公司的 WPS Office 办公软件在 20 世纪 90 年代曾经辉煌一时，但自从微软公司 Office 系列软件全面进入中国后，WPS 的市场份额急剧缩小，直至 2005 年金山公司重新推出 WPS Office 2005，文档格式全面兼容 Office 系列的格式，才打开了部分中国政府市场。

4. 标准推广战略

在一个全新的产品市场，当还没有一种标准成为主流，或者还没有一种标准的使用者达到临界容量时，各企业均采取的是推广战略，最终目的是使企业的标准成为事实标准或行业标准，从而企业成为该竞争性垄断市场的在位者。标准推广战略的重点是扩大用户使用数量，将企业的产品推广给尽可能多的用户，尽早达到临界容量，率先收到正反馈机制带来的利益。此时，两企业的博弈矩阵如表 6-5 所示。

表 6-5　标准推广战略博弈矩阵

		企业 B	
		标准 1	标准 2
企业 A	标准 1	6, 6	8, 2/2, 8
	标准 2	—, —	6, 6

在这种情况下，由于标准竞争的双方并不清楚对方标准孰优孰劣，或者说不能肯定在未来的市场发展中谁能占得优势，这时双方最好的策略就是选择合作，将双方的标准合二为一

或只采用其中一方的标准，由此整个市场的容量得到扩大，双方各获得利润 6。而倘若双方要展开标准的竞争，必然有一方取得胜利获得较大的市场份额 8，而失败的一方也有可能依旧获得一部分之前被"锁定"的老顾客的青睐。此时，企业 A 和企业 B 可能选择的竞争策略都相似。

（1）采用各种营销手段积极推广自身的标准，扩大配套产品的供应，以求尽早达到临界容量。

（2）积极说服竞争对手加入自身的标准，向竞争对手提供种种承诺，如整合双方标准、提供全部技术支持等，来获得对方的加入。

（3）组建战略联盟，提供各种优惠条件，使自身标准的上下游企业均加入到这个联盟之中，最大限度地削弱对方企业上下游的实力。

（4）获得政府支持，取得尽可能多的国家资源，参与全球竞争，将自身标准更快地推向目标地。例如，互联网领域的在线安全交易领域，在安全电子交易（SET）标准推出之前，微软公司和 Visa 公司提出了"安全交易技术"，网景公司和万事达、Intuit、IBM 公司联合推出了"安全卫士"系统。但是最后他们为了共同的利益，放弃了各自的标准，联合推出了安全电子交易标准（SET）。

案例　互联网企业的市场竞争策略——奇虎 360

奇虎 360 科技有限公司（美国纽约证券交易所 NYSE：QIHU，以下简称 360）是中国领先的互联网和手机安全产品及服务供应商。360 由周鸿祎创立于 2005 年，在一年后其通过反流氓软件为切入点进入互联网市场，2008 年向用户提供安全平台。2009 年，360 推出了永久免费的 360 杀毒，对传统的杀毒软件行业实现了彻底的颠覆。从 2011 年开始，360 不断拓展业务线，推出影视、团购、购物多个平台，也开始为网游公司、电子商务网站、软件及应用等合作者提供服务。目前 360 作为中国最大的互联网安全公司，旗下的 360 安全卫士、360 杀毒、360 安全浏览器、360 安全桌面以及 360 手机卫士等系列产品使 360 无可争议地成了网络安全领先品牌。

随着 4G 技术、云计算及大数据的出现与成熟，移动互联时代呈现出一体多面的格局。在互联网市场上已经形成了百度、阿里、腾讯（简称"BAT"）的主导局面；小米、360 通过差异化生存对 BAT 形成挑战；而海量互联网创业公司中的佼佼者在红杉资本、软银等一系列风险投资的支持下逐渐走向互联网的中心。移动互联网时代，BAT 为了争夺移动端用户的入口，频繁地收购垂直型企业力图建立自己的商业生态系统。对于 360 为代表的变量公司如何在新的市场背景下大跨步地赶上 BAT 的脚步，又如何能不被各类创业公司抢占市场份额成了 360 等这些第二梯队互联网企业所面临的问题。

1. 互联网时代 360 的市场竞争策略

从用户模式、产品模式、推广模式到商业模式上，BAT 都在积极寻求改变与创新，传统企业也在思考如何成功转型进入互联网，而众多创业公司也希望从这个巨变的时代找到自己生存的空间。360 是互联网时代行业的颠覆者。

不仅如此，互联网时代下市场的变革是全方位的：市场信息更加透明与对称，产品迭代更快，更加注重用户体验，去中心化的媒体传播。360 面对市场环境的变化和对行业前景的战略性分析做出了以下四点竞争性战略部署。

1）利用社交媒体的去中心化传播强化安全意识，提升产品口碑

360 充分利用社交媒体传播速度快、范围广、扁平化传播的结构特点在用户安全需求以及产品口碑两方面进行了舆论的宣传与强化。安全作为人类的首要需求，在人们的生活和工作于互联网的时代尤为重要，用户对计算机和互联网的安全日益关注。在 2009 年 360 宣布对杀毒软件永久免费之后，360 不断利用争议话题强化着用户对于网络安全、信息安全的关注。无论是和瑞星、卡巴斯基等国内外杀毒软件的口水战还是和腾讯著名的"3Q"大战都一次次地让大家产生了对安全的关注。对于 360 旗下的各种产品，也在不断升级更新的同时通过社交媒体进行着口碑传播。

2）产品的快速迭代及良好的用户体验

在互联网时代，如果说社交媒体是口碑传播的加速器，那么产品本身的用户体验就是口碑产生的发动机，用户对产品的体验是企业商业发展的基石。传统企业销售的是具体的实物，互联网企业为用户提供更多的是服务。产品刚走进用户时，是产品服务与用户体验的开始。360 最初的安全卫士和杀毒软件只是从国外购买技术后将其汉化，通过一次次的版本更新，使产品更加简约化、本地化及娱乐化，始终把用户体验作为产品的核心。从以前的单纯查杀到对木马的防御、拦截再到成为 PC 端用户使用计算机的安全助手；通过对用户反馈的分析，又开发出一系列具有良好用户体验的软件。在推出让用户永久免费使用的杀毒软件之后，360 通过"真的免费"与产品良好的用户体验迅速满足了用户各方面的需求，从而获得了上亿的用户流量。

3）PC 端入口的紧握与流量的变现

360 是专注于互联网安全的企业，但是其商业模式的实现却是依靠 PC 端上亿流量的导入，进而在浏览器上建立了导航、搜索、网页游戏等业务而成功实现了流量的变现。传统杀毒行业的商业模式只是单一通过销售杀毒软件获得盈利，用户对产品没有足够的依赖与黏性，在互联网时代注定要被淘汰。360 在充分分析了用户和市场之后将商业模式改变为通过用户、产品及推广的良好运作，在 PC 端获得海量流量，通过广告等其他业务的拓展实现盈利。一方面对传统的造毒、杀毒产业链给予了致命打击，又让用户在体验良好产品服务的同时免费地享受计算机安全服务，进而导致行业影响力的提升与用户流量的增加。

4）平台的开放

在流量转化为收入方面，360 不仅通过 360 浏览器实现第三方补贴，还将这些产品延伸出多个互联网开放平台，如 360 游戏开放平台、360 应用开放平台、360 团购平台及 360 影视平台等，形成多个为互联网流量提供商业价值的平台，成为建立商业生态系统行之有效的价值创造途径。如 360 游戏平台提供由第三方开发的网络游戏，即网页游戏联合运营业务，而 360 软件管家、360 安全桌面打造的软件平台，可以让用户免费使用的同时收取软件的推广费等。

2. 移动互联网时代 360 的市场竞争策略

360 在移动互联网时代的竞争策略通过以下三方面进行。

1) 线上移动端入口的掌握

进入移动互联时代，用户与网络的联系从固定的 PC 端发展到手机、平板电脑及一系列的移动终端。网络入口流量也从原来已经接近饱和的 PC 端流量发展到具有很大空间的移动端流量，而且流量的分布更加分散。对于 360 来说，这就要求其以互联网安全为核心，通过应用平台、游戏平台、购物平台及视频平台在各个移动端聚集流量。目前 360 的手机卫士、手机助手及一系列移动端的网络安全防护软件已经成了 Android 端渠道排名领先的分发入口，截至 2013 年年底 Android 端安装 360 手机安全卫士的移动终端已经达到 4.08 亿；在 iOS 端，奇虎 360 与苹果在 2014 年的 1 月 1 日达成协议，360 各类安全防护软件将重返 App Store，这也意味着 360 有望在 iOS 端获得大量入口流量。当 360 在移动端再次成为超级入口级企业之后，便可以通过一系列的增值服务与移动端的广告位的服务实现盈利。在移动时代，"LBS（Location Based Service）＋OTO（Online To Offline）"的模式将会成为商业模式的创新。而这一商业模式的实现同样要拥有海量的入口流量。360 在最大化地掌握用户在移动端的线上入口之后，可以在移动端发展这种商业模式进而形成自己的商业生态圈。

2) "智能家庭"移动终端设备入口控制

移动终端的随身性、位置性将移动终端设备的种类从手机、平板电脑发展到随身 WiFi、便携式充电器、智能手环、智能手表等一系列基于特定场景的移动设备。当 BAT 通过大肆收购入口级企业、垂直型企业来构建自己的线上商业生态圈的同时，诸如小米、360 这些变量级企业已抢先一步发展基于场景的"智能家庭"移动终端设备入口。360 路由器及 360 随身 WiFi 的发布，已经在一定程度上掌握了家居客厅的移动人口。而最近智能手表的发布，360 已将商业战略的目标瞄准了基于场景的各种移动终端，通过移动终端上一系列的应用及服务来再次挖掘用户的入口流量。在移动互联网时代，企业可以从更多方向上掌握用户流量，而 360 在线上和线下的布局都可以看出其对于移动时代流量的特征及对流量的重视。对于传统家电、家居行业来说，360 可以通过在移动终端及家居设备上的"免费"出售以获得上亿的用户流量，再通过有效的流量变现来实现商业模式。在移动互联网时代，360 有望凭借对产品、用户、推广及商业模式的探索再次实现颠覆。

3) 360 商业生态系统的构建

在中国的互联网时代，BAT 处于绝对的领先位置。在移动互联时代，他们利用互联时代雄厚的资本实现了对若干垂直型企业的收购。360 要想实现在移动互联时代的再次成功，也需要构建属于自己的生态圈。关于入口和分发平台方面，360 通过对线上的用户入口的掌握、线下移动终端设备的控制及 360 应用平台、游戏平台、购物平台完成了这部分的构建，要想实现完整生态圈的构建，对于基于位置的线上交易线下服务和支付，这两方面是 360 未来商业生态圈的未完成的拼图。

只有充满竞争的市场才会更有竞争力，360 在充满竞争的时代与市场中，不仅需要巩固其在安全领域的地位，更需要审时度势地构建属于自己的坚固的商业生态圈。

参考文献

[1] 周鸿祎. 周鸿祎自述：我的互联网方法论 [M]. 北京：中信出版社，2014.

[2] 史琳. 奇虎 360 的竞争策略及行业影响分析 [J]. 现代电信科技，2014（2）.

[3] 钟耕深，陈衡，刘丽英. 企业发展与商业生态系统演进：基于奇虎 360 公司与腾讯公

司纷争的案例分析 [J]. 东岳论丛，2011 (10).

[4]　傅瑜. 中国互联网平台企业竞争策略与市场结构研究 [D]. 广州：暨南大学，2013：30 - 32.

案例讨论题

互联网企业如何建设自己的商业生态系统？

本章思考题

1. 简述跨越临界点的战略。
2. 价格歧视策略成功的关键是什么？
3. 简述数字产品捆绑定价策略的意义。
4. 消费者锁定的方式有哪几种？分别举出实例说明。
5. 举例说明数字产品标准竞争战略的应用。

第7章 网络市场的运行

网络市场的运行是网络经济具体实现的载体，研究网络市场运行的一般规律，对于宏观把握网络经济下企业经营行为和消费者行为具有重要意义，对于研究网络经济发展演变的趋势起关键作用。本章研究网络市场的内涵和特征，网络市场中网络贸易和网络支付问题，以揭示网络市场运行的相关原理。

7.1 网络市场的含义和特征

随着互联网络的飞速发展，利用无国界、无区域界限的互联网来销售商品或提供服务，已成为买卖通路的新选择，网络市场成为 21 世纪最有发展潜力的新兴市场。网络市场和传统市场相比，有其明显的差别，网络市场具有传统的实体化市场所不具有的特点，这些特点形成了网络市场的优势。

7.1.1 网络市场的含义

从广义上，网络市场是互联网上商品交换关系的总和，由供求、价格、竞争等市场要素构成。从狭义上，网络市场就是互联网上商品交易交换的场所（空间），如网上商城、网上交易平台等。从企业营销的角度，网络市场是网上现实购买者和潜在用户的总和，网络市场的销售量取决于网上用户数量、网上购买力和网上购买欲望等因素。

1. 市场运行的一般过程

网络市场是传统市场的延伸，对网络市场及其运行的理解可以从认识传统市场运行开始。传统经济学关于经济活动、市场运行的描述如图 7-1 所示。

在图 7-1 中，两个市场主体和两个市场之间，存在供给和需求两方面的联系，消费者按照效用最大化原则决策，生产者按照利润最大化原则决策。消费者在产品购买和要素供给过程中实现效用最大化，即达到了消费者均衡；生产者在产品供给和要素购买过程中实现利润最大化，即达到了生产者均衡。如果市场运行中，实现了生产者均衡和消费者均衡，说明市场机制平衡了所有影响市场的力量，稀缺性资源得到了最优配置。如果市场机制不能自发实现资源的最优配置，即市场失灵时，需要政府的无形之手对市场进行适当

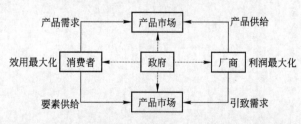

图 7-1 传统经济学关于经济活动、市场运行的流程图

的干预，实现经济社会的效率最大化。

2. 网络市场是传统市场的延伸

在网络市场中，经济活动的流程和传统市场的经济活动流程没有区别，只是市场交易的实现过程在网上完成。网络市场是传统市场的延伸，网络市场具备了传统实体市场中企业和个人进行经济活动的基本环境条件，经济主体可以利用互联网进行信息交流、通信、从事产品和服务的分销、完成交易。

互联网为经济主体的经济活动提供了 4 个方面的基本环境平台，即信息平台、通信平台、分销平台和交易平台[①]，如图 7-2 所示。

(1) 互联网为经济主体提供了发布信息和搜索信息的平台。企业在互联网上发布企业的产品和服务信息、关于品牌和企业形象的信息等，与潜在的客户进行沟通。同时，企业也通过互联网搜集行业市场信息，包括客户信息、竞争对手信息、行业发展信息、产品价格信息等，搜集合作伙伴信息，包括上游合作伙伴、下游合作伙伴，以及同行合作伙伴信息等，为企业的经营活动服务。消费者可以通过互联网收集产品信息、价格信息等，以寻找最能符合自己需要的产品。互联网为买卖双方获得信息提供了更便捷、更节省的途径，信息不对称常常导致市场交易低效率，互联网的信息服务是推动市场均衡的正向力量。

图 7-2 传统市场的商业活动向网络市场延伸

(2) 互联网为经济活动提供通信平台，使经济主体能够实现信息的交换。互联网的即时多媒体通信功能，极大地方便了交换双方的信息沟通，改进了市场效率。

(3) 互联网为经济活动提供分销平台。企业通过自己的网站或网上商城进行分销，拓展了传统的销售渠道，并且使交易突破了时空限制。

(4) 互联网为经济活动提供交易平台，企业可以通过互联网完成交易的全过程。

7.1.2 网络市场的基本特征

从市场运作的机制看，网络市场具有以下基本特征。

(1) 无店铺经营。运作于网络市场上的店铺是虚拟商店，虚拟商店使用互联网作为媒体，不需要店面、装潢、摆放的货品和服务人员等。例如，1995 年 10 月，"安全第一网络银行"(Security First Network Bank) 在美国诞生，这家银行没有建筑物，没有地址，只有网址，营业厅就是首页画面，所有的交易都通过互联网络进行，员工只有 10 人，一年后存款金额达到 1 400 万美元。

(2) 经营中无存货。网络市场上的商店可以接到顾客订单后，再向制造的厂家订货，而无须将商品陈列出来供顾客选择，只需在网页上打出货品菜单、图片、基本参数和价格供顾客选择即可。网络市场无存货，也因此省去了仓储费用和存货占用的流动资金，有效地降低了运营成本。因此，网络市场的商品售价比一般的商店要低，低成本大大增加了网络商家和

---

① 注册电子贸易师认证培训教材编委会. 电子贸易. 北京：清华大学出版社，2006.

"电子空间市场"竞争力。

（3）无经营时间限制。网络虚拟商店不需要雇佣经营服务人员，可不受劳动法的限制，也可以摆脱因员工疲倦或缺乏训练而引起顾客反感所带来的麻烦。而一天 24 小时、一年 365 天的持续营业时间，这对于平时工作繁忙、无暇逛街购物的人具有很大的吸引力。

（4）经营范围无区域界限。互联网创造了一个即时全球社区，消除了世界上各个国家客户做生意的时间和地域障碍。面对提供无限商机的互联网，国内的企业可以加入网络行业，开展全球性营销活动，拓展自己的客户群。

（5）成本低廉，竞争性强。网络市场上的虚拟商店分为自主建设维护和托管建设维护，其中自主建设维护的虚拟商店其成本主要涉及自建网站成本、软硬件费用，网络使用费和维持费用。托管建设维护的虚拟商店主要是使用托管方提供的界面、模板、交易模式来进行运营，无须对网站进行软硬件的维护，只涉及托管提供方的管理费或广告费等。

网络市场上的虚拟商店通常比普通商店运营成本要低得多，因为普通商店需要昂贵的店面租金、装潢费用、水电费、仓储、营业税和人事管理费用等。以自主建设维护的虚拟商店为例，Cisco 公司在其互联网站中建立了一套专用的电子商务订货系统，销售商与客户能够通过此系统直接向 Cisco 公司订货。此套订货系统的优点是不仅能够提高订货的准确率，避免多次往返修改订单的麻烦，最重要的是缩短了出货时间，避免了大量库存的风险，降低了销售成本，网上虚拟商店的成功应用使 Cisco 公司每年在内部管理上能够节省数亿美元的费用。网上虚拟商店的广泛使用及其标准化，使企业与企业之间的交易走向无纸贸易，在无纸贸易的环境下，企业可将购物订单过程的成本缩减 80％以上。在美国，一个中等规模的企业一年要发出或接受订单在 10 万张以上，大企业则在 40 万张左右。因此，对企业尤其是大企业，采用无纸交易就意味着节省少则数百万美元，多则上千万美元的成本。

（6）精简化的营销环节。网络市场加大了顾客的参与程度，顾客可以自行查询商品信息、售后服务信息、自行下单、选择装运方式，并查询订单运行的进度。商家可以根据客户所需信息及时更新资讯，买卖双方利用互联网的互动功能，及时快速交换信息，在客户定制、销售产品的过程中，为满足顾客的特殊要求，其参与越多售出产品的机会就越大。

7.1.3　网络市场与传统市场的区别和联系

1. 网络市场与传统市场的区别

上述网络市场的基本特征其实都是网络市场和传统市场的区别。此外，网络市场和传统市场相比还有以下不同。

（1）在市场渠道的体现形式上，传统市场的渠道具有点状或线状的特点，这些渠道都是由实体组织和联络关系连接起来的可数的点，企业为占领更大的市场空间必须通过拓宽市场渠道的方式来实现。网络市场是建立在互联网基础上的新型市场空间，无数有线终端和无线终端使互联网没有明显界限。这些终端随时随地可能成为用户入口，一个终端的用户数也不确定，订单可能"从网而降"。在网络市场里渠道变得不可数，点状、线状关系模糊不清，每一个点、每一条线都有可能成为订单的来源。因此，网络市场渠道不是点状和线状的，而是面积式的，传统市场渠道的可数空间与网络市场的无限空间是无法比拟的。当今，任何企业都不能无视网络市场的存在，而要努力在网络市场中尽早占据一席之地。

（2）网络市场相对于传统市场最大的特点是能够迅速将分散于世界的零星需求聚合成集中的购买力形成规模经济，如网上集体议价模式，即网络市场的本质功能是把分散的需求聚集成规模经济，是产生新市场的源泉。

（3）网络市场与传统市场是相对独立的，传统市场渠道是在长期的市场营销实践中积累起来的，具有稳定、可靠的基础。网络市场中用户是不确定和不稳定的，但其潜力不可估量，是一般企业在信息时代下的必争之地。网络市场和传统市场都能在各自领域范围内为企业带来效益增值，任何企业在制定营销计划时应当同时并重拓展两个市场。

2．网络市场与传统市场的联系

网络市场与传统市场的联系表现在其交易遵循的规律是相同的，都是实行自愿公平交易原则，买卖双方互惠互利，供求、竞争和价格等市场要素起作用的机制也大致相同。

同时，网络市场和传统市场之间存在着相互转化的关系。如果传统市场基础较稳固则有利于企业凭借其在传统市场中形成的实力、规模和品牌等声誉占据网络市场的优势地位，促使传统市场向网络市场延伸，或者两者形成互补。利用网络手段并结合采用传统市场渠道的促销方式就能将不稳定的网络用户转变为确定而稳定的长期用户。

7.1.4　网络市场分类

根据不同的划分依据，可以将网络市场分为不同的类型。根据市场学的概念，可将网络市场划分为 4 类：第一类是互联网上的商品交换场所，如网上商城、网上拍卖等；第二类是互联网提供的服务，如网络游戏、搜索引擎、即时通信、电子邮件、网络短信、网络彩铃、网络教育、在线音乐、域名注册虚拟主机、博客等，这些服务有的收费有的免费；第三类是体现互联网新型供求关系的业务模式，如网络广告等网络营销方式；第四类是在互联网上进行的金融活动，如 P2P、众筹等。

按照商务模式分类，从不同的角度形成了不同的类型。所谓商务模式，是指一个企业从事某一领域经营的市场定位和盈利目标，以及为了满足目标顾客主体需要所采取的一系列的整体战略组合。网络市场中消费者和经营者极其众多，因此有许多种商务模式。从交易对象角度，可以把网络商务分为企业—消费者（B2C）、企业—企业（B2B）消费者—消费者（C2C）和企业—政府（B2G）等类型。从交易过程上，可以分为集市、交易中心、发布和浏览、拍卖场和全自动交易 5 种类型。从交易网站的功能上，可以分为电子商店、信息中介、信用中介、电子商务实施者、基础设施供应商和商务社区等。从交易地位上，可以分为销售方控制的商业模式、购买方控制的商业模式、中立的第三方控制的商业模式。

7.2　网络贸易

全球经济网络一体化趋势给传统贸易的改造与创新提供了动力和机会，随着现代信息技术的飞速发展，网络贸易应运而生。网络贸易是一种新型的交换模式，其不仅有别于传统贸易市场，而且改变了传统贸易迂回曲折的过程，使资金流、物流的运动方式发生了变化，通过互联网开展国际贸易已成为商家追求的目标。网络贸易突破了传统贸易活动中物质、时间、空间对交易双方的限制，它的产生与发展对世界经济贸易的增长产生巨大的推动作用。

7.2.1　网络贸易的内涵

网络贸易是一种新型的贸易形式，网络贸易的实现不仅仅是贸易形式的改变，也带来了贸易管理、贸易绩效的根本变革，由此使贸易的社会功能发生了根本的变化。

1. 网络贸易的含义

广义的网络贸易包括互联网贸易和电子数据交换（EDI）无纸贸易两种类型，狭义的网络贸易则仅指互联网贸易。互联网贸易是电子商务的重要组成部分之一，是指在网络平台基础上直接进行在线跨国交易（Trade on Line），利用数字化技术将企业、海关、运输、金融、商检和税务等有关部门有机连接起来，实现从浏览、洽谈、签约、交货到付款等全部或部分业务自动化处理。网络贸易是传统国际贸易的电子化。

电子数据交换（EDI）技术开发应用时间较早，但其是一个封闭性系统，费用昂贵，且技术标准复杂，缺少通用性，因此至今 EDI 无纸贸易的发展仍较缓慢。而互联网是一种开放性的网络系统，有统一的协议标准，通信费用低廉，更能适应市场日益扩大的需要，相比较而言，互联网贸易是未来网络贸易发展的主流方向。

目前，网络贸易的发展速度不断加快，在未来将成为主导性的贸易方式。网络贸易产生的客观基础是经济关系的全球化和一体化。随着信息技术的飞速发展，世界经济正朝着全球一体的"网络经济"方向发展，随着经济活动的区域界限逐渐模糊，资源在全球范围内的配置开始突破时间和空间界限。

2. 网络贸易下国际贸易环节发生的变化

网络贸易下国际贸易环节发生了变化，交易流程加速。

传统国际贸易方式是一种以纸面贸易单据（文件）流转为基础的贸易方式。在大量贸易单据的流通过程中，买方和卖方之间的贸易数据和纸面文件的处理工作（包括文件缮制、邮寄、管理等）往往产生大量的时间延误，并且每次重复输入数据都可能产生错漏等方面的问题。而在网络贸易方式下，买卖双方通过网络平台直接接触，不需要大量的贸易中介的参与。例如，为进出口商品提供包括代理、报关、商检、仓储、运输等整套服务体系的平台，还可以提供商贸信息咨询市场分析，进口产品的保税展示和仓储，网上推销和广告宣传等服务，在世界各地建立代理销售网络，为制造商与贸易商创造商机，寻找买主，撮合成交，并提供成交后的进出口服务。网络贸易将代理、展销等多种传统方式融为一体，把全部进出口货物所需要的主要流程，如市场调研、国际营销、仓储、报关、商检等引入互联网中，为世界各地的制造商和贸易商提供全方位、多层次、多角度的互动式商贸服务，解决了传统贸易活动中物质、时间、空间对交易双方的限制，促进了国际贸易的深化发展。

网络贸易的发展也推动了国家外贸业务全过程管理的电子化。我国出口商品配额已通过中国国际电子商务网实现电子招标，进出口许可证申领发放全部通过中国国际电子商务中心进行，中国海关总署开发的"进出口报关单联网电子核查系统"，于1999年1月1日起正式运行。目前，我国已经实现电子报关系统的运行，商检业务已初步实现了报检、检验出证的计算机管理，初步建成了系统内通信网，货物运输的订舱、单证传输、集装箱管理、船舶管理、货物跟踪、财务及结算运作过程实施国际标准的电子商务单证传递。整个贸易流程的电子化管理，促进了国际贸易企业的经营管理规模化、专业化和现代化。

7.2.2 网络贸易的特点和优势

与传统贸易相比，网络贸易具有以下特点。

1. 信息更全面，全球合作机会增加

由于互联网上提供了大量关于消费者的信息，使厂商不仅能够取得更多消费者和市场的信息，而且还能取得关于这类产品潜在顾客的信息，深入了解消费者要求的变化。同时，厂商也可以通过网络向更多的客户发布商品信息，使消费者更好地了解产品和生产者的信息。厂商还可以通过网络了解更多的技术、资本、人才等生产要素信息，以及合作项目信息，从而增加更多的贸易合作机会。网络贸易突破了商业活动的时空限制，交易双方通过互联网信息技术相连接，构成了覆盖全球的贸易网络。全球各贸易国之间可以通过世界范围内的计算机网络快速寻找贸易伙伴，快速完成贸易活动，全球形成统一的大市场，这样大大增加了全球贸易的合作机会。

2. 贸易交易虚拟化、透明化，竞争更激烈

通过网络进行的商品贸易，贸易双方从开始洽谈、签约到订货、支付等，无须当面进行，均通过计算机互联网络完成，整个交易完全虚拟化。对于卖方来说，只要在互联网络上开设出一块特别区域，就可以把将要出售的商品形象、价格、使用方法，以及交易条件等陈列在模拟商场中。而买方通过浏览，一旦发现中意的产品与交易对象，就可以通过互联网络与卖方进行洽商、签约、订货并支付，卖方进行交货，以及售后服务和收集客户的跟踪信息。

由于网络贸易是通过网络进行的，因而买卖双方从交易的洽谈、签约，以及货款的支付、交货的通知等整个交易过程都在网络上显示。这种透明化的交易不仅体现在整个交易过程中，而且还体现在交易前买卖双方的准备活动中，以及交易后买卖双方的善后活动中。因此，任何一个网上用户都可能了解任何一项网上交易过程。这种网上交易的透明化，使市场竞争更加激烈，从这个意义上，网络贸易的发展也给商品提供商带来了严峻挑战。

3. 贸易交易快捷化、低成本化

随着信息技术的发展，任何信息都可以转化为数字信号通过卫星、光缆等先进传输手段以接近光速的速度进行传输。经济活动的时间概念缩短，连续性加强，商务活动频率加快，文件资料的收发、企业商务的交割、资金的调拨、商品的采购等都通过高速快捷的网络进行。就网络贸易而言，由于互联网络将贸易中的商业文件标准化，使商业文件能在世界各地瞬间完成传递与计算机自动处理。将原料采购、产品生产制造、需求与销售、银行汇兑、保险、货物托运和海关申报等产业过程，无须人员干预即可在最短的时间内完成，克服了传统贸易方式中由于人的因素出现的费用高、易出错、处理速度慢等缺点，极大地缩短了交易的时间，使整个交易过程快捷方便。同时，网上数据、信息、知识传递的加快和网上商务活动的快速发展，也要求物质世界的流动加快，流动快将成为网络贸易的突出特征之一。

通过以互联网为代表的电信网络进行贸易，使买卖双方的交易成本大大降低，具体表现在以下方面。

（1）买卖双方通过电信互联网络进行直接贸易，无须中介者参与，减少了交易的有关环节费用。

（2）由于通过互联网络发布的信息成本低廉，买卖双方均可通过互联网络进行产品介

绍、宣传、树立形象等，并能够以较低的费用获得信息，迅速达成交易，极大地节约了时间和成本。这对于一些中小企业非常有利。

（3）买卖双方可以足不出户，通过互联网络在有关国家申领进出口许可证、签证等，还可通过互联网络具体办理有关货物报关、出境等手续，不仅效率大为提高，而且费用也大为降低。

（4）对于卖方，可通过互联网络把其公司总部、代理商，以及分布在其他国家的子公司、分公司联系在一起，及时对各地市场情况作出反应，即时生产即时销售，降低其存货费用，并有可能用快速既定的运输方式按顾客要求提前提供交货服务，从而获得成本优势。

4. 贸易机会均等化

在传统贸易中，发展中国家与发达国家、小企业与大企业的贸易机会是不均等的。新经济时代，随着网络贸易的发展，各贸易方的网上交流显著增加，贸易信息资源更具有开放性、共享性。任何公司和厂家都可以申请注册域名，建立自己的站点，通过网页介绍产品、服务和宣传企业形象，这有利于扩大企业知名度、扩大海外市场和提高竞争力。网络贸易创造了公平的外部竞争环境，使发展中国家、小企业能方便快捷地与国际市场相连，迅速进入市场参与竞争，相对而言，实现了与发达国家、大企业均等的贸易机会。

7.2.3　网络贸易发展中存在的主要问题

网络贸易发展过程中也存在着多方面的问题，需要得到妥善处理。否则，这些问题将严重制约网络贸易的健康发展。

1. 网络贸易安全问题

网络安全问题是阻碍网络贸易发展的主要障碍之一。由于网络贸易是通过网络进行商务信息的传输，这要求网络在数据传递、交换和处理方面有很高的安全性。然而，现在的网络贸易中却存在着种种风险，一方面，存在诸如交易数据的传递错误、被涂改，交易信息的泄密等问题；另一方面，网上交易带来的巨大机遇和丰厚利润也容易引起网络黑客的入侵。这些风险都有可能造成交易双方难以弥补的损失。所以，有相当一部分企业和消费者对网络贸易依然持观望态度。如何更好地提高网络贸易的安全性是亟待解决的重要问题。

2. 法律问题

由于网络贸易具有交易的无疆界性质，这就导致传统的管辖边界不再适用，因此必须针对网络贸易制定全球性的法律、法规，以规范网络贸易的发展。贸易双方订立的是"电子合同"，合同的要约、承诺和签名等都以电子数据形式通过网络进入对方的计算机，其法律地位难以确定。同时，在网络贸易中的知识产权保护也变得很困难，现有的法律包括国际条约都没有专门的规定。承认与制定适用于全球范围内网络贸易的法律框架，乃是当前迫切需要解决的问题，这关系到各国开展网络贸易能否得到承认与执行，国际贸易能否健康、稳定发展的问题。

3. 财税问题

网络贸易势必会触动各国的财税政策，包括买卖双方的订单合同等作为销售凭证的多种票据都以电子形式存在，且电子凭证又可以被轻易地修改而不留任何线索、痕迹，导致传统的凭证追踪审计失去了基础，同时互联网的发展刺激了电子支付系统的完善，联机银行与数字现金的出现，加大了税务机关通过银行的支付交易进行监控的难度。跨国界进行的贸易使各国政府无法控制贸易流量，这些都将为海关统计、税务征收等工作带来一系列的问题。

7.3　网 络 支 付

伴随着互联网开放的网络环境下电子商务和金融电子化的蓬勃发展，网络支付也日益繁荣。1998年，招商银行率先推出网上银行业务后，人们便开始接触网上缴费、移动银行业务和网上交易支付等。互联网第三方支付公司的加入，使客户群激增，也调动了银行的积极性。同时，国内移动运营商全面加快了移动支付业务的开发和市场拓展的进程，越来越多的用户开始用手机缴纳话费、购买彩票甚至在商场进行消费。

7.3.1　网络支付的含义及特征

1. 网络支付的含义和流程

网络支付是电子交易的当事人，包括消费者、厂商和金融机构，使用安全网络支付手段进行的货币支付或资金流转的过程。网络支付是电子商务的核心支撑流程。

网络支付的基本流程如图7-3所示。

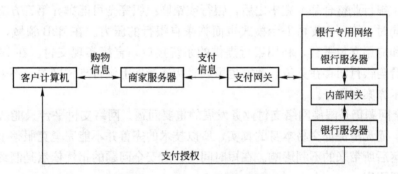

图7-3　网络支付的基本流程

（1）客户通过网络购买商品，将相关购买信息和支付信息发送给商家。

（2）商家对客户的购买信息进行确认，并把客户的支付信息加密转发给支付网关，进而转发给银行专用网络。

（3）银行服务器确认相应信息之后，通过支付网关建立的加密通信通道给商家发送确认及支付结算信息。

（4）给客户发送支付授权请求。

（5）得到客户授权之后，银行将资金从客户账户转入商家账户，并分别给客户和商家发送支付结算成功的信息。

（6）商家收到结算成功信息后，给客户发送付款成功信息和发货通知。至此，一次网络支付结算流程结束。

图7-3是对一般网络支付流程的归纳和总结。在实际生活中，网络支付的流程根据技术、资金数量和管理等各方面因素会有所不同，如信用卡电子现金和网络银行账户结算都有

细微的差别。

2. 网络支付价值链

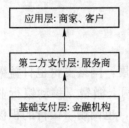

图7-4　网络支付价值链

网络支付市场由基础支付层、第三方支付服务层和应用层组成，在这条三层结构的价值链中，位于最底层的是由银行、银联等国家金融机构组成的基础支付层。在基础支付层提供统一平台和接口的基础上，一些具有较强银行接口技术的服务商，包括互联网支付服务提供商和移动支付服务提供商，形成了价值链的中间层即第三方支付服务层；而在产业链的最顶层是终端消费者（网上商城、消费者）形成的应用层。网络支付价值链如图7-4所示。

我国现阶段网络支付价值链存在以下问题。

（1）第三方支付企业低水平无序竞争激烈。第三方支付企业服务的同质化导致价格成为唯一的竞争筹码，不少支付厂商以不正常的低价来抢占市场份额，不仅进一步挤压了支付市场有限的盈利空间，更带来了许多资金风险。随着产业价值链的初步形成，许多实力强大的公司相继采用收购或合并的方式强势进入，网络支付市场竞争更加激烈。

（2）银行等金融机构与第三方支付企业存在竞争关系。由于第三方支付给银行带来了结算的便利，在发展初期得到了银行的支持，但从长远看，银行和第三方支付企业存在竞争关系。在未来，银行业整合基本完毕之后，银行或银联组织完全可能抛弃第三方支付网关企业独立发展。同时，第三方支付平台模式也面临来自银行的压力。在B2B领域，很多大型企业直接开发和应用支付平台，利用银行提供的系统接口，直接实现支付。在B2C领域，第三方支付平台与银行间存在竞争，商家也可以直接连接网上银行支付网关，不采用第三方支付平台的技术方案和服务。

（3）安全问题仍是限制网络支付业务发展的重要问题。网络支付平台只能从技术上保证交易的安全，而无法保证交易本身的真实，所以技术的完善并不能完全克服整个社会诚信发展水平相对落后所带来的不利影响。在短时间内，对安全问题的担忧依然是制约网络支付市场发展的重要因素。

3. 网络支付的特征

与传统支付方式相比，网络支付具有以下特征。

首先，网络支付是采用先进的网络信息技术通过数字流转来完成信息传输的，各环节都采用数字化信息的方式进行款项支付；传统的支付方式则是通过现金的流转、银行的汇兑，以及票据的转让等物理实体的流转来完成款项支付的。其次，网络支付的工作环境是基于互联网的开放平台；而传统支付则是在较为封闭的系统中运作。最后，网络支付具有方便、高效、快捷、经济的优势。用户只要拥有一台上网的PC机，便可足不出户，在短时间内完成整个支付过程。而传统的支付方式需要到支付现场或银行完成交易过程。

网络支付具有显著的网络型基础产业边际效益递增特性，即网络银行服务的初始投资高昂，投资网络支付业务需要花费大量的人力、物力和财力，而且对信息系统的维护需要不断的资金投入。但在建设初期一次性大规模沉淀性投资完成后，网络支付机构就具备了相当的运营能力，增加一次服务的边际成本很低。从而随着网络支付服务的增加，平均成本不断下降，边际收益不断上升。在网络支付机构的客户规模达到盈亏平衡点以后，网络支付服务将获得巨大收益。网络边际效益递增特性的产生必须具备以下两个基本条件。①互补性及相容性，就是对于网络中不同的连接与节点，其必须和其他连接与节点相互连通，不同的连接与节点之间必须是相容的。②非竞争性及非排他性，就是一个用户对网络系统的使用并不排斥其他用户同时使用，两者之间不存在资源竞争的关系。

网络支付也具有外部特性。网络支付的外部性表现为网上某个客户接受网络支付所提供的服务效用大小，依赖于接受该服务其他客户的数量，这说明买卖双方之间的信息供给效用是相互影响的。网络支付机构电子商务活动的直接经济效益很难在短期内补偿建设初期的巨额投资，但网络支付机构的长远收益在于其外部性带来的巨大网络效应，以及由此产生的经济效益和社会效益。例如，阿里巴巴公司的网络支付产品"支付宝"的巨额投资不可能通过经营"支付宝"本身在短时间内回收，但"支付宝"给阿里巴巴公司带来的外部性——使其树立起中国第一"电子商务运营商"的形象，正是靠着这种品牌形象使合作伙伴招商银行成为中国网络支付市场的领跑者。

7.3.2　网络支付工具

基于互联网的支付机制多种多样，其开发机理和生存状况各不相同，在电子商务中所扮演角色的重要性和在商务交易中的应用接受程度也各不相同。

1. 网上银行

网上银行（简称网银）是在互联网时代开始出现的银行服务的新渠道，由商业银行等金融机构通过互联网等向其客户提供各种金融服务。根据服务面向的客户不同，网上银行一般分为个人网上银行和企业网上银行。

网上银行的用户只要有一台可以上网的电脑，就可以使用浏览器或专有客户端软件来使用银行提供的各种金融服务，如账户查询、转账、网上支付等。与传统渠道（如柜台）相比，网上银行最大的特点是方便快捷，不必排队。账户数据查询可以通过一些软件导入，如 Quicken 或 Microsoft Money，还可以实现电子账单付费、转账、股票买卖、贷款申请、账户集成等功能。

2. 第三方支付

第三方支付是指由那些和国内外各大银行签约、并具备一定实力和信誉保障的第三方独立机构提供交易支付保障的支付方式。它是通过第三方独立机构与银行的商业合作，以银行的支付结算功能为基础，向政府、企业、事业单位提供中立、公正的面向其用户的个性化支付结算与增值服务的一种结算方式。

第三方支付在国内主要有两种表现形式：一是依托大型 B2C、C2C、M2C 网站的支付工具，比如淘宝网上交易的时候由支付宝完成支付；二是第三方支付平台（如快钱等），整合了网上支付、电话支付、移动支付等多种支付手段，目前正在迅速成长中。

如今的第三方支付工具除了付款购物之外，还提供如缴纳生活中的水、电、煤气、暖气费，购买火车票、机票、电影票和彩票，进行娱乐、投资理财等活动，在手机上随时随地进行转账汇款、信用卡还款等涉及人们日常活动方方面面的增值服务。

目前，第三方支付公司、银行、买家、卖家已经形成了一个复杂的电子支付产业链，第三方支付处于整个产业链的中间位置，是在线支付产业链的重要纽带，一方面连接银行，处理资金结算、客户服务、差错处理等一系列工作；另一方面又连接着众多客户，使客户的交易能够顺利接入。第三方支付的一站式接入服务使银行与商家双方都避免了一对一接入的高昂成本，同时也成为给卖家和买家提供担保的机构，在相当长的时间内都有存在的必要性和必然性。

3. 移动支付

移动支付是基于网络应用智能设备等进行网络支付，也就是允许用户使用其移动终端（通常是手机、笔记本计算机等）对所消费的商品或服务进行账务支付的一种服务方式。移动支付具有随身、实时、快捷的特性，还能解决一些传统支付无法解决的问题，因此发展前景广阔。整个移动支付价值链包括移动运营商、支付服务商（银行、银联等）、应用提供商（公交、校园、公共事业等）、设备提供商（终端厂商、卡供应商、芯片提供商等）、系统集成商、商家和终端用户。目前，国内移动支付市场呈现快速增长的趋势。2014年，第三方移动支付市场交易规模达到59 924.7亿元，较2013年增长391.3%，继续呈现出较高的增长状态。而2013年，第三方移动支付的增长率达到了707.0%。移动支付已经连续两年保持超高增长。2009—2014年，中国第三方支付市场交易规模如图7-5所示。

图7-5　2009—2014年中国第三方支付市场交易规模

数据来源：艾瑞咨询，2015.03

移动支付市场的快速增长原因：第一，移动互联网时代用户上网习惯从PC端逐渐向移动端迁移；第二，移动互联网的普及使得用户从年龄、学历、收入等各维度都呈现长尾化趋势，使得用户数量快速增长；第三，支付场景的拓展使得移动支付成为网民继银行卡、现金外新的惯常使用的高频支付工具；第四，宝宝类货币基金的规模化和现金管理工具化带动了移动支付用户黏性的增长。

移动支付业务以手机持有人为服务对象，利用先进的计算机和通信手段，组织移动通信运营商、金融机构、移动终端制造商、手机智能卡制造商、应用服务提供商、移动支付平台提供商构成新型产业联盟，实现联盟中各主体的共赢局面。因此，移动支付具有巨大的市场潜力，很可能成为未来网络支付的主要工具，并将有力地推动社会经济的发展。移动运营商和银行通过提供移动支付业务能够寻求新的利益增长点，提高服务水平，增强其国际竞争力。

7.3.3　网络支付的安全问题

1. 网络支付面临的安全问题

安全问题一直是电子商务运作中最为关注的问题，特别是在网络支付与结算中，因为涉及最敏感的资金流动，安全问题更加关键。目前的网络支付面临以下 3 个方面的安全问题。

（1）银行网站的安全性。网络支付顺利与否在很大程度上取决于银行网络的安全性，因为客户的电子信息都存储在银行的后台服务器中，一旦银行网站出现意外情况导致不能正常运行，客户肯定不能使用其电子货币，或者在客户网络支付的过程中出现中断，也会对客户和商家造成很大影响，此外银行网络需要保证支付信息的传输速度，一旦网络感染病毒或网络堵塞，则网络支付过程就会受阻，这样将导致客户的流失。

（2）交易信息在网络支付主体间传递过程的安全性。网络支付信息在各主体间传递的过程是对网络支付安全性的最大挑战，支付账号和密码被盗用的现象很常见，盗用者可以直接利用客户的信息伪造一张卡，而客户本身的卡并没有丢失，所以完全不能及时采取任何措施，这样就会造成严重的经济损失，同时给网络支付带来很多不利影响。因此，必须对一些隐私信息，如资金账号、客户密码、支付金额、支付期限等进行加密。所谓加密，就是把在网上传送的数据"加工"成为一些看不懂的信息，然后通过特定的解密方法对这些信息进行解密，才能看到数据的原文，即由消息发送者加密的数据只有接收者才能够解密得到，别人无法看到，而且这些加密的方法必须是很难破解的，只有这样才能保证信息传递的安全性。

（3）网络支付信息的完整性。由于网络支付的特殊形式导致商家和客户都无法验证对方的合法性及信息的真实性。例如，商家自称是某城市的某大型商场，而事实上其可能只是几个人加一台计算机的诈骗团伙，或者明明支付额是 100 元，但不知哪方面原因，信息在传输过程中发生错误，最后被划去 100 万元等，这类问题广泛存在于现在的网络支付过程中。数据拥有者的真实身份问题和商务行为的认证与数据的真实、伪造，篡改等问题，都属于数据完整性问题，即相关商务数据受到未经许可的修改、伪造，以及否认与抵赖。正如传统的商务中出现纸质合同被修改、纸质支票被伪造、不承认合同条款一样，网络支付中也会遇到类似的问题。

2. 网络支付的安全协议

为了更好地实现网络支付的安全性，目前主要制定的安全协议有两种：SSL 协议和 SET 协议。

1）SSL 协议

SSL 协议是 Secure Socket Layer Protocol 的缩写，中文称为安全套接层协议，此协议是对计算机之间的整个会话进行加密的协议，能够保证双方数据交换过程中数据的完整性和保密性，一般在安全级别要求不是很高时应用。SSL 协议的服务位于应用层和 TCP 层，服务对象主要是客户的浏览器和服务器。SSL 协议是双层协议，包括 SSL 握手层和 SSL 记录层。其中，SSL 握手层又包括 SSL 握手协议、SSL 更改密码说明协议和 SSL 警告协议；SSL 记录层包括 SSL 记录层协议。

SSL 协议的优点表现在使用的方便性上，SSL 协议已经嵌入 Web 浏览器和服务器中，因此对于广大用户而言，SSL 协议的使用很便利。

SSL 协议的缺点主要表现在以下两方面。①单方面验证。单方面验证表现为 SSL 协议在实际应用中多采取客户认证服务器，这样商家就掌握了客户的支付信息，而 SSL 协议没有对商家进行认证。因此，这易导致商家欺骗行为的发生，是 SSL 协议面临的最严重问题。②加密强度不够。由于加密算法受到美国加密出口的限制，浏览器都存在 512/40 问题，即 DES 对称加密为 40 位，RSA 加密为 512 位，我国的 SSL 产品只能提供 512 位的 RSA 公钥和 40bit 的对称密钥加密，加密强度偏低这使 B2C 的 SSL 协议难以推广到 B2B 层面。

2）SET 协议

SET 协议即安全电子交易（Secure Electronic Transaction，SET），是由美国 Visa 和 MasterCard 两大信用卡组织提出的，应用于互联网上、以信用卡为基础的电子支付系统协议。SET 协议采用公钥密码体制和 X.509 数字证书标准，主要应用于 B2C 模式中保障支付信息的安全性。SET 协议本身复杂，设计严格，安全性高，能保证信息传输的机密性、真实性、完整性和不可否认性。

SET 协议的优点表现为其不仅具有加密机制，更重要的是通过数字签名、数字信封等实现身份鉴别和不可否认性，最大限度地降低了网络支付遭受风险欺诈的可能性。

SET 协议的缺点表现为 SET 协议过程较为复杂，协议没有担保"非拒绝行为"，即存在在线商店无法证明订单是否是由签署证书的消费者开出的等问题。

7.4　互联网金融

金融具有天然的数字属性（金融产品可以看作是数据的组合，金融活动也可以看作是数据的移动），因此，作为一种本质上与互联网具有相同数字基因的行业，金融业的互联化势在必行。

7.4.1　互联网金融的发展背景

1. 走向数字化是未来社会的整体趋势

目前，全社会信息中约有 70% 已经被数字化。未来，各类传感器会更加普及，在大范围内得到应用（比如，目前智能手机中已经嵌入了很复杂的传感设备或程序），购物、消费、阅读等活动均会从线下转到线上（3D 打印普及后，部分制造业也会转到线上），互联网上会产生很多复杂的沟通和分工协作方式。在这种情况下，全社会信息中的 90% 可能会被数字化。这就为大数据在金融中的应用创造了条件。如果个人、企业的大部分信息都存放在互联网上，那么基于网上信息就能准确评估这些人或企业的信用资质、盈利前景。

2. 部分实体企业已积累了大量可用于金融活动的数据和风险控制工具

互联网逐渐成为企业经营活动中的重要工具，多年的积累使部分企业拥有了大量可用于金融活动的数据和风险控制工具。此外，共享经济也正在全球范围内悄然兴起。这些互联网交换经济既为互联网金融提供了应用场景，也为互联网金融打下了数据基础和客户基础，体现了实体经济与金融在互联网上的融合。

3. 中国金融体系中长期存在的一些低效率或扭曲的因素，为互联网金融的发展提供了空间

中国金融体系中长期存在的一些低效率或扭曲的因素主要有：正规金融对小微企业服务不足，而民间金融（或非正规金融）有其内在局限性，导致风险事件频发；正规金融无法满足经济结构调整所产生的大量消费信贷需求；普通投资者投资理财渠道匮乏，难以实现资金

的保值增值；现行新股发行体制下，股权融资渠道不畅顺；在存贷款利差受保护的情况下，银行利润高，各类资本都有进入银行业的积极性；证券、基金、保险等机构的产品销售受制于银行渠道，有动力拓展网上销售渠道。

此外，中国对普惠金融的支持与推动也是促使互联网金融发展的重要动因。普惠金融的实现与互联网金融息息相关。普惠金融的核心是有效、全方位地为社会所有阶层和群体，尤其是那些被传统金融忽视的农村地区、城乡贫困群体、中小微企业提供金融服务。然而，由于缺乏传统金融的资本实力、网络渠道和客户资源，普惠金融在传统经营方面天然处于劣势。相比之下，互联网金融服务模式，能有效消除海量用户之间的信息不对称，降低交易成本，从而解决普惠金融所面临的诸多困难。通过利用互联网信息处理技术，结合丰富的数据资源，未来互联网金融将成为建设普惠金融的重要力量。

7.2.2　互联网金融的特点及相关概念界定

互联网金融涵盖了受互联网技术和互联网精神的影响，从传统银行、证券、保险、交易所等金融中介和市场，到瓦尔拉斯一般均衡对应的无金融中介或市场情形之间的所有金融交易和组织形式，是一个谱系的概念。互联网金融的形式既不同于商业银行间接融资，也不同于资本市场直接融资。这一定义体现了互联网金融去中介化的特点。

理解互联网金融的定义需把握三个要点：一是认识到该概念的前瞻性；二是辨明它和传统金融的区别与联系；三是了解互联网金融的三大支柱。

1. 互联网金融的前瞻性

随着全球网络经济的迅速发展，互联网金融已成为不可避免的趋势。除银行、证券、保险、基金外，电子商务公司、IT 企业、移动运营商等各类机构也纷纷参与到与互联网金融相关的创新活动中，演化出丰富的商业模式，模糊了金融与非金融业的界限。

尽管如此，互联网金融要迈入成熟期还需要很长一段时间。一方面是因为互联网金融的发展速度主要取决于互联网技术的发展速度，而非金融自身的发展速度。互联网技术能够在现有基础上进一步大幅降低金融活动中的交易成本和信息不对称，还需一定的发展时间。另一方面，伴随互联网成长起来的这一代人将成为社会主流，他们的互联网使用习惯将极大影响金融交易和组织形式。

因此，互联网金融所包含的，更多是对未来的设想，是一个前瞻性概念。然而前瞻并不意味着乌托邦式的空想。互联网金融同时也扎根于理性思维，它有以下三个"理性之锚"。

（1）立足于现实。现实中已经出现的互联网金融形态是我们推演未来的出发点。

（2）符合经济学、金融学基本理论。不管是对互联网金融已有形态的解释，还是对互联网金融未来发展的预测，都基于目前既有的经济学、金融学基本理论框架和分析工具。

（3）以瓦尔拉斯一般均衡所对应的无金融中介或市场情形为研究基准。瓦尔拉斯一般均衡是经济学的理论基石之一，表明在一系列理想化的假设条件下，完全竞争市场将会达到均衡状态，此时所有商品的供给和需求正好相等，资源配置达到帕累托最优（即不可能在没有任何人境况变坏的前提下，使某些人的境况变好）。在瓦尔拉斯一般均衡中，金融中介和市场都不必存在，货币也可有可无。而现实中之所以存在金融中介和市场，主要是由信息不对称和交易成本等摩擦因素所造成的。随着互联网的发展，信息不对称程度和交易成本将显著降低，互联网金融将逐渐逼近瓦尔拉斯一般均衡对应的无金融中介或市场情形。这是金融演变的内在逻辑。

2. 互联网金融对传统金融的沿袭与变革

1）对传统金融的沿袭

（1）金融的核心功能不改变。互联网金融仍是在不确定环境中进行资源的时间和空间配置，以满足实体经济需求。这些需求包括支付清算、资金融通和股权细化、为实现经济资源的时空转移提供渠道、风险管理、信息提供、激励问题的解决等。

（2）股权、债权、保险、信托等金融契约的内涵不改变。金融契约的本质是约定各缔约方在未来不确定情景下的权利与义务，主要针对未来现金流。比如，股权对应着股东对公司的收益权和控制权，债权对应着债权人向债务人收取款项的权利。金融契约直到不久前还主要以物理形式存在（如中国最早的 A 股股票），目前则多以电子形式存在，并建立了相关托管、交易和清算机制。但不管金融契约以何种形式存在，其内涵不变。

（3）金融风险、外部性等概念的内涵不改变。在互联网金融中，风险指的仍是未来遭受损失的可能性，市场风险、信用风险、流动性风险、操作风险、声誉风险和法律合规风险等概念和分析框架依旧适用。互联网金融也存在误导消费、夸大宣传、欺诈等问题，故其监管的基础理论不变，审慎监管、行为监管、金融消费者保护等主要监管类型也都适用，尽管具体监管措施与传统金融不同。

2）对传统金融的变革

互联网金融对传统金融变革主要体现在互联网因素对金融的渗入，它包括两个方面。

（1）互联网技术的渗入。主要包括移动支付和第三方支付、大数据、社交网络、搜索引擎、云计算等。互联网技术的引入能显著降低交易成本和信息不对称，提高风险定价和风险管理效率，拓展交易可能性边界，使资金供需双方可以直接交易，改变金融交易和组织的形式。这里面要特别强调三个技术趋势：一是信息的数字化，这为大数据在金融中的应用创造了条件；二是计算能力的不断提升，在集成电路（IC）领域摩尔定理至今仍有效，而云计算、量子计算、生物计算等有助于突破 IC 性能的物理边界；三是网络通信的发展。未来，互联网、移动通信网络、有线电话网络和广播电视网络等将高度融合，高速 WiFi 将覆盖全球。这三个技术趋势不仅会影响金融基础设施，还会促成金融理论的突破。

（2）互联网精神的渗入。传统金融具有一定精英气质，讲求专业资质和准入门槛，不是任何人都能进入，也不是任何人都能享受金融服务。传统金融创新主要是金融产品（契约）创新，即使用金融工程技术和法律手段设计新的金融产品。部分新产品具有新的现金流、风险、收益特征，实现新的风险管理和价格发现功能，从而提高市场完全性，比如期权、期货、掉期等衍生品。部分创新产品以更低交易成本实现已有金融产品（及其组合）的功能，如交易所交易基金。理论基础主要有三个：一是阿罗-德布鲁证券，在完全市场中，每一种未来状态都存在与之对应的单位证券，其他证券都可以表述成这些证券的组合；二是马可维茨资产组合理论；三是 Black-Scholes 期权定价公式。

互联网精神的核心是开放、共享、去中心化、平等、自由选择、普惠、民主。互联网金融反映了人人组织和平台模式在金融业的兴起，金融分工和专业化淡化，金融产品简单化，金融脱媒、去中介化，金融民主化、普惠化。除投融资外，互联网金融的很多创新产品还与衣食住行和社交联系在一起，经常内嵌在 App 中，产品实用化、软件化，自适应生成，强调行为数据的应用，一定程度上体现了共享原则，如微信红包、余额宝、P2P网络贷款、众筹融资等。互联网金融创新与传统金融创新，理论逻辑和创新路径不同，隐含着监管上的差异。

3）互联网金融的三大支柱

（1）支付。支付作为金融的基础设施，在一定程度上决定了金融活动的形态。互联网金融中的支付，以移动支付和第三方支付为基础，通常活跃在银行主导的传统支付清算体系之外，显著降低了交易成本。不仅如此，互联网金融中的支付往往还与金融产品挂钩，促进了商业模式的丰富。

（2）信息处理。信息是金融的核心，构成金融资源配置的基础。在互联网金融中，大数据被广泛应用于信息处理，有效提高了风险定价和风险管理效率，显著降低了信息不对称程度。互联网金融的信息处理方式，是其与商业银行间接融资模式，以及资本市场直接融资模式的最大区别。

（3）资源配置。金融资源配置是指金融资源通过何种方式从资金供给者配置给资金需求者。资源配置是金融活动的最终目标，互联网金融的资源配置效率是其存在的基础。在互联网金融中，金融产品与实体经济结合紧密，交易可能性边界得到极大拓展，不再需要通过银行、证券公司或交易所等传统金融中介和市场进行资金供求的期限和数量匹配，而可以由交易双方自行解决。目前互联网金融的主要形态，在支付、信息处理、资源配置三大支柱中的至少一个具有上述特征。

7.2.3 互联网金融谱系

互联网金融是一个谱系概念，它的两端，一端是传统银行、证券、保险、交易所等金融中介和市场，另一端是瓦尔拉斯一般均衡对应的无金融中介或市场情形，介于两端之间的所有金融交易和组织形式，都属于互联网金融的范畴。按照目前各种互联网金融形态在支付方式、信息处理、资源配置三大支柱上的差异，可以将它们划分成6种主要类型。

1. 金融互联网化

金融互联网化体现了互联网对金融中介和市场的物理网点、人工服务等的替代，包括：网络银行和手机银行，以 INGDirect（欧洲）、M-Pesa（肯尼亚）为代表；网络证券公司，以 CharlesSchwab（美国）为代表；网络保险公司；网络金融交易平台，以 SecondMarket、SharesPost（美国）、前海股权交易所为代表；金融产品的网络销售，通过网络销售金融产品，以 Bankrate（美国）、余额宝、百度金融、融360、东方财富网为代表。

2. 移动支付和第三方支付

移动支付和第三方支付体现了互联网对金融支付的影响，以 Paypal（美国）、支付宝（阿里）、财付通和微信支付（腾讯）为代表；移动支付存在的基础是移动终端的普及和移动互联网的发展，可移动性是其最大的特色。第三方支付的最大特色是在结算过程中，客户不直接与银行进行支付清算，起到类似中央银行的作用。

3. 互联网货币

互联网货币体现了互联网对货币形态的影响，以比特币（BTC）、Q币、亚马逊币为代表。

4. 基于大数据的征信和网络贷款

因为贷款的核心技术是信用评估,这里将基于大数据的征信和网络贷款放在一起讨论。基于大数据的征信,以 ZestFinance(美国)为代表;基于大数据的网络贷款,以 Kabbage (美国)、阿里小贷为代表。云计算和搜索引擎的发展,使得对大数据的高效分析成为可能。

5. P2P 网络贷款

P2P 网络贷款是互联网上个人之间的借贷,其核心技术是内部信用评级和贷款利率定价。以 Prosper、LendingClub(美国)、Zopa(英国)、宜信、陆金所、拍拍贷、人人贷为代表。其个人对个人借贷的模式弥补了正规金融机构一直未能有效解决的中小企业融资问题。

6. 众筹融资

众筹融资主要指互联网上的股权融资,以 Kickstarter(美国)、天使汇为代表。

互联网金融谱系的各种随着互联网与金融的互相渗透,催生出互联网金融模式。互联网金融的发展提高了金融业务的普惠性,这与"十二五"期间中国金融业发展和改革的目标不谋而合,与中国深化金融机构改革的步伐相适应。互联网金融的发展形态之间不存在清晰界限,而且是动态变化的。

7.2.4　互联网十

互联网跟曾经的蒸汽机和电一样,具有工业革命性的基因:极大地改变资讯和知识的传播和沟通,在解决"信息不对称"问题上出现了边际突破,使得交易成本出现了跃变,从而深刻地改变人对最终产品和服务的价值判断的结构,反转过来改变了社会化大生产的组织流程,引致了生产关系的变革。

互联网去除了传统生产流通渠道的不必要的环节、损耗效率的环节,实现了服务商和消费者、让生产制造商和消费者更加直接地对接。厂商和服务商前所未有地能够如此之近地接触消费者,所以消费者的喜好、反馈可以快速地通过网络来反馈,从而产品和服务的价值被注入"互联网精神",对产品体验和用户口碑的形成极致追求。需求的空间和内涵被不断创造和拓展,新的需求的产生和旧的需求的消亡的速度都可能是指数级的。

顺应时代发展的潮流,2015 年 3 月 5 日十二届全国人大三次会议上,李克强总理在政府工作报告中首次提出"互联网十"行动计划。"互联网十"与较早相关互联网企业讨论聚焦的"互联网改造传统产业"基础上已经有了进一步的深入和发展。

"互联网十"实际上是创新 2.0 下互联网发展新形态、新业态,是知识社会创新 2.0 推动下的互联网形态演进。伴随知识社会的来临,驱动当今社会变革的不仅仅是无所不在的网络,还有无所不在的计算、无所不在的数据、无所不在的知识。"互联网十"不仅仅是互联网移动、泛在、应用于某个传统行业,更加入了无所不在的计算、数据、知识,造就了无所不在的创新,推动了知识社会以用户创新、开放创新、大众创新、协同创新为特点的创新 2.0,改变了我们的生产、工作、生活方式,也引领了创新驱动发展的"新常态"。

在互联网时代,所有的传统应用和服务都可以被互联网改变,还没有被互联网改变的,意味着这个领域有商机,也意味着基于这种商机能产生新的格局。传统的广告加上互联网成就了百度,传统集市加上互联网成就了淘宝,传统百货卖场加上互联网成就了京东,传统银行加上互联网成就了支付宝,传统的安保服务加上互联网成就了 360,而传统的红娘加上互联网成就了世纪佳缘……找到合适行业和企业的"互联网＋"，也就意味着有机会为用户创造价值，进而成就新的价值，为成长奠定基础。

案例　叫不停的二维码支付

1. 二维码支付服务被叫停

2014 年 3 月 13 日，央行下发紧急文件《中国人民银行支付结算公司关于暂停支付宝公司线下条码（二维码）支付等业务意见的函》，叫停支付宝、腾讯的虚拟产品，同时叫停的还有二维码支付等面对面支付服务。

二维码支付等面对面支付服务被叫停的原因有三点。

（1）二维码支付存在安全问题。央行表示，线下二维码支付突破了传统的业务模式，其风险控制水平直接关系到客户的信息安全与资金安全。在落实客户身份识别义务、保障客户信息安全等方面尚待进一步研究。

（2）二维码支付实际上就是一种第三方支付平台，这个平台支付的关键是绕开了银联，自成体系，扰乱了整个金融体系，从而成了被叫停的对象。

（3）二维码支付有关技术终端的安全标准尚不明确。相关支付撮合验证方式的安全性尚存质疑，存在一定的支付风险隐患。消费者扫码的过程，是实现二维码从商户到个人转移的过程，如果手机木马在信息转移的同时给消费者手机发送二维码，将会阻断商户信息的真实性和完整性，轻则可以让手机中招诱发系统重启，重则可以让支付过程中断甚至发生错付情况。这就更加方便了黑客针对二维码进行各种非法操作，用户一旦扫描了嵌入病毒链接的二维码，其个人信息、银行账号、密码等就可能完全暴露在黑客面前。

由此可见，安全性薄弱是二维码支付方式的短板。

2. 二维码反扫行动

面对监管，各家都有自己的高招，开展了各式各样的"反扫"活动。

银行系潜伏蛰行，邮储银行将在全国范围内正式推出二维码支付。二维码的生成及扫码的确认、支付等交易环节均在邮储银行手机银行的防火墙之内闭环运作，只有邮储手机银行客户才能扫码。

目前多个银行手机客户端 App 当中已经增加了"扫一扫"功能，中行、民生、平安等多家银行均支持二维码转账，交行手机银行推出了二维码预约取现功能，中信银行推出了异度支付。

不仅如此，监管层也在抓紧对二维码支付业务的调研。自 2014 年 3 月央行叫停二维码支付业务后，中国支付清算协会受央行委托，牵头组织银行、第三方支付机构、银联等机构完成了针对二维码支付的安全性分析报告，并提出二维码支付存在的安全风险及防范建议。但是出于安全方面的考虑，监管部门暂时还未出台行之有效的政策，因此只能允许银行和第三方支付小规模试行。

此外，微信"钱包"、支付宝也在低调推行。2014 年 9 月 15 日晚间，微信低调上线了"刷卡"功能，这意味着今后购物付款时，微信用户只要向商户出示微信"钱包"中的二维码，商户扫该二维码后即可收款，以替代刷银行卡的过程。据了解，微信支付与支付宝支付

2014 年 6 月就开始布局线下二维码反扫模式的商户。

3. 二维码支付卷土重来

2014 年 11 月开始，支付宝、微信均加大了对二维码支付的线下商户推广，好德、联华等多家商户都开通了支付宝扫码支付，而 12 月 11 日，微信也与自动售货机运营商友宝合作。自此，被叫停了半年的二维码支付卷土重来。

2014 年"双十二"期间，国内移动支付再一次爆发圈地运动。阿里宣布其线下 100 个品牌，约 2 万家门店将参与"双十二"活动，活动当天使用支付宝钱包付款即可打五折，范围覆盖餐馆、甜品、面包店、超市、便利店等多个日常消费场所。本次"双十二"活动引发罕见人潮，甚至有商店货架被搬空，同时也使得支付宝钱包的安装量急剧扩大，又为阿里的线下战略铺平了道路。扫码支付的便利程度远超现金和刷卡，也将促使各商户增加对相关设备的投入。

案例讨论题

1. 二维码支付的顺利发展需要哪些背景支撑？
2. 二维码支付为何能在被叫停后又卷土重来？
3. 二维码支付的兴起有什么时代性意义？

本章思考题

1. 简述网络市场的特征。
2. 举例说明网络贸易与传统贸易的区别和联系。
3. 现有的网络支付工具有哪些？试分析移动支付的现状和前景。
4. 互联网金融对传统金融有哪些变革？

第8章

网络垄断与竞争

研究网络经济市场的垄断与竞争，有助于理解网络经济时代企业的运行规则和市场结构，对企业认识网络经济新竞争环境和采取相适应的竞争策略具有重要意义。本章通过与传统经济的比较，研究网络经济条件下的垄断与竞争的特点、结构和效率等问题，分析网络经济下垄断与竞争相辅相成的特殊关系，以及竞争性垄断和寡头垄断的市场结构，并从国际竞争角度探讨企业竞争策略问题。

8.1 网络经济下的垄断

网络市场与传统市场在垄断的行为特征和作用影响上都存在不同，如表8-1所示。这些不同是由网络条件下竞争程度和竞争环境的不同引起的。

表8-1 两类市场中垄断厂商的垄断行为分析

	产量	价格	创新	外在性	消费者福利	消费者类型
传统市场	减少	提高	无动力	弱	全体减少	单一
网络市场	扩大	下降	积极	强	部分减少	两种以上

在产量、价格、创新情况、外在性、消费者福利和消费者类型各方面，传统市场的垄断和网络市场的垄断都存在巨大差距。传统市场的垄断行为更趋向于自利行为，对于消费者来说有弊无利，因其产量低、价格高、福利少。而网络市场的垄断具有"双赢"倾向，在提升企业市场竞争力的同时也提升了客户价值，产品讲究"物美价廉"，充分满足客户需求，其垄断效果与传统垄断市场效果截然不同。

对比传统行业垄断，网络垄断有其本身的特征，独特的形成原因和过程，也会产生不同的静态和动态垄断效率。

8.1.1 网络经济垄断形成的原因

1. 传统经济垄断形成的原因简析

在传统经济中，形成垄断的原因主要有以下几方面。

（1）资源的独占性。这是指独家厂商控制了生产某种商品的全部资源或基本资源的供给，排除了市场中其他厂商生产同种产品的可能性而形成垄断。

（2）垄断了生产某种商品的专利权。这使得独家厂商获得在一定时期内垄断该产品的生产而排除其他厂商生产相同产品的权利。

（3）政府的特许。政府出于国家经济安全的考虑，往往在某些行业实行垄断的政策，如邮电部门，以及供水、供电部门等，垄断政策促成垄断厂商的形成。

（4）自然垄断。有些行业具有这样的特点：其生产具有规模效益，而这种效应需要巨大的资本设备投资才能得到充分体现，但具有这种投资能力的厂商不多，当有一两家具备这种能力最先扩充生产规模时就形成了自然垄断，而且只要发挥企业在这一生产规模上的生产能力，就可以满足整个市场对产品的需求，从而垄断了整个行业的生产和销售。

2. 从供求角度解析网络经济垄断形成的原因

网络经济垄断形成的原因除了以上几方面外，还有其更内在的原因。如图 8-1 所示，可以从厂商供给和消费者需求这两个方面对网络经济垄断产生的原因作进一步的分析①。

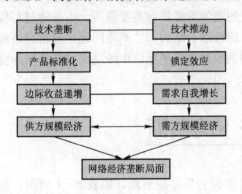

图 8-1　网络经济垄断形成的原因

1）供给分析

（1）技术垄断。技术垄断是网络经济垄断形成的最根本原因，也是网络经济和传统经济最重要的区别之一。网络经济是在现代电子技术和通信技术发展的基础上，通过互联网络传递信息、处理交易业务等活动而形成的经济，经济活动技术含量高。网络经济的这种固有特性，使得厂商要想在网络经济中获得垄断地位，就必须在技术上有特有的优势。网络产业存在的技术不相容性，即一定时期内，特定数字产品市场只能容忍一种技术存在，这决定了谁掌握市场所接受的先进技术，谁就占据了垄断市场的优势。而且，随着信息技术功能的增加和完善，数字产品价格呈现出周期性下降的趋势，数字产品的新技术和新产品不仅不会比旧技术产品的价格高，而且还可能更低。这样优质价廉的数字产品往往一出现，就会很快占领市场，落后产品就会被淘汰。网络产业作为一种技术密集型产业，其垄断是以技术垄断形态为主导的垄断。

（2）产品标准化。生产者制造的产品能与某网络产品互相配套使用时，即这两个产品之间具有兼容性，它们有共同的技术标准。当这样的标准被市场认可时，该产品就成为标准产品，于是其在市场上就确立了一定程度的垄断地位。因为竞争企业必须遵从该标准提供产品，才能获得市场的认可，而这对于竞争对手而言，有时是极其困难的。由于沉没成本或是沉没投资所产生的路径依赖性，在技术发展过程中，如果沿着某一技术轨道企业进行了大量的投资，那么在技术变革中，从一个技术轨道向另一个技术轨道的跃迁非常困难。

数字产品的标准化依赖网络技术的垄断，在一定时期内，特定数字产品市场只容忍一种技术存在的特征，使技术优势是数字产品标准化的支撑，标准化的产品是技术转化为生产力最有效的鉴证，而且标准化的产品更利于形成进一步的垄断，防止后来者进入市场的威胁，市场上的垄断地位也更牢固。

（3）边际收益递增。传统产业的生产由于资源的有限性和技术进步的极限性，使得当产

---

①　毛新平，吴静茹. 从产品的供需特性看网络产业的垄断性. 商业时代，2008（11）.

品的生产达到一定的经济规模之后，随着投入的增加边际产出即边际收益呈递减趋势。而对于网络产品，主要的投入要素是具有可再生性和共享性的知识要素，对易于出现收益递减的物质资源要素需求很少。对知识这种要素而言，只需要一次投入，就能获得持续增加的收益。同时，知识要素的投入会渗透到资本、劳动等要素的投入和运用中，使这些要素的效率得以提高，也表现为边际收益递增。

（4）供给方规模经济。数字产品生产本身具有规模经济性的特征，在企业经济发展初期成本较高，随着数字网络产品销量的不断增多，成本也不断降低，规模特征为网络垄断打下基础。而数字网络产品收益递增效应的结果是，成功者产品价格下降，在市场上获得更大的份额，实现供给方规模经济，其他竞争者一步一步失去市场，这就巩固和加强了成功的数字产品市场的垄断趋势。

2）需求分析

（1）技术推动作用。需求方的技术推动作用与供给方的技术垄断相对应，技术推动作用对需求方是一种被动作用，由此造成的垄断是一种被动垄断。数字产品具有强技术特征，某种数字产品的生产技术只有一两个厂商拥有，因而使需求方对垄断厂商的技术推动抵抗力弱，新技术在市场上的推广也就更容易，需求方只能不断地接受新的技术，市场上的技术垄断自然形成。

（2）锁定效应。由于网络产品元件通常都是作为一个系统工作的，调换任一元件往往也需要更换其他的元件。这意味着在网络经济下，消费者接受新产品的转换成本可能非常高，这时消费者就会处于一种被锁定的状态：由于从一种产品的技术转移到另一种产品的技术成本非常高，而使消费者难以进行产品转移，以至于要实现转换是难以想象的。被锁定的消费者具有无弹性的需求，厂商可以在一定程度上控制消费者，由此而成为技术性垄断者。当然锁定并不是不能解除的，当有重大技术创新，使更新产品和继续使用原有产品的效用差大于消费者的转换成本时，锁定就被解除。

（3）需求的自我增长。所谓自我增长，是指产品的用户基数会随着消费者对产品的广泛认同而迅速扩大。当某种网络产品的使用用户基数较大时，同时与该产品相配套的辅助产品种类也会较多，消费者就会预测未来该产品的辅助产品种类会更多，进而用户也会更多，消费者所能获得的产品效用会更大。这也是和产品的边际收益递增规律相对应的，规模越大，成本越低，收益的增长速度就越快，成本随着技术的改进和规模扩张而降低，产品更加价廉物美，消费者的认同也越有可能。有了这样的预测，其他消费者也会自发作出消费决策，成为该产品的用户，用户规模由此自发性地扩张了。最终使网络产业的市场结构不断向垄断的方向转变。

（4）需求方规模经济。网络的外部性产生了需求方规模经济，使用网络的人数越多、范围越大，使用者所获得的效益越大，人们在一个更大的网络中能够拥有更多的信息，共享更多的资源，需求的自我增长形成了需求方规模经济。这在客观上为垄断推波助澜，因为垄断网络的扩展获得了消费者的推动。

供应方规模经济和需求方规模经济的结合，使"赢者通吃"：规模的增长降低了供应方的平均成本，提高了顾客的效用，从而刺激需求，驱使供给者以更低的成本提高供给量，规模进一步扩大，成本进一步降低，形成正反馈，从而形成垄断。

8.1.2　网络经济垄断形成的过程

网络经济垄断形成的过程是从创新竞争到赢家通吃的不断循环往复的过程，如图 8-2 所示。

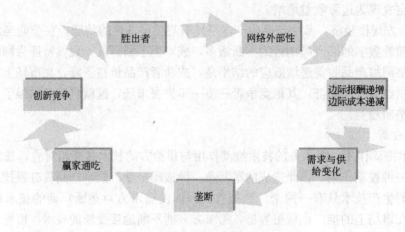

图 8-2　网络经济垄断形成的过程

（1）创新竞争。网络经济垄断的形成过程是从创新竞争开始的。创新经济学家莫尔顿·卡曼和南塞·施瓦茨的创新与市场结构理论揭示了垄断竞争和创新之间的关系。一个企业要想拥有垄断地位，必须积极地推动创新；一个垄断企业要想维持自己的垄断地位而不被竞争对手打破，也必须进行创新。

（2）创新胜出。企业首先是要进行创新，通过创新产生自己独特的优势或生产出具有竞争力的产品。在网络经济条件下，尤其要注重技术创新，特别是高新技术的培养，技术转化为生产力，形成企业的知识产品，在竞争过程中凭借技术优势取得优胜地位。

（3）网络外部性和边际收益与边际成本。网络经济的正外部性作用的结果是创新胜出的网络产品市场规模扩大。数字网络产品本身所固有的边际报酬递增、边际成本递减的特点，随市场规模的扩大而产生极大的竞争优势。

（4）供给和需求的变化。胜出的产品供应方规模经济和需求方规模经济效益逐渐扩大，随着市场上需求和供给的不断增加，成本不断下降，使企业越来越具有垄断趋势，对价格的控制力增强。由于需求方规模经济，用户人数增多会直接增加产品价值。消费者效用函数变量中除质量、价格等传统因素，还包括用户规模，用户规模带来协同价值。因此，市场上对用户规模大的产品价格不敏感，价格弹性会变小，企业对价格的控制力越来越强，竞争实力也越来越强。

（5）产品标准的形成。当胜出者的产品在市场上占绝大部分份额，成为主流产品后，该产品就逐渐成为行业标准产品：其他竞争者产品向该产品看齐，互补品生产厂家生产与该产品兼容的产品。该产品甚至成为一个行业的代名词，如"Google"和"百度"成为搜索的代名词，"QQ"成为即时通信的代名词，实际上是这些产品定义了行业标准。

（6）垄断的形成。当供应商的产品成为标准产品，供应商控制了产品标准，就确立了自己在市场中的垄断地位，同时在很大程度上掌握了产业的发展方向，使竞争者在竞争中处于动态的被动地位。

（7）赢家通吃。垄断者的产品成为标准产品，垄断者就牢固地把握了消费者的消费倾向，使消费者把该企业当成其唯一的消费渠道，这样就会形成一种强者愈强、弱者愈弱的赢者通吃现象。赢者就是垄断者市场份额越来越大，甚至占据整个市场，而输家就只能惨淡地面对越来越薄弱的市场力量，最终将退出市场。这种现象是企业垄断竞争的市场格局的最终走向。

以上分析了形成一次性垄断的过程，实质上在网络经济条件下，垄断是一个循环的过程。技术的不断创新容易导致易变性的垄断市场出现，技术创新使得竞争持续不断，竞争结果可能是打破原来的垄断，形成新的垄断，一次性垄断并不意味着竞争的最终结局，当新的技术标准取代旧的技术标准，企业间的市场格局就会发生新的变化。赢家通吃的局面也是暂时的，当出现新的垄断市场时，亦会产生新的"赢家"。因此，在网络经济条件下，出现像工业经济下那样的"百年老店"是较为困难的。

8.1.3　网络经济下垄断的效率

对于垄断效率的分析涉及两个层面问题：垄断结构和垄断行为。在市场竞争的条件下，企业通过不断扩大规模、不断进行技术创新、不断开发新产品，凭技术、成本优势独占或占有绝大部分市场份额，从而处于垄断地位，这是竞争的结果，也是资源配置优化的结果。垄断企业通过规模经济提高了生产效率，通过范围经济节约了交易费用，同时也提升了技术效率，降低了长期平均成本（经验曲线效应）。垄断结构本身是企业追求规模经济、范围经济、技术创新和组织经验的结果，是市场竞争的结果。这样的垄断结构本身是有效率的，许多国家的反垄断指向不再是垄断结构，而是垄断行为。垄断结构是垄断行为的必要条件，却并非充分条件，因为垄断结构下的大企业实施垄断行为的可能性较大。确认一个企业是否存在垄断行为一般要综合考虑以下几个因素：①市场支配地位，即企业在相关市场上拥有决定产品产量、价格和销售等方面的控制能力；②取得维持和扩展市场支配力的行为；③对消费者和竞争对手的损害，即是否对消费的选择和利益造成危害。

1. 传统垄断及其效率分析

在传统经济下，企业处于垄断地位，就不会再像完全竞争条件下的企业那样只是单纯的价格接受者，而会通过垄断势力操纵市场价格、控制产量，从而使均衡产量较低，均衡价格较高。边际社会价值大于边际社会成本，资源不能得到有效配置，降低了市场效率，损害了竞争的公平性和消费者的利益。因此，各国政府为了促进公平竞争，提高市场效率，都制定了反垄断法，以控制和限制这种垄断行为。垄断行为作为滥用市场势力以谋求高额垄断利润为目的的一系列活动，对资源配置具有劣化作用。具体而言，垄断行为对资源配置的劣化作用表现在以下方面。

（1）福利损失。经济学理论认为，垄断结构下的厂商必然会造成产量较低、价格较高，由此造成社会福利损失。垄断的福利损失也称无谓损失（Deadweight Loss），是指实际收入的损失，或者由于垄断、关税、配额或其他破坏所引起的消费者剩余和生产者剩余损失。

（2）垄断价格和消费者剩余的减少。在完全垄断或勾结型的寡头垄断中，垄断企业可能是市场价格的制定者，可以实行各种各样的垄断价格，如价格领导制、价格歧视、搭配销售等。无论是什么具体形式的垄断价格，都表现为垄断企业获取垄断利润和消费者剩余减少。

社会福利（或称总剩余）是消费者剩余和生产者剩余（或利润）之和，或者等于总消费者效用和生产成本之差。垄断带来社会福利的损失可以从图 8-3 中得到说明。

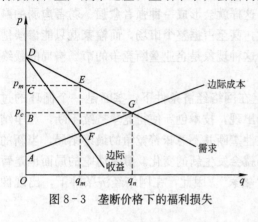

图 8-3　垄断价格下的福利损失

如图 8-3 所示，边际成本线和需求线相交于 G 点，在边际成本定价下，即竞争性市场结构条件下，产量为 q_n，价格为 p_c，此时，总剩余为 DGA 的区域，其中 DGB 是净消费者剩余部分。而在垄断定价的情况下，垄断者将产量限定在 q_m 点，此时的价格是该产量水平下的需求决定的价格 p_m，此时，总剩余为 $DEFA$ 区域，其中 DEC 是净消费者剩余。因此可见，在垄断定价的情况下，社会福利损失是 EGF，消费者福利减少，消费者福利损失的区域是 $CEGB$。

在传统经济下，企业获得垄断地位是资源配置优化的结果，有利于市场效率的提高。但垄断企业运用市场支配力从事垄断行为，却导致了资源配置劣化，降低了经济效率。

2. 网络经济下的垄断及其效率分析

由于网络经济下垄断形成的原因在本质上区别于传统经济，因此决定了其所采取的垄断行为也有别于传统的垄断企业，其垄断的效率也有别于传统企业，甚至可能是完全相反的效果。从总体上看，网络经济的垄断结构是有效率的，其有利于技术创新和企业规模经济与范围经济的增长，更有利于避免社会福利的损失。

经济活动的目的是实现经济效率的最大化。而经济效率可以从 3 个方面衡量：分配效率、生产效率和动态效率。在网络经济下，为了获得最大化分配效率，产品必须以接近于成本的价格销售；为了获得最大化的生产效率，产品必须尽可能以最有效的方式生产；为了获得最大化动态效率，产业必须实现创新与增长的最大化。

1）垄断的分配效率

有关分配效率的分析总是和消费者福利联系在一起。前已述及，传统垄断结构会造成福利的损失。一般认为，垄断企业通过高价来占有消费者的剩余，还会造成社会福利的减少。

在网络经济时代，市场竞争已不主要表现为价格竞争，所以价格垄断对市场的影响已不重要了。制约经济增长的主要矛盾是需求创造，这受制于消费者的消费欲望，只有不断创造出适合市场需求导向的新产品，才能刺激消费者的潜在消费欲望，增加需求量。而这种创造需要的是敏锐的洞察力和不断的创新力，只有适应市场需求，才能形成经济垄断力量。这种经济垄断是凭借新技术、新工艺、新产品形成的，是在满足消费者潜在欲望，即效用最大化的基础上实现的，其本身意味着市场的高效率和技术的不断进步。另外，企业在取得垄断地位的过程中，为了尽快达到临界容量会采取很多优惠的条件来吸引消费者，不会有限产提价的动机，也不可能实现价格垄断。因为企业经营活动的目的不是短期的利润最大化，而是获得市场，如果不能获得市场，企业将无法生存。因此，在企业经营决策过程中，质量竞争和销售努力更加重要。这种垄断不仅没有造成消费者利益的损失，反而大大增加了消费者剩余。

2）垄断的生产效率

生产效率的分析是和规模经济联系在一起的。在传统经济中，因为大企业常常伴随着规模经济的出现，因而出现了大企业有利于提高生产效率的判断。

在网络经济下，企业的生产发生了质的变化，高研发成本、低边际成本的特殊成本结构使规模经济变成为一般的情况。无论企业是何种规模，其生产的平均成本都会随着产量的提高而减少，因此，规模经济很难再成为大企业有利于提高生产效率的依据。大企业是否伴随着高的生产效率主要在于其是否有更低的研发成本。垄断的生产效率体现在整个社会研发成本的降低和效率提高上。

3）垄断的动态效率

从长期的、动态的角度考察企业的垄断力量和竞争行为，实际上就是要判断垄断力量与创新之间存在一种什么关系。如果垄断促进创新，那么垄断就是动态有效率的；反之，就是不合理的。

从动态看，网络经济下的技术性垄断，厂商不会失去创新的动力。因为，网络经济下的技术性垄断的前提是垄断厂商要创新最先进的技术才能够获得垄断，要保持技术领先，才能稳固垄断地位。网络经济下的技术垄断是暂时的、相对的，时时存在着垄断地位被更新技术的挑战者取代的可能性。在网络经济下的垄断市场上表面不存在竞争者，但潜在的竞争者非常多。根据可竞争理论，在一个市场上存在着潜在的竞争者，该市场就是高效率的，而不管该市场上是否是完全竞争市场。在网络经济下，只要潜在竞争者能通过技术创新研发出最先进的技术，其就能进入市场并获得利润，在市场正反馈效应的作用下将最终打败原来的垄断者，成为市场上唯一的厂商，即新的垄断者。因此，面对潜在进入者的威胁，技术性垄断厂商必然要不断地进行技术创新来保持技术的领先性，从而获得持续的垄断地位和利润。比尔·盖茨说过："微软过去成功的基础是发明创新，未来成功同样要依赖于在飞速发展的市场中保持创新能力。"微软公司就是通过"淘汰自己产品"策略来保持创新、保持技术优势的。微软公司从 1981 年推出第一代操作系统 MS - DOS 1.0，到 1993 年推出 MS - DOS 6.0，更新了 11 个版本。1990 年推出 Windows 3.0，1992 年推出 Windows 3.1，1993 年推出 Windows NT，接着是 Windows 95，Windows 98，Windows 2000，Windows XP，Windows Vista，Windows 7，Windows 8，2015 年 Windows 10 操作系统上市并且宣布与腾讯等合作为中国用户提供 Windows 10 的免费升级服务。

由此可见，在网络经济下的垄断由于其本身的特性，在一定程度上可视为有效垄断。一方面，技术革新会吞噬垄断力量，加剧企业间激烈的竞争，垄断并没有排斥竞争，而是促进竞争；另一方面，垄断能够增进消费者的福利，提高市场效率。

8.2　网络经济下的竞争

网络经济时代也是经济全球化的时代，企业竞争不再是单纯的产品差异化和低成本竞争，而是更侧重企业联盟和双赢的合作式竞争。在传统经济下，人们普遍认为垄断是妨碍竞争的，垄断和竞争是矛盾的。在网络经济下，是垄断激化竞争，垄断与竞争并存并相辅相成，新型的垄断和竞争关系对于企业乃至市场的健康发展有着更加积极的影响。

8.2.1　网络经济竞争的新特点

在网络经济条件下，信息的传达相对于传统经济更加快速化、透明化和全球化，网络经济竞争更加复杂，其新特点也更难以把握。

1. 门槛降低导致竞争更加激烈

网络经济条件下信息和技术高速流动，通过资本和技术的合作，企业进入相关领域变得更加方便，因此同行业的竞争日益激烈，潜在进入者的威胁也比传统经济下更加强大。另外，信息网络技术的飞速发展和网络的日益普及极大地推动了经济全球化，地理距离已不再是竞争的障碍，全世界的经济实体都面临着同样的竞争，唯适者能生存，这进一步加深了网络经济条件下竞争取胜的难度，竞争无处不在、无时不在。

2. 竞争使产品的生命周期缩短

网络市场中产品的易模仿性，企业设计、生产和营销等技术扩散的速率加快，促使当一个企业创造出一种产品时，很容易就被另一家企业模仿，而且能够在改进的基础上创造出更能适应市场需求的产品，使原来企业的产品失去竞争力，直到退出市场。因此，企业必须不断加强自身的研发和创新能力，迅速地推出适应客户需求的新产品，不断更新产品，这样就大大缩短了产品的生命周期，也导致市场产品的不断更替和产品市场的不稳定。产品的生命周期缩短使企业时刻面临竞争的压力和创新的刺激，技术创新越来越重要。

3. 竞争方式更趋向于合作式竞争

竞争是双方或多方为取得并非各方都能得到的利益时所进行的较量。合作的基础是双方有共同利益，要通过合作才能取得，并且在合作的收益减去合作的成本大于竞争的收益减去竞争的成本下，双方才会选择合作。

在工业经济时代，由于市场空间有限，企业为了抢夺市场份额，取得市场的优先地位，往往采取独自作战的竞争方式，这种竞争的结果往往是"你死我活"。企业之间的合作只体现在寡头企业之间的共谋中，通过共谋实现对消费者利益的掠夺。因此，在传统经济中，企业之间的合作和垄断几乎是同义语，合作被认为是降低市场效率，导致串谋和垄断，意味着消费者利益的受损。而在网络经济中，竞争有了新特点，是"竞合"或"合作性竞争"。

在网络经济时代，系统变得越来越复杂，不同系统的相关性也越来越大，单个企业独占某一产品的开发、生产、销售的能力越来越弱，企业需要通过强强联合的方式来获得更大的竞争力，以谋求更大的发展空间，这就迫使企业间必须通过合作的方式来竞争。在共同合作基础上的竞争，结果不是一方获胜，赢得利益，另一方失败，遭受损失，而是竞争双方或多方均获得利益，实现"双赢"甚至"多赢"。由于网络经济中网络效应的存在，信息的需求量和使用量越多越好，供求双方的利益一致。对生产者而言，合作可以分摊成本，科技的进步和产品的生命周期缩短也迫使企业趋向于合作，因为不合作企业的技术开发成本和风险太高，单个企业难以承受。对消费者而言，信息产品的效应也会随用户的增多而呈现指数上升趋势，企业合作，产品兼容或共同服务于市场，能够为消费者带来消费的规模经济，提高网络价值。因此，在网络经济条件下，合作式竞争是大势所趋，这种合作式竞争往往采取战略联盟和虚拟企业的形式。合作式竞争以双赢为特点，而且是一种创新竞争。

总之，网络经济给企业创造了合作的可能性，而企业从自身利益的角度出发，理性地认识到合作式竞争比排他性竞争能给企业带来更大的利益，因而合作竞争成为网络经济下企业的当然选择。

4. 竞争从产品差异化走向标准化

在传统经济条件下，企业竞争强调产品差异化，通过差异化或稀有性获得竞争优势。而在网络经济条件下，制造技术已臻完美，副本可以大量流通，产生价值的是普及性而非稀有性，这改变了传统的商业定律。从手机出现的第一天起，厂商就形成共识，那就是要实行统一开放标准。这样，顾客走到世界任何一个地方，只要打开手机，借助漫游服务，就能像在自己国家那样通话。由此可见，在网络经济时代，普及就是优势，"标准"就是优势。标准竞争成为网络经济下竞争的关键，企业获得了对标准的控制，就获得了竞争的主动权。

8.2.2 垄断与竞争关系的变化

传统经济学认为，竞争就是效率，实现社会资源配置优化，而垄断阻碍竞争，妨碍效率，不利于资源的优化配置。因此，自由竞争是市场经济之根本，竞争是目的，垄断和竞争是矛盾的。但在网络经济条件下，垄断和竞争在一定程度上融合，垄断强化了竞争，垄断与竞争相辅相成。

1. 垄断与竞争统一于创新中，两者相互促进，共同发展

工业经济时代的市场垄断主要是为获取市场价格的支配地位，牟取高额垄断利润，其实现的前提是企业生产规模和对潜在进入者的阻止，并且垄断与竞争呈现一种彼此替代的关系，即垄断越强则竞争越弱。网络经济条件下垄断与竞争是统一的，两者相辅相成，相互促进，在促进中都具有强化的趋势。信息市场的开放度较高，只要新产品有一定的技术和质量优势，就可以占领整个市场。但这种垄断并不意味着竞争的消失或减弱，相反，它将进一步强化企业为取得信息技术升级换代方面的优势和获得标准产品地位而进行的竞争。

在网络经济中，垄断与竞争统一于创新中。网络使企业的产品生命周期变短，与传统经济中的垄断相比，网络经济下企业依仗的是知识、信息资源，而非物质资源，这些资源本身又是可再生的，通过不断创新呈现出更高级的形式，从而降低了原有知识信息资源的价值，这就决定了企业拥有这些资源的暂时性，也就决定了其垄断地位的暂时性。因此，在网络经济条件下，企业需要不断创新来追求一定时期的垄断，企业将新思想、新技术转化为新产品去占领和扩大市场，并建立和拥有公认的标准，以锁定广大用户群体，通过路径依赖赢得暂时的垄断地位和竞争优势，达到赢者通吃和攫取巨额垄断利润的目的。但继起的创新又使持久的垄断永不可能出现（这也包括垄断企业自身通过技术创新，打破自己原有产品的垄断，形成新产品的垄断）。20 世纪 70 年代，IBM 公司曾垄断了大型计算机的行业标准，但这一垄断并没有遏制技术创新。依靠技术创新，小企业开辟了新的技术平台与老牌竞争者展开竞争，最终新行业标准取代了旧的行业标准，微型计算机成功地打破了IBM 公司对大型计算机行业标准的垄断，推动了大型计算机到微型计算机、再到信息家电的发展，实现了计算机技术从中央计算机控制室走向办公室和家庭的转变，把技术创新的成果转化为社会整体的经济效率。由此可见，网络经济下的垄断不仅不会遏制技术创新力量的发展，相反会激发其他企业进行技术创新的内在动力，面对更加严峻的生存环境，企业会更加重视技术创新和技术进步。创新是垄断与竞争的重要手段，统一了网络经济条件下的垄断与竞争。

在网络市场条件下，垄断与竞争还统一于价格中。网络市场的定价方式主要是竞争定

价，是以市场上竞争者类似产品的价格为参照的一种定价方法，被参照企业主要是少数在市场上占有很大市场份额的企业，且具备一定规模，对产品的价格有一定的控制力。竞争的形式通过价格来表现，而对价格的控制力导致垄断势力的形成。这种垄断与竞争形成的线性关系以价格作为桥梁，垄断和市场价格竞争是统一的。

2. 网络经济下的垄断以技术垄断为主导，具有暂时性，竞争是永恒的

网络经济时代的主导产业是以信息技术产业为主导的高新技术产业。信息技术产业是高创新型产业，技术是主要的、决定性的、直接的决定要素。由于版权保护、专利和专有技术的制度保护，企业能够形成一定程度的技术垄断，但信息技术发展的速度快，创新一浪高过一浪。因此，技术垄断具有脆弱性和时期性的特点，是一种暂时性的垄断。一旦新厂商开发出更新的产品，原有厂商的垄断力量就会消失。为了维护竞争优势，垄断厂商必须不断创新，向市场推出新产品。垄断厂商在同其他竞争对手竞争的同时也必须不断和自己竞争，不断超越自己。例如，Intel 公司的芯片原来每隔 18 个月更新一次，现在是 9 个月更新一次。微软公司受到来自 Linux 公司等竞争对手产品的挑战，越来越多微软公司的反对者和盟友加入到 Linux 公司的阵营中。只要存在充分的竞争和不断的创新，垄断者的地位就不断受到挑战。

8.2.3　网络经济的国际竞争

信息化促进全球化，竞争也从国内竞争走向国际竞争。互联网是企业之间国际交往的桥梁，促成了企业国际交易的电子商务模式，同时也加剧了竞争。

1. 网络经济对企业国际竞争环境的影响

1）网络经济将企业推向国际市场，国际竞争空前加剧

在传统经济条件下，尽管跨国公司的发展使世界经济日益全球化，企业竞争也日益扩展到全球，但由于不可逾越的空间距离的存在，竞争的范围仍然受到很大的局限。互联网络的出现，打破了传统贸易市场的地域局限，导致全球网络市场的崛起，开辟了一个崭新的市场空间，全球以信息网络为纽带形成了一个大市场。每个企业都可以成为真正意义上的跨国企业——面向全球市场销售、与来自全世界的竞争者竞争、在全世界范围内招聘、与全球范围内的伙伴合作。对于有竞争优势的企业，这将大大扩展其市场机会。美国的亚马逊网上书店、戴尔计算机公司等国际电子商务的先行者充分利用网络市场的资源，顺利地把全球用户纳入自己的服务范围。

信息网络技术的飞速发展和网络的日益普及极大地推动了经济全球化，地理距离已不再是竞争的障碍，全世界的经济实体都面临着同样的竞争，唯适者能生存。不走出国门，同样要与其他国家的竞争对手竞争，显然企业的竞争压力比以往大得多，竞争的程度也比以往要激烈得多。

2）网络经济条件使国际贸易流程简单化

网络经济条件下的电子商务改变了国际贸易中的交易手段。电子商务把贸易中的订单、发票、提货单、海关申报单、进出口许可证等日常往来的经济信息交换，按照一定的数据格式通过网络进行来回传送；网上信息发布、网上市场、虚拟洽谈进行的促销活动，部分代替了电视、报纸等日常新闻媒介中的广告宣传；电子数据的传输减少了传真、信函等传统的信息交换工具的使用；电子货币代替纸质货币，网上信用证的结算，引发国际贸易付款方式的巨大变革；数字产品的直接贸易通过计算机网络完成，成为全新的国际贸易交货方式，它使

交易变得更加便利、快捷。

3）网络经济环境下国际市场细分深化

消费者通过互联网可以了解更多的商品与服务的信息，同类商品的种类增多，产品之间的替代性强，产品要想获得消费者青睐，必须能够满足消费者的个性化需求。厂商需要采取"产品定制"等方式在同类产品中突出差异性，使商品和服务更加独特。因此，网络经济环境下国际市场细分会进一步深化。

2. 网络经济环境下企业国际竞争策略

1）信息化策略

信息化策略从两个方面形成：企业内部的信息化行动；政府的信息化支持。

从企业信息化方面看，目前我国企业尤其是中小企业的信息化水平比较低，企业必须积极投入到信息化的建设中，只有这样才能适应经济全球化的步伐，打入国际市场。企业通过信息化参与国际竞争的基本措施是建立吸引网络访问者的企业网站。企业需要拥有一个独立域名下的企业网站，全方位地向全世界展示企业、介绍产品。网站的页面设计、编排必须围绕企业的目标顾客群。精良和专业的网站设计，如同制作精美的印刷品，会大大刺激消费者（访问者）的购买欲望，使其真正发挥网络营销的研究、推广和宣传作用。网站要明确全球化能力范围，确保页面清楚地陈述了公司进行全球业务和支持的能力。如果公司只能在特定国家或地区提供公司的产品或服务，在页面上就要明确说明。

从政府的信息化支持方面看，主要是以下两个关键问题。

（1）加快互联网基础设施的建设，为企业信息化创造有利条件。政府要采取有效措施加快大型骨干网络建设，建立完善的全国和地区互联网络交换中心，努力扩大我国互联网的覆盖面。同时要尽快扩大各重点网络的国际出入口带宽，加大接入网的建设力度，进一步扩大网络互联容量，增强数据传输能力，提高网络利用效率，为我国企业实现信息化奠定良好的物质基础。

（2）为电子商务的发展创造有利的政策环境。积极促进企业建立办公自动化系统，引入互联网，开展电子商务。国家有关部门需要给予目前电子商务进程中碰到的主要问题如支付问题、法律问题、信用问题等提供相关的政策支持。

2）市场结构策略：推动寡头垄断市场结构的形成

网络经济环境下寡头结构是竞争性垄断，有利于促进竞争的均衡。目前，经济全球化进程明显加快，全球统一市场逐步形成，各国对全球市场份额的争夺也日趋激烈。各国企业为了争夺更大的国际市场份额，纷纷通过内部扩张、横向并购和强强联合等形式，迅速扩大企业规模，增强企业的竞争力，以获取市场垄断地位。当今国际市场竞争的一个重要走势是国际市场垄断的进一步强化，许多行业正逐步呈现出全球化寡头垄断市场形态。我国网络经济市场结构的调整也必须考虑全球寡头垄断市场结构进一步发展的趋势。在全球化市场垄断条件下，一个国家产业的国际竞争力主要体现在该国企业在国际市场上所占有的市场份额，对垄断、竞争及其效率的认识和评价都应着眼于对全球市场份额争夺这一目的。在这种情况下，市场结构的竞争效率在很大程度上将转变为垄断效率。为提高产业的竞争力，占有更多的市场份额，我国必须加快形成一批在规模、实力和竞争力等方面都能与国外大企业相抗衡的大型企业或企业集团，构筑我国网络经济以大企业为主导的寡头型市场结构。

目前我国网络市场中，电子商务、搜索引擎及即时通信领域已形成了寡头垄断的格局，互联网金融、O2O 等新兴的网络经济形态正处于分散竞争状态，需要加大推动这些企业之间的合作，在技术创新、产品应用等方面形成协作关系，加快本土产业链的成熟，推动形成寡头型市场结构。

3）顾客策略

互联网为企业与顾客之间架起了一座直接沟通的桥梁，为企业更好地了解顾客的需求、满足顾客的个性化需要、提供优质的客户服务创造了有利条件。由于互联网具有双向交互的特点，既可以使全球各地的客户随时了解企业的各种信息，获得相应的服务，又可以使企业方便地得到有关客户的地理分布、个人偏好、特殊要求等各种数据。这种双向、直接、交互的信息沟通使企业和客户双方受益。在网络经济时代，只有那些始终替顾客着想，正确把握顾客需求的企业，才能真正赢得市场机会。随着网络经济的发展，网上客户将成为商家共同争取的目标。因此，客户关系管理必将成为企业管理的重要内容。没有良好的客户关系管理，企业就无法争取到忠实的顾客群，也不可能取得长期、持续的发展。

4）人才策略

企业要成功地开拓国际市场，人才至关重要。在网络经济条件下，企业发展所需的是既熟悉一定的计算机网络技术，又掌握一定国际贸易知识的复合型人才。对此，企业应有组织、有计划、有针对性地采用人才招聘、在职培训、远程教育等多种多样的形式，培养一批不仅具有先进的技术知识，还要有在金融、管理、营销、国际贸易等方面能独当一面的人才；不但有收集、整理、分析信息的能力，还要有强烈的服务意识和人员沟通能力的新型人才。

5）国际联盟策略

随着全球竞争模式的演化，战略联盟成为顺应全球市场变化趋势的新的竞争模式。在网络经济条件下，网络企业通过形成战略联盟参与全球竞争，将更有益于充分利用和配置资源，构筑全球竞争优势。

从本质上，战略联盟的竞争逻辑是原来通过内部开发获取的竞争优势现在可以通过外部联盟获得。跨国公司战略联盟的实质是"分解"企业的增值业务，以独特的、创造性的方式"重新配置"这些业务活动，通过与不同的公司开展多方位合作而充分利用、整合其资源。

首先，战略联盟可以改善跨国公司的内部管理，实现资源的优化配置与优势互补。一般企业在资源上的互补性越强，其通过合作带来的效应就越大，形成竞争优势的可能性也越大。其次，战略联盟有利于拓展沟通的信息源，调高获取信息的质量，减少信息的不对称给企业所带来的风险，提高企业决策的科学性。知识的共享、交换是企业创新的来源，同时创新又是企业成长的关键。战略伙伴间的知识、信息的交换是企业创新的重要来源。创新能创造共享租金，形成竞争优势。再次，虽然战略联盟有可能泄露企业内部的保密信息，但是其同时可以学习企业的强项，取长补短，提高企业的核心竞争力。战略联盟这种资源与优势互补，以及伙伴间知识分享的功能，使联盟各方能够专注于核心技术，以不断地提升自身核心能力，从而获得持续性竞争优势，同时，其贡献给整个联盟的核心技术也大幅提升，通过资源共享和学习，整个联盟的竞争力将大大提高。

8.3 网络经济市场结构分析

8.3.1 市场结构的一般分析

市场结构的核心问题是市场竞争程度的问题，竞争程度的不同产生不同的市场结构。竞争程度可以有很多衡量指标，如市场集中度、产品差别化程度，以及进入的壁垒等。

1. 市场结构的类型

根据市场竞争的激烈程度，可以将市场结构划分为 4 种类型：完全竞争、垄断竞争、寡头垄断、完全垄断。完全竞争市场是指市场存在足够数量的供应商，进入市场不存在任何壁垒；垄断竞争市场是指市场上有一定数量的供应商，供应商之间存在一定程度的竞争，进入市场存在一定的壁垒；寡头垄断市场是指只有有限的几个供应商，进入市场存在明显壁垒，有限的几个供应商之间只存在有限的竞争；完全垄断市场是指只有一家供应商的市场。市场类型的划分和特征如表 8-2 所示。[①]

表 8-2 市场类型的划分和特征

市场类型	厂商数目	产品差别程度	价格控制程度	进入行业难易度
完全竞争	很多	完全无差别	没有	很容易
垄断竞争	很多	有差别	有一些	比较容易
寡头垄断	几个	有差别或无差别	相当程度	比较困难
完全垄断	一个	唯一的产品，且无相近替代品	很大程度，但经常受到管制	很困难，几乎不可能

2. 市场结构的判定指标——市场集中度

市场集中度是市场结构的一个主要决定因素，集中度越高，某个企业市场支配势力越大，竞争程度越低。测量一个产业的市场集中度可以使用两种方法：绝对集中度法和相对集中度法。

1）绝对集中度法

绝对集中度法最常用、最简单的衡量指标是行业集中度，是指行业内规模最大的前几个企业的相关数值（产量、销量、销售额、资产总额等）占整个市场或行业总值的比例。一个市场厂商的市场集中率就是该市场中最大企业所占整个市场销售额的比例，如最大 3 家企业共同占有的整个市场份额记作 CR_3，最大 4 家企业共同占有的整个市场份额记作 CR_4 等。该指标反映企业的数量特征和规模特征两方面内容，而这两个方面正是决定市场结构的两个最基本的内容。数量越多竞争越激烈，规模越大竞争力越强。绝对集中度的指标越高，越有可能产生垄断的市场结构。

2）相对集中度法

相对集中法包括洛伦兹曲线和基尼系数，如图 8-4 所示。横轴和纵轴分别表示市场占

---

① 高鸿业. 西方微观经济学. 4 版. 北京：中国人民大学出版社，2007.

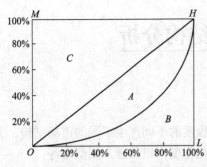

图 8-4　洛伦兹曲线和基尼系数分析图

有率与市场中由小企业到大企业的累积百分比，洛伦兹曲线即为 A 区域和 B 区域中间的曲线。洛伦兹曲线与图中的对角线重合时，表明企业规模完全相等。这条对角线称为"均等分布线"，即图 8-4 中的 OH 线。洛伦兹曲线越偏离对角线向右下方弯曲，则表示企业规模分布越不均匀，市场集中度越高。

基尼系数用平等面积与完全不平等面积之比来衡量，在图 8-4 中表示为 A/(A+B)，取值范围在 0～1 间变动，当基尼系数＝0 时，表示洛仑兹曲线与均等分布线重合，即所有企业规模完全相等；当基尼系数趋向于 1 时，表示企业的规模分布越来越不均等。

3）综合指数：赫芬达尔指数

赫芬达尔指数（HHI）能够提供更多关于厂商力量大小分布的信息。如果 S_i 表示厂商 i 在整个市场销售量所占的百分比，n 表示厂商的数量，则 HHI 指标定义是：

$$HHI = (100 S_1)^2 + (100 S_2)^2 + (100 S_3)^2 + \cdots + (100 S_n)^2$$

赫芬达尔指数（HHI）是产业市场集中度测量的综合性指标。当独家企业垄断时，该指数等于 10 000，当所有企业规模相同时，该指数等于 $1/n$，因此该指标在 $1/n$～100 000 之间变动，数值越大，表明企业规模分布的不均匀度越高，集中程度越高。该值对规模较大的上位企业的市场份额反映比较敏感，而对众多小企业的市场份额小幅度的变化反映很小，因此赫芬达尔指数能发挥绝对集中度和相对集中度指标的优点，避免其缺点。另外，HHI 指数不受企业数量和规模的影响，是能较好地反映市场集中度变化的综合指标。

8.3.2　网络经济市场结构的一般情况

市场结构的判定标准对于传统市场和网络市场都适用。网络经济的市场结构类型主要是垄断竞争结构和寡头垄断结构。一般在技术创新频率较高的情况下，技术创新越是集中在少数企业甚至个别企业身上，就越容易形成寡头垄断的市场结构，少数企业或个别企业就越容易长期占据垄断地位。反之，技术创新越呈发散型，处于垄断地位上的企业更换频率越快，更加表现为垄断竞争的市场结构。

1. 垄断竞争的市场结构

在网络经济的许多产品市场中，存在着垄断竞争的市场结构。其主要原因有以下方面。

（1）由互联网络连接的全球化网络市场使同类企业的数量远多于传统的局部的地理市场，企业的进入壁垒也更低。

（2）网络经济的技术特征和公开性，改变了传统市场的企业和消费者信息之间的不对称状况，网络产品信息更透明也更安全，买方获得了更多的谈判权，卖方难以实现价格控制，市场是竞争性的。

（3）在产品的差异化上，企业数量增多，导致产品数量也增多，一方面网络产品趋向标准化，但另一方面，消费者需求的多样化使企业加强了消费者对产品的定制能力，产品的选择也是丰富多样的。

2. 寡头垄断市场

随着网络经济向纵深方向发展，寡头垄断市场结构日益成为网络经济主导的市场结构。寡头垄断的市场结构特征是：厂商数量较少，市场集中度高；厂商之间的战略性市场行为对市场结构有重要影响。

数字产品的竞争是技术竞争，是技术创新的竞争。优胜的技术通过网络效应和正反馈机制，市场份额达到临界规模，最终出现赢家通吃的垄断市场结构。但由于潜在竞争者的竞争，以及政府反垄断措施的规制，行业中完全只有一家企业垄断的情况也较少见，而常常是几家企业垄断市场，即出现寡头垄断的市场结构。

8.3.3　网络经济下寡头垄断分析

网络经济下企业垄断地位的形成主要不是源于垄断行为，而是基于技术竞争，特别是技术创新。下面通过传统寡头结构和网络寡头结构下的市场结构效率的对比分析，进一步了解网络经济的垄断与竞争。

1. 传统市场中的寡头垄断

假设市场结构是双寡头垄断结构，双方主要是采用降低服务价格等竞争形式，两个企业提供的产品或服务是同质的，并且企业考虑的竞争策略是其产品或服务价格而不是其产量。因此存在着唯一的纳什均衡，即产品或服务的价格等于其边际成本，企业的利润等于零。传统双寡头垄断博弈情况如图 8-5 所示。

从图 8-5 中给出的双寡头垄断之一者的企业需求曲线来看，如果不考虑产品差异化程度，该企业的需求曲线很有弹性。若该企业其价格高于对手，就会失去许多顾客；若价格低于对手，则会赢得许多顾客。当该企业按照边际成本等于边际收益的原则去追求利润最大化的价格时，存在唯一的纳什均衡使得利润为零，此时产量为 Q，价格为 P。即使该市场上只有两家企业，假定其产品具有完全替代

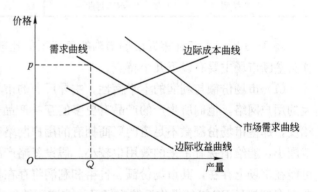

图 8-5　传统双寡头垄断博弈

性，且每一个企业都认为无论自己的价格如何变化，对手的价格固定不变，那么，双方为了占领市场，肯定要进行价格竞争，谁的价格低，谁就会占领市场。这时，每个企业都会面临着一条水平的需求曲线。因为在竞争对手价格固定不变的假设前提下，只要价格高于边际成本，谁的价格低于对手，谁就会占领市场而因此获益。如果双方都这样考虑，价格竞争将一直继续到价格等于边际成本而利润为零时为止。价格如果低于边际成本，任何削价都会亏损。这样就形成了价格竞争的囚徒困境，恶性竞争越来越激烈，是一种不具效率的市场结构。

2. 新寡头垄断

传统经济理论认为，完全竞争市场是最有利于市场竞争的一种市场结构，而寡头垄断市场则只会形成恶性循环的囚徒困境。但在网络经济下的市场结构呈现出一种新的特点，即新

寡头垄断。这种市场结构，同样强调少数几家企业占据大量市场份额，但这几家企业并没有均分市场，最重要的一点是在这些寡头之间以及寡头与竞争者之间充满了竞争。垄断产生于竞争，垄断和竞争此消彼长。

网络经济下的市场势力或垄断是一种基于知识创新和技术创新优势所形成的暂时垄断，唯有竞争才是永恒的，不变的，它与垄断交互出现，共生共存；产业或行业的市场结构变动不具有显著的内生动态化特征。

表8-3展示了三种相近市场结构的各特征的比较，突显了新寡头垄断市场的特点。

表8-3   三种市场结构的特征比较

	寡头垄断	垄断竞争	新寡头垄断
企业数目	很少	很多	较少
竞争程度	较强	强	很强
进入限制及退出障碍	较大	有一些	很小
垄断企业获利情况	较多	较少	很多
垄断时间	很长或较长	较长	一般很短
定价方式	不确定	高于边际成本	区别定价
价格变动趋势	基本稳定	比较稳定	持续性下降
技术创新速度	较快	较快或不确定	很快
行业举例	汽车行业	食品行业	软件行业

表8-3展示了三种相近市场结构的各特征的比较，突显了新寡头垄断市场的特点，新寡头垄断市场主要有以下几个特点。

（1）市场份额与利润的不平衡性。主导厂商的市场份额远远高于其他中小厂商，拥有庞大的用户网络，他们所生产的产品有更多的互补产品选择空间，给消费者带来更大的效用；相反，那些市场份额微不足道的厂商拥有的用户网络很小，互补品的品种有限，可供选择的范围小，能给消费者带来的效用也较小。假设忽略产品的固定成本，那么将有无穷多个厂商可能在市场上存在，其市场份额、价格和利润将存在极大的不平衡性。这种市场结构的一个典型案例就是PC机的操作系统市场及许多应用软件市场。

（2）自由进入并不能保证完全竞争的市场结构。在网络经济下，寡头垄断厂商的垄断地位并非来源于串通合谋、设立进入壁垒、威胁等不正当行为，而是在自由的竞争中形成的市场均衡的自然特征。网络经济环境下，自由进入并不一定导致完全竞争。在网络效应显著的市场中，如果已经有多家厂商存在，则新厂商的进入并不会对市场结构产生显著的影响。尽管消除进入壁垒可以促进竞争，但它并不会显著影响市场结构。

在不同的网络效应强度下，自由进入机制对于市场结构的影响是不同的。Economides & Flyer（1998）探讨了网络效应与市场结构的关系。设 n 为总产量，$h(n)$ 表示网络产品的价值方程。

$$h(n) = a + \beta * n$$

a 代表自有价值，$\beta * n$ 表示产品的协同价值。将上式变形得：

$$h(n) = \gamma + n$$

这里，$\gamma = \alpha/\beta$，$1/\gamma$衡量边际网络效应的密度。因此，γ越小，网络效应越大，反之亦然。$\gamma = 0$代表纯网络产品，产品的价值完全由网络效应的大小决定，当网络规模为零时，产品没有任何价值。在厂商数量、边际网络效应密度大小不同时，市场集中度的情况如表8-4所示。这里，市场集中度用赫芬达尔指数（HHI）衡量。当$1/\gamma$较小时，产品接近于网络效应可以忽略不计的传统产品，新进入厂商对在位厂商的市场份额、价格、利润有较大的影响。例如，当$1/\gamma$只有0.2时，网络效应很小，当厂商数量从3个增加到5个，再从5个增加到10个，HHI发生了很大的变化。但是，当$1/\gamma$趋近于无穷大时，网络效应非常大，即使厂商数量由3个增加到10个，HHI的变化也不大。这一点可以解释为什么在传统经济下，政策制定者非常重视消除进入壁垒，以实现市场的自由进入。但是，在网络效应越显著的市场上，自由进入对市场结构的影响削弱的程度越大。

表8-4　网络效应密度与市场集中度

HHI		边际网络效应的密度（$1/\gamma$）				
		∞	2	1	0.5	0.2
厂商数量 S	3	0.510	0.415	0.363	0.339	0.334
	5	0.470	0.331	0.248	0.207	0.201
	10	0.464	0.287	0.172	0.106	0.100

资料来源：Economides. N and Flyer F. Comptibility and Market Structure for Network Goods［Z］. Discussion Paper EC-98-02，1998，Stern School of Business，N. Y. U.

（3）"垄断形式"多元化。网络经济市场中的垄断厂商由于拥有巨大的市场份额和庞大的用户基础，"垄断"的形式也趋于多样化。独立垄断，即厂商在某一个产品市场上拥有绝对的主导地位和市场势力，即已形成庞大的用户基础。在网络效应的推动下，独立垄断厂商通过开发互补品或者与相关互补品生产者结盟，形成"联合垄断"，从而达到扩大用户群、巩固垄断地位的目的。比如，腾讯QQ借助于中国即时通信市场的第一进入厂商优势，在路径依赖、正反馈和网络效应的推动下，迅速占领了中国市场，形成垄断地位。之后，其通过开发QQ空间、QQ邮箱、QQ游戏等互补产品几乎俘获了中国市场上的消费群体。由此，腾讯QQ开展了多元化的垄断方式。

（4）竞争对象的变迁。传统市场上，厂商之间的竞争往往集中在产品价格、产品质量的竞争上，网络经济下，各个厂商之间的产品质量并不简单地取决于企业的生产效率，各个厂商生产的产品自有价值基本上是相同的，它们真正的差别在于产品的普及性及消费者的认可度。由此，厂商之间的竞争就变成了技术的竞争和标准的竞争。哪个企业的产品技术兼容性更强，可以成为行业中的标准，就能通过网络效应形成强大的市场份额。标准的制定可以分为正式的官方标准和市场的实际标准两种。比如2013年12月和2015年2月中国政府为电信运营商发4G运营牌照，就是二种不同的标准，标准不同代表的市场竞争能力不同。市场的实际标准，就是由于产品长期占领消费者市场，天然的标准随着时间而形成，比如微软在全世界的Windows系统。

新寡头市场的新特点使得寡头市场结构在网络经济条件下的利大于弊，成为一种有效且促进技术创新的技术结构，其优势主要表现在以下几个方面。

（1）网络经济条件下的寡头结构是一种寡头竞争均衡，而不是寡头垄断行为的均衡。网络经济条件下的寡头结构是一种通过激烈竞争形成的均衡，这种结构是通过高度竞争与高度垄断相结合而形成的，而不是像传统市场经济下通过寡头企业之间的合谋形成的。因此，这种结构是更有效率的，可以促使企业展开全方位的高层次竞争。这是技术创新和技术不相容定理作用的结果，创新一旦停滞，市场地位就可能被取代，这促使寡头垄断的企业在不断的技术创新中保持寡头地位。

（2）网络经济条件下的寡头垄断结构更易实现规模效应和范围经济。经济学理论认为，只要企业运营形成固定成本或沉淀成本，生产活动就具备"不可任意分割"和"附加利益效应"等特征，生产要素在合理匹配的情况下就会产生协同作用，长期平均成本的最低点决定企业生产的"最佳规模"范围，固定成本越大，企业规模经济范围越广。

夏基和鲍摩尔等提出的成本函数的部分可加性概念，使仅用规模经济理论所能够解释的厂商规模得到了更加合理的解释，为不完全竞争均衡市场的效率增进功能提供了扩展的理论诠释。成本函数的部分可加性是说单个企业生产某个行业中所有各种产品的成本小于多家企业分别生产这些产品的成本之和。成本函数的部分可加性使得市场对某行业的产品需求量，只要独家生产和供给该产量时的平均成本低于两家或多家厂商分别生产该产量时的平均成本，那么两家或多家厂商分别生产该产量就不具备效率优势。因此，真实经济世界中的行业集中度提高是规模经济规律和成本函数的部分可加性效应共同作用的结果，是资源配置效率的体现，绩效决定着市场结构，而不是相反。

网络经济的主要资源是信息，信息产业的特点是早期投入即固定成本或沉淀成本巨大，而信息制造、使用和销售具有可重复性，信息的复制成本几乎可以忽略不计，且能重复销售和重复使用，也即信息产品的平均成本递减，且规模经济的区间不受物质元素的限制，趋向于无穷大。这就使网络经济条件下，寡头市场更易实现规模经济。同时，信息技术之间的相容性，在同一种技术平台上，可以开发数种信息产品，这就使网络经济条件下更易实现范围经济。

（3）网络经济条件下的寡头垄断市场结构更利于技术创新。传统经济学认为，完全竞争的市场结构最有利于技术进步，垄断包括寡头垄断由于能够通过合谋、控制市场等手段获得高额利润，而使企业不思进取、技术停滞等。在网络经济时代，竞争主要集中于技术竞争，技术是企业成败的关键因素，只有具有资金优势的企业才能根据市场需求迅速变化的特点不断地为研究与开发投入大规模的资金。同时，信息产品的生命周期一般都很短，任何公司的创新型产品推向市场都只有一个短暂的垄断，很快就会被更新、更具有技术优势的产品所替代，在这种被称之为"创新性毁灭"的创新竞争中，企业不但要把生存立足点放在发明创造上，而且还要坚持不懈地进行创新速度的革命；不但要针对同行企业的产品创新，攻击对方的毁灭性创造，而且更要以自己为对手，进行老产品的创造性毁灭。这样的竞争格局必然导致在资本和技术密集的产业领域形成寡头垄断的市场结构。在网络经济时代，只有实现从制造领域规模经济向研发领域规模经济的转变，才能提升产业效率。在以技术竞争为主导的时代，垄断不但没有抑制技术进步，反而在更激烈的竞争中加速了产业进步的实现。

（4）网络经济条件下的寡头垄断市场结构可以避免社会福利损失。传统经济学认为，任何垄断市场结构，都将降低资源的配置效率。其评判标准是"剩余"，包括"生产者剩余"和"消费者剩余"达到最大化。在网络经济时代，价格主要取决于消费者的价值判断，价格持续走低是一个必然趋势。经济权利已经逐渐由生产者转向了消费者，垄断企业必须实施

"客户导向"战略，在质量、品牌、服务等方面迎合客户的需求。总之，客户经济时代的到来和消费者主权的确立，寡头垄断完全有可能降低总福利损失而加大规模经济的优势，从而减少传统意义上垄断的弊病。

3. 新寡头垄断市场中的竞争与合作

新寡头垄断市场结构是在允许完全竞争条件下形成的，是竞争实现了优胜劣汰，完成了自然选择。现代网络经济给技术创新真正赋予了打破垄断的天然特性，为产业组织结构优化增添了强劲的内在动力。技术创新所引起的市场结构变化具有明显的阶段性，随着阶段的变化，垄断程度发生相应的强弱更迭。第一阶段，市场垄断程度由低到高。当技术创新领先企业成功地完成了一次技术突破之后，它将凭借创新优势和网络效应逐步取得市场地位。在该阶段，市场结构循着从完全竞争→竞争性垄断→垄断的路径变化。第二阶段，市场垄断程度由高到低，市场中遍布着潜在竞争者，当他们通过创新成功进入市场时，原有在位厂商的垄断地位被打破，市场呈现垄断竞争格局。该阶段市场结构循着从垄断→竞争性垄断的路径变化。第三阶段，市场垄断程度在新的起点上由低到高。在潜在竞争者和在位垄断者展开的创新博弈过程中，无论何方胜出都会导致市场结构垄断程度的回升，因此，该阶段市场结构将循着从竞争性垄断→垄断的路径变化。

网络经济条件下，新寡头垄断厂商之间不仅体现出竞争的特性，还出现了频繁的合作行为。即这种特殊的市场结构催生了特殊的市场行为——竞合。所谓"竞合"（Co-opetition），是指一种企业关系，即独立的各方开展合作并相互协调它们的行为，从而实现互利的共同目标，但在同一时间又与其他企业或合作者互相竞争。例如，两个组织可能建立产品开发和创新战略联盟，在同一时间互相竞争又合作开发产品。在网络经济下，弱者和强者合作，互补品企业和主营企业合作，往往能够形成一种更强的垄断。此时，不会出现一赢一输，而是会出现双赢的局面。

案例　互联网经济下的寡头垄断：中美间比较

1. 中国互联网市场的结构特征

根据艾瑞咨询公司发布的《2013 年中国互联网年度数据》，2013 年，PC 互联网方面，中国网络购物市场（剔除移动购物）交易规模为 16 823.6 亿元，同比增长 35.7%；中国网络广告市场规模为 1 100.0 亿元，同比增长 46.1%；中国网络游戏（剔除移动游戏）市场规模为 743.1 亿元，同比增长 27.4%；第三方互联网支付市场规模为 168.9 亿元，同比增速最快，为 53.9%。

2013 年，移动互联网方面，同比增速最快的细分行业是移动搜索。移动搜索市场规模为 45.5 亿元，同比增长率达到 264.1%；移动支付市场规模同比增速位居第二，为 220.8%。总体看来，移动互联网主要细分行业的交易/营收规模同比增长率明显高于 PC 互联网主要细分行业，移动互联网在互联网经济中渗透率进一步提升。

截至 2015 年 3 月 31 日，国内互联网企业市值排名中，阿里巴巴以 2 070.4 亿美元位居第一，腾讯以 1 779.6 亿美元位列第二，百度以 732.0 亿美元位列第三。中国互联网公司市值排名见图 8-6。

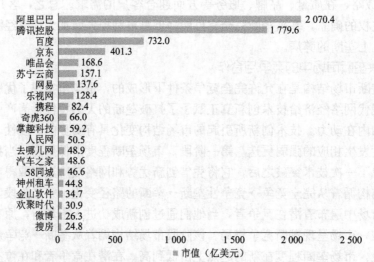

注释：市值=当日收盘价×总股本。
来源：艾瑞咨询根据公开资料整理所得。

图8-6　2015年3月31日中国主要上市互联网公司市值Top20

来源：中商情报网，http://www.askci.com/chanye/2015/06/03/1055248ei3.shtml

利用艾瑞公司的数据，结合贝恩对产业的垄断和竞争程度的分类标准，推算出中国互联网市场的绝对集中度，结果表明寡头垄断的市场结构特征在各个网络行业中普遍存在。

2. 美国互联网市场的结构特征

根据 eMarketer 的数据显示，2013 年美国网络购物（不包括旅游和票务）市场规模达到 2 589 亿美元（约合 1.566 万万亿元），虽然和 2012 年的 2 252 亿美元相比增长 15%，但是跟中国 2013 购物市场交易不管是总金额还是增长率都落后一大截。中国 2013 实现了购物市场远超美国成为全球排行第一。

根据美国行业协会 IAB 发布的美国数字广告市场年度报告显示，全美 2013 年全年收入达到 428 亿美元，首次超过广播电视（但并未超过整体电视市场）。2013 年的全美数字广告收入较 2012 年的 366 亿美元增长 17%。作为其中的一大亮点，2013 年全美移动收入接近 71 亿美元，较 2012 年翻了一番。数字视频广告收入同样实现大幅增长，达到近 30 亿美元。搜索仍是数额最大的在线广告，2013 年的收入达到 184 亿美元，在 2013 年美国数字广告整体收入中占比达 43%。

整体来看，美国的数字广告收入仍然集中于几家规模最大的内容发布商和广告网络。IAB 表示，排名前 10 的企业贡献了 71% 的数字广告收入。

美国游戏零售业在 2013 年表现得比较复杂，虽然索尼 PlayStation 4 和微软的 Xbox One 新主机推出带来了一定的积极影响，但 2013 年全年的整体销售同比下降了 2%。根据 NPD 及 SuperData 的游戏销售报告，美国整体游戏市场规模为 246.7 亿美元，相比 2012 年的 239.7 亿美元有所增长。整体零售业规模同比下降 2%，从 2012 年的 132.7 亿美元降低到 129.7 亿美元。硬件销售额达到 42.6 亿美元，比一年前的 40.4 亿美元同比增长 5%。主机和便携游戏销售 61.2 亿美元，比 2012 年的 67.1 亿美元下降了 9%。配件销售额为 26 亿美元，比一年前的 25.1 亿美元增长了 3%。

据国外媒体报道，互联网仍由硅谷统领。但在阿里巴巴上市后，行业的天平或多或少地向亚洲偏移了。标普资本 IQ 的数据显示，当阿里巴巴开始交易时，在全球市值最高的 10 家互联网公司里，有四家是亚洲公司。在 2004 年，这一排行榜中仅有两家亚洲公司的身影。截至 2014 年 9 月 15 日全球市值最高的 20 家互联网公司排名中（图 8-7），谷歌以 3 905 亿美元位居第一，Facebook 以 1 939 亿美元位列第二，阿里巴巴以 1 650 亿美元位列第三。

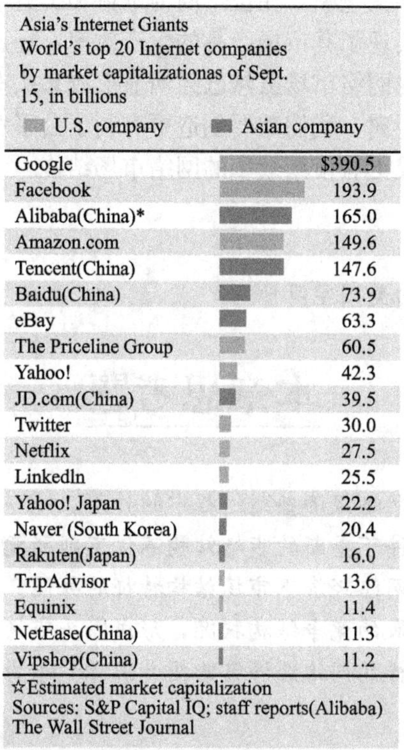

Asia's Internet Giants
World's top 20 Internet companies
by market capitalizationas of Sept.
15, in billions

■ U.S. company	■ Asian company
Google	$390.5
Facebook	193.9
Alibaba(China)*	165.0
Amazon.com	149.6
Tencent(China)	147.6
Baidu(China)	73.9
eBay	63.3
The Priceline Group	60.5
Yahoo!	42.3
JD.com(China)	39.5
Twitter	30.0
Netflix	27.5
LinkedIn	25.5
Yahoo! Japan	22.2
Naver (South Korea)	20.4
Rakuten(Japan)	16.0
TripAdvisor	13.6
Equinix	11.4
NetEase(China)	11.3
Vipshop(China)	11.2

☆Estimated market capitalization
Sources: S&P Capital IQ; staff reports(Alibaba)
The Wall Street Journal

图 8-7 全球市值最高的 20 家互联网公司（单位：10 亿美元）

3. 案例分析

1）中美寡头垄断的异同

从中国与美国的市场结构看，两个国家的网络市场都处于寡头垄断且寡头之间激烈竞争的格局。出现这一现象主要缘于互联网技术具有天然"垄断"特性，因为互联网是"互联"的，所以当身边的人都在热衷于某类或某款应用时，用户就会身不由己地加入进去（外部性）。这是互联网行业与传统 IT 或者其他产业的最大不同之处，而也正是这一点奠定了互联网领域的根本特质。

但是中国与美国的寡头垄断又是不同的，中国的寡头垄断性更突出，集中度更高。而且目前中国互联网企业只在国内占据主导地位，还没有哪一家企业跳出中国，成为一个全球品牌。中国互联网巨头的市值，已然跻身全球前列，但整个中国互联网产业的总产值及在全球的地位，相比美国却相差甚远。有统计显示，2006 年之后长达 8 年的时间里，中国互联网行业一直没有诞生一家有影响力的创新网站或公司，而同期的美国，却连续涌现出了Facebook、Twitter 等大批有世界影响力的明星创新公司。并且，美国的谷歌、Facebook、亚马逊等互联网寡头均是全球性企业。这样看来，创新、开放、自由、平等、共享的互联网精神在美国发展相对充分。

中国的互联网需要创新，也需要有更多的新型优秀企业脱颖而出，2015年李克强总理在政府工作报告中提出"互联网＋"，为众多小而具有创造力和发展力的企业提供了机遇，新的一批具有互联网精神的企业有望崛起，以改善我国当前互联网市场结构。

2）寡头垄断与市场效率

网络市场竞争的结果是寡头垄断，在位厂商为维持和提升垄断势力的垄断行为是参与市场竞争，这种市场机制不仅实现了其市场产品的生产效率，还成就了社会福利在生产者与消费者之间的分配效率。中国的网络市场虽然已经明显形成寡头垄断，集中度也高于美国，但是市场效率与美国还有一段距离，我们需要创造更有利于公平竞争的环境，鼓励创新，鼓励企业走国际化道路，促进形成更有市场效率的网络市场结构。

案例讨论题

中国的互联网企业需要向美国学习什么？

本章思考题

1. 分析技术创新在形成网络经济垄断过程中的作用。
2. 为什么说网络经济条件下垄断的市场结构不仅不削弱竞争，反而强化了竞争？
3. 对比分析传统经济与网络经济下市场结构特征的异同。
4. 如何改变中国现有分散的竞争结构状况，形成寡头市场结构？
5. 中国企业应采取什么样的网络经济策略提升国际竞争力？

第9章 网络产业经济与创新分析

网络产业是随互联网及其应用的发展而发展起来的新型产业形态。同时，传统产业和现代信息技术的结合，使传统产业获得新的经济活力，传统产业的信息化、网络化，也使其进入网络产业范围。

9.1 网络产业概述

网络产业是人类社会经历了以自然资源为特征的农业社会和以能量资源为特征的工业社会发展阶段后，正在形成和发展的以信息、知识、科技、网络为特征的新兴产业。要对网络产业进行深入分析，首先要准确了解网络产业的定义、特征及发展历程。

9.1.1 网络产业的定义

1. 网络产业的定义

网络技术的运用和发展，不仅对传统产业的生产、经营和组织产生重大的影响，同时也产生了以提供网络信息技术和网络信息服务为内容的网络产业（Network Industries）。目前，网络产业的产品与服务遍及消费品市场与生产要素市场，在国民经济中具有极其重要的地位。

1) 关于网络

网络可以分为两大类：以物质形态表现的原子网络和以信息形态呈现的电子网络。原子网络可以进一步分为物质网络和能量网络两类。电子网络传输的信息包括模拟信息和数字信息两种，比较常见的有电话网络、有线电视网和计算机网。计算机网络有局域网、广域网、城域网等多种形式，计算机网与电信网相结合，出现内部网、外联网和互联网。

2) 网络产业

一般产业是指国民经济的各行各业，是与生产经营具有密切替代关系的产品或劳务的所有企业的集合，这些企业往往具有类似的生产技术、生产过程和生产工艺等基本物质条件。目前，对网络产业的界定没有统一的标准，学术界有不同的表述，有的定义是基于原子网络，也有的定义是基于电子网络。例如，有学者将网络产业定义为"在产品或服务的生产、传输、分销和用户消费等环节具有很强垂直关系。生产厂商必须借助于传输网络才能将其产品或服务传递给用户。用户也必须借助于传输网络才能使用厂商生产的产品或服务的产业"①；有的学者将其定义为"需要固定物理网络来传输其产品和服务的基础设施产业"②；也有学者将其表述为"具有网络性质的产业就是网络产业"③，外延比较广泛，主要包括电力、电信、音像、银行服务、航空服务、法律服务等行业，这些行业大都是在传统工业经济产业中，为实现物质产品和信息的传递而建立的一些相关网络。

3）网络经济学关于网络产业的定义

从网络经济角度，网络产业是伴随互联网的迅猛发展而产生的新兴产业，网络产业是信息产业的一个重要组成部分。随着网络经济的发展及"三网"的逐步融合，网络产业的范围将越来越大。

广义上的网络产业是所有与互联网发展有关产业的总称，按照产业分工的不同，可以分为网络设备制造业、网络通信业和网络服务业。网络设备制造业包括计算机产业、通信设备制造业等网络设备制造业；网络通信业是指通过互联网进行实时通信的产业，主要包括 IP 电话、网络多媒体通信（如居家办公、远程教育、远程医疗等）、电子邮件等；网络服务业包括网上广告、网上信息服务、电子商务等。狭义上的网络产业是指基于互联网的信息服务业的总和，即 IT 服务业。本书研究的网络产业是广义的网络产业。

在以上分类中，将计算机和通信设备行业归为网络产业。而在发达国家，计算机和通信设备制造业早被剔除出信息产业领域，归入传统制造业范畴。1997 年，美国沿用多年的"标准产业分类 SIC"被新的"北美产业分类标准 NAICS"所代替。新分类系统的一个重大变化就是设立了一个新的二级产业信息业。这个信息业不含计算机制造业等，而是包含了出版业（包括软件出版）、电影和录音业、广播和传播业、信息服务和数据处理业等。这个代码为 51 的产业群，就是内容产业（Content Industry）。由此可见，在网络产业发展中，信息内容产业越来越受到重视，也将是网络产业拓展的重点领域。

本书所指的网络产业与传统工业经济中的网络产业有较大差别，在传统工业经济中的网络产业主要依赖的是物理（实物）网络，这里的网络产业具有虚拟性的特点，由于虚拟网络与物理网络在连接方式、连接技术方面存在的差别，其产业特点有所不同。

4）我国国家统计局的"信息相关产业"

2004 年，我国国家统计局发布了《统计上划分信息相关产业暂行规定》，将信息相关产业定义为"与电子信息相关联的各类活动的集合"，这些活动包括 5 个部分：电子通信设备的生产、销售和租赁活动；计算机设备的生产、销售和租赁活动；用于观察、测量和记录事物现象的电子设备、元件的生产活动；电子信息的传播服务、电子信息的加工及处理和管理服务；可通过电子技术进行加工、制作、传播和管理的信息文化产品的服务。在界定了信息相关产业主要活动后，国家统计局在参照联合国《全部经济活动的国际标准产业分类》第3.1 版中"信息业"和"信息和通信技术"两个相关分类的基础上，以国家标准 GB/T 4754—2002《国民经济行业分类》为基础给出了信息相关产业的细类划分，其中包括五大类型产业：电子信息设备制造、电子信息设备销售和租赁、电子信息传输服务、计算机服务和软件业，以及其他相关信息服务。因此，在国家统计年鉴上，信息产业大致分为 5 个部分：

① 刘戒骄. 竞争机制与网络产业的规制改革. 中国工业经济，2001 (9).
② 肖兴志，陈艳利. 纵向一体化网络的接入定价研究. 中国工业经济，2003 (6).
③ 罗仲伟. 网络特性与网络产业公共政策. 中国工业经济，2000 (10).

通信设备、计算机及其他电子设备制造业；邮政、信息传输服务业；计算机服务和软件业；其他信息服务业；电子信息设备销售和租赁业。

由此可见，国家统计局的"信息相关产业"和本书界定的网络产业有联系也有差别，主要区别是电子设备制造业、邮政业、电子信息设备销售和租赁业没有包括在网络产业中。

9.1.2　网络产业的特点

网络产业与传统工业经济产业相比较，具有自身的一些经济特征。

（1）网络产业具有较强的网络效应。网络效应（Network Externalities）是网络产业最为显著的经济技术特征。虽然有很多传统产业（如铁路、电力、广播电视等）也具有一定的网络特征，因而也存在一定的网络效应，但由于其网络的物质传输性和传输单向性的特点，其网络效应的作用远不及新兴的网络产业。

网络效应是指某产品对用户的价值会随着其他用户的使用而增加的现象。网络效应与网络外部性不同，只有当市场参与者不能把网络效应内化，即网络效应不能通过价格机制进入收益或成本函数的时候，网络效应才可以被称为网络外部性。虽然个体消费者在加入网络时，由于存在大量消费者的决策集合，以及信息的不完备，很难做到把他们对网络中其他成员的影响内化，但是对于网络的所有者，可以做到集中决策，拥有比较完备的信息，可以把这种效应很好地内化，如果网络效应已经被内化，市场中就不存在网络外部性问题。

根据正反馈方式的不同，网络效应可以分为两种类型：直接网络效应和间接网络效应。直接网络效应是指随着用户使用的增加，直接导致网络价值的快速增加，通信设施是个很好的例证。在互联网络中，直接网络效应更为明显，如相同的应用操作系统中，用户能更好地实现沟通和分享信息，新用户的加入扩大了信息交流的范围，增加了网络的价值。间接网络效应是指随着产品用户的不断增加，也不断地增加了附属商品的价值，而且原来的网络用户的效用也得到额外的增加。例如，在互联网中，硬件-软件范式普遍存在，即存在明显的间接网络效应。产品（硬件）的价值取决于互补品（软件）的可得性，如网络基础设施、互联网连接与网络协议、个人计算与操作系统等。

在互联网中，产品有直接的网络效应，也有间接的网络效应，而且两者之间是相互强化的。例如，由于购买 Wintel 架构标准的个人计算机的消费者日益增加，就会吸引其他消费者购买相同标准的计算机（直接网络效应），也会吸引更多的软件和外围设备商（互补产品）接受这种标准（间接网络效应）。因此，对潜在消费者购买这些互补产品的吸引力也越大。

（2）网络产业的产品具有信息性。网络产业的兴起使经济增长最重要的生产要素由有形资源变为无形资源——信息及其高级形式的知识和技术。网络产业为人类社会从工业向以信息、知识和技术为核心生产要素的产业形式过渡架起了桥梁。

互联网建立的主要作用是为人们提供充分的信息，将社会中的事物信息化，即把表征事物的信息转化成可以通过计算机处理和网络传递的数字信息，然后对收集的数字信息进行整合、排序，使之具有特定的经济和社会意义，最后再通过互联网将整合和有序化的数字信息进行低成本的相互传递，实现为社会生产和生活服务的目的。因此，网络经济产业的主要产品是信息产品，信息产品决定了网络经济的生产经营有别于传统经济。信息产品的复制成本很低，信息产品一旦生产出来，就可以在几乎不增加成本的情况下以任意的规模生产，从而带来收益递增。

（3）网络产业的市场具有全球性。互联网弱化了企业生产和销售所受的地理范围界限，使不同的信息主体之间的距离和时间都趋于零，打破了企业发展的空间制约因素，成为推动当今世界经济全球化的动力。连接世界各国的信息网络使全球形成统一的大市场，经济系统越来越成为全球系统。网络的发展使资本可以迅速、灵活地在世界范围内流动，使贸易方式、企业组织方式、就业方式等都发生巨大变化。因此，网络产业的市场一开始就没有地域上的限制，面对的是一个全球性的大市场，具有巨大的市场容量，这对于网络行业的企业既是机遇也是挑战。

（4）网络产业生产经营具有标准性，网络产业的竞争重点是标准竞争。网络经济是不同信息主体的有序联合，各主体之间要通过网络进行顺畅的信息传递和成功的联合协作，以实现经济功能，这就要求各主体必须遵循统一的技术标准，只有在统一的标准下，各类信息源的信息才能被网络所接纳，才能被其他网络主体所接收。同时，由于网络产业具有网络效应，不相互兼容的技术共同存在的状态是不稳定的，网络效应的作用最终会使一种技术标准主导市场，最后这种技术标准会成为事实上的标准，如 PC 操作系统的 Windows 标准。对于网络产业来说，在位者的竞争重点是标准竞争，如果自己的技术或产品成为市场的标准，在位者就可以获得巨大的近似垄断的利润和强大的市场控制力。现代经济史表明，网络产业的标准竞争非常激烈，如 3Com 公司与朗讯公司之间的 56kbps 调制解调器之争等。

9.2　网络产品制造业、服务业与技术研发业

9.2.1　网络产品制造业

在网络经济学中，网络产品被定义为具有显著网络外部性的产品。但网络外部性并非区分网络产品与传统商品的标准，有些传统商品也具有一定的网络外部性，只是还不足以改变消费者的消费行为及生产者的生产活动。现实生活中的网络产品有移动通信服务、互联网服务、银行卡服务、网络游戏、电子商务网站、操作系统、即时通信软件等。网络产品的价值构成与传统商品有较大区别，其价值由自有价值和协同价值两部分组成。自有价值，指在没有其他用户时，产品本身具有的价值；协同价值，指当新用户加入网络时，老用户从中获得的额外价值。因此，协同价值在总价值中比重越大的产品，网络外部性越显著，其网络产品特征越突出。

1. 网络产品的特点

（1）产品具有系统性。所谓系统产品，就是指由若干个互补产品组合在一起形成的产品集合。消费者在正常消费一种系统产品时所获得的效用，取决于系统中的各个互补产品之间的相互支持。对于网络产品来说，其互补产品的种类、数量与质量性能，直接影响消费者对网络产品的选择，进而影响到网络规模及网络价值的大小。例如，由于 WCDMA 标准的手机种类多且性能稳定，使得中国联通在 3G 业务推广时获得很大优势。

（2）服务具有连续性。用户在购买网络产品后，需要利用产品网络来实现产品的协同价值，在这个过程中离不开网络产品企业的支持。因此在现实中，消费者对网络产品的消费往往被分割为加入网络和利用网络两个相对独立的部分，而利用网络是一个享受企业服务的连

续性过程。

（3）用户转换成本高。传统商品的转换，用户只会损失产品的自有价值，转换成本较低。网络产品的转换，用户不但会损失产品的自有价值，同时也会损失协同价值，在不兼容的情况下还会造成互补产品价值的损失，而且学习适应新产品系统所需的费用也会相对较高。这都推高了网络产品的转换成本，使得产品转换难以进行，即网络产品对消费者具有锁定效应。

（4）产品边际成本低。在现实生活中，绝大多数的网络产品都具有高固定成本和低边际成本的特点。因为，大部分网络产品是基于现代信息技术的数字化产品，其极低的复制成本和客户端/服务器的服务模式，使得边际成本较低。例如，微软开发 Windows 时共投入了 2 亿美元以上的研究费用，而此后单位产品的生产成本只有 50 美分。

（5）技术更新迅速。网络产品的产生和发展与现代信息技术的发展密不可分，而信息领域的迅猛发展，既提高了网络产品的技术更新速度，也加快了网络产品市场扩充的步伐。例如，在国内移动通信领域，第二代移动通信技术如今还在应用，3G 业务推广时间不长，而 4G 业务业已推广。

（6）技术发展"路径依赖"。网络产品的开发，需要大规模的资本投入。这些巨大的投入都将变为"沉没"成本，成为企业固定成本的一部分。因此，企业资本一旦已经投入某一技术方向，新的技术创新一般要沿着原来的技术基础所规定的发展路径发展；否则，再要转向其他方向，必然面临巨大的损失。此外，高新技术领域的网络产品，在开发时还需要大量的科学技术知识和手段作为基础。正是在这种新旧基础设施、新旧技术、新旧知识的发展演化中，技术创新才能得以开发完善，也使得企业在技术发展上存在严重路径依赖的特点。

2. 网络设备制造业

网络设备泛指构建整个网络所需的数据传输、路由、交换等设备。广义网络设备包含路由器、交换机、网络安全设备等，狭义网络设备仅指路由器和交换机。网络设备市场按照解决方案复杂程度、设备性能要求、单一客户价值量等特点划分，主要分为电信级网络设备市场和企业级网络设备市场。网络设备市场行业结构如图 9-1 所示。

图 9-1　网络设备市场行业结构

1）网络设备行业的市场规模

近年来，随着三网融合、物联网、移动互联网的迅速发展，以及宽带用户的持续快速增长，中国网络设备（狭义）市场规模持续增长，2009—2013 年年复合增长率 9.02％，其中，企业级网络设备市场保持更快的增长速度，2009—2013 年年复合增长率 10.39％。网络设备的市场规模如图 9-2 所示。

图 9-2　网络设备的市场规模

数据来源：赛迪顾问《中国企业级网络设备市场行业研究报告》，2013.06

2）通信及网络设备制造商

2001 年，中国网络设备厂商开始全面崛起，成为中国 IT 业的一支独具实力的新军，而且瓦解了"洋品牌"独占中国网络市场绝对份额的局面。目前，全球大的网络设备商已寥寥无几，美国仅剩下思科和阿尔卡特（欧洲的阿尔卡特网络设备总部实际在美国）。而中国和日本风景独好。我国的网络厂商迅速成长，几年前还仅仅是华为、实达网络、神州数码等几家，但到目前为止，网络设备制造商加入了迈普、普法尔、清华比威、记忆、TCL 网络等不下 50 家，尤其是中国网络设备制造商群体成长速度快。近年来，中国本土厂商发展势头迅猛，华为、中兴通讯尤为突出，已在国际占有一定地位，华为在很多地区如欧洲、非洲等的市场占有率已超越排名全球第一的思科。目前，华为是全球最大的电信网络解决方案提供商，全球第二大电信基站设备供应商，全球第二大通讯供应商，全球第三大智能手机厂商，也是全球领先的信息与通信解决方案供应商。华为的产品主要涉及通信网络中的交换网络、传输网络、无线及有线固定接入网络、数据通信网络及无线终端产品，为世界各地通信运营商及专业网络拥有者提供硬件设备、软件、服务和解决方案。2013 年，著名咨询公司 OVUM 发布的最新全球光网络市场分析报告《Market Share-1Q13 Global ON》显示：中兴通讯整体市场表现强劲，已成功超越阿尔卡特朗讯，成为全球第二大光网络供应商。

3. 计算机产业

计算机产业包括两大部门：计算机制造业和计算机服务业。计算机产业是一种省能源、省资源、附加价值高、知识和技术密集的产业，对于国民经济的发展、国防实力的增强和社会进步均有巨大影响。计算机产业也是更新发展速度较快、受科技影响变动较大的一个产业，从 1946 年世界第一台计算机在美国问世以来，人类社会开始进入以计算机开发利用为标志的第一次信息革命时代。计算机产业作为新兴产业，其成长速度快、技术密集和产品升级快、全球化程度高，在很大程度上促进了全球经济的增长和社会变革。

我国计算机产业发展起步晚，从引入前苏联的计算机技术开始到目前形成比较完整的计算机产业体系，大致经历了 4 个发展阶段：萌芽阶段（1956—1965 年）、曲折发展阶段（1966—1977 年）、中国计算机产业化进程开始阶段（1978 年至 20 世纪 80 年代末）、计算机产业快速发展阶段（20 世纪 90 年代至今）。20 世纪 90 年代以来，我国计算机产业和市场规模逐年扩大，市场销售额从 1990 年的 39.9 亿元上升到 2008 年的 17 134 亿元，规模已保持在世界前列，计算机产量占全球比重超过四成，成为国民经济的重要产业之一。

1）我国计算机制造业

（1）计算机硬件。计算机硬件主要包括个人计算机（PC 机）、外部设备和网络设备，其中 PC 机包括台式 PC 机、笔记本计算机、PC 服务器和工作站等。我国的计算机市场主要以硬件市场为主，硬件市场产出约占计算机产业总产出的 65％，尽管计算机市场总规模在不断扩大，但以硬件为主的市场结构基本不变，这在一定程度上说明中国计算机的应用水平较低；并且我国的计算机硬件市场以微机为主，外部设备占比也较高。

（2）计算机软件。计算机软件产业是全球最具发展前景和增长速度最快的朝阳产业。20 世纪 80 年代，我国开始涉足计算机软件业，通过近 30 年的发展，特别是 20 世纪 90 年代以来，随着国内软件市场的不断扩大，平均每年以 20％～30％的速度递增，我国软件产业的收入由 2000 年的 593 亿元上升到 2007 年的 5 834 亿元，发展势头较好，尤其是以用友和金蝶为代表的国内软件企业，在管理软件的中低端市场上保持较高的市场占有率。而嵌入式软件更是中国软件产业新的增长点，2007 年上半年，嵌入式软件市场规模已经占整个软件产业的 22％。此外，在国际软件产业转移的背景下，中国是日本软件外包业务的主要承揽国。目前，中国的外包业务中 50％以上来自日本，占日本总发包额的 63％。中国软件外包厂商的实力逐渐获得国际范围的认可，影响力也随之迅速提升。

但是，我国计算机软件业在全球软件产业中的份额只有 8.7％，远低于美国、西欧、日本等国家。目前，国内的基础软件、支撑软件市场，以及高端应用软件基本被国外厂商垄断，其中最具代表性的是操作系统。我国的软件企业在高端市场上仍然缺乏竞争力，同时中国软件产业尚处于成长阶段，与国外企业相比，我国软件企业规模较小，承接大型项目的实力欠缺。更重要的是，我国软件产业在整体技术水平及从业人员素质上也远远低于发达国家，这使我国软件产业仍处于世界软件产业链的低端，部分地区过于集中的外包业务也制约了国内厂商的进一步发展。因此，我国计算机软件业还需要逐步积累力量，软件业的发展空间仍然很大，市场发展前景乐观。

2）计算机服务业

计算机服务业（Computer Service Industry）是为满足使用计算机或信息处理的有关需要而提供软件和服务的行业，是一种不消耗自然资源、无公害、附加价值高、知识密集的新型行业。计算机服务业在日本称为"信息处理产业"；美国称为"计算机和信息处理服务业"，与计算机制造业相分离，归属于服务业中的商业服务。计算机服务业的内容包括处理服务、软件产品、专业服务和综合系统等方面，以及计算机和有关设备的租赁、修理和维护等。其中，处理服务是以利用计算机处理能力为主的服务，为客户提供访问计算机或计算机网络的手段，包括受托信息处理、数据录入服务、设备管理等。软件产品是指向最终用户或其他供应商出售软件包，这些软件包是独立于硬件进行定价和销售的。专业服务则是以提供专门知识为主的技术服务，包括受托程序设计、教育培训等。综合系统针对专门应用领域购入设备，配备专门的软件，构成完整的软、硬件系统，出售给一般用户或供给专门的工业市场。

美国的计算机服务业形成最早、规模最大，发展规模和水平都居世界首位。从事计算机服务的有硬件制造商、其他行业中的大企业（如银行、飞机制造商、保险公司等），以及独立的计算机服务企业。其中销售额最大、占主导地位的是硬件制造商。美国政府也对该行业发展采取扶植性发展政策，其作为最大的计算机用户，通过采购计划对整个计算机行业的形成与发展产生重大影响。此外，通过推行反垄断法，对独立的计算机服务业产生促进作用。

在我国，将与软件有关的部分通称为软件行业。我国的计算机服务力量分布在各行各业中，并已初具雏形，由于计算机应用起步晚，作为行业还处在发展的初级阶段。

4. 智能手机制造业

作为人类通讯史上的重大发明,手机的发展已经经历了十几个年头。而智能手机的出现,是手机发展历程中的一个非常重要的里程碑。与传统的功能手机相比,智能手机不仅可以实现短信、通话的功能,更重要的是智能手机可以实现用户随时随地上网的需求,实现更多智能化的应用。

从 2001 年第一款智能手机发布后,智能手机已经经历了十多年的发展历程。在这期间,智能手机市场经历了很大的变化。

(1) 2001—2003 年:初步发展期。2001 年,爱立信推出了世界上第一款采用 SymbianOS 的智能手机——R380sc,这款手机支持 WAP 上网,支持手写识别输入。同时诺基亚、摩托罗拉也相继推出了自己的第一款智能手机,可以说他们开创了手机在智能应用方面的先河。众多厂商看到智能手机市场的前景,纷纷展开研发,智能手机时代来临。

(2) 2004—2006 年:市场崛起期。2004 年,多款智能手机上市,宣布了智能手机市场的崛起。2004 年,RIM 推出了黑莓 6210,被称为是第一款更像手机的智能手机。2006 年,诺基亚推出 N73,迎来了 SymbianS60 的巅峰时代。这一时期市场有多款智能手机存在,但还未广泛发展,仍处于市场的推广期。

(3) 2007—至今:市场爆发期。2007 年,苹果推出了第一代 iPhone,从此改变了智能手机的市场格局。虽然第一代 iPhone 缺少对 3G 的支持,只能通过 Web 发布应用程序,但是简洁美丽的外观、流畅的操作系统受到广大用户的极度欢迎,iPhone 引领了智能手机进入市场的爆发期。这一时期是智能手机快速变化和发展的时期,2008 年搭载 Android 系统的手机诞生,2010 年苹果推出 iPhone4,成为世界上最热卖的智能手机,Android 阵营不断扩大,成为全球第一大智能手机操作系统。

智能手机的发展给中国手机市场带来了活力,华为、中兴、小米、OPPO、魅族等国产手机厂商迅速崛起,不仅改变了中国手机市场山寨聚集的格局,也使得国产手机走向了世界市场。2013 年 ZDC 统计数据显示,中国手机市场上参与竞争的品牌数量达到 117 家,从品牌关注格局来看,前十五品牌中,国产品牌占据八个席位。根据市场研究机构 IDC 公布的《IDC 全球手机季度跟踪报告》,2015 年第一季度苹果公司出货量 1 460 万部,为中国市场第一,其次为小米、华为、三星、联想,2015 年第一季度中国智能手机市场销售情况如表 9-1 所示。

表 9-1　2015 年一季度的中国智能机市场销售情况

Vendor	1Q15 出货量	1Q15 市场份额	1Q14 出货量	1Q14 市场份额	1Q15 同比增长率
Apple	14.5	14.7%	8.9	8.7%	62.1%
Xiaomi	13.5	13.7%	9.5	9.2%	42.3%
Huawei	11.2	11.4%	8.0	7.8%	39.7%
Samsung	9.6	9.7%	20.0	19.9%	−53.0%
Lenovo	8.2	8.3%	10.5	10.2%	−22.1%
Others	41.7	42.2%	45.7	44.3%	−8.8%
Total	98.8	100.0%	103.2	100.0%	−4.3%
Lenovo and Motorola	8.2	8.3%	10.7	10.3%	−23.1%

资料来源:2015 年第一季度《IDC 全球手机季度跟踪报告》

9.2.2 网络服务业

网络服务业是传统服务业的延伸，是传统服务业的信息化、网络化与电子化。网络服务业呈现出与电信服务日益融合的趋势，具有极大的发展潜力。近年来，我国互联网继续保持增长态势，网络产业已经从原来吸引眼球的目的，逐渐转向以"盈利"为中心开展服务。

1. 网络服务业分类

网络服务业主要有应用网络服务和基础网络服务两大类。应用网络服务是在应用层面上的网络服务，如网络游戏、网上交易、网络广告、网络教育、网络短信等，其中最主要的代表是网络游戏业和网上交易（电子商务），对这些行业的市场培育需要关注其相关产业的发展。基础网络服务是为网络应用服务业提供网络基础平台和数据通信保障的专业性服务，其中很重要的是企业网络服务，如 ICP、IDC 等。基础网络服务大都属于技术层面上的服务，本节重点介绍应用网络服务。

根据目前我国网民的互联网应用情况，网络服务主要有娱乐类服务、信息类服务、商务类服务、社交网服务、教育类服务及生活类服务。

娱乐类服务主要有网络游戏、音乐、视频等服务，备受年轻人欢迎，特别是智能手机出现后，相应的智能 App 应运而生，游戏、音乐、视频迅速在移动端急速发展，代表企业有 QQ 游戏、酷狗音乐、腾讯视频、爱奇艺等。

信息类服务主要有即时通信、电子期刊等，其中即时通信占主要市场，并且用户主要集中在腾讯旗下的 QQ、微信，其他产品如阿里旺旺、飞信等只占很小一部分市场。

商务类服务主要是电子商务，电子商务又分 B2B、B2C、C2C 等类别，代表企业有阿里巴巴、京东、亚马逊、淘宝网等。

社交网服务主要有微博、人人网等，微信的朋友圈也是一种社交服务。

教育类服务主要有网络在线课堂、网易公开课、电子词典及各种学习用手机 App。

生活类服务重要嵌入在有支付功能的应用程序里，人们可以在任何地方使用移动端轻松享受如缴纳水电费、购买电影票、机票、计划旅游、自由转账等服务，目前应用较多的是在支付宝、微信端的服务。

2. 网络服务业发展特点

网络服务业的迅速发展的同时也逐渐呈现出很多新的特点。

（1）多元化趋势显著，新兴服务不断涌现。网络服务业是一个发展极为迅速的产业，产业内的热点领域的变化较传统行业迅速得多，又由于网络经济的虚拟化特征，应对这种"变化"最好的方法就是多元化发展。具体表现在：互联网服务企业依靠自己传统业务搭建的平台来拓展新兴业务，以获得新的盈利空间，增强用户黏性，获得持续发展动力。例如，百度在搜索引擎的平台上开发中小企业营销平台和地图搜索等业务，腾讯 QQ 在即时通信平台上推出 QQ 游戏和拍拍网等业务。

（2）网络服务业产业集中度高、"马太效应"突显。我国网络服务业呈现出"三大三小"的模块特点，在即时通信、搜索引擎、电子商务"三大"领域，腾讯、百度、阿里巴巴是三巨头企业。在无线增值业务、广告、社区"三小"领域中，移动、百度、天涯社区是领跑者。整个网络服务业寡头垄断的市场特征日益明显，这可以从表 9-2 略见一斑。在市场竞争中呈现出"大鱼吃小鱼，快鱼吃慢鱼"的特点。IT 巨头公司一般都在现有网络平台上开设多种业务。以腾讯为例，在即时通信平台上增加了网络游戏、电子商务、博客、社交等多种业务。IT巨头公司的这些业务项目无疑会和很多创业小公司发生竞争。由于网络外部性的存在，竞争的最后结果往往是这些大公司凭借网络黏性获得先进入者优势，使得小公司发展空间受到限制。

表9-2　中国网络服务业中"三大"行业的竞争程度

	前三家企业的市场份额	总和
即时通信	腾讯QQ（47%）；微信（30.3%）；飞信（10.9%）	88.2%
电子商务	B2B市场：阿里巴巴（38.9%）；上海钢联（18.5%），环球资源（4.8%）	62.2%
	B2C市场：天猫（59.3%）；京东（20.2%）；苏宁易购（3.1%）	82.6%
	C2C：淘宝（96.5%）；拍拍网（3.4%）；易趣网（0.1%）	100%
搜索引擎	百度（51.54%）；360搜索（28.09%）；搜狗（13.29%）	92.92%

资料来源：EnfoDesk易观智库《2013年第三季度中国移动IM市场季度监测》；

中国电子商务研究中心（100EC.CN），《2014年度中国电子商务市场数据监测报告》，2015.04

（3）网络服务业与其他产业融合不断加深。产业分工更加细化，从传统服务产业（S）、软件业（S）、IT产业（I）和通信产业（T）之间的技术融合进一步扩大形成内容融合的新格局：形成电信产业（T）、互联网产业（I）、传媒产业（M）和娱乐产业（E）融合的"TIME"生态系统，并进一步推出大量新兴的网络服务项目。同时。国家政策大力推动网络服务业与其他产业深化融合。"十二五"规划明确提出，加快三网融合、电子商务、电子政务等相关产业发展，全面提高信息化水平；加大力度发展软件业和网络信息服务业，改变长期以来"重硬轻软"的局面。2009年发布的《电子信息工业调整和振兴规划》将软件和网络信息服务的收入在电子信息工业中的比重从12%提高到15%。

9.2.3　网络技术研发业

网络技术是从20世纪90年代中期发展起来的新技术，它把互联网上分散的资源融为有机整体，实现资源的全面共享和有机协作，使人们能够透明地使用资源的整体能力并按需获取信息。资源包括高性能计算机、存储资源、数据资源、信息资源、知识资源、专家资源、大型数据库、网络、传感器等。网络可以构造地区性的网络、企事业内部网络、局域网网络，甚至家庭网络和个人网络。网络的根本特征并不一定是它的规模，而是资源共享，消除资源孤岛。

1. 网络技术发展

观察计算机网络的发展历程，可以发现以下特点。第一，计算机网络从最初的"终端—通信线路—面向终端的计算机"模式的简单连接发展成为了现在的局域网LAN、城域网MAN和广域网的不同的网络连接。网络连接的材料也从双绞线、电话线、同轴电缆和光纤等有线通信形式扩展到了可以使用微波、卫星等无线媒体进行连接的无线网络形式，传输速率越来越高，传输方式越来越多样化，传播区域也越来越广。第二，随着各种多媒体采集、传输、存储、处理、控制技术的蓬勃发展，多媒体技术与计算机网络技术的结合使传统的单一服务的互联网呈现出了各种各样的媒体服务，如网络电视，文本、图片、声音和视频等多媒体资源的建设和共享等。第三，网络的应用范围也由最早美国的军事、国防，扩展到美国国内的学术机构，进而迅速覆盖了全球的各个领域，运营性质也由科研、教育为主逐渐转向商业化。

2. 网络技术的应用

网络技术主要涉及的是通信领域，现在以 Internet TCP/IP 协议为基础的网络模式日益成熟。在网络中对各种热点技术的使用、开发、研究，使计算机网络发展到了一个新的阶段。目前主要使用的网络技术如下。

（1）数字语音多媒体三网合一。目前，随着科技的进步，在计算机网络与通信技术应用发展中实现了计算机网、有线电视网和电信网有机的结合，即为三网合一，这样不仅降低了使用成本，而且方便了网络用户的使用，提高了网络的使用效率。三网合一是社会进步的需求和网络发展的必然趋势。网络的出现不仅缔造了一个庞大的产业，也促进了其他相关产业的发展，如电子商务、电子政务、电子科学、远程教学、远程医疗等的发展。三网合一可以使人们突破时间和空间的限制，能够更好地享受网络的便利，方便了人们的工作、学习和娱乐。

（2）IPv6 协议。在 20 世纪 70 年代开发的 IP 协议，随着时代的进步，其也在不断完善，逐步发展成为今天广泛使用的 IPv4。但是随着人们对网络服务质量和速率需求的日益增长，IPv4 因其地址资源不足、路由选择效率不高、路由表膨胀、移动特性支持缺乏，缺少服务质量和安全的保障等不足，逐渐被 IPv6 取代。IPv6 是一个 Internet 协议的新版本，在旧版的基础上增加了路由器探测、参数探测、地址自动配置、重复地质探测、地址解析等功能。并且该协议具有一定的安全性分析，主要有采用身份验证等方式阻止信息报探测、IP 欺骗、连接截获等攻击方法对网络的入侵。

3. 网络技术的发展趋势

随着网络越来越快地深入人们的生活，人们对网络科技也随之提出了更多的要求。一是集成化、智能化、开放化。分别对各种服务和多种媒体应用的集成、网络信息传输路径和处理手段的自动化及用户应用接口开放化和计算机网络的兼容性提出了更高的要求。二是高速化、移动化。对上网的速度和空间的制约提出了要求，现在对无线网络技术的研究和逐步的完善就是为了用户上网更为便捷，打破传统网络对使用环境的限制。三是网络技术的研究方向也日渐以应用服务为主。用户对网络的应用的需求，促进了网络技术的发展。

4. 网络技术研发业案例分析——以 ARM 公司为例

ARM Holdings 是全球领先的半导体知识产权（IP）提供商，并因此在数字电子产品的开发中处于核心地位。ARM 的总部位于英国剑桥，拥有 2 000 多名员工，并且在全球范围内设立了多个办事处，包括位于中国台湾、法国、印度、瑞典和美国的设计中心。

ARM 的商业模式主要涉及 IP 的设计和许可，而非生产和销售实际的半导体芯片。ARM 公司向合作伙伴（包括全球领先的半导体和系统公司）授予 IP 许可。这些合作伙伴可利用 ARM 的 IP 设计创造和生产片上系统设计，但需要向 ARM 支付原始 IP 的许可费用并为每块生产的芯片或晶片交纳版税。除了处理器 IP 外，该公司还提供了一系列工具、物理和系统 IP 来优化片上系统设计。

ARM 公司是苹果、Acorn、VLSI、Technology 等公司的合资企业。ARM 将其技术授权给世界上许多著名的半导体、软件和 OEM 厂商，每个厂商得到的都是一套独一无二的 ARM 相关技术及服务。利用这种合伙关系，ARM 很快成为许多全球性 RISC 标准的缔造者。目前，总共有 30 家半导体公司与 ARM 签订了硬件技术使用许可协议，其中包括 Intel、IBM、LG 半导体、NEC、SONY、飞利浦和国家半导体这样的大公司。至于软件系统的合伙人，则包括微软、SUN 和 MRI 等一系列知名公司。

9.2.4　网络产业结构的发展沿革

网络经济的三大产业在不同的发展时期，所形成的产业结构是不同的。在网络经济发展初期，网络设备制造业在三大产业中占主导地位；随着网络经济的发展，服务业和网络技术研发业渐渐发展起来，并且在产业结构中的地位迅速上升，网络技术研发业的发展又促进了网络设备制造业和服务业的升级。持续不断的创新贯穿整个网络产业发展的历程，推动产业结构的优化升级。

目前中国网络产业结构中，技术研发业的重视程度还不够，我们缺少像高通、ARM 这样全球性的、掌握主流核心技术的企业来引导我国网络产业与传统产业的协同发展，国家需要鼓励和支持企业积极进行研发创新，发展科技产业及高、精、尖制造业，走出低端制造的困局，促进整体经济产业结构优化升级。

9.3　网络经济的创新

随着互联网络的出现，作为新经济重要形式的网络经济孕育着极大的创新动力。无论是制度创新、组织创新还是商业模式创新，都为蓬勃发展的网络经济注入了新的活力，创新是网络经济的本质特征。

9.3.1　网络经济创新动因

从世界上首个网络 ARPA 在 1968 年诞生到如今，互联网已经成为大多数人生活中不可或缺的一部分，互联网走过了 40 余年的历史，引发的创新层出不穷。网络经济创新的根本动因是网络带来了经济变革，使企业运行的宏观环境和微观环境都发生了变化，经济主体必须通过创新来适应新的经济环境。

1. 网络引发的经济变革

网络经济是建立在现代通信网络、电子计算机网络所形成的信息网络基础上的一切经济活动。随着互联网及一系列通信信息技术的发展和应用，网络经济蓬勃发展，与工业经济相比较，网络引发的经济变革具体表现在以下方面。

1) 生产方式由大规模生产向个性化生产转化

在传统工业经济时代，企业的生产大多采用大批量、小品种的生产方式，即利用几种预先设计好的产品来满足所有消费者的需求。在网络经济时代，由于信息技术的飞速发展，计算机网络集成制造的柔性生产体系得以广泛应用，企业的生产方式正向个性化生产转变，即按照客户的需求进行多品种、中小批量的生产。美国里哈伊大学罗杰·内格尔的研究表明，若采用基于计算机网络的柔性制造系统，交货时间仅相当于传统方式的 1/100，而成本只有传统方式的 10%，并能够在零库存的情况下进行客户驱动的个性化生产。

2）信息的易获得性使生产者和消费者的成本大幅降低

互联网的广泛应用，使无论生产者还是消费者的信息获取比传统工业经济时代更加容易。对于生产者而言，先进的技术手段使其能更迅速准确地了解市场需求的变化，更迅速地在各个部门间传送生产所需的信息，从而使企业运营效率提高，企业内部的运营成本降低。对于消费者而言，互联网的出现减少了消费者与厂商之间的信息不对称，消费者能够更加方便地了解所需产品的信息，减少了消费者的搜寻成本。

3）网络经济引发生产者和消费者之间关系的变革

在传统的工业经济时代，厂商是生产者，消费者基本无法参与产品的生产过程。在网络经济时代，消费者可以有机会参与到产品的设计过程甚至生产过程。如今，很多企业在生产过程中都会通过网络收集消费者试用时的意见和建议，然后进行产品改进并最终发布产品。另外，网络经济条件下的一些新兴的商业模式中，能够利用用户所提供的内容来帮助企业盈利。因此，在网络经济时代，生产者与消费者之间的界限不再明晰，消费者在一定程度上参与生产过程，生产者的内涵扩大。

4）企业盈利所需核心资源中加入新内容

传统的工业经济时代，土地、资本和劳动构成主要的生产要素。对于企业而言，只要具有这些生产要素，把握住市场需求并实施正确的战略，就有可能盈利。由于在传统工业经济时代上述资源较为稀缺，因此企业管理的重点是如何使这些资源得以有效配置，以使企业的利润最大化。网络经济由于具有赢者通吃、标准为王等特征，企业获利所需的核心资源中加入了新内容，如技术（尤其是技术标准）、客户资源等。

5）商业模式的优劣与企业的盈利状况更加息息相关

在传统的工业经济时代，生产方式的单一性决定了其商业模式相对较为简单，商业模式的种类也相对较少。在网络经济时代，由于人们的消费需求更加多元化，如何满足消费者多元化的需求是网络经济需要解决的核心问题，不同的商业模式在满足消费者多样化需求方面有不同的作用，互联网新兴企业商业模式的优劣往往成为企业能否持续盈利的关键因素。因此，在网络经济中商业模式比以往任何时期都更为关键。

2. 网络经济创新动因

（1）网络经济时代宏观环境的不断变化和企业运营过程的诸多变革，企业需要创新才能适应这些新变化。

（2）原有的技术、组织制度或是商业模式无法适应互联网经济下企业竞争的需要。

（3）创新能够带来巨大利润。只有创新才能生存，只有创新才能发展。

3. 创新概念的解析

"创新"这一概念由美国著名经济学家熊彼特于 1912 年在其著作《经济发展理论》中首次提出。随后，熊彼特又分别在 1939 年和 1942 年出版的《经济周期》、《资本主义、社会主义与民主》两本著作中进一步全面系统地阐述了其创新理论和思想。熊彼特所述的"创新"，是一种从内部改变经济的循环流转过程的变革性力量，其本质是"建立一种新的生产函数"，即实现生产要素和生产条件的一种新组合。

熊彼特认为，创新包括以下 5 种情况：①生产一种新产品或开发一种产品的新特性；②采用一种新型生产方法，该方法可以是制造过程中的新工艺，也可以是在其他商务环节的新方式；③开辟一个新的市场，不管该市场以前是否存在；④控制原料或配件的一种新的供应来源，不管该来源以前是否存在；⑤实现任何一种产业的新的组织形式，如造成一种垄断地位或打破一种垄断地位。①

同时，熊彼特还认为，创新是一种创造性毁灭，"一旦现有的生产技术和生产方式受到竞争对手更新、效率更高的产品的猛烈冲击，创新就会毁灭现有的生产技术和生产方式，摧毁那些受到新技术攻击的传统的价值观念、管理体制及经营模式。"②

4. 网络经济创新内容

近 20 多年来迅猛发展的信息技术特别是互联网技术是创新的助推器，同时也是创造性毁灭的催化剂。上文熊彼特所述的 5 种创新在网络经济的条件下也有了一些新表现：①借助于计算机技术，新产品的研发周期大为缩短，研发效率显著提高；②新型生产方法和工艺的开发随着新信息技术的广泛应用而变得容易进行；③网络应用广泛渗透于日常生活各个方面，互联网在一定程度上改变了人们的行为方式，从而催生了新的消费需求，进而也催生了新兴市场；④网络经济的新兴商业模式中，提供独到内容或控制内容来源往往至关重要；⑤对于大多数网络经济中的企业，创新的速度更为重要，往往创新最快的企业才能形成或打破垄断。

可以将网络经济创新的主要内容概括为 4 个方面：技术创新、标准创新、组织创新和商业模式的创新。

9.3.2 网络经济技术创新

1. 网络时代技术创新机遇

1）网络经济引发的巨大信息消费市场成为技术创新的动力

从个人的角度看，处于信息社会的消费者为了提升自己的生活品质，越来越依赖于从外界获取及时有效的信息。同时，消费者又往往在大量未经处理的原始信息面前无所适从。技术创新使得从海量信息中检索和提炼面向特定人群的有针对性的信息成为可能，因此面向不同人群的有偿信息服务也应运而生。此外，当今社会中的个人不仅在现实社会中追求个性化消费，在互联网所构筑的虚拟社会中也要彰显个性。因此，在网络游戏、虚拟社区中大量个性化虚拟产品的消费需求也依赖于虚拟产品的创新，而这些虚拟产品创新的背后依赖于技术创新的支持，进而刺激技术创新。

从企业的角度看，首先，若能在现代商战中立于不败之地，有效决策依赖于及时、准确和适量的信息，因此企业对于信息的需求与日俱增。其次，企业内部是否拥有先进的信息系统特别是先进的决策支持系统，成为企业决策能否成功的关键。因此，不同企业对信息系统的需求也日趋强烈。再次，处于企业生命周期中不同阶段的企业对信息系统的需求也不尽相同，企业对于信息系统的需求也会随企业所经历的发展阶段而动态调整。由此可见，企业的信息需求背后是一个极大的信息消费市场，为满足这一市场需求，需要通过不断进行信息技术和网络技术的创新。

在网络经济时代，信息消费需求使这一市场的规模呈几何级数增长，这就自然成为企业进行技术创新的动力。

① 熊彼特. 经济发展理论. 北京：商务印书馆，1990.
② 麦克劳特，瓦阿勒，卡茨. 创造性毁灭. 长沙：中南大学出版社，2007.

2) 网络经济条件下整个技术创新的周期缩短

在网络经济条件下，技术创新的引进、扩散和应用的整个周期都有所缩短。一方面，由于信息网络技术应用于企业生产运行的各个过程中，利用计算机进行产品和服务的设计，利用交互式网络平台收集用户意见改进产品在各个行业都日趋普遍。因此，从企业内部的角度看，企业大大提高了产品和服务的创新速度进而缩短了整个创新的周期。另一方面，由于互联网的出现使信息传递更加方便快捷，某些创新成果出现后，能够迅速地通过互联网传播并被其他企业获取，其他企业利用已有的技术创新成果进行再创新所需的时间也大大减少。

整个技术创新周期的缩短，推动企业技术创新的进程。

2. 网络经济条件下企业技术创新的影响因素

网络经济条件下企业技术创新的影响因素可以从内、外两方面进行分析。

1) 内部因素

(1) 企业家精神。熊彼特的关于创新理论认为，除利润动机外，创新和经济发展的最主要的动力是企业家精神。他所述的企业家精神的含义包括4个方面：创造性和首创精神、强烈的追求成功的欲望及以事业成功为主导的价值观、愿冒风险并以冒险和战胜困难为乐的精神、极强的事业心。熊彼特还认为，资本主义经济发展过程中的创新，是由一群具有企业家精神的管理者推动的，企业家精神是创新的灵魂。

在网络经济条件下，创新是一种必然，因此一个企业是否具有企业家精神，往往是决定企业能否技术创新、技术创新是否成功的关键因素之一。企业家在企业中担负着识别宏观环境、制定战略规划，并分配企业内有限资源的重任。只有具有企业家精神的企业家才能敏感地察觉到外界技术创新所引发的宏观环境的变化，并在制定战略规划时将技术创新作为企业发展的重要战略，进而为企业的技术创新分配足够的资源。因此，具有企业家精神的企业家是企业技术创新过程中的核心推动力量，而企业家精神作为一种重要的生产要素，已成为影响企业在网络经济条件下发展的重要因素。

(2) 企业的技术创新团队。网络经济条件下企业内部的技术创新，不可能仅通过一个人独立完成。一项能够给企业带来大量利润的创新成果往往是企业内部技术创新团队集体智慧的结晶。因此，企业内是否拥有优秀的创新团队对企业技术创新能否成功至关重要。

进一步，企业创新人才团队的稳定性十分重要。企业不应因一两个创新团队中成员的离职而使技术创新的进程严重受阻。保持技术创新团队的整体稳定和创新团队有效的知识管理成为企业能持续有效地进行技术创新的重要条件。对创新人才团队给予适当的激励往往能够使团队的稳定性加强。此外，企业还应非常注重外部创新人才招募和内部创新人才的挖掘培养，从而逐步充实技术创新人才团队的整体力量。

(3) 创新的企业文化。一个在网络经济条件下生存发展的企业，是否具有能够孕育创新的企业文化也是影响企业技术创新能否成功的重要因素。企业在网络经济条件下进行技术创新需要的文化氛围可以概括成以下几个方面。

① 自由民主，鼓励探索。人是创新的主体，而作为个体的人进行创新的动力包括创新者的好奇心和创新者发现已有技术存在的问题。只有在崇尚自由、鼓励探索的气氛中，创新者的好奇心才有可能进一步地激发出来，对于已有技术的改进也才有可能实现。

② 容忍失败，对冒险者给予足够的宽容。技术创新特别是在技术更新速度较快的网

络经济大环境下进行技术创新，往往因为面临高投入和不确定性而存在大量风险。技术创新者也因承担风险而承受着相当的心理压力。对于技术创新企业而言，在企业内部营造一种对创新失败容忍宽容的氛围极其重要。一般而言，愈是有价值的成功的技术创新，其背后必然会经历更多的失败与挫折。因此，对创新者的宽容也是可塑造企业技术创新文化的重要方面。

③ 鼓励开放，崇尚合作。在网络经济时代，企业进行技术创新有时只依靠本企业的力量还远远不够。企业需要拥有鼓励开放、崇尚合作的文化氛围，因为这种文化可以使企业不排斥外部利于创新的各种资源和知识，使企业更容易从外部汲取更多的信息，并通过合作进行创新。

④ 企业的知识管理水平。在网络经济条件下，企业的技术创新能力可以看成企业的一种内生资源，而技术创新能力的积累来自于企业内部有效的知识管理。在信息社会中，知识的更新速度进一步加快，一部分知识的生命周期也大为缩短，因此在第一时间获取企业技术创新所需的知识尤为重要。此外，对知识库内容的及时更新和对旧知识的淘汰也极为重要，因为这样可以减少知识库内对技术创新无益的知识，从而提高技术创新时检索、使用知识的效率。企业如果具有较高的知识管理水平，能够为企业的技术创新提供有力的保证和支持。

2）外部因素

（1）宏观经济环境。任何企业的绝大多数行为都受到外界宏观经济环境的制约。宏观环境既包括世界的宏观经济环境，也包括一个国家内部的宏观经济环境。在经济全球化、一体化进程逐步加快的今天，宏观经济环境作为企业技术创新过程中最为重要的外部因素之一，正在对企业的技术创新产生极大的影响。

网络经济条件下的技术创新，特别是自主创新和技术研发通常蕴涵着较高风险并需要大量投资。与此同时，全球经济状况的优劣、一国经济形势的好坏，都将直接影响投资者的信心和企业在市场上的获利能力，也必将影响企业是否能够筹集到足够的资金用于技术创新。如果企业没有稳定的、足够的资金支持或收入来源，技术创新的速度和进程将受到严重的阻碍。尤其是处于全球金融危机的特殊时期，如果企业缺乏抵御金融风险的能力和未雨绸缪的技术创新专用资金的积累，则技术创新必将受到严重的影响。

（2）政策及法律环境。

如前所述，网络经济条件下的技术创新需要大量的投资。一方面，对于以企业为主导的技术创新，特别是以中小企业为主导的技术创新，如果欲实现良性发展，在一定程度上需要国家政策的支持，包括激励创新政策、产业发展政策、财税政策等。因为，政府是否出台惠于企业技术创新的政策直接影响企业技术创新的意愿。对于积极进行技术创新的企业或是有卓越技术创新成果的企业，政府需在贷款政策、税收政策、企业员工的社会保障政策等方面给予更多的支持。另一方面，对于非企业主导或是企业与研究机构合作的技术创新，特别是某些基础性的网络技术和信息技术的技术创新，政府需从国家发展战略的高度制定相应的政策，同时给予资金支持。

在网络经济条件下，信息的传播和共享更加容易，国家完善的法律制度对于保护技术创新的成果及技术专利起到极为重要的作用。倘若一国的法律无法使知识产权和创新成果得到有效保护，则企业或其他技术创新主体的积极性会大大降低。

（3）信息消费市场的需求。网络经济引发的巨大的信息消费市场成为技术创新的重要动力，因此信息消费市场的需求状况自然成为影响网络经济条件下企业技术创新的重要外部因素之一。

随着互联网广泛渗透到社会经济生活的各个层面，企业需要对外部环境发生的重大改变能够敏锐地察觉。消费者选购产品时产生的个性化检索需求和产品比较需求、消费者借助互联网产生的个性化社交需求和娱乐需求、企业用户在网络经济条件下提升其内部信息化水平的需求，都为网络经济中企业的技术创新指明了方向。是否能准确把握信息消费市场的需求已成为企业能否成功进行技术创新、技术创新成果能否被市场认可的关键。

（4）企业的竞争者及企业间的合作。一方面，企业竞争对手采取何种战略、何种方式进行创新，对于企业的技术创新战略的确定、技术创新模式的选择有重要的影响。同时，企业竞争对手的技术创新速度与技术创新水平也会成为制约本企业技术创新能否成功的一个关键因素。另一方面，如果企业所在行业的生态环境较好，或者企业能够与其所在产业链或价值网中的其他企业进行技术创新的合作、能够争取双赢或多赢，则企业技术创新的成功概率将大大提升。

3. 网络经济条件下企业技术创新的特征

1）市场在技术创新过程中的作用愈发强化

网络经济条件下的技术创新，是一个始于市场终于市场的过程，市场需求指导技术创新的方向。当技术创新适应市场需求的潮流时，技术创新的成果将迅速被市场认可，并能够产生可观的经济效益。反之，当技术创新的成果与消费者的需求脱节时，该技术创新的成果就是无意义的。在网络经济条件下，市场在技术创新过程中的作用愈发强化还表现在以下两个方面。①网络经济时代消费者的个性化消费需求日益彰显，挖掘新的消费需求和新的细分市场往往是技术创新的起点；②随着一项新技术的出现，敏锐的市场观察者将能够立即对该技术进行二次创新并应用于潜藏商机的领域。

2）拥有自主知识产权的创新成果成为部分企业获取利润的关键

在网络经济条件下，部分以技术为主导的企业，只有拥有自主知识产权的创新成果，才能获取较多的利润。这一特征，在通信、计算机两大行业更为明显。如果这一领域的企业缺乏自主知识产权的创新成果，只能利用他人的技术创新成果进行模仿创新或是直接拿来使用，则这些企业需要支付高额的专利费，其利润大大低于拥有自主知识产权创新成果的企业。因此，对于技术核心驱动的企业，在网络经济条件下是否拥有自主知识产权的创新成果将在很大程度上决定企业利润水平的高低和竞争的成败。

3）高效的技术创新依赖于技术创新联盟实现

不同的企业具有不同的要素禀赋结构，其技术创新团队的专长也各不相同，甚至存在彼此互补的情况。当合作双方认定进行技术创新可能导致双赢的结果，并能对未来技术创新成果的归属达成协议时，构建技术创新联盟可以大大提高技术创新的效率，并使联盟内的企业均得以盈利。

构建技术创新联盟对联盟内企业的好处集中体现在以下几个方面。①技术联盟内企业可以迅速获得必需的技术资源，这在多数情况下要比企业进行独立的技术创新时获取资源的速度快。②在技术联盟中，一个企业可以向其他企业学习，促进企业之间的知识交换，提升每个企业的创新能力。③技术创新联盟可以在创新所需投资数额较大、创新成果的市场不确定性较高时，在各企业间分摊成本共担风险。

4）技术创新成为企业自觉的行为，并成为企业获得可持续发展能力的关键

在网络经济条件下，由于市场需求是动态的，基于市场需求的技术创新也必将是永恒的。因此，许多企业已将技术创新看成一种自觉的行为，而不再是企业为了应对市场需求的变化而作出的被迫之举。相当数量诞生于互联网时代的新兴企业已经收获了技术创新带来的果实，同时也意识到企业若要获得可持续发展的能力，必然依赖于长期不懈的技术创新。

4. 网络经济条件下企业的技术创新过程

传统的技术创新过程是一个相对简单，并且在大多数情况下是一个单向过程。其过程包括新技术构想的产生、可行性研究、开发试验及研制、商业化生产与销售和最终扩散这 5 个环节。在互联网尚未出现的情况下，企业一般在其内部完成整个创新过程。

在网络经济条件下，由于互联网成为信息传递的媒介，企业的技术创新正在向一种用户与企业共同参与的交互式过程转变。网络经济条件下企业的技术创新过程可以是一个虚拟的过程。企业通常先设计出一个初始产品，在互联网发布一个虚拟产品，征求客户意见，同行竞争者或所有有兴趣的人都可以参与意见和设计过程。客户可以提出个性化的需求，企业根据客户的需求修改产品设计，甚至是客户直接参与产品设计过程，与企业共同完成产品的设计。当客户提出的需求或在实现过程中出现技术瓶颈，或者用户自行设计产品的过程中遇到技术难题时，企业和客户再共同进行有针对性的技术创新，突破难关，最终设计出满足客户个性化需求的产品。生产厂家可以和客户在互联网上进一步协商价格、付款方式、送货时间等细节，完成产品的销售。

由此可见，网络经济条件下企业的技术创新过程是一个虚拟的、客户参与其中的交互的过程。

9.3.3　网络经济标准创新

1. 标准的含义与技术标准的功能

1）标准的含义

公认的较为权威的标准定义来自国际标准化组织（ISO）的标准化原理委员会（STACO），它以指南的形式给出的标准定义是："标准是由一个公认的机构制定和批准的文件。它对活动或活动的结果规定了规则、导则或特殊值，供共同和反复使用，以实现在预定领域内最佳秩序的效果。"此外，我国的国标指导性文件 GB/T 39351—83 中将标准定义为："标准是对重复性事物和概念所作的统一规定，它以科学、技术和实践经验的综合为基础，经过有关方面协商一致，由主管机构批准，以特定的形式发布，作为共同遵守的准则和依据。"无论是上述哪种定义，实际上都强调了标准是一种被广泛认可、使用并共同遵守的秩序或规则。

2）技术标准的功能

技术标准的功能体现在以下几个方面。

（1）降低交易成本，促进技术贸易。由于标准具有统一的特性，因此当某些在网络经济条件下提供的通信信息产品或服务都遵循唯一的标准时，消费者选购或更换同类产品的配件时降低了消费者的转换成本，而且使整个过程变得更加便利。由于多数企业遵循统一的标准，因此带来产品的兼容性，降低了交易成本。同时，当不同国家采用的技术标准相同或相近时，国与国之间的技术贸易可以进行，一国可以从他国购买相应的技术应用于本国相类似

的系统中，加快国与国之间的技术交流。

（2）降低风险和不确定性。当市场上存在多个标准且彼此差异较大和互不兼容时，无论是厂商还是消费者在选择应用何种标准时都存在较大风险。因为多个标准彼此间一般会存在竞争关系，未来可能一种标准战胜另一种标准成为主流标准，另一些标准可能逐步被淘汰，被淘汰标准的消费者和厂商均会受到较大的损失。反之，如果技术标准之间是兼容的或采用统一标准，厂商和消费者的风险和不确定性会大大降低。

（3）增加消费者价值。网络的外部性和网络经济条件下边际收益递增的特性说明，应用同一个标准的用户越多，该标准的价值越大。如果在网络经济条件下的某一部分、某一具体行业或某一具体产品中推行统一的标准，网络的外部性带来使用者价值的增加。

2. 网络经济环境下标准的形成与创新的过程

技术标准是行业内技术水平的一种综合表征，是对最新技术创新的综合性且系统化的重构。技术标准的发展和创新过程与技术本身的创新和发展过程基本一致，有时也会超前或滞后于技术创新本身。在技术更新速度很快的通信信息行业，技术创新往往会超前于技术标准，推动技术标准的不断完善。此外，技术创新往往使技术趋向于多样化，而技术标准化的过程则是将多样性的技术创新敛聚于技术标准中的过程。

技术标准的形成是市场竞争的结果。初期，市场中存在多种可能成为标准的技术，厂商和消费者可以通过市场来选择采用何种技术。当若干种技术相互竞争时，技术的扩散过程导致主导标准的形成。该主导技术通过市场竞争，将会有众多的厂商成为其追随者。主导标准形成后，基于此主导标准下的创新活动将使该标准渐进发展，直到另一次的革命性技术创新推动新标准的产生。由此可见，在整个技术变迁的过程中，市场的选择起支配作用。

在网络经济条件下，技术标准的产生与创新和网络经济的特性密切相关。技术标准化的商业策略遵循以下逻辑：当备选技术的技术收益小于主导技术的兼容收益时，主导技术所具有的正反馈效应将会产生对主导技术使用者的锁定。同时，正反馈和边际报酬递增的特性，使最终选择的技术标准往往并非是最优的。

3. 网络经济条件下标准创新范例——高通的 CDMA 标准的成功发展

高通公司主导的移动通信领域 CDMA 标准的成功，是网络经济时代标准创新的一个典型事例。高通公司成立于 1985 年，创立之初仅是一个拥有 7 个人的小公司。但是，由于其一贯奉行的重视技术研发与标准创新的政策，25 年后，高通公司成长为拥有遍布全球各地 11 000 名员工的在无线通信领域世界领先的著名国际企业。

高通公司进行 CDMA 技术创新的初期，大多数企业仍将眼光放在 GSM 标准体系下较为成熟的 2G 商用市场。因为 CDMA 当时很不成熟，高通公司就将较大的精力放在 CDMA 标准的完善和整个产业链的建设上。高通公司对于技术创新和对标准创新的投入最终结出了硕果：1993 年，美国电信标准协会接收了高通公司的 CDMA 标准，CDMA 标准开始正式为业界所接纳。1995 年，全球第一个 CDMA 商用系统运行，此后的 5 年间，CDMA 的用户数突破了 5 000 万，高通公司也因为其创建的 CDMA 标准获得了极高的利润。

高通公司的标准创新成果主要凝聚于其自主开发的 CDMA 芯片上，该芯片集成了无线收发器、基带调制解调器、电源管理系统和多媒体引擎等内容。现在，高通公司的合作方每销售一部手机，就要向高通公司缴纳一笔知识产权转让费，这里面包括 CDMA 的入门费和使用费，约占产品售价的 6％左右。在高通公司的 CDMA 标准已经被世界认可的情况下，高通公司则把企业的发展战略核心锁定在对于标准的完善和进一步改进上。高通公司先后卖掉了其初期为完善产业链而组建的手机事业部和基站事业部，同时委托生产商进行芯片生产，公司专注于 CDMA 标准的进一步开发。

高通公司的标准创新使其在 CDMA 领域获得了多项世界第一。在推出了 CDMA 芯片之后，高通公司又成为首个实现 HSDPA 和 HSUPA 芯片（高速率上/下行数据传输芯片）商业化的厂商。此外，高通公司通过 Gobi 芯片组的推出，成为全球首个实现 CDMA 和 UMTS 网络中进行宽带连接的笔记本计算机解决方案的厂商。

高通内部的标准创新是一个完整的链条，从技术的研发到商用过程都有相对周密的部署与规划，因此高通公司的标准创新与技术创新速度也相对较快。高通公司的一个重要经验是能够非常准确地识别出需要加强投入的技术领域，同时遍布全球的科技人员从事研发。

高通公司对于技术研发和标准创新的高投入在业内也颇为突出。仅在 2013 财年中就投入了近 50 亿美元，每年研发费用也高达每年营收的 20% 之多。截至 2014 财年第二季度，高通的研发投入累计超过 300 亿美元。对于技术标准创新的重视和持续的高投入是高通公司在 CDMA 独占鳌头的根本原因。

此外，高通公司在注重自身标准开发的同时也愈来愈注重合作，使其创新成果能够更好地扩散并被市场认可。在中国，高通通过授权和很多品牌一起成长，并且促成了很多成功的品牌。在高通刚进入中国市场的时候，很多中国手机厂商还停留在生产和制造的阶段，高通把先进的技术和厂商共享，帮助合作伙伴尽快掌握技术，由生产转变为研发。并且很多客户为此获得巨大的成功，也不仅满足于国内市场，很多已经扬帆出海，成为国际厂商，比如联想、OPPO 和小米等。在 3G 时代和高通合作的国内厂商有 110 家，在 4G 时代有 55 家签订了授权合作。

2015 年 2 月 10 日，高通公司因凭借垄断地位非法谋取暴利被国家发改委开出中国反垄断历史上金额最大的罚单（60.88 亿元），并被责令整改。但这对于高通公司来说并不是多大的灾难，因为高通的 CDMA 标准仍然是 4G 时代的核心标准，可见被广泛认可的标准技术能使一个公司立于不败之地。目前，各国正在积极探索 5G 的研发，中国国内的企业需向高通学习，提高自身研发水平，加大研发投入，力争在 5G 市场上的核心领域占据一席之地。

9.3.4 网络经济组织创新

网络经济时代互联网渗透到企业运营的诸环节，企业的研发、生产和销售等环节正因互联网的出现而改变。原有的企业组织结构在一定程度上已经制约了企业在互联网经济时代的发展，因此，网络经济呼唤企业内部的组织创新。

1. 网络经济企业组织创新的原因

1）网络经济对企业组织的影响

在网络经济时代，由于互联网及信息技术深入渗透于企业的经营活动之中，对企业的组织运行产生了深远的影响，主要表现在以下几个方面。

（1）互联网及信息技术的应用在一定范围内降低了企业成本，企业与市场的边界达到新均衡，促使企业内部组织结构的改变。在网络经济时代，企业的信息化程度普遍提高，ERP、CRM、行业 OA 等先进信息系统的逐步使用，使企业内部及企业与市场间的信息传递更加快捷，部分在传统工业经济时代所需的信息传递成本、企业组织与管理成本大幅度降低。同时，由于互联网的媒介特性，网络经济条件下企业与市场的边界发生了变化，需要根据网络经济条件下新的外部和内部环境，适时适度地调整组织的规模与结构。

（2）在网络经济条件下，市场竞争具有"赢家通吃、胜者为王"的特性，需要企业组织结构的相应改变。最先进行技术创新、最先通过设立标准获得广泛市场的企业往往成为最大的利润获得者，通过速度取胜已经成为在网络经济中获利的重要方式。在这种情况下，企业所能依赖的是灵活有效的组织结构的支持。很难想象，传统工业时代的等级严格的组织形式能够支持网络经济条件下所需的企业高效运转，网络经济时代给企业的组织结构提出了新的要求。

（3）在互联网经济中，某一整体产品的生产有时依赖于由网络连接和组织起来的多个企业共同协作完成，需要企业组织结构与之相适应。这里所述的整体产品是指该产品可能由若干个子产品或配套产品综合构成，并完成某一特定的功能，从而满足消费者的需求。例如，提供一项基于手机的无线应用服务，需要手机制造商、运营商、服务内容提供商三者的共同协作，通过合作联盟为消费者提供满意的产品。同时，市场上可能存在多个整体产品，并存在竞争，因此可能带来联盟之间的竞争，这也不同于在传统经济时代企业竞争的情形，即网络经济影响了企业间、组织间的竞争与合作关系。

2）网络经济中企业进行组织创新的原因

企业的组织结构可以理解为企业中人、财、物，以及其他各种资源和其他组成企业的各部分的组合方式。企业组织结构的选择依赖于外界经济环境、信息通信技术发展水平，以及企业内部人员的知识水平和素质。企业如果拥有良好的组织结构，则其信息传递通畅，信息处理和内部运转高效，同时能够为企业的盈利及战略目标的完成提供有力的支持和帮助。

在传统的工业经济时代，以工业革命后的大机器生产为代表，企业普遍采用基于集权的管理方式和相当庞大的管理组织，公司的决策层直接控制企业中为保障企业正常运转的各个部门，从而达到对企业经营状态的直接掌控。自上而下、等级严格的"金字塔"式的管理结构十分盛行，甚至成为前两个世纪工业文明的重要象征和体现。这种管理层级结构，在机械化大生产时代有着很重要的积极意义，但在信息网络技术迅速发展的今天，当企业置身于网络经济环境中谋求发展的时候，则显示出灵活性差、效率低、制约企业发展等诸多弊端。

在网络经济环境下，随着信息及互联网技术的广泛使用，组织内部不同级别成员之间的信息不对称在一定程度上得以消除，企业中的任何成员由于信息共享和互联网的渗透使其获取企业内部信息和外部信息时变得更加容易与及时。传统的基于命令式的管理"金字塔"的组织形式不再适用，客观上需要企业探索新型的组织结构以适应环境变化的需求。

因此，在网络经济中，企业进行组织创新的根本原因是原有的企业组织结构无法适应新的经济环境，甚至某些组织机构的设置和运行方式正在阻碍企业的发展，企业必须进行组织创新。

2. 网络经济组织结构的特点及组织创新的原则

1）网络经济条件下企业组织结构应具备的特点

（1）快速反应能力。在网络经济条件下，外界环境变化的速度、知识更新换代的速度都比传统的工业经济时代有了很大的提升。因此，企业能否在第一时间准确把握市场和消费者需求的变化,开发出具有市场潜力的技术,以及首创出适合自己的商业模式都成为企业能否成为网络经济时代行业领先者的关键。无疑,这需要一个运转高效并能对外界变化作出快速有效反应的组织结构作为支撑。

(2)富有弹性和动态性。僵化的企业组织结构不能适应网络经济条件下企业发展的需要。在网络经济时代,企业与外界各利益相关者的联系更加紧密,无论是日常事务的处理还是紧急情况的应对,都需要企业根据外部环境的变化设置合理的组织结构。这里所说的富有弹性和动态性是指企业可以随时根据企业发展的战略和特定时期企业发展的需求作出积极调整。这种调整可以是由于网络经济条件下企业与市场的边界变化所作出的组织机构调整,也可以是企业在与其他企业构建战略联盟或解除战略联盟时,所作出的动态调整。有时,企业在某一时期需要为某项工作成立特别工作小组或建立专门机构,以处理某一类新问题,这些机构的快速建立和高效运转往往成为企业组织具有弹性和动态性的体现。

(3)自我适应和自我更新。在网络经济环境下,企业组织的领导者和架构者必须能够识别由于组织结构不合理给企业带来的各种威胁,并进行大胆的主动变革与创新,以主动适应环境。及时自觉优化组织中不合理或制约企业运转效率的某些机构或更新某些机构的职能,能够消除企业组织存在的惰性,使企业在竞争中保持优势。

2)网络经济条件下组织创新的方向

为了使网络经济条件下的企业能够更有效地利用其所拥有的资源实现企业的目标,组织创新应符合以下方向。

(1)组织结构扁平化。组织结构的扁平化是网络经济环境带来的必然结果,因此也是企业组织创新变革最重要的方向之一。

在工业经济时代,由于组织内的成员无法十分方便地获取各方面的信息,因此"金字塔"形的垂直信息传递结构是一种相对有效的信息传递方式。同时,这种组织结构具有等级森严、便于控制的优点,适用于在传统经济条件下对信息依赖较少的机械化大生产环境。但是,此种组织结构由于其层级复杂、机构臃肿、管理成本高、组织效率低、对外界环境的变化适应性差。

网络经济时代,计算机技术、通信技术和互联网技术的深度应用,信息的分发、传递十分高效。此时,信息的传递方式也由自上而下的顺序传递变为企业中某些员工的集体共享。因此,原来为企业自上而下传递组织信息的某些机构可以撤销,在减少管理层次的同时,提高了信息传递的准确度,减少了信息在企业内部传递失真的现象。

(2)适应环境的网状组织形式。由于计算机网络的渗透和企业内信息系统的应用,企业内原有的管理结构在一定程度上发生变革。由于企业组织趋于扁平化,组织内的横向交流日趋增多。同时,过去以职能为分工基础的组织机构正在被一些以项目为导向的虚拟工作小组所替代。各小组间为了更好地相互沟通,分享知识与信息,满足彼此相互学习的需要则会构成组织网络。在这样由小组构成的网络中,没有特别的中心,各小组间基本平等。这种组织形式能在一定程度上提高企业的运行效率。

此外,随着企业的成长,大型企业的生产和销售将不再局限于一个较小的地域范围内,分散于世界各地的研发、生产、销售等职能部门在网络经济时代彼此相互连通。这使整个企业形成一种基于不同地理位置的网状结构。

(3)组织结构灵活可调。在传统工业经济时代的"金字塔"组织中,组织结构相对固定和呆板。在这种组织结构背后蕴涵的是组织功能程序化，即任何组织中所处理的事务，无论大小或紧急与否，都是在一种程序的运行模式中进行。显然，在这种过于僵化并无法灵活改变的运行模式下，企业很难适应网络经济时代的外界变化。

如果组织已经形成了一定的网状结构，则在该网状结构中一个人或一个小组可以看成是一个节点。每个人或小组可以独立地处理信息，并进行自我管理，因而获得一定的决策能力。此时，当企业再经历环境的变化或竞争对手的发难时，可以根据实际需要进行自由的联结、重组并完成角色转换，从而使企业组织灵活可调，高效运转。

（4）适度授权，分散决策。在网络经济时代，企业决策机制也发生了变化。在工业经济时代，企业的高层掌握绝大部分的决策权，这样的决策模式往往带来很大的风险。因为，组织层级结构复杂，信息传递的失真，往往会导致作出非最优决策。

在网络经济时代，扁平化和网络化的组织结构使企业决策的制定由原来的高层集中决策的模式向分散的、基于适度授权的决策模式转变。决策的分散化及适度的授权可以使处于企业组织网络中的每一节点的人和组织都有可能参与决策，而这些人往往是局部信息的占有者，这样的决策会更加有效。基于授权的分散性决策方式也可以增加组织员工的责任感，同时降低决策风险，提高决策的科学性和决策的效率。

3. 网络经济企业组织的新形式

为适应网络经济新环境，网络经济企业和传统企业都进行了不同程度的组织创新，涌现出许多新兴的企业组织形式，虚拟企业是其中的代表。

1）虚拟企业与虚拟经营

虚拟企业和虚拟经营是网络经济条件下企业组织结构创新的一个新兴组织形式，既是企业为了适应网络经济时代的外部环境，发挥自身经营优势所进行的组织创新，也是企业对传统业务流程的一种再造方式。

虚拟企业可以视为在网络经济环境下，为获取特定的利润目标基于互联网信息通信系统而形成的临时性虚拟组织，它通常聚焦于制造行业或服务行业。与其他实体企业相比，虚拟企业具有以下特点。①虚拟企业的建立依赖于信息技术和互联网技术，通信信息网络成为企业间沟通的重要媒介和桥梁。同时，整个虚拟企业内部的部分功能是通过与其他企业结盟并依靠互联网实现的。②虚拟企业由于是为某一特定的利润目标而组建的，因此参与其中的各个部门有机整合在一起，通常具有较强的竞争优势和核心能力。③虚拟企业通常反应迅速，组织机构具有较强的灵活性。④由于虚拟企业的诞生源于特定的利润目标，因此当该目标实现后，虚拟企业的生命也将完结。虚拟企业通常存在的时间较短，目标完成后即有可能解散。

在网络经济时代，虚拟企业的经营过程是通过信息网络汇集并整合来自不同所有者的信息及其他生产要素进行经营。其核心是它能够使具有不同核心竞争优势的企业通过网络进行组合，建立合作共赢的战略联盟，通过互联网共享关键资源，以达到共同进行产品的研发、设计，最后获得盈利。因此，虚拟企业经营过程最重要的部分是通过互联网汇集企业核心能力并有机整合的过程。

虚拟企业是诞生于互联网时代，并将互联网对企业发展的积极作用表现得淋漓尽致的一种新兴的组织形式。虚拟企业正在被全球越来越多的组织和企业采用。

2) 网络经济企业组织创新案例：宏碁集团组织结构的创新

宏碁（Acer）集团于 1976 年创立于中国台湾，现在已成为全球第三大个人计算机品牌，并成为全球第二大笔记本计算机供应商。2007 年，宏碁集团的总营业收入达 140.6 亿美元，目前产品销往 100 多个国家。宏碁集团不断发展的 30 年也正是互联网络蓬勃发展的 30 年。在这 30 年中，宏碁集团不断进行组织创新，其组织架构完成了从"主从架构"模式到"整合再分工"模式的转变。

1992 年，宏碁集团开始实施"全球品牌，结合地缘"的策略之后，采取了"主从架构，分散式管理"的方式。与传统的"金字塔"式组织机构不同，"主从架构"下的宏碁集团成为一个扁平的网状组织。在该组织结构中，存在许多可以独立作业的"主"（Client）和功能更强的"从"（Server）密切结合的网络系统。在实际运营中，关系分散的企业和子公司全都当成主从架构中的"主"，其可以自行决策，独立经营；而企业总部则扮演"从"的角色，退居第二线，不再对子公司和关系企业发号施令，只在需要时发挥协调功能。主从架构模式有利于在产业环境变化时各子公司迅速作出调整：在经营顺利时，各子公司既能独立作战，又能发挥集体的力量；在经营困难时，比较容易隔离和解决问题，不会牵扯到其他联属公司而影响整个集团的发展。这种组织结构在宏碁集团发展的特定历史时期，发挥其成本低、效率高、弹性大的诸多优点。

然而，随着互联网应用的逐步渗透，曾经推动企业转型的"主从架构"组织管理模式已不符合新网络经济条件下企业的发展需要。"主从架构"不仅使集团资源过于分散，各公司各自为政，而且会削弱集团作战的能力，导致整个宏碁集团竞争力难以有效提升。因此，宏碁集团实施了二次组织再造，对内部组织机构进行了有效调整，开始实行"整合再分工"的战略。在这种战略下，一方面，宏碁集团创新了其组织结构：集团总公司不再承担具体的经营业务，真正有经营业务的是其下的 5 个实体性的子公司和 8 家事业部。每一个公司和事业部都代表独立的法人，专精于某个领域，目标聚集进行发展。然后，通过内部的整合，形成集团的模式。另一方面，宏碁集团还在美国发展了十余家"创业投资企业"，其在这些企业中占 10%～15% 的股份。宏碁集团虽然只是创业合作者的角色，但其可利用自己的经验、行销网络补充创业者的能力，宏碁集团与这些创业投资企业风险分摊、利益共享。通过整合再分工，宏碁集团利用互联网形成了自己的企业网络。

9.3.5　网络经济商业模式创新

网络经济中最引人注目也最吸引投资者的，莫过于能够被市场证明带来丰厚利润的新商业模式。互联网的出现在一定程度上改变了人们的行为方式和思维方式，也给商业模式的创新提供了一个全新的舞台。网络经济条件下企业商业模式的创新日益成为行业关注的焦点，寻找可行的商业模式，对促进网络经济的繁荣有着重要的现实意义。

1. 网络经济商业模式创新的含义

1) 商业模式的定义

迄今为止，很多学者给予商业模式不同的定义，Timmers 作为早期研究商业模式的学者，将商业模式看成一个复杂并内涵丰富的概念。他认为，商业模式包含 3 个方面内容：①产品、服务和信息流的系统性结构；②商业运行中各个利益相关者和参与者在商业活动中的潜在利益说明与描述；③对于企业及其他参与者收入来源的说明。此外，Timmers 还认为，企业的商业模式应该为企业的营销战略服务。Osterwalder 在前人研究的基础上，为商业模式下了一个相对较为全面的定义。他认为，商业模式是一个概念性的工具，该工具包括一组元素及其相互关系，并能够表明企业盈利的逻辑。商业模式可描述公司提供给一个或多个客户的全部价值，以及公司及其伙伴组成的创造、营销、传递价值和关系资本的网络，该网络的目的是产生利润和可持续支撑企业发展的收入流。

结合前人的研究成果，本书为商业模式提供一个相对简单的定义：商业模式是企业内在价值创造机制，具有完整的体系结构，是企业盈利过程中一系列某些特有的运作方式的集合。在网络经济条件下，企业通过网络技术和信息技术对商业模式加以改造，使企业内部的价值创造机制适应外部环境的要求，同时也使价值创造的效率有较大程度的提高。

2）商业模式创新的含义

国外学者 Donald W. Mitchell 和 Carol Bruckner Coles 的研究认为，企业的商业模式创新包括两方面的内容，一方面是企业原有商业模式的诸多要素中发生的改变，且这种改变使企业直接或间接获利；另一方面则是企业进行产品创新，即向顾客提供新的产品。同时，他们认为，商业模式创新作为一种管理实践而存在，并可能使企业获得竞争优势。Donald W. Mitchell 和 Carol Bruckner Coles 将商业模式的创新过程归纳为至少以下 4 个方面。①充分理解企业现有的商业模式，新商业模式应能适应原有的商业模式；②理解并建立一个准确的商务模式创新的路径，并依照路径执行；③持续进行商业模式的设计与评估潜在商业模式，识别其中能对原有商业模式进行替代或创新的商业模式；④确立并实施商业模式的创新。

根据本书对商业模式的定义，商业模式的创新实际上就是改进或重构企业的价值创造机制或改造企业盈利过程中的某一系列特有运作方式，使企业获得更多竞争优势或更多盈利的过程。

2. 网络经济下的新兴商业模式

在网络经济时代，新兴商业模式层出不穷，不同的商业模式中蕴涵着不同的盈利机制。不同类型的商业模式并非彼此毫无关系，事实上，很多情况下某一企业所采用的商业模式是几种商业模式的相互渗透和组合。在此为了便于说明，将当前互联网中的新兴商业模式大致分为以下几类。

1）基于销售增值的商业模式

销售增值是指企业利用互联网作为销售渠道，相对于生产过程，在销售过程中增加价值，Rappa 更形象地将其称为商人模式（Merchant Model）。Rappa 认为，以下几种形式可以视为是基于销售增值的商业模式的体现。①目录商铺。该类公司将生产产品的目录通过互联网发布，客户可以在网上填写订单，并通过网络进行销售。②鼠标加砖块。传统商铺在网上开店，通过互联网销售，如淘宝网中的某些实体店铺同时在网上销售的商户。③比特产品零售商。通过在网上销售纯数字化的产品盈利，如 Apple iTunes Music Store。④虚拟商人。只通过网络进行销售的零售商，如 Amazon。

2）基于广告费用的商业模式

在互联网经济中，基于广告费用的商业模式较为普遍。在这种商业模式中，网站经营者利用自己或他人提供的几乎免费的内容和服务吸引用户的注意力，使网站达到一个较高的访问量，网站通过投放广告，向广告主收取广告费用获得收入。因此，基于广告费用的商业模式中最为重要的是流量，也即网站的访问量。

基于广告费用的商务模式一般包括以下两种途径。①采用广泛受众的方式，不特意区分浏览广告的用户人群，向所有登录该网站的用户投放广告。该类广告所宣传的产品往往是大部分普通消费者都需要的产品。②采用分众的形式，即在特定的网页上投放面向特定人群的分类广告。这一途径往往会有较强的针对性，因为访问某类主题网页的用户往往会购买类似的产品，或者有类似的购买动机。广告主（商家）利用网站采取何种方式投放广告主要由商家的营销策略决定，同时也与在网站上投放广告的价格有关。

基于广告费用的模式作为一种流行的商业模式，应用较为普遍。在大众化的门户网站（如新浪、搜狐、雅虎）、个性化门户网站，以及其他某些免费网站中均有采用。此外，某些用户提供内容、用户彼此免费分享而聚得人气并获得高流量访问的网站也会采用这种模式，如 Youtube 网站。

3）基于佣金的商业模式

基于佣金的商业模式又可称为中介模式或经纪商模式。佣金一般是指在交易过程中，中介方为促进交易双方成功交易而收取的费用。在互联网时代，B2C、B2B、C2C 的交易需求飞速增长，因此作为提供交易平台的中介商利用基于佣金的商业模式盈利也就成为可能。

eBay 是基于佣金商业模式的代表。eBay 作为在网上进行拍卖的一个交易平台，为在不同地区的买家和卖家提供了一个在线交易市场。此外，在 eBay 中还有买家和卖家的评级与推荐系统，以及对于买家和卖家的信用评定。当买家和卖家在 eBay 进行了成功的交易后，eBay 会根据交易规模收取佣金获利。

携程网也是以佣金为基础的商业模式。携程网通过向用户提供便利的酒店和机票的垂直搜索服务，吸引更多的客户通过该网站进行预订，从而收取佣金。根据携程网 2007 年的年报，携程网平均从每个客人的客房订单中收取的每间夜佣金为 66 元。同时，一张机票的佣金为 40 元。

基于佣金的商业模式还有其他多种具体实现形式，如虚拟商城、线上交易平台、第三方收费平台等，基于佣金的商业模式正在被越来越多的互联网公司所采用。

4）基于网络游戏的商业模式

网络游戏在中国有着数以千万计的玩家，因此在中国基于网络游戏的模式应用也很普遍。在网络游戏的商业模式中，打破了传统游戏只能单纯依靠销售和发行盈利的局限，盛大公司的《传奇》和九城公司《奇迹》均是基于网络游戏盈利的商业模式的代表。

网络游戏最早以销售点卡作为其主要的盈利方式，即玩家用所购得的点卡对账号进行充值，而点卡则根据在线玩游戏时消耗的时间进行扣除。网络游戏刚刚诞生之初，国内大多数游戏运营商都采用这种计费方式。后来，九城等游戏运营商开始探索新的盈利模式，将点卡消费改为包月消费，即玩家通过购买包月卡的形式加入到付费网络游戏阵营中。再后来，网络游戏市场中的免费游戏增多，市场出现了以销售道具和增值服务的网络游戏运营模式，QQ 游戏则是这种方式的代表。

网络游戏的运营可以通过代理运营企业，也可以是开发者企业直接运营，这取决于公司的财务状况、技术水平和政策环境。但无论采取何种方式，是否拥有庞大的玩家群体是基于网络游戏的商业模式能否成功的关键。

5）基于虚拟社区增值服务的商业模式

虚拟社区（SNS）是互联网经济时代的新兴事物，也带来了独特的商业模式。约翰·哈格尔三世和阿瑟·阿姆斯特朗在《网络利益》一书中对虚拟社区的定义为：所谓"虚拟社区"，就是一个供人们围绕某种兴趣或需求集中进行交流的地方，其通过网络以在线的方式来创造社会和商业价值。

利用虚拟社区提供增值服务的商业模式，多数是通过顾客购买运营虚拟社区的企业所提供的虚拟产品而实现盈利。这里的虚拟产品可以是一些服装道具，也可以是一些虚拟社区中的资产，总之这些虚拟产品满足了虚拟社区成员在网络上个性化的消费需求，以及在交友和沟通过程中的某些需要。例如，国外的 Facebook，国内的校内网、开心网均是基于虚拟社区增值服务商业模式的代表，虚拟社区与基于网络游戏和基于广告的商业模式也相互联系、彼此渗透。

6）基于无线增值服务的商业模式

通过移动通信网络或移动互联网向用户提供新的个性化无线增值服务，对于拥有超过 6 亿手机用户的中国市场，无疑也是一种新的商业模式。无论是 WAP 分类信息、手机报，还是互动游戏、数字音乐等，只要抓准特定人群的特定消费心理，并达到多方合作共赢，则均可实现盈利，空中网、A8 音乐均为该商业模式的成功范例。

7）基于提供互联网基础设施服务的商业模式

互联网及通信网络上所承载的一切服务和上述商业模式均依赖于物理网络的支撑。对于电信运营企业而言，在网络经济时代，通过出租通信管道收取租金，通过服务器托管收取相应费用成为在网络经济时代的一种盈利方式。较之于其他各商业模式而言，该模式投入大、门槛高，但收入稳定。通过这种方式盈利的电信运营商，都力求通过与内容提供商或服务提供商合作，发挥其影响力，构建新的商业模式实现更高水平的盈利。

案例　BAT 营销模式创新

在我国互联网的发展历程中，拥有最广泛互联网用户基础的腾讯、造就纳斯达克神话的百度及 B2B 网络购物无比风光的阿里巴巴是中国优秀互联网企业的代表，它们的发展历程也是中国互联网发展的缩影和代表。

腾讯公司成立于 1998 年 11 月，是目前中国最大的互联网综合服务提供商之一，也是中国服务用户最多的互联网企业之一。百度是中国知名中文搜索引擎公司，于 1999 年年底成立于美国硅谷。2000 年，百度回国发展超链分析技术，这是新一代搜索引擎的关键技术。百度的名字，来自于"众里寻她千百度"的灵感。经过十几年的发展，阿里巴巴成了电商平台霸主企业和主要的 B2B 网上交易市场，让全球的中小企业通过互联网寻求潜在贸易伙伴，并且彼此沟通和达成交易。

1. 腾讯的营销模式创新

1）腾讯的营销理念

身为 Web2.0 营销时代的领军企业，腾讯开创性地提出"腾讯智慧"理念，包括可衡量的效果（Measurability）、互动式的体验（Interactive Experience）、精确化的导航（Navigate）及差异化的定位（Differentiate）四个元素，组成了"MIND"，成为"腾讯智慧"的四大关键词。具体来说，就是用可衡量的效果来体现在线营销的有效性、可持续性及科学性；用互动式的体验来提供高质量的创新体验和妙趣横生的网络生活感受；用精确化的导航来保障目标用户的精准选择和在线营销体验的效果；用差异化的定位来创造在线营销的不同，满足客户独特性的需求。

2）潜移默化的定向营销

（1）置入式网络营销。置入式营销所注重的是整合与置入。"置入"即把营销行为巧妙捆绑到焦点事件、营销资源上；而整合则是将品牌与事件、营销资源进行最大化整合。"把广告做得不像广告"是置入式营销的最大特点。正是由于广告不像广告，所以置入式营销行为也就真正做到产品宣传和推广的"润物细无声"。

（2）精准定向营销。实现精准定向的主要技术瓶颈是用户身份识别、用户行为的收集、用户数据的挖掘分析和广告的匹配投放。腾讯依托 QQ 号进行用户身份识别和行为分析能够最大化地了解用户的自然属性及业务属性，在可靠性和准确度上好于以部分用户的注册身份、IP 和 Cookie 为主的技术手段。在数据挖掘和分析方面，腾讯更是拥有中国互联网上最大用户群体的上网行为等数据积累和挖掘分析。

2. 百度的营销模式创新

1）百度的营销理念

随着搜索引擎的出现，传统的 AIDMA 模式向网络时代的 AISAS 模式转变（图 9-3），搜索和分享成为影响消费者购买的关键步骤。消费者越来越依赖搜索引擎找到商品性能、特点、价格等信息以形成购买决策；并越来越习惯在网络社区浏览评论、与网友交流，以验证自己的决策是否正确。在此之后的实际购买，往往是这一决策流程顺理成章的结果。搜索引擎改变了消费者购买观念，搜索与分享也已经成为深度影响消费者购买决策的关键步骤。因此，互联网最大的营销价值就在于搜索引擎。在基于搜索的互联网营销平台的基础上，百度提出了整合新旧媒体、三重精准定向（关键词定向、浏览内容定向、行为定向）、全程营销顾问三大营销理念，根据品牌企业需求挖掘提炼互联网最有价值的信息，提升企业的品牌价值。

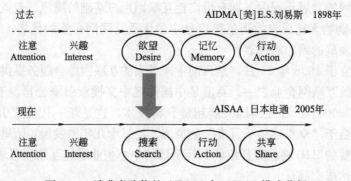

图 9-3　消费者购物的 AIDMA 与 AISAS 模式分析

2）以搜索引擎为核心的营销体系

基于强大的市场占有率和品牌影响力，百度以搜索引擎为核心开创性地提出和深化了互联网企业的搜索引擎营销、iSmart 互动营销、百度联盟营销，并充分运用了百度多维度的营销平台。

（1）搜索引擎营销。"搜索引擎营销"就是基于搜索引擎平台的互联网营销，利用人们对搜索引擎的依赖和使用习惯，在人们检索信息的时候尽可能将企业的营销信息传递给目标客户。搜索引擎营销目前主要有两大模式：一种为竞价排名广告模式，也叫付费点击广告（PPC）；另一种是 SEO，即搜索引擎优化推广模式。

（2）iSmart 互动营销。iSmart 互动营销是百度建立的互动营销专业研究机构，致力于研究与推广新型的互联网互动营销方案，帮助企业整合搜索营销、精准广告、互动社区活动的力量，进行创新式的互联网营销。成功的互动营销是体验营销、病毒营销、娱乐营销的结合，图 9-4 是 iSmart 互动营销的五大重要元素。

（3）百度联盟营销。网络推广联盟是对网络媒体流量的有效整合，联盟型营销为更多的企业客户带来较高的营销 ROI，将成为客户互联网营销的主要选择之一。CNNIC 第 35 次报告发布的数字显示，截至 2014 年 12 月，在利用互联网开展营销活动的企业中，网络联盟广告的使用率为 21.6%。在未来的 3～5 年，网络推广联盟将围绕最大规模和优质流量聚合、最强互联网流量变现能力、最有效运营体系、最具业界影响力和美誉度等几个指标展开竞争，网络联盟的运营也将从粗放式向精细化方向演变。

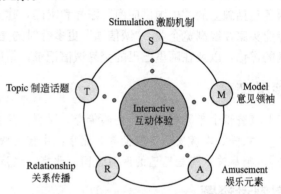

图 9-4　iSmart 互动营销的五大重要元素

3. 阿里巴巴的营销模式创新

1）阿里巴巴的营销理念

作为国内最大的电子商务集团，2009 年阿里巴巴提出其互联网营销理念。其中提到，互联网营销的下一步发展将会是整合门户营销、社区营销、搜索营销、电子商务平台营销等为一体的营销新时代。

2）全能一站式服务营销

除了开创性地提出一站式互联网营销，阿里巴巴在行业网联盟营销、盈利模式等营销方式和策略上也进行了深入的创新和实践。阿里巴巴现在的盈利模式很简单，就是收取会员费和增值服务费，而正是这种简单的营销模式却为阿里巴巴帝国带来巨大的用户规模。2014财年阿里巴巴平台零售业务成交总额为 2.3 万亿人民币，同比增长 47%。在《财富》发布的"2015 中国企业 500 强排行榜"中，阿里巴巴位列第 81 位。

（1）一站式互联网营销。一站式互联网营销是指一种综合性的"整体解决方案"（Total Solution）的提供平台，它能够有机地整合各种互联网营销服务手段，帮助客户"一步到位"地获取解决网络营销问题的方法，其平台包括三大核心要素：营销型网站建设、精准营销获取商业流量、流量到商机的转化。

（2）行业网联盟营销。联盟营销（Affihate Marketing），通常指网络联盟营销，1996 年起源于亚马逊（Amazon.com）。联盟营销包括三要素：广告主、联盟会员和联盟营销平台。广告主按照网络广告的实际效果（如销售额、引导数等）向联盟会员支付合理的广告费用，节约营销开支，提高营销质量。联盟会员则通过网络联盟营销管理平台，选择合适的广告主并通过播放广告主广告提高收益，在节约网络广告费用的同时将网站访问量变成收益。网络联盟营销平台为联盟会员提供广告主的商品销售、会员注册等广告效果报告及值得信赖的第三方用户访问跟踪、实时报告系统、佣金结算、营销等方面的服务，此外还提供网络营销的咨询、策划、创意、广告投放、效果监测等广泛的增值服务。

（3）简单清晰的盈利模式。"好的盈利模式一定得简单，阿里巴巴现在的盈利模式很简单，就是收取会员费。"马云说。阿里巴巴 B2B 的会员分为两种：一种是中国供应商，另一种是诚信通会员。中国供应商服务主要面对出口型的企业，依托网上贸易社区，向通过电子商务进行采购的国际客商，推荐中国的出口供应商，从而帮助出口供应商获得国际订单。其服务包括独立的"中国供应商"账号和密码，建立英文网址，让全球 220 个国家逾 42 万家专业买家在线浏览企业。"诚信通"更多针对的是国内贸易，通过向注册会员出示第三方对其的评估，以及在阿里巴巴的交易诚信记录，帮助"诚信通"会员获得采购方的信任。

参考文献

［1］《腾讯十年》创作组．企鹅传奇．深圳：深圳报业集团出版社，2008．

［2］ 东升．李彦宏的百度世界．北京：中信出版社，2009．

［3］ 荆林波．阿里巴巴的网商帝国．北京：经济管理出版社，2009．

案例讨论题

BAT 的成功模式是否可复制？它们的制胜法宝分别是什么？

本章思考题

1. 试从网络经济角度对网络产业进行界定。
2. 试对网络设备制造业的发展趋势进行分析。
3. 网络经济为什么会引发企业进行创新？
4. 网络经济条件下的企业组织应如何创新？
5. 介绍一个你认为成功的互联网商业模式案例，并说明其成功原因。

第10章

网络经济产业结构变迁与经济增长

网络经济的发展必然带来整体经济产业结构的变迁。对其进行深入研究，有利于从产业的角度来探讨网络经济特征及其发展规律。

10.1 产业结构与产业结构变迁

产业结构实质上是产业与产业之间的经济技术关系，是经济学研究尤其是产业经济学研究中的重要内容。在研究网络经济带来产业结构的变迁前，有必要对产业结构的基本理论进行分析。

10.1.1 产业结构与产业结构变迁的理论

1. 产业结构的含义

作为专门研究产业间关系的理论，产业结构是指在社会再生产过程中，一个国家或地区的产业组成，即资源在产业间的配置状态；产业发展水平即各产业所占比重，以及产业间的技术经济联系，即产业间相互依存和相互制约的方式。

产业结构理论主要是从资源在各产业之间的合理配置来研究影响和决定产业之间比例关系的因素、产业结构演进的规律、产业结构的合理化和高度化、主导产业选择的基准、主导产业和其他产业的协调发展等问题。产业结构理论通过对产业结构的历史、现状及未来的研究，探索产业结构发展变化的一般趋势，为规划未来的产业结构政策服务。

在国民经济体系中，产业结构与经济发展关系密切，两者互为条件互为因果。经济结构随经济发展和增长而变动，反过来又作用于经济增长；产业结构作为以往经济增长的结果和未来经济增长的基础，成为经济发展的基本要素。产业结构与经济发展相对应而不断变动，其变动主要体现在产业结构升级（产业结构高级化）的趋势，即产业结构由低级向高级演进。同时，其又要求在产业间保持协调的情况下，不断推进经济增长。

2. 产业结构变迁的理论

产业结构升级具有一定的规律性，这种规律性经过配第、克拉克、库兹涅茨、钱纳里等一代又一代著名经济学家们的辛勤研究，逐渐被揭示出来。

1）配第-克拉克法则

早在 17 世纪，英国的经济学家威廉·配第首先发现，世界各国的国民收入水平差异及其形成不同经济发展阶段的关键是产业结构的不同。他的发现揭示了经济发展和结构演变的基本方向，明确了各产业劳动生产率提高，以及从低生产率向高生产率产业转移是推进经济发展的机制。在配第之后的英国经济学家柯林·克拉克，揭示出了产业结构演变的基本趋势，以及随着全社会人均国民收入水平的提高，劳动力首先由第一产业向第二产业转移，当人均国民收入水平进一步提高时，劳动力便向第三产业转移。

利用揭示劳动力转移趋势的配第-克拉克法则，可以通过一个国家的时间序列比较和不同国家的横断面比较，判断一个国家产业结构所处阶段和特点，为制定产业政策提供依据。

2）库兹涅茨的理论

美国经济学家，世界"国民经济统计学之父"的西蒙·库兹涅茨在其《各国的经济增长》一书中，将所有经济活动分为 A（Agriculture）、I（Industry）、S（Service）3 个部分。他从劳动力结构和部门产值结构两个方面，通过现代经济统计体系，运用劳动力的部门分布指标，以及各产业所创国民收入的比重指标，揭示出随着人均收入水平的提高而产生的产业重心转移过程，以及三次产业产值变动与就业构成的相关变化，从而对产业结构变动与经济发展进行了比较彻底的考察，揭示出产业结构的变动受人均国民收入变动的影响，进一步证明了配第-克拉克法则。

3）罗斯托主导产业扩散效应理论和经济成长阶段论

罗斯托经过长期研究认为，无论在任何时期，甚至在一个已经成熟并继续成长的经济体系中，经济增长之所以能够保持，是因为为数不多的主导部门迅速扩大的结果。而且，这种扩大又产生了具有重要意义的对其他生产部门的作用，即产生了主导产业的扩散效应。他还根据科学技术和生产力发展水平，将经济成长的过程划分为 6 个阶段，即传统社会、为"起飞"创造前提的阶段、"起飞"阶段、走向成熟阶段、高额大众消费阶段和追求生活质量阶段。

4）霍利斯·钱纳里的标准产业结构

美国著名经济学家霍利斯·钱纳里在其《发展的诸类型》一书中，将制造业的发展分为 3 个时期，即经济发展初期、中期和后期，并按 3 种不同时期划分为 3 种不同类型的产业。他通过研究发现，制造业发展受人均 GDP、需求规模和投资率的影响较大，而受工业品和初级品输出率影响较小，这成为观察分析各国产业结构变动趋势常用的一种方法。

5）赤松要的雁行形态发展理论

雁行形态发展理论要求将本国产业发展与国际市场密切联系起来，使产业结构国际化，认为后起的工业化国家通过以下 3 个阶段来加速本国工业化进程。

第一阶段：工业发达国家领先进行某产品的开发与生产，使得后发工业国家在最开始阶段不得不进口相关技术和产品。

第二阶段：经济起飞条件的逐步满足，即生产技术、劳动力、资本等生产要素供给的日趋成熟，使得后发工业国产品逐渐国产化和产业化，用来替代进口产品。

第三阶段：在国内需求结构与国内重工业化进程的相互作用下，通过对引进技术的消化和吸收，后发工业国相关产品逐渐出口到国外，形成相关支柱产业。

10.1.2　产业结构变迁的主要原因

1. 产业结构变迁——产业结构的高度化

世界各国的经济发展史表明，经济发展与产业结构高度化是紧密相关的。一般来说，经济发展包括经济增长和产业结构高度化两个主要内容。经济增长是国民收入和国民生产总值在数量上的增长，产业结构高度化是指国民经济的结构性变动和由低级向高级的转换。

从总体上看，经济发展理论中的结构主义对发展过程的描述都十分重视结构变化对现代经济增长的效应问题，尤其注意分析劳动力在产业间的流动问题，以及新兴产业带动传统产业的变化过程。

结构变动的积累形成了产业结构由低级向高级的转换和高度化的过程。产业结构高度化主要有以下表现。

（1）新产业部门（朝阳产业）的不断出现和发展，伴随着旧产业（夕阳产业）规模的不断萎缩，甚至退出国民经济的过程。

（2）随着分工协作的不断深化和各产业之间相互联系的不断加深，产业细分化和产业一体化过程同时存在。

（3）各种生产要素在各产业部门转移时，各产业部门生产规模扩大并非同时同步进行，因此产业增长过程出现相对有快有慢的现象。

2. 产业结构变迁的主要原因

（1）技术进步在产业间的发展不平衡。经济增长总量是在生产技术水平不断提高和技术结构日趋合理化，即技术进步的条件下实现的。由于技术进步不平衡发展规律的作用，不同产业的技术进步是不同步的，技术进步快的产业发展较快，而技术进步慢的产业发展速度相对较慢。前者在国民经济中的地位将上升，后者则下降。这实质上就是新兴产业替换传统产业的结构转换和高度化的过程。

（2）产业结构的调整。在经济增长过程中，由于各个产业的不平衡发展，可能出现某些制约国民经济发展的短线部门，相应地也有长线部门。这样，为了经济的均衡发展，必然会伴随着对长短线部门追加投资的不同和调整而引起产业结构的变动。

（3）需求结构的变化。经济增长必然引起收入水平的不断提高，而随着收入水平的不断提高，社会的需求结构、消费结构必将相应变化。这将引起一些产业迅速的发展，而另一些产业发展相对缓慢，甚至停滞和萎缩。

（4）国际贸易的影响。现代经济增长常常是在贸易，尤其是出口商品结构转变的条件下进行的，而出口结构的转变必然引起国内资源的重新组合和配置，从而引起产业结构的变动。

10.1.3　产业结构变迁的两种模式

产业结构变迁或产业结构高级化本身是一种有规律的经济发展过程，从低级向高级的过渡是经济增长和发展的客观要求。由于在经济、社会、历史和文化等方面的条件有很大差异，因此，各国实现产业结构变迁呈现出不同的方式，但归纳起来，有以下两种基本模式。

1. 按照经济发展要求的"循序式"推进模式

按照经济发展要求，采取"循序式"推进模式来实现产业结构的升级。老牌的资本主义国家，如英、法等国都是通过这种模式实现产业结构高度化的，尤以英国最为典型。作为最早进行工业化的国家，英国在工业化初期，纺织业从手工作业转向工业化生产，因此形成了以轻纺工业和相关的交通运输业、采矿业为主的产业，并带动其他产业发展。这一时期，劳动力资源逐步从第一产业向第二产业转移，产业结构逐步完成从轻纺工业向冶金、机械制造业的转换，为推进工业化和经济起飞打下了基础。这一从以轻纺工业为主向以基础工业为主的转换过程，成为产业结构高度化的一个重要阶段。

英国经济从 1783 年开始起飞到 20 世纪 30 年代实现工业现代化，大约用了 150 年，在此期间完成了 3 次产业结构的转换，即轻纺工业—基础工业—重加工工业—服务业的 3 次重大产业结构转换，实现了产业结构从低级向高级的演进。法国产业结构高度化的过程与英国大体相似，从 19 世纪后半叶起飞到 20 世纪 40 年代，近百年实现了工业化。

2.“压缩式”推进模式

“压缩式”推进模式即采取超前配置产业，或者几个发展阶段同时推进的发展模式，这是后工业化国家推进工业化时所采取的一般方法。这些国家为尽快赶上经济发达国家的水平，往往采取超前配置产业或是在经济发展几个阶段上同时推进，争取在较短时间内实现工业化，完成 3 次产业结构转换。这种模式需要国家进行有效干预，在国家宏观调控下，以产业政策为指导，通过引进技术、吸收国外资金和超前发展重工业等途径，迅速建立强大的基础工业和重加工工业体系，加速产业结构高度化进程。

韩国是采取这种模式推进产业结构高度化取得成功的典型国家之一，自 1962 年韩国开始实施第一次经济开发五年计划以来，韩国经济高速增长举世瞩目。由于政府对经济实施有效干预，经过几年恢复时期之后，从 20 世纪 60 年代初期经济开始迅速发展，到 20 世纪 90 年代初，基本实现了重化学工业化。仅从劳动力资源分布的变化看，1965 年，第一产业占 58.6%，第二产业占 13.3%，第三产业占 28.1%；到 1985 年，第一产业占 24.9%，下降 33.7%，第二产业占 30.5%，上升了 17.2%，第三产业占 44.6%，上升了 16.5%；到 1990 年，3 次产业所占劳动力份额，第一产业降到 18.3%，第二产业上升到 34.7%，第三产业上升到 47%，之后持续上升趋势。这样，韩国在落后的殖民地经济基础上，仅用 30 年时间实现了轻纺工业—基础工业—重加工工业—服务业产业结构的 3 次转换，快速实现了由轻工业为主向以重化学工业为主的产业结构转换，并已开始由重化学工业为主向技术密集型产业为主的高级产业结构转换，较快地推进了产业结构高度化。

10.1.4　产业结构变迁的数量分析

通常使用 4 个指标来衡量产业结构变动程度：产业结构超前系数、产业结构变动值指标、产业结构熵数指标和 Moore 结构变动值指标。

1. 产业结构超前系数

产业结构超前系数通常用于测定某一部门结构增长对经济系统中平均增长趋势的超前程度。其计算公式为：

$$E_i = a_i + (a_i - 1)/R_t$$

式中：E_i 为第 i 部门的结构超前系数；a_i 为第 i 部门期末所占份额与期初所占份额之比；R_t 为同期经济系统中的平均增长率。

E_i 是测定某一具体产业的指标，反映产业结构转换的程度和方向。如果经过一段时期的动态变化后，第 i 部门的某考察指标的份额（如产值份额、资产份额、劳动力份额等）有下降的趋势，则 E_i 值就会小于 1，并且 E_i 越小于 1，该部门的份额就下降越多。第 i 部门的某考察指标的份额出现上升趋势时，则 E_i 值就会大于 1，并且 E_i 越大，该产业就越有超前发展的倾向。

2. 产业结构变动值

产业结构变动值是反映产业结构变动幅度的指标。其计算公式为：

$$K = \sum |q_{i1} - q_{i0}|$$

式中：K 为产业结构变动值；q_{i1} 为报告期构成比；q_{i0} 为基期构成比（i 为产业序号；1 为报告期；0 为基期）。

计算出的 K 值越大，说明产业结构的变动幅度越大。该指标仅将各产业份额变动的绝对值简单相加，并不反映某个具体产业变动的情况，也不区分结构演变中各产业此消彼长的方向变化。

如果需要考虑某一产业的结构变动程度及变动方向，可以将上式改为：

$$K_i = [(q_{i1} - q_{i0})/q_{i0}] \times 100\%$$

式中：K_i 为第 i 部门的结构变动系数，其他符号的意义同上。当 K_i 为负值时，表示 i 产业份额下降；反之，则说明 i 产业份额上升。

3. 产业结构熵数

产业结构熵数是应用信息理论中干扰度的概念，将结构比变化视为产业结构的干扰因素，来综合反映产业结构变化程度的指标，其计算公式为：

$$e_t = \sum_{i=1}^{n} W_{i,t} \ln W_{i,t}$$

式中：e_t 为 t 期产业结构熵数值；$W_{i,t}$ 为 t 期第 i 产业所占的比重；n 为产业部门个数。

e_t 值越大，说明产业结构发展形态越趋向于多元化；相反，e_t 值越小，说明产业结构发展形态越趋向于专业化。

4. Moore 结构变化值

Moore 结构变化值指运用空间向量测定法，以空间向量中夹角为基础，将产业分为 n 个部门，构成一组 n 维向量，把两个时间期间两组向量间的夹角，作为象征产业结构变化程度的指标，该指标称为 Moore 的结构变化值。其计算公式为：

$$M_t^+ = \sum_{i=1}^{n} W_{i,t} \Big/ \left[\Big\{ \sum_{i=1}^{n} W_{i,t}^2 \Big\}^{1/2} \times \Big\{ \sum_{i=1}^{n} W_{i,t+1}^2 \Big\}^{1/2} \right]$$

式中：M_t^+ 表示 Moore 结构变化值；$W_{i,t}$ 表示 t 期第 i 产业所占的比重；$W_{i,t+1}$ 表示 $t+1$ 期第 i 产业所占的比重。

整个国民经济可分为 n 个产业，如果将每一个产业当作空间的一个向量，则这 n 个产业可以构成空间的 n 维向量。当某一产业在国民经济中的份额发生变化时，其与其他产业（向量）的夹角就会发生变化。将所有的夹角变化累积起来，即可以得到整个经济系统中各产业结构变化的情况。

10.2　网络经济产业结构变迁

网络经济对产业结构的最大贡献是它以前所未有的高渗透性带动世界产业结构的调整和全球经济的可持续发展，使传统产业的信息化步伐加快，促进传统产业的快速发展和提高。网络经济对传统产业的引导、带动作用主要体现在供给推动和需求推动上，通过为传统产业提供信息技术、信息产品、信息服务，以及为传统产业中的企业提供良好的经营管理环境，从而促进传统产业不断整合、融合和发展。网络经济和传统产业在供给与需求方面存在良性互动，网络经济向传统产业提供优质的信息技术、信息产品和信息服务，不断消化和吸纳传统产业分离出来的资金和人才，传统产业为网络经济发展提供基础。

10.2.1　改变传统产业

网络经济以其创新性改变着传统产业，推进传统产业信息化。

1. 全面提升生产力各要素质量，降低交易成本，促进生产效率普遍提高

互联网络作为未来社会全新的基础结构，通过增强劳动者的信息意识、信息活动，提升劳动者素质；通过数字化技术（智能化）改造劳动工具，提升工具质量；并经由网络扩大劳动范围，创造新的劳动对象，全面提升生产力各要素。互联网络为全球资本、商品、信息和知识流动创造新的物理与虚拟环境。互联网的兴起和蓬勃发展，改变了传统信息的采集、传递和处理方式，产品的生产、销售、消费等市场信息透明度空前提高。

互联网络通过降低信息成本而减少交易成本，使要素市场和产品市场得到进一步扩展，提高市场运行效率。信息成本降低对市场扩展和市场效率的潜在影响可以在诺顿提出的框架下进行研究[①]。

假设市场存在以下需求和供给函数：

$$PD=a-bQS \tag{10-1}$$
$$PS=c+dQD \tag{10-2}$$

式中：a、b、c、d 代表相应的常数，QD 代表需求数量，QS 代表供给数量，PD 代表消费者的购买价格，PS 代表出厂价格。价格之差 $G=PD-PS$ 定义为交易成本。

市场均衡是：
$$QD=QS$$

由式（10-1）和式（10-2）得：
$$(a-PD)/b=(PS-c)/d$$
$$ad-dPD=bPS-cb$$

又因为：
$$G=PD-PS$$

所以：
$$ad-dPD=b(PD-G)-cb$$

整理得：　$$PD=(ad+bG+cb)/(b+d)=(ad+b(G+c))/(b+d) \tag{10-3}$$

将式（10-3）代入　　　$$G=PD-PS$$

整理得：　$$PS=(ad+b(c+G))/(b+d)-G=(bc+d(a-G))/(b+d)$$

将式（10-3）代入式（10-1）整理得市场的均衡价格为：
$$Q^*=(a-c-G)/(b+d) \tag{10-4}$$

对式（10-4）求偏导：
$$\partial Q^*/\partial G=-(1/b+d)<0 \tag{10-5}$$

由式（10-4）和式（10-5）可见，交易成本 G 的减少将导致均衡数量的增加，即市场活动的增加。产品市场参与者的增加意味着企业不再局限于本地或国内市场，而是向全国

　①　NORTON S. Transaction costs, telecommunications and the microeconomics of macroeconomic growth. Economic Development and Cultural Change, 1992 (41)：175-196.

和国际市场销售产品。这个特征同样适合要素市场。信息流的增加和不确定性的减少创造了新的投资机会,加速了国内和国际资本流动,对那些急需信息流动的国家,影响更为深远。例如,在自给自足的不发达地区,高额的交易和信息成本可能妨碍市场(要素和产品)的出现。当交易成本非常高,即 $a-c<G$ 时,就不会出现市场或市场失败。因此,与获得信息相联系的成本和谈判的交易成本是决定市场出现的关键因素。互联网络使信息获取成本降低,使搜寻活动增加,市场不确定性减少,鼓励了要素和产品市场的参与。总之,互联网络减少交易成本,增加贸易机会,促进市场功能。

2. 改变传统产业的服务和交易方式,推动企业管理组织和经营方式的变革

(1)网络经济推动传统产业生产方式的变革。首先,网络采购使企业采购成本降低,效率提高。传统产业的企业利用互联网技术提高采购效率,增强了市场反应能力。一些互联网应用的先驱企业,如汽车、零售等传统产业的巨头率先开始网络采购。这些企业认识到该方式的经济性,不仅方便快捷,而且可以提高采购的透明度,降低采购人员的代理成本和人工成本。在单个企业通过网络进行全球采购的基础上,还进行网络集体采购,使网络集体采购也成为趋势,美国通用汽车、福特汽车和日本丰田汽车开发共同的采购平台,大大节约采购成本。其次,生产过程的信息革命使生产效率提高。生产信息化使信息流和物流传递的速度与效率提高,传统产业之间、传统产业与消费者与供货商之间的信息和物质的传递更加快速、准确,有效提升了传统产业的市场适应能力。网络技术对以制造业为代表的传统产业进行改造与整合,使现代计算机集成制造、智能制造系统等新的生产方式成为发展方向,企业生产的敏捷性和适应性大大提高。基于 Web 技术的 ERP、SCM 和 CRM 管理软件的推广及应用也大大提高了传统产业的运行效率。网络经济的渗透,使传统的物流将信息和交通与智能化运输方案结合起来,创造出更加方便、快捷、个性化的服务模式,使物流的传递更加畅通便捷。

(2)网络经济推动传统商务向电子商务转型。实现网上交易的一个重要前提条件是网络支付体系的建立。现代化银行联网支付系统、自动清算系统、储蓄通存通兑系统,以及各类电子货币、电子金融卡、信用卡等的采用和推进,为网上交易提供了条件,使网上交易日益活跃。

(3)互联网改变了传统企业组织形式、管理模式、经营策略、贸易渠道和营销观念,产生了虚拟企业。网络组织使企业活动的运行更加迅速,降低了管理费用、营销成本。在新经济条件下,网络产品和服务的价格水平不断下降,质量、性能不断完善,使企业可以支付较少的费用购买和安装世界上先进的计算机与网络设备,使用较成熟的软件系统,通过对现代化的信息技术应用,彻底改变企业的运营方式。

3. 推进传统产业信息化

信息技术、网络技术、电子技术等相继进入传统产业部门,使其走上信息化、网络化发展道路。信息化是指在经济和社会生活中,通过普遍采用信息技术和电子信息装备,更有效地开发和利用资源,推动经济发展和社会进步,使由于利用信息资源而创造的价值在国民经济中的比重逐步上升直至占主导地位的过程。传统产业部门的信息化发展,一方面极大地提高了自身的生产力水平,促进了工业和农业的现代化;另一方面也为网络经济的发展奠定了坚实的基础。由此可见,信息产业在发展过程中,以信息网络为媒介,与传统产业的相互融合、渗透,提高了各产业之间的有机联系和耦合性,促进产业结构的合理化。

1)农业部门的信息化

农业是人类社会赖以生存的基本生活资料的源泉,是社会分工和国民经济其他部门成为

独立生产部门的前提和进一步发展的基础。纵观农业现代化的发展历史，其实质是不断引入现代科学技术，形成新的生产力，把传统农业改造为现代农业。在当今社会，信息网络化已成为各国农业现代化发展的共同取向。现代农业是以市场为导向，靠高技术支撑起来的。一方面，农民要借助现代信息技术捕捉、处理和分析国内外农产品市场价格与供求信息，独立经营和管理农场；另一方面，需要依靠现代信息技术和生物工程技术不断地改进耕作方式，提高产量、降低成本和开发新产品，以求在国内外激烈竞争的市场中取胜。现代农业的发展，使许多体力劳动逐渐由现代化农业机械承担，大量的日常管理工作都由计算机和数据处理系统进行。信息在品种选育、模式化栽培、配方施肥、节水灌溉、畜禽自动化养殖、自然灾害和作物产量预测预报，以及农业企业经营规划与管理、科技情报管理等方面发挥着巨大作用。农业部门对计算机、通信设施、软件和各种信息服务的需求日益增长。

2) 工业部门信息化

两百多年来，以制造业为主的工业社会，通过高投资、高消耗和高消费，为人类创造了巨大的物质财富，把大规模生产方式的优越性发挥得淋漓尽致。随着信息时代的到来，信息这一要素正在迅速上升为制约现代制造业的主导因素，并对制造业产生实质性的影响。工业信息化是以物质、能源为主导地位的制造业向着以信息为主导地位的制造业转变和发展的过程。信息化把信息作为主要资源之一，使生产投入的概念有了新的内容。体力劳动在物质生产中所占的比重下降，脑力劳动在物质生产中所占的比重上升，劳动的性质和内容发生了深刻变化，生产劳动进一步转变为知识劳动。工业部门信息化的内容十分广泛，包括对传统工业进行信息技术改造，用精益生产方式取代大量的生产方式，在生产过程中大量使用数控机床、工业机器人、电子计算机控制等先进手段，生产制造过程中使用被称作专家系统的软件包、人工智能程序、计算机辅助设计和计算机制造系统等。由于现代产品日趋复杂、精细、功能多样，同时消费向个性化，生产向多品种、小批量方向发展，因此在制造过程中，需要包括参数、规范、标准和技术等越来越多的信息输入。通过信息产业和传统工业的融合、渗透，使传统工业重新获得生机和活力。

3) 服务业的信息化

第二次世界大战后，无论是发达国家，还是新兴工业化国家，服务业即第三产业的产值在国民生产总值中的比重，以及服务业的就业人数占总就业人数的比重都呈现出明显的上升趋势。在网络经济下，服务业的信息化使服务业获得新的成长动力。

(1) 信息知识产业的繁荣，推动服务业在国民经济中地位的提升。网络经济的到来，意味着信息和知识成为推动社会生产力增长和经济发展的最重要力量。科学研究、教育和培训、信息咨询等知识产业的成长壮大，是国民经济走向网络经济的关键，而这些知识产业本身就是服务业的一个重要组成部分。

(2) 服务提供方式的电子化，网络服务业的发展是服务业信息化的直接体现。以商业为例，互联网络作为新兴的信息网络，不仅改变了人们的信息沟通方式，也改变了人们的生活方式，由此改变了市场结构和交易方式，诞生了网上商城、联机商店（Online Shop）等新的商业模式。这些新商业模式，通过互联网实现网上交易，以满足网民网上购买需求，同时为自身创造利润和发展空间。

(3) 传统服务业通过信息技术的应用改进经营效率也是服务业信息化的基本内容。一些商业信息管理系统、酒店信息管理系统、证券投资信息系统等的应用，帮助传统服务业更好地收集处理市场需求信息，改进销售和服务管理，推动整个服务业向信息化、网络化方向发展，提升服务业的总体效能。

10.2.2　促进新兴产业的形成和发展

网络经济具有带动作用强、渗透面广和影响力大等特点，其应用不仅能够有效地使传统产业"脱胎换骨"，实现质的飞跃，还推动一系列新兴产业的形成和发展。

1. 新兴产业的形成机制

网络经济的发展引发了传统产业的资金、人才向信息产业的流动，从而对传统产业中的技术落后的产业部门产生巨大的冲击。在不断整合和融合之后，一些传统产业逐步走向衰落，一些与信息产业关联度较大且处于发展初期的传统产业中的企业，通过网络经济信息化的充分引进和使用，以及政府相关政策的扶持与引导，在自身整合和融合的基础上，衍生出某些信息高科技产业，成长为新兴产业。这种以知识、技术高度密集为特征的新兴产业，在整个产业结构中所占的比重越大，则社会整体产业结构的质态就越高。

信息高科技产业的出现需要一套相对完备的机制，包括高素质的人力资源、新兴的技术要素、相对完备的风险资本市场，以及良好的知识、技术创新环境等。政策环境对新兴产业形成的机制也起到十分重要的作用。政府要通过制定必要的政策措施鼓励资本投向信息产业，允许信息产业中符合条件的企业通过上市进行融资，引导传统产业中的夕阳产业的资金、人才向信息产业流动，营造网络经济环境下竞争性垄断市场结构出现及发挥作用的外部环境，整顿和规范市场秩序，制定鼓励技术创新的政策，减少对竞争性垄断市场结构中暂时处于垄断地位的企业的干预，依靠市场竞争及技术创新的力量来促进信息产业的发展。

美国信息产业成长机制是相对市场化的。美国的信息产业在数目上是个完整的金字塔结构，塔顶是 IBM 等业务涉及面宽，技术、资金实力都很雄厚的大公司，中层是 Cisco、Dell 等业绩良好的中型公司，底部是数目庞大的处于起步阶段的小公司。在信息化条件下，整个信息产业具有一种动态的优化发展机制，处于高层的公司一旦经营不善，会从塔顶上掉下来，留下的空缺会很快被下一层的公司弥补。中小公司会通过风险投资、股票上市等方法迅速成长起来，使信息高科技产业始终处于一种动态优化发展的状态中。之所以会出现这种状态，除了因为美国存在相对完备的资本市场外，还因为信息知识作为一种具有高度共享性的公共产品，可以低成本地不断复制和转移，并随着使用获得不断增值，这将导致信息高新技术扩散速度的加快和产品寿命周期的缩短，促进信息高科技产业迅速成长。

2. 技术密集型的高附加值信息产业群的形成

产业结构的升级离不开产业的分化与重组。产业分化是指一系列专业化高新技术不断涌现，分化出新产业的过程。例如，生物工程技术的分化，衍生出生物农业、生物化工、生物材料、生物能源、生物制药和生物信息等多个新产业，形成新的生物产业群体。产业重组是指原来专业分工明确的产业重新组合成新的产业，或者形成产业界限模糊的复合型产业，如机械制造技术与电子技术的融合形成机器人制造业；生物技术与医疗技术的结合产生生命科学产业等。

在信息化条件下，由于信息技术较强的渗透性和带动性，导致产业的分化与重组速度加快，形成大量以信息技术为基础的新兴产业，同时使信息产业或以信息技术应用为特征的产业成为社会的主导产业。在工业经济时代，主导产业一般是沿着由劳动密集型向资本密集型，再向技术密集型（如汽车、航空、家电、钢铁工业）的路径演进的。在信息化时代，信息技术、信息知识含量较高的产业成为新的主导产业和基础产业。例如，在美、日等信息化程度较高的国家，新型的主导产业主要是信息产业，或者与信息技术应用关系较密切的产业。这些产业具有较高的生产上升率和收入弹性，较强的关联效应，符合主导产业的一般标准。同时，在信息化条件下，由于信息知识、技术创新和应用频率的提高，对各产业的作用程度增强，因而以信息知识、信息技术生产和传播为目的，以信息高科技研究开发为主要任务的产业有可能成为基础产业。这些产业的发展不仅直接带动了集成电路产业、计算机及外部设备产业、软件业、电子信息产品制造业、信息服务业等新兴产业的发展，而且还带动了新材料、新能源、空间技术、生物技术等产业群的发展。

同时，微电子和计算机、信息技术向各产业渗透，催生了一些新的边缘产业，如光学电子产业、医疗电子器械产业、航空电子产业、汽车电子产业等，成为信息产业群的重要组成部分。以汽车电子产业的发展为例，汽车电子装置在 20 世纪 60 年代出现，70 年代中后期发展速度加快，80 年代形成了汽车电子化的高技术产业。每辆汽车电子装置的价格，以美国为例，从 1970 年的 25 美元上升到 1990 年的 1 383 美元，2000 年为 2 000 美元，占汽车成本的 20% 以上①，汽车电子产业的产值也不断提高。

10.2.3　推动产业结构优化升级

网络经济信息技术改变传统产业、催生新兴产业都是推动产业结构优化升级的具体表现，这里对信息技术推动产业结构优化升级作用进行集中阐释。

1. 产业结构与技术结构的关联

技术结构是指一定时期内，在国民经济各部门的技术体系中，各种类型和水平的技术手段之间的相互联系和数量比例。在社会化生产条件下，国民经济各产业部门以不同方式联系在一起，产业之间相互依赖所形成的结构关联，其基础是产业之间的生产技术联系，因此，产业结构的形成及演变与技术进步和技术结构的选择是相互制约、相互促进的。

产业之间的生产技术联系通过中间产品的流动来实现，即通过中间产品的使用（消耗）使产业之间发生相应的生产技术联系。因此，可以用中间产品的直接消耗系数来反映国民经济各产业之间的生产技术联系。

直接消耗系数是指生产某产业的单位产品所消耗的另一产业产品的数量。其表达式是：

$$a_{ij} = x_{ij}/x_j \quad (i, j = 1, 2, \cdots, n)$$

式中：x_{ij} 为投入产出表中第 i 行第 j 列的元素，a_{ij} 表示投入第 j 产业的第 i 产业产品；x_j 为第 j 产业的总产出。

单位产品的投入系数越高，意味着物耗水平越高，说明其技术水平越低；反之亦然。在产业结构关联中，直接消耗系数的集合构成一个矩阵，即：

$$A = \begin{pmatrix} a_{11} & a_{12} & \cdots & a_{1n} \\ a_{21} & a_{22} & \cdots & a_{2n} \\ \vdots & \vdots & & \vdots \\ a_{n1} & a_{n2} & \cdots & a_{nn} \end{pmatrix}$$

---

① 周朝民. 网络经济与管理. 上海：上海人民出版社，2008.

　　矩阵 A 反映了产业之间的全部生产技术联系，也称技术矩阵，是产业之间联系的度量，反映产业之间技术联系的总体水平，实际上就是产业部门的技术结构。

　　技术矩阵的总体水平是各产业特定技术水平的总和，可以由产业技术水平的加权平均值给出：

$$G_A = \sum_{j=1}^{n} P_j G_j$$

式中：G_A 为产业技术结构水平；P_j 为第 j 产业技术水平的权重；G_j 为第 j 产业的平均技术水平。

　　上式说明，一国产业技术结构水平的高低取决于每一产业的技术和具有较高技术水平产业所占比重两个因素。

　　因此，可以通过分析技术矩阵的变化来分析一国技术进步的程度和技术结构的变化。

　　2. 技术进步与产业结构升级的关系

　　技术进步的实质是技术的进化和积累，进而导致经济和社会的不断进步。技术进步也是通过创新活动改良现有的生产方法以提高生产效率的过程，依照技术进步的深度和对社会经济的影响程度，技术进步可以分为技术进化和技术革命两种。所谓"技术进化"，是指对原有技术和技术体系不断改革创新，或者在原有技术原理和组织原则的范畴内孕育出新技术和新技术体系。技术进化是技术创新，是技术的量变。而技术革命则是质变，技术革命是指一种能使整个社会生产力得以跃进性提高的新技术体系的出现，并逐步取代原有的技术体系成为社会生产力的主导，而旧有技术仍可能在相当长时期内继续存在。技术革命表现出技术原理发生革命性突破和变革，劳动工具或机械体系产生巨大变化，生产组织也发生重大变化。无论技术创新，还是技术革命，都是技术进步中的纵向发展和积累。

　　1）技术革命催生新产业

　　世界经济发展史表明，产业结构升级的过程是产业结构重心从第一产业向第二产业，继而向第三产业转移的过程。所谓产业结构升级，是指三大产业之间和每个产业内部从既有的均衡与协调出发，通过技术进步形成从量变到质变的突破，实现新的均衡与协调。技术扩散、技术创新和技术革命都对产业结构的升级产生影响，特别是技术革命，往往导致一些新的产业部门的诞生。

　　技术革命催生了新产业部门的产生。新技术的诞生导致新产品开发，随着新产品市场容量的扩大，往往围绕新产品而逐步形成新产业。例如，在第二次技术革命中，机械、电气技术发展迅速，众多新产品不断问世，生产规模逐步扩大，达到一定数量后就构成了汽车制造业、电气设备制造业、电讯业等新兴产业的诞生。技术革命促成产业由劳动密集型向资本和知识技术密集型的转变，第一次技术革命中的纺织工业基本上是属于劳动密集型产业，而第二次技术革命中发展起来的汽车、化工、钢铁等产业群则具有资本密集的特征，在第三次和第四次技术革命中诞生的新产业，如计算机工业、宇航工业等属于知识技术密集或资本-技术密集型产业。新技术革命不仅促成了各个时期主导产业的变化，使各产业在产业结构中的地位发生变动，而且引起劳动力就业结构的调整。

　　2）技术创新促进产业发展

　　科学技术要成为推动经济增长的主要力量，必须从知识形态转化为物质形态，从潜在的生产力转化为现实生产力，而这一转化正是在技术创新环节中实现的。技术创新是一个不间断的过程，从动态角度看，技术创新过程是科学研究、形成新的发明，新产品开发、试制和生产，市场营销等环节构成的，技术创新是产业成长和发展的推动力量。

21世纪以来，由于科学与技术的飞跃发展和新技术成果在生产中的应用，生产力水平大大提高，产业结构发生了深刻变化，第一产业的比重大大下降，第二产业的比重也不再提高，第三产业则空前扩大。现代科学与技术的高度发展和不断创新，使生产对自然资源的依赖程度相对减少，而对科学、技术和人的智力的依赖大大加强。

3）产业技术进步率与产业结构优化

由于现代产业结构效益主要来自于技术进步，技术进步、知识创新是导致产业结构调整和向高度化和高附加值化方面演变的主要原因与基本动力。在产业结构分析中，技术进步率可以用综合要素生产率（TFP）来代表，它是综合度量资源转换为产出的效益指标，具体来说，是产出增长率与投入要素增长率（资本投入增长率与劳动投入增长率的加权平均数）之间的差额，因而产业技术进步率是衡量产业结构效益的重要标志，一国可以据此进行产业结构的优化调整，选择主导产业，以技术进步率高的产业带动其他产业的发展。

3. 信息技术推动产业结构升级

信息化作为网络经济的一个主要内容，其在推动产业结构的优化升级方面起到巨大的作用。信息化是社会经济系统乃至政治文化的变革过程，变革的主要推动力是因信息技术的应用和信息资源的利用而导致社会最基本的生产函数发生突发性创新，信息产业发展和信息经济增加值扩大是这一过程的重要标志。在网络经济尤其是信息化与传统产业的相互影响下，产业结构优化升级的步伐不断加快，主要表现在以下方面。

（1）信息技术推动传统产业进化。信息技术的应用使传统产业运行效率提高，资源得以充分利用，获得较高质量的增长。其原因是：①产业中企业的生产效率因采用信息技术而普遍提高；②新经济下合并的规模经济和范围经济效应；③广泛的联盟与合作有利于加快市场培育，促进技术创新并在产业内迅速扩散，减少和避免恶性竞争，从而形成集合经济效应；④网络信息技术降低了产业进入障碍，有利于实现较高的产业绩效；⑤信息技术的潜在影响，即信息化促进了社会基础科学和应用基础科学的研究，技术创新渗透到传统产业领域，使其获得新的发展。另外，由于信息充分，企业的灵活性增强、产业进入与退出障碍降低，使产业具备了较迅速的应变能力，同时产业的技术发展方向、产业规模和增长速度也能很快适应环境的变化。

（2）信息化使传统产业结构发生变化。在网络经济环境下，信息产业迅猛发展，信息产业在总产值中的比重及在就业人口中的比重迅速上升。

由公式 $G_A = \sum_{j=1}^{n} P_j G_j$ 可知，信息产业的发展可以使高技术水平的产业在总体中所占比重上升，即 G_A 值增大，从而使总体的国民经济产业技术结构水平提升。

同时，信息技术促进了社会技术创新，一批采用新技术的新兴产业应运而生，如生物信息技术产业、新材料与新能源产业等，其中部分产业是对原有产业的代替，如CD产业取代了传统唱机产业，新兴产业的出现伴随着一些传统产业的消亡，实现产业结构的动态调整，传统产业系统中的新兴产业不断涌现，实现产业结构优化升级。

（3）信息化使产业间的关系发生积极变化。①产业间信息供求或信息资源的分配关系逐渐成为经济发展中的重要元素。信息作为企业管理的基础、决策的依据、竞争的第一要素，成为比物质、能源更重要的资源，产业间的信息关联替代原有的物质关联成为最重要的关系。②产业间融合关系发生变化。产业集合和相互渗透是由不同产业的企业合并与合作引发的，主要表现为技术融合，各产业引进、改造与本产业完全不同的技术，开发出新技术，如机电一体化技术、生物制药技术等。③产业协调关系发生变化。各产业系统的市场也相互融合，产业间协调程度大大提高。由于信息充分、各产业自身的适应性提高、产业相互融合，各产业在技术、发展规模和速度等方面相互协调，从而有利于消除产业瓶颈。产业间协调对产业系统在信息化下的演化具有十分重要的意义。因为，随着大量新产业、产业间新关联，以及系统与环境新关系的产生，系统复杂性增加，产业系统只有维持内部的协调，才能防止系统演化的中断。产业间关系的上述积极变化有利于产业结构的优化和升级。

4. 虚拟企业、企业联盟促进产业结构的升级

1）网络经济下的虚拟企业、企业联盟

虚拟企业是信息技术高度发达与企业经营创新的结果。在网络经济环境下，中小企业能够借助互联网络，以虚拟企业或企业联盟的形式发展自己。虚拟企业和企业联盟能够实现跨地区、跨行业的联合，促使企业间资金、设备、技术、人才等要素合理运作，从而能有效配置资源，避免重复建设，进而为产业间及产业内的结构调整提供条件。

信息产业中的企业进入限制和退出障碍均较小、技术创新迅速、垄断企业处于垄断地位的时间一般较短等特征，使信息产业中的中小企业及与信息产业关联度比较大的传统产业中的中小企业，可以通过互联网进行协作与联合，从而既能保持企业的灵活性又能获得可观的经济利润。目前，美国、日本等经济发达国家都在积极组建跨行业、跨地区的虚拟企业。

2）虚拟企业、企业联盟促进产业结构的升级

纵观企业的发展史，现代企业是在对市场机制的逐渐替代过程中成长起来的。在市场经济环境下，企业和市场都是资源配置的方式，只依靠其中的一种方式，不可避免地会增加组织成本和交易成本，两种资源配置方式的结合是经济发展的内在要求，而虚拟企业和企业联盟正是有机结合企业行政机制和市场价格机制的一种中间组织，是企业和市场的交融。这种超越了单纯的企业和市场边界的中间组织，在促进产业结构优化升级方面能够发挥很大作用。

在信息技术迅猛发展、市场经济环境激烈多变的网络经济时代，企业要在此环境下生存，必须具有"柔性管理"的思想，使其组织充满灵活性、可塑性，随环境而协调发展。这种灵活性，一方面，要求该组织具有广泛的内部联络能力，能通过在各部门建立小组而自行重塑，并运用内部市场竞争来协调各小组的合作；另一方面，组织还需要具有能随时建立外部合作关系以保证其获得自身竞争力的能力。于是，企业组织的网络化、扁平化、弹性化便成为企业适应网络经济时代市场环境的必然产物，而它们的具体表现形式——虚拟企业和企业联盟的发展也就成为大势所趋。超越了单纯的企业和市场的上述企业组织形式，以及企业组织的网络化、扁平化、弹性化会促使传统的产业不断整合，使有限的资源在产业内和产业间的配置得到进一步的优化，促进产业内的市场竞争和技术进步，从而促进整个产业结构的优化升级。

从我国产业发展的实际看，虚拟企业和企业联盟对于改进产业结构现存问题具有积极意义。目前，部门的条块分割、产业的重复建设，以及由此形成的"小而全，大而全"的状况

依然是我国产业结构最突出的病症。企业联盟所倡导的企业间的横向、纵向联系和优势互补有助于企业打破条块分割，实现跨部门、跨行业、跨经济成分的联合；虚拟企业所倡导的精简企业功能和利用外部资源的理念，则有助于克服"小而全，大而全"的弊端，促进社会专业化大分工。由此可见，随着网络经济的发展，虚拟企业和企业联盟将在我国产业结构调整中起重要作用。

10.3　网络经济增长极

经济增长极是推动整体经济增长的一个动力源。网络经济成为经济增长极后，其经济增长极效益有自身的特点，主要体现在技术创新、资本集中和输出、规模经济效益和集聚效益等层面。

10.3.1　经济增长极

1. 经济增长极概念的源起

增长极概念最初是由法国经济学家弗郎索瓦·佩鲁[①]提出的，他认为，如果把发生支配效应的经济空间看作力场，那么位于这个力场中的推进性单元就可以描述为增长极。

增长极是围绕推进性的主导工业部门而组织的有活力的高度联合的一组产业，它不仅能迅速增长，而且能通过乘数效应推动其他部门的增长。因此，增长并非出现在所有地方，而是以不同强度首先出现在一些增长点或增长极上，这些增长点或增长极通过不同的渠道向外扩散，对整个经济产生不同的最终影响。

法国的另一位经济学家布代维尔[②]认为，经济空间是经济变量在地理空间之中或之上的运用，增长极也会在拥有推进型产业的复合体城镇中出现。因此，他定义的经济增长极是指在城市配置不断扩大的工业综合体，并在影响范围内引导经济活动的进一步发展。布代维尔主张，通过"最有效地规划配置增长极并通过其推进工业的机制"，来促进区域经济的发展。

增长极理论和政策20世纪70年代后期经过一段时间的沉寂，在20世纪80年代末期又重新受到重视。在此期间曾经出现的代表性理论观点主要有"创新理论"和"黏胶效应"。"创新理论"是指新企业尤其是小企业的崛起和繁衍是新兴区域发展的重要标志，政府应通过各种措施与优惠政策创造良好的孵化环境和生长机制，用以降低创新企业的创业风险和开发成本，提高新兴企业的成活率和成功率，使之成为经济增长的动力。"黏胶效应"是指少数大型企业发挥区域经济的舵轮和轴心作用，带动区域经济的发展。

2. 经济增长极的含义

经济增长极分为广义和狭义两种类型。

广义的经济增长极是指凡是能够促进经济增长的积极因素和生长点，包括制度创新点、对外开放度、消费热点等。狭义的经济增长极可以分为3种类型。①产业增长极，这里的产业是指有比较优势、竞争优势、较大关联度并有广阔市场前景的产业，这是纯经济意义的增

---

① 弗朗索瓦·佩鲁（Francqis Perroux）法国经济学家，教授，1955年在其著作《略论发展极的概念》中提出增长极这一理论。

② 布代维尔（Boude Ville）是20世纪70年代增长极理论的推动者和完善者，佩鲁的弟子，其著作《国土整治和发展极》（1972）影响较大。

长极。②城市增长极，是指城市或城市群具有强有力的吸引、集聚或极化效应、扩展效应或涓流效应；具有区位优势、资源优势和市场优势，以及一批富有创新能力的产业群和企业家群体；有一定凝聚力和鲜明区域特征的社会文化底蕴及精神风貌，以及发达和完备的城市综合基础设施等。这是具有地理或空间意义的增长极。③潜在的经济增长极，需要人们着力寻觅和培育，使潜在的增长极转化为现实的增长极，这是时间意义上的增长极。

本节所探讨的网络经济就是狭义增长极中的第一类代表，即产业增长极。作为经济增长极的这组产业具备以下几个特征：自身的高速发展；具有对其他产业的推动作用；扩散式增长，非同时同步增长。

10.3.2　网络经济增长极的特征

如果把经济增长作为一个力场，那么网络经济无疑是这个力场中的推进性产业单元。网络经济自身在快速增长，同时也与其他产业相互作用，以乘数效应推动实体经济的发展。网络经济的发展是不平衡的，一般以发达国家为起点，从城市开始迅速蔓延，沿着不同的渠道扩散到发展中国家、落后国家，从大中城市到城镇甚至乡村。网络经济作为经济增长极符合产业增长的 3 个特征。

1. 网络经济的快速发展

网络经济自身的快速增长，是其符合经济增长极的第一个特点——自身的高增长性。近年来，网络经济的规模正在随着全球网站的增加、网民数量的攀升和网络普及率的提高而不断扩大。同时，互联网行业的平均利润率高于一般行业，也展示了网络经济的快速增长。

根据 2015 年中国互联网络信息中心（CNNIC）第 35 次报告，截至 2014 年 12 月，我国网民规模达 6.49 亿，全年新增网民 3 117 万人，互联网普及率达 47.9%。中国网民规模与互联网普及率如图 10-1 所示，互联网网民规模居世界首位。

来源：CNNIC中国互联网络发展状况统计调查　　　　　　　　　　2014.12

图 10-1　中国网民规模与互联网普及率

我国网络经济发展情况的具体数字见本书第 1 章"网络经济及其发展"一节，关于我国网民的具体情况见本书第 4 章"网络消费者行为的外部影响因素"一节，关于网络应用及网络产业的情况见本书第 9 章。

2. 网络经济对总体经济发展的推动作用

网络经济和总体经济的发展是紧密相关、相辅相成的。由图10-2、图10-3①可以看出，虽然国内生产总值（GDP）与网民数的数据单位和数量级不同，但是仅从年增长率的曲线上可以看到，两者的变化趋势是比较相似的，只是幅度有一定的差别。

2008年以来，在应对金融危机中，互联网促进了生产效率的提高，改善了人们的生活品质，打造了从制造、运营、到内容和应用的强大产业链，对拉动经济发展起到重要作用。

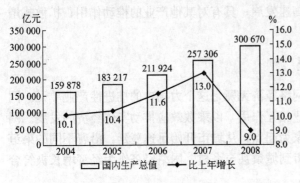

图10-2　2004—2008年国内生产总值及其增长速度　　　　图10-3　2004—2008年网民增长率

3. 网络经济发展的不平衡性和扩散性

网络经济的发展，不是在所有区域同时同步增长，而是在经济较发达的地区，具备一定的基本设施建设的前提下，网络经济快速增长，随后这一产业凭借对其他产业的推动作用，随着经济全球化的蔓延，逐渐扩散到世界的每个角落。

1）全球网络经济发展区域差异化

网络经济是一种新型的经济形态，各地区的经济发展状况直接影响网络经济的发展。基础设施的建设、信息技术的应用等，都会使互联网的普及率产生区域差异。根据国际电信联盟的数据，2014年，互联网的普及率在发达国家为78%，在发展中国家为32%。在尚未使用互联网的人士中，90%以上在发展中国家。移动宽带普及率最高的区域依次为：欧洲64%，美洲59%，阿拉伯国家25%，亚太23%，非洲19%。截至2014年1月全球各地区互联网普及率情况如图10-4所示。

2）中国网络经济区域发展不平衡

我国城镇与农村的互联网发展水平也存在很大差异，到2014年底，中国网民比重中，城镇占72.5%，农村占27.5%。2007—2014年我国城乡互联网普及率如图10-5所示。

3）网络经济发展的扩散性

20世纪80年代早期，美国政府预见到网络的巨大潜能，把网络扩展到民用，用于商业目的。互联网建立之初，只有数千个站点与此相连接。进入20世纪90年代之后，互联网呈现出指数化的增长趋势，每年有数百万个新的站点加入国际互联网。

国际互联网的蓬勃发展所带来的影响是空前的，它打破了时空的界限，使建立快速、全球性贸易成为可能。以互联网技术建立起来的企业网络，不仅能提供及时、低成本的信息交

---

① 王恩海. 互联网发展与GDP增长比翼双飞//中国互联网络信息中心（CNNIC）. 第24次中国互联网络发展状况统计报告，2009-06.

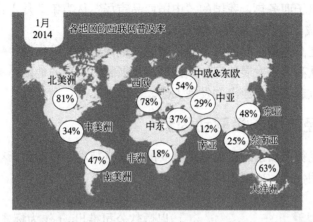

图 10-4　截至 2014 年 1 月全球各地区互联网普及率情况

资料来源：研究机构 we are social 发布的《2014 年全球社会化媒体、数字和移动业务数据洞察》

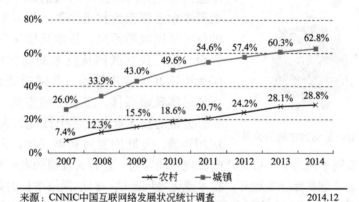

来源：CNNIC中国互联网络发展状况统计调查　　　　　　　　　　2014.12

图 10-5　2007—2014 年中国城乡互联网普及率

换系统，还可以提供准确、及时的商业信息。人们的生产方式、生活方式、思维方式，包括经营管理方式和政治活动方式都发生了革命性的变化。计算机的普及使人类社会经历着有史以来最深刻的变革，网络化则使单台计算机的功能获得了成倍的增长。当互联网呈指数化增长时，单台计算机联网的外延效益也在呈指数化增长。计算机制造成本的大幅度降低和软件技术的飞速发展使计算机像电话和电视一样成为人们信息交流的重要手段，而它的普及和应用速度远比电话和电视要快数倍。网络技术的迅速发展、普及及其应用为电子商务的发展提供了最基本的条件，电子商务健康快速的发展是 21 世纪衡量国家竞争力的重要标尺。

不仅仅是在美国、日本及欧洲各国这些发达国家，在世界的任何地方，网络经济都在发挥其巨大的作用。印度的工业基础不如中国，可是它正在创造奇迹：信息技术产业持续增长，企业的经营情况良好；以技术人员为主的工资上浮带动了消费，扩大了内需，出口也保持着两位数的增长速度。2000 年以来，印度经济总体一直保持快速的增长。韩国是亚洲地区首先从金融风暴中复苏过来的国家，这也归功于其信息产业的迅猛发展。

在全球网络经济飞速发展的背景下，中国的网络业也快速发展。1993 年 10 月 15 日，当时世界上最长的通信光缆，纵贯中国南北的京汉广通信"大动脉"全线开通，拉开了我国网络基础设施建设的序幕。我国企业从 1994 年开始涉足电子商务，1998 年是世界电子商务年，中国也掀起了电子商务热，我国的"中国商品市场"从当年 7 月 1 日起，正式进入互联网。2003 年，中国成了世界上最大的信息网络市场。

网络经济自身在高速增长的同时，凭借其对其他产业的推动作用，带来了经济发展的新形态、新机会，其从高经济发展地区扩散到经济发展相对落后的地区，不断向互联网普及率较低的地区渗透，掀起了网络经济的发展大潮。

10.3.3　网络经济增长极驱动因素

网络经济发展受很多因素的影响，最重要的因素有技术、市场和资本，三者之间联系紧密，互相制衡、互相促进，如图 10 - 6 所示。

1. 技术是第一驱动力

以微软公司推出 . net 为标志，互联网的发展进入第三代，互联网的商业价值由网络浏览转为以网络应用为主，网络经济增长的第一推动力由前阶段的资本意志更新为技术创新，为未来构建网络基础的技术新锐脱颖而出，技术英雄从互联网幕后走向前台。第三代互联网从技术的角度看有 5 个特征：①无所不在的应用终端；②随时随地的移动计算；③能够实现多媒体、多业务的带宽；④真正高度统一、开放的技术标准；⑤个性化、人性化的界面和应用环境。互联网发展到第三代，用户网络应用基

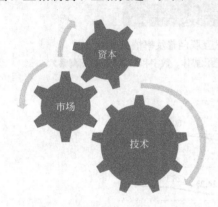

图 10 - 6　网络经济驱动力之间的关系

于同一标准的互联网平台之上，彼此之间实现互联互通，进行大规模的电子商务活动。新一阶段的竞争围绕着"谁是标准"展开，技术毫无疑问是这一时期网络增长的第一推动力。

技术一直都是网络发展的重要驱动力，互联网的竞争越来越探向底层，技术的门槛越来越高，技术含金量越来越大。在网络经济的 4 个驱动力：技术、资本、市场和机制中，"机制"是企业管理方式改变而产生的内动力，而企业管理方式改变的基础是技术的进步。"市场"是由用户端需求应用而产生的外动力，市场也是随技术应用和普及而不断拓展的。"资本"或称风险投资，是围绕着技术运行的，如资本曾经热衷的 B2C、B2B、活动服务器页面（Ative Server Pages，ASP）、无线应用通信协议（Wireless Application Protocol，WAP），无一不是受新技术的蛊惑和引领。因此，"技术"是推动网络经济快速增长的第一驱动力。

总之，互联网的技术含量越来越大，技术是决定成败的关键，为未来构建网络基础的技术将不断脱颖而出，引领网络经济的成长。

2. 技术创新与网络经济其他驱动力的关系

1）技术创新与市场需求

企业技术创新过程是一个从认识市场需要开始到满足市场需要为止的全过程。市场是企业技术创新活动的出发点和落脚点，市场因素对技术创新影响的意义主要体现在以下两个方面。①企业熟悉市场的能力。企业对市场愈能透彻了解，就愈能把握市场发展方向，其创新成果符合市场需求的程度愈高，企业组织技术创新的市场风险越小。②市场容量和发展前景。市场容量越大，发展前景越广阔，企业组织技术创新获利的机会就越多。

消费者的需求总是处于不断变化中，而这种变化常常是由于科技的应用引起的。新技术革命带来了人类生活方式的巨大变化，也带来了市场的飞速扩展。自第一次工业革命以来，技术就一直是经济增长的原动力，今后技术的作用会更加重要。因此，企业要不断发展壮大，就必须了解、掌握科技的发展趋势，开发高科技产品满足市场需求。日本著名企业家盛田昭夫曾经说过："我们的政策是以新产品去引导消费，而不是先调查消费者喜欢什么商品，然后再投其所好。"结果遵循这种"创造哲学"，索尼公司在家电市场树起了王者风范。从表面上看，索尼公司的"创造哲学"似乎违背了市场营销的企业应该按照消费者的需求与欲望去开发生产产品的基本观念。但从本质上看，索尼公司正是按照潜在需求的逻辑运作的。在世界市场竞争中，高新技术的新产品比可施展的任何市场营销技巧都更具影响力。创造需求的指导思想是企业以新技术、新产品去主动引导顾客，领导市场，领导消费。当企业对新技术独具慧眼，有深刻的洞察力和想象力时，企业即可从新技术的运用潜力中发现一般人难以发现的需求，利用新技术开发出崭新产品，以新产品领导消费大众。创造需求强调"发明是需求之母"。创造需求从表面上观察似乎是"产品观念"，但没有"产品观念"的盲目性。其强调技术、创造、想象力，也重视需求，因为重点是创造"需求"，而不仅仅是创造产品。随着现代市场经济的发展，随着企业技术创新的不断完善，企业将会创造出更新的商品品种和更大范围的市场需求空间。

2）技术创新与内部机制

创新是企业的灵魂，是企业发展的核心所在，如何保持持续稳定的创新，使企业的创新在未来越来越残酷的竞争中立于不败之地，良好的创新管理机制是其重要保障。

我国有数百家大中型企业建立了技术中心，通过技术中心的建设形成有利于技术创新和科技成果迅速转化的有效机制。技术中心通过与国内外相关单位（包括竞争对手）成立联合实验室、购买技术、成立合作实体、委托研发等形式，一方面可充分利用有关科研院所的研发力量，实行自主基础上的联合研发；另一方面可以培养技术人才、吸引优秀人才、形成自己的核心技术和具有自主开发能力的技术队伍。

一个能支撑企业持续创新的技术中心管理模式，需要造就全方位资源整合机制，研发过程保证机制和多样化的激励机制。

科研管理通过调动科技资源，实现科技资源优化配置，从而对其他职能形成管理支撑。

通过对研发过程实施项目管理，来形成研发过程保证机制。把目标按时间阶段和研发过程进行分解，在考核指标和方式上，进行科学合理的设计和安排，如对超前研发项目，把技术的先进性和市场潜在性作为主要评估指标，而产品开发项目则主要考核产品的市场效益和时间效益。在此基础上，通过定期报告、定期评审验收，实行过程控制；通过最终的市场效益和技术效益来体现效果控制，从而保证研发的及时性、市场性和科学性。

通过选择科学的薪酬体制，来形成多样化的激励机制。除了提高研发人员的岗位工资外，还可以通过设立项目奖、年终奖、重大贡献奖、科技进步奖等对骨干员工进行奖励；企业通过红股、认股权、股权期权等形成"金手铐"，建立多样化的奖励机制，留住优秀人才。

3）技术创新和风险投资

风险投资机制为企业技术创新提供了资金支持，是推动企业技术创新的重要投资方式。风险投资机制不仅对高技术创业企业技术创新提供了直接的资金支持，而且也带动了其他资金的进入，从而形成了一套与企业技术创新不同阶段相匹配的、梯次分明的金融支持系统。

更为重要的是，风险投资的参与，使企业获得外部权益资本的时间大大提前。在高技术创业企业生命周期的开始，也就是技术创新处于研发阶段时，即使没有成熟的产品或技术，只要有足够的成长潜力，就有可能获得风险投资的资金支持和增值服务，这就使创新活动商业化应用的目的直接前推到研发阶段。

创新是一切经济活动的推动力。网络经济原本就是靠科技创新安身立命的，其跨越式发展更离不开创新。网络经济通行的规则是，"第一"（创新）具有重要价值，"第二"（模仿）可能"一文不值"。

10.3.4　网络经济增长极效应的新特点

经济增长极效应体现在 3 个方面：①吸引和扩散效应，常由技术的创新和扩散引致；②资本的集中和输出（并购）效应；③规模经济效益和集聚经济效益（城市化趋势）。网络经济增长极效应也有其新特点。

1. 资本的集中和输出

从资本的集中和输出（并购）效应看，网络经济中企业的并购和分解并存。

网络的迅速发展和在经济领域的广泛运用，为跨国的经济合作提供了快速和廉价的通信手段，加速了经济全球化的进程，在企业跨国合作浪潮兴起的同时，又有很多企业在分解。以美国为例，1995—1998 年间，美国的网络业平均年增长 174%，与此同时，发生在美国网络领域的并购由 1995 年的 65 件猛增至 1998 年的 456 件，增长 175%。由此可见，网络业的并购与网络业的发展具有明显的同步性，网络并购使网络经济的发展如虎添翼。

网络经济导致企业并购的根本原因是市场和生产的全球化，使许多大企业想要在全球扩大市场和生产空间，不断地追求超速扩张，也就不停地寻求并购的机会。多数成功并购发生在网络企业和传统企业之间，互联网企业具有良好的发展前景，成长速度惊人，传统企业对网络经济的发展持乐观态度，愿意将投资转向具有高成长潜力的网络经济行业，在增加企业投资回报率的同时，也保持良好的发展势头。而网络产业通过与传统经济的整合，不仅使企业的发展获得稳定的资金支持，解决后顾之忧，同时也可以通过利用传统产业提供的软硬件支持和庞大的客户网络，积极拓展网络经济的新型业务，大大增加网络公司的价值。

在网络经济中企业的并购和分解并存。兼并以后的企业往往产生很多大企业病，适应变化的能力不灵活，对于市场和客户的需求容易反应滞后，经营效率低下，或者并购后的企业文化融合不力，产生管理上的难题，带来巨大的风险。诸多原因使有些企业在并购以后选择分解成小公司、小组织。网络经济中企业分解的另一个原因是政府对垄断企业的制裁，为营造竞争环境，政府依法分解垄断大企业。

2. 规模经济效益

规模经济效益是指当生产能力或服务能力在一个限度之内时，每增加一个单位的产量或服务量，单位成本就会下降，如果超过了这个极限，单位成本就会急速上升。这个限度就是规模经济。

网络经济中企业所提供的实物及服务产品（知识型产品）具有显著的规模经济性，也就是说，产品的成本结构特殊，初始投资花费的固定成本很高，但是随着产品产量的增加而追加的变动成本很小。产品的平均成本曲线一直呈递减之势，不存在最低的平均成本点。但实际上，网络经济也存在规模极限，当构建的网站是个供 5 万人使用的规模时，这时每增加一个用户其实没增加什么成本，当总量超出 5 万个用户后，网络经营者又需构建另一个 5 万人使用的规模，这时成本就会大幅增加。因此，边际成本曲线的第一个使用者分担了最大的成本，第二个几乎是零，直到第 5 万个，又会跳到另一条成本曲线，呈现 U 字形。

另外，网络经济使规模的影响弱化。在原来的传统经济条件下，企业的知名度和企业规模成正比，大企业以其雄厚的资金和广泛的市场影响来提高知名度，反过来企业利用其较高的知名度使自己在竞争中处于有利的地位。但是，在网络经济中，电子商务作为主要形式，使规模差距的竞争变得微乎其微，中小企业和大企业可以在比较公平的基础上开展竞争，在网络这个载体上，企业可以不分大小，利用网络提供的信息开展经营活动，规模优势不明显。

3. 集聚经济效益

经济增长极的集聚经济效益是指由于劳动和资本等生产要素的集中所产生的高效益，是指经济增长极能够不断地从外部吸收资金和人才，并不断向外部输出创新产品和分裂新的企业，使经济实力迅速增强，就业机会不断增多。

集聚经济效益来源于现代工业生产在空间上的集中性。通过生产活动在空间距离上的彼此接近，实现资金周转，商品流通，劳动力培养，企业的技术创新、升级与竞争等方面的集中运行，从而获得效益。

网络技术不仅缩短了生产者和消费者的距离，而且由于许多经济活动可以在网上直接完成，使企业的工作场所可以远离其所需面对的服务对象，其生产和管理也可以通过信息网络分散在各地。这样，城市中心区和边缘区的空间距离就被大大地拉近了。由于经济收益和城市空间区位的联系不再像以往那样紧密，企业在选址上就有了更多的机会，市郊便宜的土地、舒适空旷的环境无疑会成为理想的选择。另外，在传统工业社会，生产以城市为中心，讲求规模和聚集效益。随着网络技术的推广应用，中间环节在组织管理中的作用大大削弱，企业内部的决策和运作效率也因此提高，管理成本、信息成本、交通成本都大大降低。于是，聚集带来的经济利益也随之减弱，企业也就不必为了追求更多的聚集利益而向城市靠拢。因此，网络经济增长极空间集聚经济效益减弱。但其巨大的产业集聚经济效益是目前为止的其他产业无法比拟的。

10.4　网络经济增长周期

网络经济的真正价值并不是其本身能够立即产生多少有形的财富和利润，而是它创造了一种崭新的社会经济形态。在网络经济时代，信息产业的空前发展，使传统的经济周期波动不断呈现平缓的趋势。本节从网络周期的发展开始，进一步阐述网络经济对传统经济周期的影响，以及其自身增长周期的特点。

10.4.1　网络经济发展阶段回顾

从 20 世纪 90 年代中期以来，网络经济在世界各国蓬勃兴起，经历了一个波浪式发展过程。

1. 网络经济初步发展

2000 年之前是网络经济发展的第一个阶段，主要表现是网络公司蓬勃发展成长迅速。

美国在线、雅虎的门户模式，eBay、Amazon 的电子商务模式是其典型的代表。1993 年，雅虎搜索网站创建，1998 年总收入达到 2.03 亿美元，利润总额 2 500 万美元。进入 1999 年后，Yahoo 的股票市值已经接近 380 亿美元，超过波音公司。1994 年，亚马逊网站诞生，到 1999 年，亚马逊网上书店成为全球第三大图书销售商，拥有 450 万长期顾客，截至 1999 年 10 月，收入达到 3.56 亿美元，自 1997 年公开上市到 1998 年年底，其股票价格飙升了 2 300%。而网景，一个从成立到上市不到两年，没有挣过一分钱的公司，居然站到巨人微软公司的对面。在比较雅虎和波音公司之后，有学者得出这样的结论：网络经济 3 年等于工业经济 70 年。

得州大学电子商务研究中心发布的一项报告显示，2000 年美国网络经济营收总值达 8 300 亿美元，较 1999 年增长 58%。报告指出，"要了解网络经济在一段短短时间内如何蓬勃发展，请让数字来说话：仅仅两年前，网络经济营收才 3 230 亿美元，两年后却激增为 8 300 亿美元，增长了 156%。""网络经济力量已经成为美国经济中前所未有的重要角色，不但缔创了无数的就业机会，并且提升了各行各业公司的生产力。且其影响力不只限于互联网公司：网络经济力量已经让传统的公司和职场转型。"

在中国，网络公司也迅速成长。1998 年，被称为中国网络三雄（搜狐、新浪、网易）之一的搜狐实现盈利 40 万美元。1999 年 7 月 12 日，中华网在纳斯达克首发上市，这也是在美国纳斯达克第一个上市的中国概念网络公司股。同年年底，李嘉诚家族的 Tom.com 高调进入北京。2000 年后，中国的网络公司同时揭开了纳斯达克登录大赛的序幕，新浪、网易、搜狐、亚信、UT 斯达康、空中网、TOM、掌上灵通、百度、携程、亿龙、前程无忧、分众，等等。这些上市公司几乎包括了所有主流的互联网服务。

互联网制造的"暴富速成"神话，吸引了千千万万的后来者追随，而网民队伍的日渐扩大，决定了其巨大的后续发展空间。

2. 网络经济的泡沫危机

2000 年，出现了网络泡沫危机。起初人们过分强调网络经济虚拟、非摩擦等有别于传统经济的特点，认为网络经济不需要盈利也可以生存，从而使网络经济出现脱离现实经济的增长，产生泡沫，进而引发了 2000 年的网络泡沫危机。

这种泡沫示范作用迅速蔓延到中国，尽管中国的网民当时不过 600 万左右。2000 年 11 月底，纳斯达克跌破 2 600 点大关，从 9 个月前的 5 132 点历史高位上下跌近 50%。大盘暴跌之下，在纳斯达克上市的"中国概念股"一路走低，中国互联网企业普遍受到沉重打击。网易和搜狐走进垃圾股行列，新浪市值缩水 40%，股价一度逼近 5 美元的"生死线"。大量中小网站没能挺过这一波巨大"泡沫"的袭击，或者倒闭或者裁员，纷纷成为"先驱"。

随着 2000 年以科技股为代表的纳斯达克股市的崩盘和"网络泡沫"的破灭，全球互联网产业进入了"严冬"，"多米诺骨牌"效应带动 IT 产业整体下滑，市场一片低迷。根据 Webmergers 统计，自 2000 年泡沫破灭以来，全球至少有 4 854 家互联网公司被并购或关门，裁员成为最普遍的现象，这正是前几年股市过热和高科技公司盲目追求发展速度的结果。直到 2002 年 10 月互联网业追踪公司公布的调查报告显示：第三季度申请破产保护或倒闭的网络公司，已较上年同期和前季度大幅减少，互联网泡沫的破灭接近尾声。

反思网络泡沫危机，一个重要的问题不能忽略，互联网"工具"的过分神化与"主体信息化"的滞后。互联网只是网络经济中的一个工具，而不是网络经济的主体，它并不能主导、主宰社会经济。经验表明，不管是在零售业，还是在制造业或交通运输业，主体因素比互联网扮演的工具因素更加重要。互联网泡沫是走向成熟之前的一条必经之路。

3. 网络经济的再度崛起

2004 年，网络经济再度崛起。eBay 等公司取得了高速的增长和盈利，搜索引擎谷歌公司自 2004 年 8 月登陆纳斯达克之后，在两年内一举超越 IBM 成为继微软和思科公司之后的全球第三大最具价值科技公司。搜索引擎搜索的网页能够从侧面反映互联网的发展。单从搜索引擎来看，2000 年 8 月 google 有 10.6 亿网页，2004 年 9 月增加到 42.85 亿网页，2004 年 11 月，google 已经拥有 80.58 亿个网页，8.8 亿张图片，8.45 亿个新闻组讯息，4 500 个新闻讯息。2005 年 6 月，拥有 80.58 亿个网页，11.87 亿张图片，10 亿个新闻组讯息，6 600 个打印目录，4 500 个新闻讯息。

4. 网络经济的繁荣发展

Web 2.0 是相对 Web 1.0（2003 年以前的互联网模式）的新一类互联网应用的统称，是一次从核心内容到外部应用的革命。由 Web 1.0 单纯通过网络浏览器浏览 html 网页模式向内容更丰富、联系性更强、工具性更强的 Web 2.0 互联网模式的发展已经成为互联网发展新趋势。

Web 2.0 强调以用户的个性化、去中心化为主要特点，博客/日志（Blog）、标签（Tag）、社会网络（SNS）、站点摘要（RSS）、百科全书（wiki）是 5 种主要的商业模式。随着 Web 2.0 的普及化，围绕这些技术的消费者的高度参与和创造性引起了企业的注意。许多渴望在内部运用 Web 2.0 的企业正在尝试使用或试验性地部署这些工具。

当互联网从传统的 Dotcom 迈进 Web 2.0 后，传播内容的平台，不再像从前仅由少数内容提供者所拥有，今天每一位网友都可以通过博客等载体创造内容，并由自己决定网络上传播的内容，Web 2.0 成为网络经济发展的新推手。

在全球范围内，有关网络经济的规模并没有精确的统计。根据相关数据估计，2001 年我国网络经济市场规模仅为 3 000 万元人民币，2004 年就达到 160 亿元，2007 年已近 500 亿元，其增长速度远高于 GDP 的增速。预计 2011 年网络经济市场规模将达到 1 547 亿元。

Web 3.0 是互联网发展的新取向，尽管对于什么是 Web 3.0，不同的人有着不同的理解。相对比较有影响力的观点是：新一代互联网的核心，就是更加强调软件的力量、软件和互联网的结合，软件、互联网与具体运用的结合，以及与用户的结合；新一代互联网一个可能突破的方向来自移动领域，另一个可能突破的方向来自互联网的智能化；人的智能在互联网中会逐渐得到体现，互联网自身的技术也会得到提升，计算机的算法会进步，硬件会不断更新；互联网的一个发展就是尽可能地便利用户，所有的人都能够使用，就像打电话那样简单；中国互联网会从跟踪者、学习者变成贡献者，中国互联网的内容进一步增加，中国的传统文化加上新一代人的创造力，将使互联网变得更精彩，在技术上，中国也会作出自己的贡献，包括网络通信技术、芯片技术、服务器、存储、网络软件等都会有很大突破。

可以将 Web 3.0 用 4 个特征来描述：个性、体验、定制和整合。Web 3.0 的平台是以微单元（即微应用模块或单元组织）构成，用户完全自主创建需要的信息单元模块，平台将根据用户需求，智能化处理互联网海量信息的整合，最终聚合用户个性化的需求。这样的平台，将是更精准、更智能、更个性，平台上所有的信息完全由用户自己控制与整合，网站平台只提供技术支撑和完善服务。Web 3.0 的出现，将更智能化"清洁"网络，它是一个过滤器，将智能整合用户需求信息流。Web 1.0 是精英文化，开创了聚众时代；Web 2.0 是草根文化，开创了分众时代；而 Web 3.0 是个性文化，将开创一个全新的个性时代。无论是精英还是草根，融入 Web 3.0 的时代，都将拥有自己个性的特征，根据自己的兴趣、爱好、需求、性格、知识等组合单元，构建出一个个性化的信息平台。

10.4.2　网络经济周期的特点

网络经济周期发展的最大特点是其为科技周期，而不是传统的商业周期。经济随科技发展节奏而呈现出不同的发展阶段，经济周期与科技创新的速率密切关联。虽然信息科技产业在经济总量中所占比重不高，但其影响是巨大的。信息科技产业支持着很大比例的经济活动，激活了巨量的现金流量。如果说传统经济周期是由商品的供求矛盾决定的，那么网络经济周期则是取决于技术创新速率的上升和下降。网络经济周期具体有以下特点。

（1）经济周期阶段由科技创新速率决定。当科技创新速率上升，生产效能大幅度上升，通货膨胀率低，经济不断快速发展，而且持续时间很长。这是由于在科技创新速率上升阶段，在科技创新带动下的全面创新同经济增长产生互补作用的结果。在此阶段，更多的资金投入到创新活动中，极大地提高了生产能力，促使产品的价格不断降低，需求也得以持续扩大。经济更快的增长和不断上升的股票市场增大创新活动投资规模的刺激因素，刺激了更多创新公司的出现、更快的科技成果的采纳，并对现存公司的生存形成更大的创新压力。

当科技创新速率下滑时，生产率增长减缓，投资增长放慢，通货膨胀回升，随着股市崩溃，经济下降得更远更快，有可能进入长期的萧条。经济出现这一特征的基本原因同科技创新速率上升期一样，仍然是创新和经济增长的互补作用，只是运转的方向完全相反，一开始速度很慢，然后越来越快。科技创新的衰退和经济的放缓意味着企业回报潜力的降低，风险投资基金会降低投资于有创新项目风险企业的意愿，从而使新兴公司的数量减少，创新的节奏更加趋缓。为了避免前期投资的巨大损失，科技公司产品价格的下降速度变慢，甚至开始回升。这样，科技创新所能得到的资金会更少，甚至枯竭，经济危机跌得多深多远难以判断，科技创新回升无法预料，长期萧条极易发生。

（2）科技周期的调控方法与商业周期的调控方法明显不同。在旧经济下，经济过热，通货膨胀，一般采取通货紧缩政策和增加失业便可达到目的；如果经济衰退，政府通过扩大财政支出和中央银行降低利率和贴现率就可以促进经济回升。但在新经济中，创新的刺激力量与股市和经济增长紧密相连，没有强劲股市支持，风险资本和新股票上市的流动就会停止。当经济放缓和股市价格下跌时，形成和采纳新技术的动力减小，生产率增长放缓，通货膨胀会上升。因此，在网络经济下，经济衰退时更要设法维护股市，以保证科技创新得到充足的资本供应。

（3）科技周期中繁荣结束的信号与商业周期中繁荣结束的信号不同。在商业周期中，繁荣的结束表现为股市下跌，增长减退，产品订单普遍减少，通货膨胀加剧。而在科技周期中，危险信号的出现则表现为科技股下跌与科技支出减缓同时出现，科技产品价格下降率减缓，风险资本流动率和股票上市数量下降。

10.4.3　网络经济对传统经济周期的影响

20 世纪 50 年代以来的技术革新浪潮是以信息技术为核心的新技术群的产生为特征的。

以往的技术革新都是以扩大物质产品的生产规模，提高物质生产能力为特征，是大机器工业制造能力的提高，是人的体力劳动的节约，是物化劳动和劳动物化的革命。信息技术革命在技术特点、功能作用和产生的结果，以及产生结果的运行方式和周期规模等方面都发生了变化。如果说以往的技术革新主要是以革新成果来替代和增强人的体能的话，以信息技术为代表的新技术革命则是用其成果替代和增强人的智能，使人直接操纵机器的劳动方式变成在人的控制下的智能机器间接操纵机器的劳动联结方式，使工业制造业等行业的生产自动化与过去产业革命形成的自动化相比有了质的飞跃，产生了庞大的信息产业。历史上经济学家的判断所依据的周期波动规律和产业基础已经发生了巨大变化。

正像工业化与工业熨平传统农业生产的季节性波动一样，信息业与信息化正在熨平传统工业（汽车业、建筑业等）经济的周期性波动。仍以美国经济为例，自 1991 年 4 月走出二战后第 9 次衰退期以来，经济持续增长 116 个月。究其原因主要是 20 世纪 90 年代以来，美国以信息技术及其产业为代表的高技术及其产业的迅猛发展，导致经济周期变形加剧，信息技术等高技术产业已经取代了传统的周期性产业成为推动经济增长的主要动力。当美国 1995 年和 1996 年汽车业与房地产业陷入萧条时，适逢信息技术产业异军突起，促进了经济高涨。随着网络经济尤其是电子商务的兴起，延缓衰退期的到来，而使经济持续增长。当然，经济周期波动不会因此而消失，在一定条件下，高技术及其产业也有衰退的可能。在经济波动与金融波动相互影响加剧、彼此依存更加紧密的环境下，发生经济波动是很难避免的。

网络经济影响经济周期的因素有以下几个方面。

（1）物质生产部门在国民经济中的比重下降，传统产业的衰退与高涨对整个国民经济周期波动的影响力减弱。

在网络经济下，传统的物质生产部门在整个国民经济中的比重逐渐下降，信息产业尤其是以知识、智能为基础的信息服务业比重大幅度上升，使传统产业的衰退与高涨对整个国民经济的周期波动的影响力减弱。在欧、美等发达国家，传统工业只占整个国民经济的 20％左右，比起工业革命时期的 50％以上，其对经济增长的影响力显然是大大下降了。传统的、由工业的兴衰决定的经济周期波动必然要发生重大变化。

（2）第三产业迅速发展，第三产业的周期波动将会对经济增长周期波动特点产生决定性影响。第三产业的周期波动不取决于固定资本的更新，而取决于新技术、新知识的产生和获取方式。在当今信息网络化时代，新技术、新知识及其获取方式的创新速度，要远远快于传统工业技术革新的速度。例如，电话、电报、纸版图书、校园教育、计算机、电视、录像机、计算机与通信综合的信息处理与传输网络，光纤通信、多媒体计算机、卫星通信、信息高速公路、全球通信和数据传输网等新技术的更新与进步，导致新行业、新市场、新需求不断涌现，成为决定经济持续增长的重要推动力。

（3）高新技术更新换代，减缓由于固定资产更新所引发的周期波动。高新技术融入传统工业领域，如计算机集成综合自动化系统在工业中的广泛应用，使物质生产部门的固定资产更新方式和周期发生变化。传统的大机器生产线适应大批量、少品种的生产。当生产规模扩大到市场所不能容纳的程度时，就必须更新技术、更新设备，生产新产品以适应新的需要。因此，在传统经济下，大规模的固定资产更新就成为经济由危机、萧条走向复苏、高涨的起点。在计算机控制下的集成综合自动化系统是一种"柔性"系统，或者称"弹性"系统。其在满足市场需求变化时具有及时适应性，可以进行小批量、多品种的生产制造。机器设备的寿命主要由计算机软件决定，设备的改造更新往往是新的计算机软件程序的设计和改进所致。这样，机器设备的更新在更大程度上将取决于其自然寿命，而不是社会寿命。这就是说，计算机软件的不断更新将使固定资产的寿命延长，从而减缓由于固定资产更新所引发的经济周期波动。

（4）产品生命周期逐渐缩短，经济周期波动减小。高新技术的突飞猛进和科学-技术-生产一体化的发展，使从科学发现到相关技术的创新，再到新产品生产的周期发生变化。资料表明，从科学发现和技术发明到投产所需时间在逐渐缩短，如今已出现一体化趋势。正像马克思所说的那样，生产过程成了科学的应用，而科学反过来成了生产过程中的因素，即所谓职能。每一项发现都成为新的发明或生产方法改进的基础。1885—1919 年间，一项发明从设想、研制到试产的平均时间是 30 年，从生产上掌握它到投入市场的平均时间是 7 年，整个周期为 37 年。1920—1944 年间上述指标相应地缩短为 16 年及 8 年，整个周期为 24 年；1945—1964 年间又相继缩短为 9 年和 5 年，整个周期为 14 年；而现在，整个周期缩短到 10 年以内，甚至不到 1 年。这种巨大的进步，除了缘于高新技术本身"科学技术一体化"的特征之外，也与现代企业组织特征有关，即企业中科技人员比重不断增加，企业成为集中科技人员的主要场所之一。另外，一些企业本身已经成为大型的科学—技术—生产一体化的综合性实体，如美国电话电报公司（即贝尔系统），许多信息、技术的重大发明出自该机构，同时该公司又是美国最大的电话公司。产品生命周期缩短后，经济周期趋于平缓，波动逐渐减小。

（5）信息成为调节经济的"第二只看不见的手"，使经济运行趋于平稳。在网络经济时代，信息作为调节资源优化配置的"第二只看不见的手"，补充了市场价格机制失灵的空缺，使经济运行趋于平稳。例如，美、英两国在 20 世纪 80 年代，库存与销售的比率是 17%，现在仅为 8%。信息的调节作用不仅使生产更加符合市场的需要，而且使"市场出清"的速度大为提高。信息传输网、信息高速公路的建成，对于商品流通、货币流通，以及劳动力的流动方式均带来积极影响，使生产者、消费者的时空观念发生相应变化，进一步使经济增长速度的周期波动过程变形。从理论上，由于信息要素在生产过程中的地位日益重要，信息量的增大、信息传输速度的加快，必然使经济发展过程中各个环节、各产业部门之间的不平衡幅度缩小，使经济增长升幅、跌幅落差缩小。从实践的发展看，欧美发达国家信息技术的进步，包括对传统产业的改造，以及信息服务业的壮大，正以人们难以预料的方式和速度向前发展。这些国家的经济已经开始迈入知识经济和信息网络化时代，经济结构和经济运行方式都已发生了重大变化，那种工业时代大起大落的经济周期波动，即将成为历史。而网络经济时代，出现这样的经济循环：知识产业化—产业信息化—信息网络化—网络大众化—大众知识化—知识产业化—……，经济发展周期与知识和信息创新周期密切相连。

10.5　网络信息社会发展度量

一个经济体中，其网络信息经济发展程度如何？怎么度量？关于信息经济测度方法从早期的探索到目前成熟运用，经历了较长期的发展过程。

10.5.1　信息社会测度方法的早期探索

1. 马克卢普（Macluph）法

美国学者马克卢普于 1962 年发表的《美国的知识生产与分配》一书，开创了社会信息化测算的时代。马克卢普在此书中提出了"知识产业"理论，把美国的知识产业划分为教育、通信媒介、信息服务、研究与开发、信息设备五大类，并在此基础上建立了对美国知识生产和分配的最早的信息经济测度体系。[①]

马克卢普在书中主要考察了信息产业在国民经济中的结构比例问题，提出了一套测算信息经济规模的理论与方法。计算公式为：GNP＝C＋I＋G＋（X－M），式中，GNP 表示独立的商品化信息部门的 GNP 值；C 表示消费者对最终产品和服务的消费量；I 表示企业对最终产品和服务的消耗量；G 表示政府对最终产品和服务的消费量；X 表示产品和服务的国外销售量；M 表示产品和服务对国外的购买量。[②]

2. 信息化指数法（RITE 模型）

信息化指数法（RITE 模型）是日本经济学家小松清崎介 1965 年提出的，该方法通过信息量、信息装备率、通信主体水平、信息系数 4 个主要因素来体现社会信息化的程度，具体包括 11 项指标。[③]测算方法是首先确定某个时间点指标为基数，计算出其他时点各个指标的相对数，然后对相对数运用一步算术平均法或分步算术平均法求得最终的社会信息化指数。[④]

一步算数平均法公式为：

$$R = \frac{\sum\limits_{i=1}^{11} \frac{X_i}{S_i} \times 100}{11}$$

将基年某国家或地区的 S_i 定为 100，X_i 为具体指标。

3. 波拉特法

在马克卢普测度体系的基础上，波拉特于 1977 年出版的《信息经济论》中，创造了一套从经济学角度出发的、完整的信息经济测度体系。他将信息部门从国民经济各部门中逐个识别出来，然后以社会活动中的信息产品和信息服务是否市场化为标准，将信息部门划分为一级信息部门和二级信息部门两大类。一级信息部门包括所有向市场提供信息产品和信息服务的企业，二级信息部门是指信息生产仅供内部消费的民间和政府管理部门与非信息企业。波拉特所使用的测度方法是最终需求法和增值法，主要是增值法。

4. 国际电信联盟指标体系

1995 年，国际电信联盟（ITU）在西方七国集团召开的"信息大会"上，提出了一套评价七国信息化发展程度的指标体系，主要包括电话主线拥有量、蜂窝式电话拥有量、ISDN 用户数、有线电视用户数、计算机拥有量、光纤年增长率 6 个大类和 12 小类。

国际电信联盟体系严格界定了信息产业的范畴，较为合理地处理了各国信息产业划分与研究角度不同而引起的测评差异，但是测评结果仅反映信息产业的发展水平，不能全面反映社会信息化程度。

10.5.2　ICT 发展指数（IDI_{ITU}）及其测量

2003 年，ITU 在世界信息社会日内瓦峰会上发布了数字接入指数（DAI），并利用该指数对 178 个经济体进行测评。同年，联合国教科文组织发布数字鸿沟指数 (DDIX)。2005年，ITU 分别与联合国教科文组织的全球通信合作网络以及联合国贸发会合作，在 DAI 和 DDIX 指数合并的基础上，相继推出了信息化机遇指数 (ICT - OI) 和数字机遇指数 (DOI)。2007 年 ITU 将 ICT - OI 和 DOI 两个指数合并，提出了一个新的信息化测评指数 "ICT 发展指数" (IDI)，并于 2009—2013 年连续测算该指数并发布 5 次《衡量全球信息社会发展水平报告》。

ITU 在总指数下构建了以下三个分类指数：ICT 接入指数；ICT 应用指数 (主要是个人，同时也包括家庭、企业，以及将来可能提供的数据)；ICT 技能指数 (或者说能够有效地使用信息通信技术的能力)，如表 10 - 1 所示。

表 10 - 1　信息化发展指数 (IDI_{ITU}) 指标体系

总指数	一级指数	二级指标	权重
信息化发展指数	ICT 接入指数 (40%)	1. 每百居民固定电话线长	(1/5)
		2. 每百居民移动电话用户数	(1/5)
		3. 每个用户国际互联网带宽 (bit/s)	(1/5)
		4. 家庭互联网拥有率	(1/5)
		5. 接入互联网的家庭比例	(1/5)
	ICT 应用指数 (40%)	6. 每百居民互联网用户数	(1/3)
		7. 每百居民固定互联网用户数	(1/3)
		8. 每百居民移动互联网用户数	(1/3)
	ICT 技能指数 (20%)	9. 成人识字率	(1/3)
		10. 初中毛入学率	(1/3)
		11. 高中毛入学率	(1/3)

《衡量信息社会发展——2013 年》对 IDI 指数指标体系进行了修改，将 ITC 应用中的 "每百居民移动互联网用户数" 更名为 "每百居民无线带宽用户数"。国际电联认为，到 2013 年，全球大部分国家都已经开始运营 3G 高速移动网络，同时越来越多的国家开始测试甚至使用商用 4G 网络。2011 年和 2012 年的 ICT 发展指数 (IDI) 如表 10 - 2 所示。

表 10 - 2　2011 年和 2012 年的 ICT 发展指数 (IDI)

经济体	2012 年排名	2012 年 IDI	2011 年排名	2011 年 IDI	经济体	2012 年排名	2012 年 IDI	2011 年排名	2011 年 IDI
韩国	1	8.57	1	8.51	挪威	6	8.13	6	7.97
瑞典	2	8.45	2	8.41	荷兰	7	8.00	7	7.85
冰岛	3	8.36	4	8.12	英国	8	7.98	11	7.63
丹麦	4	8.35	3	8.18	卢森堡	9	7.93	9	7.76
芬兰	5	8.24	5	7.99	中国香港	10	7.92	10	7.66

2012 年中国第 78 位，较 2011 年上升 1 位，IDI 指数为 4.18。

10.5.3　中国信息社会指数（ISI）及其测量

国家信息中心开发了"信息社会指数"（ISI）来度量信息社会的发展。ISI 的取值范围在 0 与 1 之间，ISI 的值越高表明信息社会发展水平越高。以信息社会指数为阶段划分的标准，将信息社会的发展过程划分为两大阶段，即信息社会的准备阶段（0＜ISI＜0.6）和信息社会的发展阶段（0.6≤ISI＜1），信息社会发展阶段划分及评价指标体系如表 10-3 和表 10-4 所示。

表 10-3　信息社会发展阶段划分

发展阶段	准备阶段		发展阶段		
	起步期	转型期	初级阶段	中级阶段	高级阶段
（ISI）	0.3 以下	0.3～0.6	0.6～0.8	0.8～0.9	0.9 以上
基本特征	信息技术初步应用	信息技术应用扩散加速，实效开始显现	信息技术的影响逐步深化	经济、社会各领域都发生了深刻的变化	基本实现包容的社会
面临问题	基础设施跟不上需求	发展不平衡	互联互通问题，使用性问题	包容性问题	进一步的技术突破与技术应用
主要任务	加快基础设施建设，加强教育培训（提高认识）	加快调整与改革，逐步消除发展不利因素，加强教育培训，提高信息素质	改进体制机制	关注弱势群体，实施普遍服务	鼓励创新

表 10-4　信息社会评价指标体系

一级指标		二级指标		三级指标	
指标名称	权重	指标名称	权重	指标名称	权重
1. 知识型经济指数	30%	1.1 经济发展指数	1/4	1.1.1 人均收入指数	1
		1.2 人力资源指数	1/4	1.2.1 成人识字指数	1/3
				1.2.2 教育投入指数	1/3
				1.2.3 大学生指数	1/3
		1.3 产业结构指数	1/4	1.3.1 产值结构指数	1/2
				1.3.2 就业结构指数	1/2
		1.4 发展方式指数	1/4	1.4.1 研发投入指数	1/3
				1.4.2 创新指数	1/3
				1.4.3 能效指数	1/3

一级指标		二级指标		三级指标	
指标名称	权重	指标名称	权重	指标名称	权重
2. 网络化社会指数	30%	2.1 基础设施指数	1/3	2.1.1 有线电视接入指数	1/2
				2.1.2 宽带接入指数	1/2
		2.2 数字包容指数	1/3		
		2.3 社会发展指数	1/3	2.3.1 消费水平指数	1/2
				2.3.2 城镇化指数	1/2
3. 数字化生活指数	30%	3.1 数字应用指数	1/2	3.1.1 移动电话指数	1/3
				3.1.2 电脑指数	1/3
				3.1.3 互联网指数	1/3
		3.2 支付能力指数	1/2	3.2.1 移动电话支付能力指数	1/3
				3.2.2 宽带支付能力指数	1/3
				3.2.3 有线电视支付能力指数	1/3
4. 服务型政府指数	10%				

根据以上指标体系测度，2013 年，中国信息社会总指数（ISI）达到 0.471 2，仍处于工业社会向信息社会加速转型的历史进程中。2007—2013 年年均复合增长 9.16，中国信息社会发展情况如图 10－7 所示。

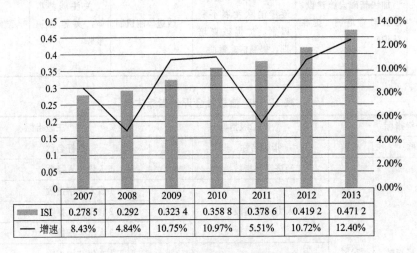

	2007	2008	2009	2010	2011	2012	2013
ISI	0.278 5	0.292	0.323 4	0.358 8	0.378 6	0.419 2	0.471 2
增速	8.43%	4.84%	10.75%	10.97%	5.51%	10.72%	12.40%

图 10－7　2007—2013 中国信息社会发展情况

数据来源：中国信息社会测评报告 2014

本章思考题

1. 网络经济发展对产业结构变迁产生哪些影响？

2. 什么是经济增长极？经济增长极有哪些特点和类型？

3. 为什么说网络经济是现代经济增长极？网络经济增长极效应有什么特点？

4. 网络经济周期有什么特点？

5. 如何测量信息社会发展程度？

第11章
网络经济的金融支撑系统

网络经济能够正常有效地运行是一个多系统共同发挥作用的结果，不仅需要网络技术、信息化水平的保证，同时还需要一个完整、完善的金融系统支撑。本章从网络经济的制度需求和供给层面出发，介绍支撑网络经济发展的两个金融市场，并对在此市场上投资者的行为进行分析。

11.1 制度需求和供给

网络经济的本质决定了网络经济对金融支撑系统的制度需求，网络经济的发展离不开金融系统的支持，同时也需要金融市场保证对网络经济金融支撑系统的供给。本节从需求和供给两个方面来分析网络经济的金融支撑系统。

11.1.1 制度需求

由于网络经济本身具有独特的运行规律和特征，因此对于能够保证其正常有序高效运营的金融制度产生了较高的需求和要求。

1. 网络经济运行的特点

网络经济的运行特征前已述及，从网络经济对金融支撑体系需求方面看，以下特征是形成需求的主要依据。

（1）规模经济性。在传统的工业经济时代，消费者接受标准产品，供应方或厂商的规模经济一直是产业竞争的基础，通过大批量制造、大规模销售，以降低成本获得规模经济效益，实现总成本领先的战略目标，大批量流水线生产成为工业经济时代的生产范式。

在网络经济条件下，由于存在正反馈效应，产品信息和知识含量提高，产品的固定成本高，而边际生产成本在很多情形下都处于很低的水平，甚至某些信息产品边际成本几乎为零。在这种情况下，仅仅依靠厂商自身利用规模经济降低产品成本是远远不够的，厂商必须利用网络效应建立庞大的客户群基础，利用网络价值的增值来实现"需求方规模经济"。例如，微软公司的巨大价值不在于其开发软件的规模，而在于其客户规模，微软公司庞大的客户群和广泛的使用，使其软件成为事实上的行业标准。

（2）"主流化"竞争策略。网络公司要在市场中获得成功，必须激发大量需求，通过"主流化"竞争策略快速形成巨大的市场占有率，使企业在市场上占有主流地位。"主流化"竞争策略包括免费赠送第一代产品、降低价格、锁定特定的用户群和发展长远的顾客等。

（3）独特的盈利模式。网络经济的盈利模式和传统经济的盈利模式不同主要体现在以下两个方面：① "赢家通吃"，是指赢家获取一切，败者一无所获；② "盈利滞后"，由于网络企业的规模经济性，在其市场份额没有达到一定程度之前往往是很难盈利的，网络企业在发展的初期阶段往往关注的是市场规模而不是利润，因此其盈利具有滞后效应。

（4）激烈的竞争。在工业经济时代，企业进入时需要投入的物质资源较多，如大规模的机器、厂房等。如创建一个汽车制造厂需要巨额资金，只有少数企业能够筹集到。而网络经济下的网络产品以知识为主要的投入要素，所需的物质资源相对较少。因此，网络企业开办的物质障碍相对较少，如建一个网站需要的只是服务器之类的少量设备。网络企业进入障碍相对较少，参与竞争的企业往往比传统经济多。另外，在传统经济下，企业竞争的差距从企业建立时就会体现出来，各个企业的起点由于其拥有的初始物质资源不同而不同。而在网络经济下，更注重的是创意的竞争，如果经营同类产品，各个网络企业在初创时往往没有很大的差距，这使市场竞争更加激烈。

2. 网络经济对金融支撑系统的需求

网络经济的上述运行特点使其对支撑其发展的金融系统产生了较高要求，主要体现在以下几方面。

（1）网络经济要求金融支撑系统能够持续地提供巨额资金。根据网络经济运行的特点，即从网络产品的市场规模的重要性、网络企业实施主流化营销策略的必要性和网络经济的盈利模式可以看出，从网络产品的研制成功到网络企业的盈利需要很长一段时间。在这段时间里，网络企业通常只有投入而没有利润，在其网络产品实现 "主流" 地位以前，常常低价销售或免费赠送产品以扩大市场份额，这个时候不可能获得足够的收入来平衡支出。这是一场 "烧钱运动"，谁的资金实力雄厚，谁能坚持到最后，谁就是赢家。

然而，大多数网络企业在创业初期的资金实力都是有限的，企业不可能通过自身的积累来实现再投入。因此，网络经济企业需要一种能够不断融入资金的金融系统的支撑，以促使网络企业进行融资—投入—再融资—再投入，直到获得最大市场份额，成为 "烧钱" 运动的最大赢家为止。

这种金融支撑系统不仅能够投入大量资金，而且要能持续的投入，即融资的支持必须是长期不间断的，从而满足网络经济残酷竞争模式的需要。

（2）网络经济要求金融支撑系统能够分散风险。网络经济下竞争残酷，"赢家通吃" 的盈利模式决定最后的成功者只有少数甚至一家，被淘汰者一无所获，这种竞争模式使网络企业面临的风险巨大。例如，由于日渐激烈的竞争、股票价格的下跌和不良经济状况的同时出现，在 2001 年年底，大多数电子商务公司被挤出电子商务的阵营，欧洲资金最雄厚的 Internet 集团 Boo.com 倒闭，这一家在英国广受瞩目的由名模经营的网上服装零售网站在半年内花费掉 1.2 亿美元之后倒闭，令英国乃至全世界的网络创业者大受打击，在美国纳斯达克上市的 207 家网络公司中，74% 的网络公司现金周转都存在问题，随时有倒闭的危险。由此可见，网络企业面临的风险非一般企业可以比拟。

因此，金融支撑系统必须要能承担分散风险的责任。例如，为了降低风险，金融支撑系统可以把资金分散投入到多个企业，只要有一个成功，投资者就可能获利；还可以扩大金融支撑系统的基础，让投资者众多，而每个投资者的投入又可以不多，这样也能使每个投资者遭受的损失减小。此外，还需要提供畅通的退出机制，不管是获利还是亏损，都能够自由地退出，以避免被套牢从而减少风险。

（3）网络经济要求金融支撑系统能够提供全方位的支持和服务。由于企业和投资者面临很高的风险，而技术发明者往往又缺乏市场经营管理的相关知识和经验，因此技术发明者希望能得到具有企业经营管理能力的人才的指导帮助。同时，投资者为了使自己投入的资金尽量避免风险，产生了参与网络企业管理的需求。这样，投资者参与管理不仅可以帮助技术发明者建立现代企业制度，提高企业的运转效率和资金利用效率，确保企业经营战略的正确性，使企业保持良好的经营状态，又能使投资者随时掌握企业的经营状况，了解企业的经营前景，作出正确的投资决策，有助于降低金融支撑机构的风险。因此，金融支撑系统提供的较好组合就是投资者同时也是经营者。

11.1.2　制度供给

经过以上分析可知，网络经济的发展需要金融系统支撑，因此需要考虑金融市场对网络经济金融支撑系统的供给情况。在现代经济环境下，企业融资要通过金融市场来完成，而任何企业的融资方式都基本上分为两类：股权融资和债权融资。金融市场对网络经济发展提供的金融支撑主要通过创业投资基金、二板市场来完成。二板市场是特殊类型的证券市场，因此先分析证券市场的产生和功能。

证券市场是证券发行和交易的场所。从广义上，证券市场是指一切以证券为对象的交易关系的总和。从经济学的角度，可以将证券市场定义为：通过自由竞争的方式，根据供需关系来决定有价证券价格的一种交易机制。在发达的市场经济中，证券市场是完整的市场体系的重要组成部分，它不仅反映和调节货币资金的运动，而且对整个经济的运行产生重要影响。

1. 中国证券市场的产生和发展

我国最早发行的债券始于 1894 年，为了筹措甲午战争费用，清政府发行了"息债商款"债券，此后，政府公债大量发行。北洋军阀统治时期，袁世凯为巩固权势，加以连年混战、军阀割据，耗资巨大，政府又多次发行公债。建国初期的证券市场，时间短暂，只是旧中国的证券交易活动在新中国成立初期被消灭前的一种过渡形式。到 1952 年，人民政府宣布所有的证券交易所关闭停业，1958 年国家停止向外借款，1959 年终止了国内政府债券的发行。此后的 20 多年中，我国不再存在证券市场。党的十一届三中全会以后，随着我国经济体制改革的深入和商品经济的发展，社会闲散资金日益增多，而由于经济建设所需资金的不断扩大，资金不足问题十分突出，在这个经济背景下，我国的证券市场在改革中应运而生。1981年国家恢复发行国库券，企业股票发行始于 1984 年，证券交易市场始于 1986 年，并分别于1990 年和 1991 年，国务院授权中国人民银行批准的上海证券交易所和深圳证券交易所宣告成立，两家证券交易所的成立，标志着我国证券市场由分散的场外交易进入了集中的场内交易。经过 20 年的发展，中国证券市场已跻身世界十大证券市场之列。

改革开放后的证券市场发展经历了以下几个时期。

（1）探索起步时期（1978—1990 年）。这一阶段证券市场的特征是：①国库券是证券市场交易的主要品种；②股票发行和股份制的发展具有一定的自发性；③股份制和证券市场的发展具有一定的波动性；④股票虽公开发行，但尚不规范。

（2）初创时期（1991—1996 年）。以证券交易所成立为标志，作为金融市场重要组成部分的证券市场开始快速发展。这一时期的中国证券市场主要有以下特征：①股票市场规模扩大，发行方式多样化；②债券市场品种多样化，发行规模逐年递增；③建立全国性统一有序的证券交易所市场；④催生和培育一大批具有一定规模和实力的证券中介机构；⑤建立集中统一的证券监管体系；⑥证券法律、法规体系初步形成。

（3）规范调整时期（1997—1998 年）。在这一时期，监管机关将整顿和规范摆在首要地位。主要表现是：①颁布实施了规范证券市场的一系列法律、法规；②对扰乱证券市场秩序的行为加大了查处力度；③理顺了证券市场监管体制。

（4）规范发展时期（1999 年以后）。在这一阶段，证券监管机构制定一系列的法规和政策措施，促进了证券市场规范发展。①完善上市公司治理结构；②大力培育机构投资者；③改革完善股票发行制度；④规范扶持证券经营机构。

2. 网络经济融资方式的选择

1）股权融资还是债权融资

从证券市场发展历史的简单回顾中可以看出，证券市场的发展为企业融资带来极大的便利。而在股权融资和债权融资两种现代企业融资方式中，网络经济的金融支撑体系主要依赖股权融资制度，其原因如下。

（1）从融资的角度分析。股权投资者可以不考察网络企业的财务状况，也不考察是否有担保等因素，常常根据网络企业的创意和发展前景进行初始投资，如果网络企业上市成功，企业就能从股票市场上获得连续的资金支持；而银行借款或发行债券等债权融资方式则需要企业有良好的信誉或能提供担保，这是新兴的网络企业所无法满足的条件。

（2）从风险的角度分析。股权融资可以实现风险的分散，如果金融市场形成一个拥有成千上万投资者的投资基金，再由投资基金投资网络企业，就可以实现风险的社会化分担。同时，企业上市后，股东可以自由进出，风险承担者也可以不断变化；相反在债权融资下，由于新兴网络企业创办的成功率很低，人数很少（如几个大银行）的债权人往往不能接受如此低的成功率，而且债权人的收益率通常是事先规定的，并不随企业收益的增加而增长，因此债权人要承担巨大的风险却不能享受高收益，收益与风险不对称，债券融资在此不具备存在的条件。

（3）从对企业的指导支持分析。股权投资者作为股东，可以自己或挑选管理人才来参与企业的经营管理，了解企业的经营状况，监督成本低；而作为债权人的银行或金融机构却无法深入企业内部进行指导管理，对于企业的各种状况不能有效掌握。

2）风险投资机制

风险投资也称创业投资，是专门为高风险企业提供资金支持的制度设计。在风险投资机制中，严格的技术创新项目评估和遴选降低了风险，减弱了融资中酬资者和出资者之间的信息不对称问题。融资市场属于典型的信息不对称领域，在技术创新融资过程中，相对于出资者来说，筹资者往往对自身的信用和项目投资前景拥有信息优势。出资者需要筹资者详细描述项目及市场前景，而经营者（筹资者）技术创新的成功要求其保守技术秘密，即使经营者想让出资人清晰地了解企业的经营情况也会遇到信息表达上的困难。因此，在没有建立风险投资机制的条件下，技术创新企业很难获得出资者的信任而得到投资。对于主要依靠人力资本和无形资产创业的中小科技企业来说，可用于抵押、质押的资产不足，其所拥有的无形资产、知识产权等价值评估也不确定，极大的信息不对称使其在传统的融资市场难以获得投资。风险投资机制减弱了技术创新融资过程中的信息不对称，成为通行的高技术企业融资方式，当然也成为网络经济企业融资的主要方式。

3）主板市场还是二板市场

由于网络经济企业投资的极大风险性，证券交易的主板市场的制度设计不能满足这些创业性企业的融资需求，二板市场应运而生。

以创业投资和二板市场为核心的信用经济制度是目前发展网络经济较好的金融支撑系统，符合网络经济的运行规律。这套制度是一个整体，创业投资给予网络企业最初的资金支持，二板市场为创业投资提供畅通的退出渠道，从而可以滚动式的连续支持网络企业，任何单独一方面都不能独自承担支撑网络经济发展的重任。

11.2　创业投资基金与二板市场

现代投资理念和证券市场的发展已经设计出了这样一种制度：先由各投资方投资建立投资基金，再由投资基金投资网络企业并参与经营管理，通过企业上市，投资基金获利退出，新投资者持续进入。这就是目前的创业投资基金和二板市场制度，其为网络经济的发展提供了强有力的资金保证。

11.2.1　创业投资基金

1. 创业投资的含义

创业投资（Venture Capital）又译为"创业资本"，在我国是一个约定俗成的具有特定内涵的概念。广义的创业投资泛指一切具有高风险、高潜在收益的投资；狭义的创业投资是指对以高新技术为基础、生产与经营技术密集型产品的投资。根据美国全美创业投资协会的定义，创业投资是由职业金融家投入到新兴的、迅速发展的、具有巨大竞争潜力的企业中的一种权益资本。从投资行为的角度，创业投资是把资本投向蕴藏着失败风险的高新技术及其产品的研究开发领域，旨在促使高新技术成果尽快商品化、产业化，以取得高资本收益的一种投资过程。从运作方式看，是指由专业化人才管理下的投资中介向特别具有潜能的高新技术企业投入创业资本的过程，也是协调创业投资家、技术专家、投资者的关系，利益共享、风险共担的一种投资方式。

2. 创业投资的特点

（1）创业投资是一种权益资本，无须担保。创业资本是一种权益资本，而不是借贷资本，其着眼点不是投资对象当前的盈亏，而是其发展前景和资产的增值，以便通过上市或出售达到蜕资并取得高额回报的目的。创业投资为风险企业投入的权益资本一般占该企业资本总额的30％以上。对于高科技创新企业，创业投资以权益资本或准权益资本的方式注入资金，无须担保，也是一种昂贵的资金来源，但有时它是唯一可行的资金来源。因为银行贷款虽然相对比较便宜，但是银行贷款回避风险，安全性第一，高科技创新企业无法得到。

（2）创业投资是一种高风险、高潜在收益的投资。创业投资的高风险性是与创业投资的投资对象相联系的。传统投资的投资对象往往是成熟的产品，具有较高的社会地位和信誉，因而风险很小。而创业投资的投资对象则是高技术中小企业的技术创新活动，它看重的是投资对象潜在的技术能力和市场潜力，因而具有很大的不确定性，即风险性。这种风险来源于技术风险、市场接纳风险、财务风险等风险的"串联"组合，常常有"一着不慎，满盘皆输"的可能。据国外创业投资公司估计，创业投资的失败率高达 80％，成功率仅为 10％～20％。

但是，与高风险相联系的是高收益性。投资原理是高风险高收益、低风险低收益，是市场选择形成了收益和风险的均衡。创业投资是冒着"九死一生"的巨大风险进行技术创新投资的，虽然失败的可能性远大于成功的可能性，但是技术创新一旦成功，由于此时市场上鲜有竞争对手，便可以获得超额垄断利润，进而弥补其他项目的失败带来的损失。据美国 1982 年对 218 家风险企业的调查，在投资成功的项目中，有 60％的项目收益率超过 100％。

（3）创业投资具有很强的参与性。与传统工业信贷只提供资金而不介入企业或项目管理的方式不同，创业投资者在向高技术企业投入资金的同时，也参与企业或项目的经营管理，因而表现出很强的"参与性"。创业投资家既是投资者又是经营者，创业投资者一旦将资金投入高技术风险企业，其与风险企业就结成了一种"风险同担、利益共享"的"共生体"，创业投资者基本参与风险企业全过程的管理。从产品的开发到商业化生产，从机构的设立到人员的安排，从产品的上市到市场的开拓、企业形象的策划等都离不开创业投资者的积极参与管理。创业投资者是创业投资的专家，他们不仅具有相当高水平的现代金融知识、现代企业管理知识，还具有高水平的高新技术知识和丰富的社会经验。英国、美国等风险投资协会均进行过调查，有 57％的高科技企业认为，如果没有风险投资，其企业早就不存在了。原因之一就是这些风险投资专家为他们提供了一种增值的管理服务。

（4）创业投资大都投向创业期的高新技术领域。创业投资是以冒高风险为代价追求高收益为特征的。传统的产业无论是劳动密集型的轻纺工业还是资金密集型的重化工业，由于其技术、工艺的成熟性和其产品、市场的相对稳定性，其风险相对较小，是常规资本大量集聚的领域，其收益也相对稳定和平均。这不符合创业投资的需求。而高技术产业，由于其风险大、产品附加值高，因而收益也高，迎合了创业投资的"本性"，因而也就当然地成为创业投资的"绿洲"。据统计，美国 1991 年创业投资约 37％投向计算机领域，12％用于通信领域，11％用于医疗技术，12％用于电子工业，8％用于生物技术，只有约 10％用于低技术领域。

（5）创业投资是一种长期的流动性差的资本。创业投资往往是在风险企业初创时就投入资金，一般需经 3～8 年才能通过企业股票上市蜕资而取得收益，而且在此期间还要不断地对有成功希望的企业进行增资。由于其流动性较小，因此有人称之为"呆滞资金"。一般情况下，创业投资者不会将风险资本一次全部投入风险企业，而是随着企业的成长不断地分期、分批地注入资金。因此，创业投资相对而言流动性小、投资周期较长。

（6）创业投资是一种"进入—退出—再进入"的循环性投资。创业投资是以"投入—回收—再投入"方式运行，而不是以时断时续的间断方式进行投资。创业投资者在风险企业的创业阶段投入资金，一旦创业成功，创业投资者就在风险市场上转让股权或抛售股票，收回资金并获得高额利润。风险资本退出风险企业后，会带着更大的投资能力和更大的雄心去寻求新的创业投资机会，使高技术企业不断涌现，从而推进高科技产业化的进程，带来经济的繁荣。

（7）创业投资是一种组合投资。创业投资通常不是只专注于某一企业的投资，而是投资于一个包含多个项目的项目群，利用成功项目所取得的高回报来弥补失败项目的损失并获得收益，从而达到分散风险的目的。

3. 创业投资的发展历程

创业投资最早起源于 20 世纪初的美国，通过资本与技术的结合，创业投资促进了高科技成果的市场化，培育并扶持了半导体、计算机、信息技术，以及生物工程等尖端技术产业的迅猛发展，并依靠技术进步和由此产生的相对经济效益，带动整个社会经济的全面进步。创业投资迅速得到了世界各国的认可，从此在全球范围内掀起了一股创业投资的浪潮。从世界范围看，美国的创业投资业独领风骚，德、英、日、以的创业投资在世界创业投资业发展中具有十分重要的地位。德国和英国是欧洲创业投资业最为发达的国家，两国创业投资业的规模总和超过欧洲创业投资业的一半，日本创业投资业位居亚洲前列，而以色列的创业投资业创造了高新技术产业发展的奇迹，举世瞩目。

1）美国创业投资的发展

美国是世界创业投资的发源地，也是创业投资最发达、创业投资机制发育最完善的国家。美国创业投资兴起于 1946 年，该年美国波士顿联邦储备银行行长弗兰德斯和哈佛大学教授多里奥特发起成立世界上第一家真正意义上的创业投资公司——美国研究与发展公司（ARD）。这是首家专门投资于流动性差的新企业证券的公开募股公司，它的诞生是世界创业投资发展的里程碑。

1957 年，为解决发展高新技术创新企业资金不足的问题，美国国会通过了《中小企业投资法》，规定由小企业管理局审查和核准的小企业投资公司可以从联邦政府获得优惠的信贷支持，这极大地刺激了美国创业投资业的发展。到 20 世纪 60 年代，一批风险企业开始上市，到 1968 年已经超过 1 000 家。但由于小企业吸引的是个人投资者，无法承受高风险，再加上 1969 年国会将长期资本收益税率从 29％增加到 49％，给创业投资业以致命的打击，使其规模锐减，直到 1978 年才逐渐恢复。随着有限合伙制的兴起，独立的小企业投资公司逐渐减少，到 1989 年几乎消失了。

1978 年在调低税率的同时，美国劳工部对《雇员退休收入保障法》关于养老金投资的"谨慎人"条款作出新的解释，不再禁止养老金购买小的和新兴企业所发行的证券，以及对创业投资投入资金。这一解释为养老金进入创业投资领域铺平了道路，极大地改变了创业投资的资金供给情况和风险基金的结构，导致了创业投资的机构化，因此 20 世纪 80 年代前期创业发展很快，出现了投资的质量和管理下降等问题，最终使创业投资的收益率降低，加上 1987 年股市暴跌，整个创业投资业在 80 年代后期进入调整期。

20 世纪 90 年代，随着全球高新技术产业的兴起，新经济模式的提出，以及 1986—1997 年创业投资平均高达 41.2％的投资回报率，都刺激美国的创业投资开始了新一轮快速增长，到 2000 年已经突破 1 000 亿美元，即使受到网络泡沫破灭的影响，创业投资的发展出现了停滞，但依然保持着增长态势。

2）英国创业投资的发展

英国的风险投资在欧洲起步最早，虽然其作用远不能与美国风险投资相比，但在欧洲，英国的风险投资经验还是值得研究。在英国最早涉足风险融资的是信托机构，19 世纪曾对美国铁路进行融资获得成功。1945 年，英格兰银行和其他主要清算银行建立了 3i 公司（3i Group plc，英格兰银行持有其 15％的股份），目的是支持英国产业和商业部门的发展，为持续增长的小企业提供长期融资，该公司很快就成为英国最大的风险投资者。20 世纪 80 年代以后，英国的风险投资取得了实质性的进展。撒切尔政府为推行私有化政策，实施了一系列扶持风险投资业发展的措施。其中，作用较大的有 1980 年设立未上市企业证券市场（USM）。之后，英国又发展了场外交易市场（OTC），在 OTC 市场交易的公司具有更宽松的条件。这两个市场的成立使英国的创业家可以很快地募集到风险资本，同时风险资本家可以在这两个市场中进行资本循环和正常的经营活动。此外，1981 年成立的英国技术集团，是政府管理的风险投资机构；苏格兰成立了地区级的创业投资机构，为风险投资的发展提供了便利。20 世纪 90 年代，受美国风险投资成功的鼓舞，英国风险投资业进入迅速发展时期，成为欧洲规模最大、发展最快的风险投资基地，占欧洲全年创业投资总额的 50%。1996 年，英国风险投资回报率为 14.2%，居各类金融资产回报率之首，受资企业年销售额增长 40%，年利润增长 24%，出口年均增长 44%，投资年均增长 34%。

3）日本创业投资的发展

日本的风险投资是模仿美国方式发展起来的，第二次世界大战后，在美国的影响和推动下，风险投资在日本得到迅速发展。在日本风险投资业发展过程中，曾出现了 3 次风险投资热潮。

第一次风险投资热潮发生在 1972 年左右，日本经过 20 世纪 60 年代末的高速增长期，金融机构积累了大量的资金储备，开始寻找新的投资机会，风险投资趁势进入了日本。有 8 家风险投资公司代表了日本最初的风险投资业，其中"京都企业开发"（Kyoto Enterprise Development，KED）是日本民间第一个风险投资公司。1974 年，日本通产省设立了一个半官方的风险投资企业中心（VEC），借以促进日本风险投资业的发展。但是，风险投资的最初尝试是不成功的，原因是先行的风险投资公司缺乏经验，当时政府对产业的严格管制和 1979 年的石油危机，使中小型高科技企业经营环境恶化等。这次热潮持续时间很短，许多风险投资企业没有丝毫进展，大部分的风险投资公司负债累累。

第二次风险投资热兴起于 1982 年前后，这期间，日本风险投资主要以超导体、生物工程等领域为主。1980 年，日本金融自由化改革使曾经一度回避风险的日本银行和证券公司开始越来越多地参与到风险投资业中。同时，美国、欧洲和日本市场一体化也为日本的风险投资者提供了许多跨国的投资机会，在此期间，日本放宽了东京证券交易所二部和 OTC 市场的上市条件，还放宽了担保的限制，从而刺激风险投资业的发展。然而，日本风险投资业出现良好的发展势头并没有维持多久，由于仍然缺乏管理资源，1986 年，3 家被誉为新星的风险企业相继破产，这次风险投资热潮也就随之结束。

20 世纪 90 年代初，日本第三次风险投资热潮又逐渐兴起，兴起的背景是日本深受泡沫经济崩溃及日元汇价提升的双重打击，期盼通过发展风险投资使经济脱胎换骨，以及开发 21 世纪的新兴产业。除了证券公司、银行之外，保险公司、一般生产企业甚至中央政府机构和多种经济团体与地方公共团体也积极支持风险投资的发展。1990 年，日本共有 100 家投资公司，而到 1998 年，日本的风险投资公司的投资总额为 6 561.3 亿日元，投资的企业数达到了 13 764 家。此后，日本的创业投资业步入正常发展轨道。

4）中国创业投资的发展

我国的风险投资业是在政府政策引导下逐渐发展起来的，3 项重要文件和立法促进了我国风险投资业的最初发展。第一项是 1985 年 3 月《中共中央关于科学技术体制改革的决定》，该文件指出：对于变化迅速、风险较大的高技术开发工作，可以设立创业投资给予支持。1985年9月，国务院正式批准国家科技部出资10亿元人民币成立了"中国新技术创业投资公司"，它是中国内地第一家从事风险投资活动的非银行金融机构。第二项是1995年5月6日《中共中央国务院关于加速科学技术进步的决定》，该文件指出：发展科技风险投资事业，建立科技风险投资机制，积极吸收海内外资金支持科技事业。第三项是1996年5月15日第八届全国人大通过的《中华人民共和国促进科技成果转化法》，该法第三章第二十一条指出：科技成果转化的国家财政经费，主要用于科技成果转化的引导资金、贷款贴息、补助资金和风险投资，以及其他促进科技成果转化的资金用途。以上3项重要文件和立法使中国高技术风险投资有了政策上的依据和保证，我国各地方和部门政府纷纷成立了一些风险投资机构。

我国风险投资业第二次发展高潮是在1998年全国八届政协会议一号提案"关于尽快发展我国风险投资事业的提案"及1999年全国科技创新大会以后，这次发展比第一次更快，除了政府出资成立一些风险投资机构以外，民间资本和国际资本也开始进入风险投资领域，风险资本的来源构成和管理水平也有所提高。

目前，中国的风险投资基金尚处于形成和起步阶段。据调查，中国在已转化的科技成果中，转化资金靠自筹的占56%，国家财政的科技拨款占26.8%，而风险投资仅占2.3%。一些国际风险投资基金公司正抓住时机开始进入深圳、北京中关村等地寻找适当的投资目标。例如，由世界银行所属的金融公司发起组建的华登风险投资基金，已对深圳等地的一些成长型高新技术项目或企业进行了成功的投资。

11.2.2　二板市场

1. 二板市场的含义

二板市场是二板证券市场，是相对于一板市场或主板市场而言的，是金融市场中新出现的一种融资方式，是指主板市场之外专为中小企业和新兴公司提供筹资途径的新兴股票市场，实质上是为处于创业阶段的企业提供募集资金和上市交易机会的市场。二板市场是一国资本市场的重要组成部分，和主板市场的根本区别是其上市标准低，且上市对象多为具有潜在成长性的新兴中小企业，因此，许多二板市场又称为小型公司市场或新兴公司市场。

2. 二板市场的特点

（1）高风险。二板市场是为中小企业服务的，在二板市场上市的公司规模小，业务处于初创不成熟阶段，面临的技术风险、经营风险、信息不对称风险、市场风险、上市失败风险都很大，投资失败率很高。由于上市公司的整体素质普遍低于主板市场，因此二板市场的上市企业破产倒闭的可能性比主板市场企业要大得多，这种不确定性使投资者面临很大的投资风险。这些风险会造成两方面的影响：①对投资者可能带来较大损害；②可能引起二板市场运行不理想甚至失败，引致国家金融动荡，如欧洲20世纪80年代二板市场的试点就失败了。

（2）上市标准低、具有前瞻性。二板市场的上市条件比较宽松，上市费用较为低廉，二板市场注重的不是企业的现状，而是是否有发展空间和增长潜力，是否有较好的战略计划与创新明确的主题概念。因此，二板市场只有较低的盈利要求或根本没有盈利要求，对上市公司的规模要求也比较低，如在伦敦证券交易所（AIM）市场上，二板市场的资本规模常在200万~2000万英镑，同时也接受低于200万英镑的企业，二板市场主要是吸纳能提供新产品与新服务，或者有创意、具有较大增长潜力的企业。

（3）高新技术导向。二板市场主要以促进新兴产业尤其是高新技术产业的发展为主，由于高科技产业在发展初期风险巨大、又无资产可以抵押担保，因此难以从传统渠道融资，迫切需要新的融资渠道，这样二板市场的出现，使高新产业可以得到大量的注资从而高速发展。因此，二板市场又被称为"高科技企业成长的摇篮"。

（4）监管严格。由于二板市场的高风险，无论独立模式的二板市场还是附属模式的二板市场都有自己的监管机构，如美国的全美证券交易商协会负责纳斯达克市场的监管。监管当局对发行人、中介机构实行更严格的监管标准，在信息披露方面要求更高，二板市场要求实行严格的全面追踪信息披露方式，保证投资者得到充分公开的信息；对于主要股东出售股票有更严格的限制，并对上市保荐人有较高的要求，以保证市场透明度和维护投资者的利益，确保市场运作质量。

（5）先进的电子交易系统。由于二板市场的上市公司一般盘子小、流通性差，所以交易成本相对高于主板市场。为了弥补这种不足，一般二板市场采用先进的电子交易系统。电子交易系统可以降低二板市场的管理与运作成本、提高效率，同时也增加了市场的公开性、流动性和有效性，能够吸引更多的投资者。

二板市场在促进高科技新兴产业的发展中起到至关重要的作用，目前世界各国建立了很多二板市场，最典型的是美国纳斯达克证券市场（NASDAQ），世界著名的高科技公司如微软、英特尔、戴尔等均在此上市，NASDAQ 已经被公认为高科技公司的孵化器和成长的摇篮，成为世界上最具有影响力的二板市场。在其影响下，世界各大资本市场纷纷建立自己的二板市场，如加拿大风险交易所、欧洲新市场、日本二板市场、中国香港创业板市场、新加坡自动报价市场等。

11.3　网络投资者的行为分析

网络经济特有的运行规律使投资者的行为也发生了深刻的变化。本节从证券发行市场和证券流通市场两个方面，分别介绍证券发行市场网络战略投资者风险投资的资本运作情况，以及证券流通市场上个人投资者的投资行为。

11.3.1　一级市场中网络战略投资者的行为分析

一级市场（Primary Market）又称证券发行市场，是筹集资金的公司或政府机构将其新发行的股票和债券等证券销售给最初购买者的金融市场。

风险投资作为一种新的投资方式，已经成为网络经济发展的直接推动力。网络战略投资者的行为通过其资本运营表现出来。资本运营（Capital Operation）又称资本运作、资本经营，是指利用市场法则，通过资本本身的技巧性运作或资本的科学运动，实现价值增值、效益增长的一种经营方式。在网络经济中，主要表现为风险资本的运作过程。投资者在一级市场上的风险投资，其运作过程可以分为 3 个阶段：筹资（建立创业投资基金或公司）、投资和撤资。

1. 风险资本的筹集

风险投资业的突出特点是高风险后隐藏的高回报，投资活动极具挑战性，对新兴产业具有强大的杠杆推动作用，这个特点吸引着各种背景的投资者将资金投入到该行业，同时高科技企业具有持续负现金流的特点决定了高科技企业的高风险特性，因而要求必须有多元化的融资渠道，以满足风险资本为规避高风险获取高收益而进行科学投资组合。

1) 风险资本的来源

20 世纪 80 年代以来，世界各国的创业投资规模都得到高速发展，投资主体包括公共和私人的养老基金、捐赠基金、银行持股公司、富有的家庭和个人、保险公司、投资银行、非金融机构或公司、外国投资者等。风险资本的来源结构也在不断发生变化，以美国为例，在创业投资发展的早期阶段，富有的家庭和个人是风险资本的主要来源。1978 年，美国创业投资的资金来源中，养老金等年金基金大约占 15%，保险公司占 16%，大产业公司占 10%，外国投资者占 18%，富有的家庭和个人占 32%；到 20 世纪 90 年代中期，富有的家庭和个人所占比重下降，养老金等机构投资者成为创业投资基金的主要来源。近年来，风险资本又开始呈现出多渠道、多元化的新格局，风险资本的来源在某种程度上取决于各国和地区的政策导向。

各国国情不同，风险资本的构成也有很大差异。不同来源主体的风险资本运作中的表现有所不同，从当今世界各国风险资本的筹集结构看，风险资本主要有以下 4 个来源。

(1) 个体投资者。个体投资者在 20 世纪 60 年代以前一直是风险资本的主要来源之一，也是最早的风险资本提供者。目前，他们往往进行早期的风险投资，填补了机构投资者由于投资金额小、风险又过大而不愿意参与的投资空白。目前，在美国创业资本市场中最重要的私人投资者也称天使投资者，天使投资者既是投资人又是管理者，通过投资高新科技项目，以扶持新兴企业的发展。

(2) 机构投资者。机构投资者是指资本市场上那些以其能利用的资金进行各类股票和债券投资的法人机构，主要包括银行、保险公司、养老基金、捐赠基金、证券公司和外资风险投资机构等。机构投资者进入风险投资业，一方面是被私人资本市场的高额回报所吸引；另一方面是为了投资分散化以降低风险。

(3) 企业资本。利用大型企业集团的雄厚资金实力，是风险投资业发展的需要，也是企业集团发展的一种战略选择。在国外，大企业对高新技术产业进行风险投资，已成为风险投资的重要渠道，企业进行风险投资的方式通常是组建风险投资部门或下属机构，也有大公司和风险投资公司横向联合，依照风险共担、利益共享的原则发展高新技术企业，充分利用大公司的资金、技术、人力、管理等优势，降低创业投资风险。美国进行风险投资比较有名的企业有通用电气公司、施乐公司、IBM 公司、英特尔公司等。同时，大企业进行风险投资的目的不仅仅是为了获得项目本身所带来的高额利润，更重要的是为了通过控制高新技术企业获得更多的技术，又能减少自己的研究与发展费用和风险，把风险投资与技术战略结合起来的决策，对大企业的发展非常有利。

(4) 政府资本。政府资本是风险投资的一个重要资金来源，政府介入风险投资业是基于发展经济和增强国际竞争力的需要，主要是以政府资助的形式提供。在发达国家发展风险投资的早期，政府通过对企业的直接投资或是融资担保，在促进科技发展和启动社会风险投资等方面起到了非常重要的作用。例如，加拿大金融和非金融公司的风险投资约占总投资的

30%，而政府机构的风险投资约占总投资的 20%，还在各省设立若干基金，主要用于填补私有市场的空白。由此可以看出，在风险投资业处于初始阶段时，政府资本对风险投资的直接投入和间接支持也是必不可少的。

　　2）风险投资组织形式

　　风险投资在从各种资金来源取得资金后，就要考虑如何运作组织这部分资金，从法律形态上看，风险投资组织形式大体上可以分为 3 类：合伙制（主要是有限合伙制）、信托基金制和公司制。经验表明，风险投资采用什么样的组织形式和制度安排，在很大程度上会影响到风险投资的运作效率。

　　（1）有限合伙制。有限合伙制是风险投资的主要运作形式，其兴起于 20 世纪 80 年代，经过近 30 年的发展，已经建立了相对完善的管理体制和运行机制。有限合伙制也是目前最流行的创业投资基金的组织形式，在美国有 80% 的创业投资基金采用了有限合伙制的形式。

　　有限合伙制通常由一般合伙人和有限合伙人组成。一般合伙人为风险投资公司或投资经理人，通常占风险投资基金 1% 左右的份额，负责基金的运作，包括筛选投资项目、评估项目、参与被投资企业经营管理和投资回收全过程。而有限合伙人是风险投资基金主要的资本来源，通常占基金份额的 99% 左右，其仅提供资本，不参与投资管理过程。

　　有限合伙制是适应创业资本信息高度不对称情况下有限合伙人与一般合伙人之间特殊委托-代理关系的制度安排，在有限合伙制下，一旦基金亏损，有限合伙人负有限责任，但一般合伙人要承担无限责任。另外，在基金生命期结束时，一般合伙人要将投资收入按股份比例分配给有限合伙人，一般合伙人的报酬由固定报酬和可变报酬两部分组成，固定部分是管理费用，每年从基金中提取 2%～3% 的金额，可变部分占投资利润的 20% 左右，其余的80% 利润按出资比例在所有合伙人中进行分配，这种组织制度设计体现了以高收益、高风险为核心的激励与约束相结合的均衡机制。

　　随着创业投资行业的发展，有限合伙制呈现出越来越明显的专业分工趋势，一般倾向于投资自己熟悉和擅长的行业，或者专门投资于特定发展阶段的企业，这种专业分工有利于进一步提高创业投资的收益。

　　（2）信托基金制。风险投资业比较发达的国家有相当数量的风险投资活动是通过信托基金制运作的，尤其是在法律不承认有限合伙制的国家更是如此。在发达国家和许多新兴市场国家中，信托基金制风险投资组织普遍采用"三权分立"的基本框架，即投资者行使所有权、经理人行使经营权、托管人行使保管监督权，投资者、经理人和保管人之间的关系以三方的信托合同为基础，其中投资者为信托人，经营人和保管人为受托人，分别根据信托合同对风险资本进行经营和保管，并向投资者收取信托费用，基金经营的盈利所得归投资者支配。

　　信托投资基金可以分为公司型和契约型投资基金两种形式。在公司型投资基金中，投资者作为股东成立基金投资管理公司，股东选举董事会负责制定基金投资政策，或者另行委托专门的基金管理人，并由信托人（通常是投资者或投资公司）对基金资产进行保管和监督；契约型投资基金主要由经理人、信托人和投资人三方当事人组成，在信托契约的基础上，经理人负责所筹集资金的具体投资运作，信托人保管基金资产，投资人则有权按信托契约参与决定基金管理政策等重要事项，并从基金分配中获得收益。

　　（3）公司制。公司制风险投资是指风险资本以投资入股方式组建的具有独立主体资格的营业组织，投资者作为公司的股东，而风险投资家则是公司的高层管理人员。

在这种组织模式下，创业投资公司的行为相对独立，以市场机制为导向。创业投资家普遍具有投资的专门知识与经验，投资者作为股东有权通过股东大会和董事会参与公司的重大决策，通过对经营权的约束以尽可能减少创业投资家的败德行为，但是这种组织模式存在着双重税收负担、运作成本较高、激励和约束机制有限、筹资规模受限等缺陷，使其在风险投资发达的国家越来越少被采用。

2. 风险资本的运作

风险资本的运作主要包括 3 个阶段：首先，是风险投资项目的选择、评审和签约，确定目标风险企业；其次，进行风险资本的投放，对资本投放方式、投放时机作出科学的把握与选择；最后，参与风险投资的管理，以及和风险企业家进行有效的合作并实施监督。

1）风险投资项目的选择、评审和签约

一般情况下，风险投资机构要对收到的项目建议书进行筛选，以便选出值得进一步详细考察的投资申请，筛选的标准因不同的风险投资机构而异，但都主要包括行业选择、企业选择和项目选择。对于行业选择，风险投资大都以高科技产业作为投资目标，一般选择诸如通信、计算机、电子、生物技术、新材料、新能源这些行业作为投资领域，同时还会根据需要定位于一两个相关产业，集中在某一领域有利于在短时间内作出可靠的决策。风险投资机构在进行企业选择时会综合考虑投资规模、风险企业的技术和市场定位、投资阶段，以及被投资企业的地理位置这几个因素。例如，风险投资公司会选择投资其所专长的技术领域，或者倾向于在公司所在地附近区域或主要大都市的企业进行投资等。而项目选择主要是依据受资公司技术水平、市场前景来首先决定，对投资项目的评估主要是对新技术、新产品商业化过程的可行性进行判断。

创业投资风险较大，因此实质性投资前对项目的评审工作尤为重要，评审的重点不是企业本身的业绩和担保能力，首先是该企业通过制定必要的发展战略和获得必要的人力、物力资源后潜在的发展能力，重点放在管理者的素质考察，其次才是产品的特性和潜在市场调查。创业投资公司对项目的评审与选择大致有初审、内部人员磋商、面谈和严格审查这几个步骤，风险投资公司往往会收到几千个要求创业投资的项目建议书，经过初审筛选出几百家后，再经过严格审查，最终挑选出几十个投资项目，这些项目最终平均每 10 个中有 5 个会以失败而告终，有 3 个不赔不赚，只有 2 个能够成功。

审查完成后，如果风险投资公司看好项目前景，便可开始进行投资形式和企业财产估价的谈判，风险投资公司根据企业资产、经营计划、技术、管理等情况制定一个详细的条款清单，列有合作的各项具体内容。风险企业需要仔细研究这些内容，通过谈判最终达成双方都满意的条款。

2）风险资本的投放

风险资本的投放无论是哪一种方式，都回避不了利益风险相随的矛盾。理性投资者要在追求利益最大化的同时使风险降到最低限度。

（1）风险资本的多元化投放。风险资本市场具有的高风险特性，阻碍了一些主张稳妥的投资主体进入。事实上，在实践中可以通过多元化的资本投入方式来分散部分风险，提高盈利的可能性。多元化投放主要通过两种形式体现。一种是资本投放对象多元化，即组合投资。组合投资是投资领域最常见的风险分散方式，具有双重的风险分散体系。首先，投资者可以通过投资于不同的风险投资公司或其他投资形式来分散风险；其次，风险投资公司可选择几家或几十家企业作为投资对象，而不是把全部资金都投入到一家风险企业。这样风险投资公司可以通过成功投资对象提供的高额回报来弥补失败投资对象带来的损失，整体上仍可能获得较高的投资收益。另一种多元化投放形式是资本投放主体多元化，即联合投资。由一家风险投资公司作为发起的投资者，联合其他风险投资公司共同进行投资，不仅是各风险投资公司可以分担投资风险，更重要的是能实现信息的共享，实现风险投资在专业化分工基础上的合作，充分发挥不同风险投资公司的独特技能。

（2）风险资本的阶段性投放。由于外部环境的动态变化和未来不确定因素的存在，风险投资家一般不会向风险企业一次性投入全部所需资金，而是根据情况分阶段投入资金。每阶段都有一个阶段性目标，上一个目标的完成是下一阶段融资的前提，这一方式不仅有利于投资者降低风险，又可对企业家构成一定的压力和动力。高科技风险企业的成长过程分为 4 个阶段：种子期、创业期、成长期和成熟期。在企业发展的不同时期，对资金的需求与资金的用途都存在差别。因此，在不同发展阶段的风险资本投放方式也有所不同，风险投资家在进行投资时，要考虑投资时机的选择。

种子期又称筹建期，企业尚未真正建立，基本处于技术研究开发阶段中后期，只有实验室成果，还没有真正的产品，但创业者能够确认其未来的产品在技术上是可行的、有市场的。此时，企业或项目的整个财务处于亏损期，没有收入来源，无正式的销售渠道，只有费用支出，无直接的投资回报。此阶段主要面临高新技术不成熟的技术风险和能否开发出产品及产品能否被市场接受的市场风险，项目失败率很高。因为没有投入正式的生产经营，种子期的资金需求量较小，但投资风险很大，正规的风险投资家、大企业、商业银行等都避免对其进行投资，因此很难吸引外界投资的介入。种子期所耦合的金融资源是国家开发资金、企业开发资金和私人资本，其主要资金来源还是以自有资金、创业者自筹或私人投资者等私人资本为主，如个人积蓄、家庭和朋友、个人投资商、富有家庭的集团投资等。其中，个人积蓄是最主要的资金来源，70％以上企业的初期资金是个人的积蓄。即使在风险投资最为发达的美国，成熟的风险投资者也仅将其 5％的资金投入该阶段，而且其目的主要为了了解所关注行业的最新发展动向，而非直接获利。

创业期投资主要用于形成生产能力和开拓市场，企业资金投入到广告和其他推销费用上的也较多，当期销售收入有限，再加上企业此时产销量不大，单位制造成本较高，企业财务仍处于亏损阶段，但亏损额随产品销量的增加呈不断缩小的趋势。相对于种子期来说，这一时期的技术风险有所降低，但市场风险和财务风险则变得较为突出，因为由技术转化形成的产品能否得到市场的认可，并不仅仅由技术本身所决定，高新技术产品的市场风险总是存在，并且在产品的推广时期起决定作用。创建阶段是实现从样品到"现实商品"这一关键性跳跃的重要阶段，由于存在高风险，这一阶段融资难度极大，这是阻碍企业发展的瓶颈，正是由于创建阶段的高新技术企业的风险大、资金缺口大，这样高新技术企业就必须依靠自身可行的经营计划、卓越的产品功能和市场前景来吸引风险投资资金的进入，从中获得急需的资金支持和经营、管理方面的辅导，而这一阶段也正是风险资本乐于进入并取得一定股权，为日后取得高额投资回报打下基础的关键时期，风险资本通过这一阶段的投资，以期成为高新技术企业的战略伙伴或战略控股者。在风险资本介入以后，由于企业的资金实力和承担风险的能力增强，部分对于高新技术企业运作比较熟悉的商业银行会适度介入，并提供一定程度的贷款支持。此外，政府设立的扶持高新技术企业的创业基金对于这一阶段的企业也具有明显的支持作用。

成长期产品已经进入市场，潜力也初步显现出来，技术风险大幅度下降，此时企业销售收入、现金流量逐渐趋向稳定，但需要更多的资金以扩充生产规模和进行大规模的市场开发，不断完善产品和进一步开发出更具竞争力的产品。在此阶段，企业经营业绩逐渐得到体现，但距离企业股票上市还有一定距离，不过已经能够从金融机构获得贷款支持。一些实力雄厚的商业银行开始愿意向企业提供抵押担保贷款，以获得飞速发展中的企业的一部分收益。当然，由于商业银行等的贷款需要担保、抵押等，企业能够获得的资金支持还存在一定的缺口，而风险投资资金的大规模参与正好能够弥补这一缺口。风险资金对企业的进一步投资也扩大了其在企业中的股权。另外，企业留用利润也可作为一项重要内源性资金来源。由此可见，虽然此时企业急需资金，但对外融资的地位开始从被动逐渐转为相对主动。

成熟期的企业其发展的潜力已经充分体现，经营业绩高速增长，经营风险降低。为了进一步扩大生产和开始新的技术研发，保持市场竞争力，成熟期企业的资金需求量仍然很大，但由于投资风险大幅降低，成熟期企业的融资能力增强。此阶段企业经营业绩稳定，资产收益率高，资产规模较大，可抵押的资产越来越多，商业银行、共同基金等比较稳健的金融机构会以比较积极的态度介入到成熟阶段的高新技术企业的融资活动中去。此时，企业选择融资的方式更趋多样化，主要包括商业银行各种信贷、资本市场的产权交易和证券融资、货币市场的资金拆借、企业留用利润等。这一阶段相对较低的投资回报对追求高风险、高回报的风险投资资金逐渐失去吸引力，但风险投资资金仍会进一步介入，其目的是为了包装、美化企业，以利于企业公开上市或并购，实现风险资金本身的更多增值和早日退出，使风险资金拿到真实的投资回报后再投资新的企业。

（3）风险投资管理。风险投资管理是风险投资家与创业家签订投资合约后，风险投资者积极参与企业的管理，为其提供增值服务并对其实施监控等各种活动的统称。通常风险投资公司拥有市场研究、生产规划、经营战略、财务法律等各方面的管理专家，并且在社会上有广泛的信息与关系网络，不仅可以为风险企业提供各种咨询服务，帮助企业建立规范的管理体系，还可以替企业物色所需要的专业管理人才，通过风险投资公司对风险企业进行创业辅导，有助于提高创业成功率，减少了风险投资家的投资风险，也降低了风险创业家的创业失败风险。

3. 风险资本的退出

风险资本退出是风险资本循环的有机组成部分，只有风险资本顺利退出，才能收回原来的投资，进而寻找新的投资机会，开始新一轮的风险投资，因此蜕资是风险资本运作过程的最后环节，也是获得资本高额增值回报，实现风险投资目标的关键环节。目前，风险资本有4种主要的蜕资方式。

（1）首次公开上市。首次公开上市（Initial Public Offering，IPO）是指风险投资企业第一次向社会公众发行股票，风险投资人借此获得股权的流动性。对于风险投资来说，公开上市通常是最佳的退出方式。股票的公开发行是金融市场对于该公司业绩的一种承认，这种方式保持了风险企业的独立性。通过公开上市，风险企业可以获得在证券市场上持续融资的渠道，同时企业成功上市也使风险投资家获得较高的投资收益，根据美国 1979—1988 年首次公开发行风险投资企业的统计，以公开上市退出的风险资本，其投资回报分别是：第一期投资为 22.5 倍，第二期投资为 10 倍，第三期投资为 3.7 倍左右，尽管随投资期的延后，投资收益递减，但是总体呈现了高回报的特点，符合股东及投资者的利益最大化要求。

实践表明，风险投资培育的上市企业越多，流入该风险投资企业的资金就越多，风险投资的融资成本也就越小。在美国大约有三分之一的风险资本是通过这一途径退出风险企业的。新兴的中小企业通常在二板市场上市，实现风险资本的回收。

（2）股份回购。股份回购对于大多数投资者而言，是一种备用的退出方式，在投资不是很成功时使用，是指风险企业或创业者采用现金或票据等形式，从风险投资家手中购买其所持有的风险企业股份，并将回购股票加以注销的一种方式，股份回购后，风险投资完全退出风险企业。

股份回购还可以通过卖股期权和买股期权来实现。所谓卖股期权，是在引入风险投资签订协议时，赋予风险投资者一项期权，可以要求创业者或风险企业以预先商定的形式或股票价格购买其手中的股票。与此相对应，买者期权则是赋予风险企业或创业者的一项期权，让其以相同或类似的形式购买风险投资者手中的股票。

（3）出售。出售包括两种形式：公司收购（Trade sale），又称一期购并和金融收购（Financial sale），又称二期收购。前者主要是指风险企业由其他公司兼并，后者是指风险企业由另一家风险投资公司收购，接受后续投资。

出售蜕资在收益上远不如 IPO 惊人，但由于交易对象相对较少，程序简洁便利，费用低，所以出售也是风险资本退出相对常用的一种方式。据不完全统计，在风险投资的退出方式中，一期购并占 23％，二期收购占 9％，股票回购占 6％。风险投资者在时机成熟的时候，可以通过出售的方式将自己在风险企业的股份卖出，从而实现风险资本的退出。出售是资本运营活动中的一种形式，风险投资活动也是一种资本运营的过程，因此其对出售手段的运用是一种自然的选择。

（4）破产清算。风险投资是有巨大风险的投资，其失败比例相当高。对于风险投资者，一旦确认风险企业失去了发展的可能或成长太慢，不能获得预期的回报，就必须果断蜕资，尽可能地收回资金，避免更大的损失，将能收回的资金用于下一个循环，这是一种减少损失的办法。据研究，清算方式退出的投资占风险投资基金总投资额的 32％，这种方法一般仅能收回原投资额的一部分，清算蜕资是痛苦的，但在很多情况下又是必须断然采取的措施。

4. 网络企业风险资本运作案例

1）搜狐海外风险投资的引入

1995 年前后，美国的互联网发展很快，而中国还几乎是一片空白，只有国联在线、高能所、瀛海威等几家刚起步的小公司。当时中国网络建设面临许多问题，其中最突出的问题是中文信息严重匮乏，国内真正能提供中文信息内容服务的 Internet 服务提供商（ISP）寥寥无几，90％以上的 ISP 只能提供简单的互联网接入服务，张朝阳（搜狐公司创办人）看好国内市场的发展前景，于是联系到美国互联网络商务信息（ISI）公司，想做 China Online（中国在线），用互联网搜集和发布中国经济信息，为在美国的中国人和对中国感兴趣的人服务。张朝阳的想法得到 ISI 公司的支持，于是融资 100 万美元，张朝阳 1995 年年底以 ISI 公司驻中国首席代表身份，开始用互联网在中国收集和发布经济信息，为华尔街服务。

在 ISI 的工作经历，使张朝阳感到中国互联网市场潜力极大，决定在国内创业，但他首先遇到的问题是资金短缺，经过几个月的努力，仍然无法筹集到起步资金。于是他向美国著名风险投资专家爱德华·罗伯特求援，两人共同分析了中国市场，并作了个创业计划交给Intel 的风险投资人尼葛洛庞帝，不久终于获得了 22.5 万美元的起步投资，由此，1997 年成立爱特信（ITC）公司。这第一笔投资 22.5 万美元中，除去给律师的 4 万美元，剩下 18.5 万美元，靠这 18.5 万美元，爱特信（ITC）公司生存了一年多。到 1998 年元旦，公司账面已经没有一分钱了，张朝阳给员工们发信，说借钱也要给他们发工资，ITC 公司一定能做下去。

迫不得已，张朝阳向他的投资人发出了紧急求救，3 位投资者再次为张朝阳提供了 10 万美元的"桥式"贷款，并取得 Intel 公司的技术支持。1998 年 2 月，张朝阳正式推出了第一家全中文的网上搜索引擎——搜狐（SOHU），还独家承揽"169"北京信息港 1998 年整体内容设计和发展的任务，公司发展速度很快，比一般的美国风险投资公司的成长速度还快。1998 年 3 月，张朝阳从英特尔和 IDG 公司获得了 220 万美元的风险投资，顺利达成第二期风险融资意向。经过两次在资本市场上"真枪实弹"的战斗，张朝阳开始真正懂得了如何在资本市场争取更多的关注与投资。

2000 年 6 月，搜狐获准上市，但此时承销商愿意接受的 IPO 价格下降到了每股 13 美元，而搜狐 1999 年末最后一轮 3 000 万美元融资的私募价格为每股 15.5 美元。1999 年末正是互联网概念如日中天的时候，盈科动力 1999 年初已经投了新浪，但觉得在门户上投得还不够，所以又投了搜狐，晨兴、联想也在这一期向搜狐投了钱，还有很多投资银行和搜狐联系，其投资的目的就是想乘搜狐上市的快车，让资本翻番。此前，搜狐一直融资很少，前 3 次融资加在一起只有 1 000 万美元，不及新浪的 1/10。北京时间 2000 年 7 月12 日，搜狐在纳斯达克上市，上市第一天就以每股 13 美元超过 2 倍的认购量筹集到资金5 980 万美元。

在风险资本的支持下，搜狐成长为中国屈指可数的互联网明星公司。

2）百度海外风险投资的引入

李彦宏是百度公司的创办者。1997 年夏天，在 Infoseek 的 CTO 威廉·张的邀请下，李彦宏踏进了硅谷。在 Infoseek，他最先创建了 ESP 技术，并成功地应用于 Infoseek/GO. COM 的搜索引擎中。1998 年 4 月，迪士尼宣布购买 Infoseek 的 40% 股份。在华尔街和硅谷，李彦宏见识了各式各样的创业者，也激荡起心中创业的冲动，从 1995 年开始，李彦宏每年利用回国的机会考察国内市场，在 1999 年之前，他始终觉得国内尚不需要搜索引擎技术。1999 年，李彦宏发现了国内市场的创业机会，国内对于互联网的认同逐渐增加，门户网站也开始有能力为搜索技术付费。并且，自己的私人积蓄也达到了一定的数量，即使新公司一两年没有收入也可以维持一段时间，此时，李彦宏决定回国创业，创办百度公司。1999 年，Peninsula Capital 和 Integrity Partners 联合向百度投资 120 万美元，双方各出资60 万美元。百度公司精打细算各项开支，将原来 6 个月花完的钱维持公司一年的运作，这样就可以再顺利承接第二笔风险投资。2000 年 5 月，百度成功完成了中文搜索引擎的研发工作，取得了自己的第一个产品——百度中文搜索引擎。

2000 年四五月份，通过 Integrity Partners 的引见，德丰杰全球创业投资基金（DFJ）创始合伙人 John H. N. Fisher 了解了百度，对其产生了兴趣，审慎调查也随之开始。当时担任调查工作的符绩勋后来回忆说："那段时间，我们大都在晚上去实地考察百度。透过公司的灯光，我们看到了这家企业身上闪现着硅谷式的创业精神。"融资谈判进行得很顺利，2000 年 9 月，德丰杰就联合 IDG 向成立 9 个月的百度投资了 1 000 万美元。德丰杰约占了总投资额的 75％，因而成为百度的单一最大股东，但其仍然只拥有百度的少数股权。此后，百度的业务开始迅速扩大，2001 年的国内互联网泡沫的破灭也丝毫没有影响百度成为业界引人注目的新星。

面对百度的挑战，Google 想到了收购。在 Google 提出要参与百度第三轮融资后，百度在引入还是不引入的问题上进行决策，因为百度当时并不缺钱。但最终百度还是引入了 Google 这个战略投资者，因为 Google 的加入会有效增加百度的品牌知名度，但百度仍是独立运作的公司，2004 年 6 月，Google 及 DFJ、Integrity Partners、Peninsula Capital、China Value、Venture TDF、China Equity、Bridger Management 等 8 家投资机构共向百度投资 1 500 万美元。投资之后，Google 开始准备上市的工作，对中国市场的关注少了，而百度利用这个机会大力发展。2005 年首季，百度在中国国内互联网市场的网站搜索流量市场占有率为 44.7％，位居第一，Google 位居第二，占 30.1％。同时，百度在首季取得了 520 万美元的收入，同比增长 147％。

随着业务迅速发展，百度开始筹划上市，于 2005 年 7 月 12 日正式向美国证券交易委员会提交了一份上市申请报告，计划在纳斯达克市场通过首次公开募股（IPO）融资 8 000 万美元。8 月 5 日，百度正式在美国 NASDAQ 挂牌上市，发行价 27 美元，开盘价 66 美元，收于 122.54 美元，涨幅 353.85％。以上市首日收盘价计算，百度市值已经达到 39.58 亿美元。而此前按照该公司 27 美元的发行价计算其市值仅为 8.7 亿美元。

11.3.2　二级市场中网络个人投资者的行为分析

二级市场即流通市场，是已发行股票进行买卖交易的场所。二级市场的主要功能是有效地集中和分配资金。

大量的机构庄家和散户投资者构成了群体中人数最为庞大的一群，他们的投资行为与他们的个性特征相联系，股市信息的变化及各种心理因素作用使股民的行为也呈现出多样性。网络企业更适合股权融资，而在二级市场上，网络企业投资者行为特点不明显，因此，二级市场中网络个人投资者的行为分析重点就是分析股票投资者的行为。

1. 投资者的基本分析

由于股票价格由其市场价值所决定并受市场行为制约，因此股票价格经常出于波动状态，影响股价的因素很多，投资者在进行股票投资之前，会对这些因素进行基本分析，以作出正确的投资决策。

1）宏观经济因素分析

宏观经济分析包括经济周期分析、经济政策分析、物价水平分析等，在正常状态下，股票市场价格是与经济景气正比例变动，如 20 世纪 30 年代的大萧条就是以华尔街股市的崩溃为导火线，而国家货币政策和财政政策则是股市的大行情。宏观经济因素一方面通过直接影响公司的经营状况和盈利能力，从而间接影响股票的获利能力及资本的保值增值能力，并最终影响公司股票的内在价值；另一方面通过直接影响居民的收入水平和对未来的心理预期，从而间接影响居民的投资欲望，并最终影响股票市场上的供求关系。因此，宏观经济因素对股票价格波动有重要的影响作用。

2）微观经济因素分析

微观经济因素对股票价格的影响主要是指企业自身状况对股价的影响。微观经济因素是股票价格变化的内在因素，这些因素对股票价格变化的方向和幅度起决定性的作用，因此受到投资者的广泛关注。微观经济因素分析也是股票基本面分析的主要内容，包括行业分析和企业分析。

行业分析是为了确定投资方向，为投资者提供详尽的行业投资背景。各种行业都有一定的生命周期，一个行业在其生命周期的不同发展阶段获利能力存在显著差别：初创期盈利能力较低，经营的风险较大，行业内上市公司的股价较低；扩张期盈利能力迅速提高，上市公司的股价水平迅速上升；成熟期盈利能力比较稳定，上市公司的股价也相对平稳；衰退期盈利能力急速下降，上市公司的股价也随之下跌。这些方面的分析有助于投资者确定行业投资重点。

企业分析是为了确定具体投资对象，一般是对企业经营状况和竞争能力等基本面进行具体分析，通过对企业经营状况分析，可以了解企业净资产、营业收入、盈利水平、财务等情况，从而作出相关的投资决策；公司竞争能力分析包括对企业的管理水平、技术水平和技术开发能力等的分析，对竞争对手情况的了解，对公司在行业中所处位置的了解等，公司竞争能力的强弱，决定了企业的发展前景，为投资者的正确投资提供参考依据。

3）非经济因素分析

非经济因素主要是指自然灾害、战争和政治局势变动等，这些事件一般不会直接对股票市场产生冲击，而是通过直接影响人们对一国经济的预期，间接影响对股票市场的预期，并造成股票市场的价格波动。例如，美国股市曾就因总统艾森豪威尔心脏病发、肯尼迪遇刺而大幅下跌。

2. 投资者的心理行为分析

股票市场瞬息万变，股市中的信息层出不穷，股价决定因素纷繁复杂，股票投资者数量众多、个体差别巨大，这些都决定了在股市中无法有一个固定的方法或模式可以指导投资，股票投资只是一种个人行为，具有很强的主观性，是根据所得信息，通过个人主观分析、评判来作出投资决策的。而个人的主观判断与人的心理密切相关，因此，心理因素在股票投资中往往发挥很大作用。

1）羊群效应

羊群效应是指市场上存在那些没有形成自己的预期或没有获得一手信息的投资者，他们根据其他投资者的行为来改变自己的行为。这种现象是作为社会人的投资者所具有的特有心理造成的，心理学家又称之为从众心理。从社会学上看，从属于某个群体能够使人达到心理平衡，而离开一个群体需要一定的自信心。当自己没有足够的信息和信心作出独立的决策时，从众不失为一种可行的选择。股市中的从众行为表现得最为突出，投资者在交易过程中存在学习与模仿现象，从而导致他们在某段时期内买卖相同的股票。当然有的从众行为是知情者为了牟取利益利用各种策略引发不知情者的追涨杀跌的反馈效应，机构和基金管理者的从众行为是追逐投机利润所呈现的跟风。这些从众行为都会增加证券市场的内在不确定性和价格的波动，也容易引起投机泡沫和市场崩溃。

2）处置效应倾向

处置效应倾向即投资者愿意卖出当前盈利的股票并继续持有亏损股票的心理倾向，也称为"售盈持亏"。投资者判断损益的标准即参照点取决于因人而异的主观感觉。投资者的风险偏好不是一致的,当处于盈利状态时,投资者是风险回避者,愿意较早卖出股票以锁定利润;当投资者处于亏损状态时,投资者是风险偏好者,愿意继续持有股票。投资者由于亏损导致的感觉上的不快乐程度大于相同数量的盈利所带来的快乐程度,投资者对损失更敏感。投资者延迟卖出价值已减少的股票是为了不想看到已经亏损这个事实,从而不感到后悔;投资者及时卖出价值已增加的股票是为了避免随后股价可能降低而导致的后悔感,而不管股价进一步上涨扩大盈利的可能性。处置效应实际形成"获利者过早出局而亏损者被套得太久"这一普遍趋势。投资者不愿承认亏本交易、降低损失,这通常与他们对所购买或被推荐的货币、股票价值的强烈认同相联系。

3) 贪婪心理

投资者的贪婪就是对股市获利的追求永无止境,人们投资股票就是为了获得更多的利润,投资股票可以大大缩短人们积聚财富的时间,可以获取高于其他行业数倍乃至数十倍的平均利润,这是人们钟情股票投资的初衷,尤其是在初涉股市就尝到甜头时,人的贪欲可能会更加强烈。在多头市场总想以更低的价格买入,而在空头市场总想以更高的价格卖出,结果往往错失良机而导致亏损。

4) 预期心理

预期心理即追涨杀跌,是指股民对未来股价走势及各种影响股价因素变化的预测。投资者的心理预期是影响股价波动的一个重要因素,在股价的顶部区域,股民在预期心理的作用下都不愿出售,等待股价的进一步上涨,而当股价开始下跌时,又认为股价的下跌空间很大,便纷纷加入抛售队伍。由于股民对股价的未来走势过于乐观,就可能将股价抬高到空中楼阁的水平,使股价明显脱离其内在价值。

5) 博傻心理

在股市上有一种流行的说法,就是股票交易是傻子与傻子竞技,不怕自己稀里糊涂以高价买进或低价卖出,只要有人比自己更傻,愿意以更高价买走或更低价抛售,自己就能有所盈利,这种心理就是博傻心理。由于博傻心理,许多股民并不研究上市公司的财务状况和股票的投资价值,只要有人买就跟着买,有人卖就跟着卖,造成股价的大幅震荡,市场风险极大。

6) 浮躁、偏好及过度自信心理

变幻莫测的股市对人的心理承受能力有极高的要求,股民们必须具备稳定的心理素质和良好的心态,但是现实中多数投资者往往心理浮躁,患得患失、沉不住气,当空仓时遇股价上涨就急忙买进,持仓遇股价下跌就匆匆抛出,结果往往造成高买低卖。

偏好心理是指股民在投资股票的种类上,总是倾向于某一类或某几种股票,特别是倾向于自己喜欢或经常投资的股票。当机构大户偏好某种股票时,由于其购买力强或抛售的数量多,就会造成股票的价格脱离大势,呈现剧烈震荡。

过度自信即人类往往过于相信自己的判断能力,高估自己成功的机会,把成功归因于自己的能力,而低估机会等外因在其中的作用的一种心理偏差。投资者在处理信息时会过分依赖自己收集到的信息,而轻视公司财务报表的信息,重视那些能增强其自信心的信息,而忽视那些有损其自信心的信息,以至于不愿承认自己投资决策失误,这会导致"处置效应"、对某些信息反应过度或反应不足、进行大量盲目交易等投机行为。

案例　阿里巴巴的 IPO 之路

阿里巴巴赴美上市成为 2014 年资本市场最引人注目的事件。阿里巴巴的 IPO 之路可谓困难重重，体现出我国互联网企业飞速发展的同时，监管层政策制定的滞后。其启示是我国政府应对中国资本市场反思和抓住改革的契机，让市场发挥决定性作用以激发企业活力，并强化后期监管以建立良好的资本市场秩序，从而为我国优秀的民营企业提供有利环境，强化整个国家的民营经济实体。

1. 阿里巴巴复杂的组织架构

2014 年 5 月 6 日，阿里巴巴向美国证券交易所（SEC）正式递交了厚达三百多页的 F－1 IPO 申请书。阿里巴巴集团于 2014 年 9 月 22 日晚间宣布，阿里巴巴 IPO 的承销商已经行使了超额配售权，此次 IPO 融资额达到 250.3 亿美元，超过 VISA（在 2008 年 IPO 时上市成功集资 196.5 亿美元）而成为美国史上最大规模的 IPO。

阿里巴巴是目前中国最大的电子商务集团，为 650 多万商家和近 3 亿消费者提供电商服务，主要收入来源于"淘宝＋天猫＋B2B"，前两者收入占 90％以上。阿里集团的组织结构复杂，业务布局庞大。其中，B2B 收入来自阿里巴巴电商支付的年费、服务费及广告收费；天猫收入主要来源于广告、销售额分成和服务费，比如对卖家收取技术服务年费：6 000 元/年，收取销售分成 3％～5％不等；淘宝收入则完全来自各种广告收入，以及少量的软件订购费。

阿里巴巴集团是中国互联网公司中组织架构最复杂的电子商务集团。按照业务，阿里巴巴集团分为 25 个事业部和 2 个事业群，但在实际运营时，又有一套子公司体系，共有 9 大子公司群，包含 200 多家子公司（含壳公司和关联公司），子公司和事业群之间无明显对应关系，但互相交叉、彼此关联，呈现以下两个特点。

1）事业部业务彼此交叉、边界模糊

2013 年 9 月 10 日，阿里巴巴宣布了最新一次架构和人事变动，新增两个事业部并升级了 2 个事业群，至此阿里共有 25 个事业部、2 个事业群。这些事业部业务彼此交叉，边界模糊，名称近似甚至部分员工是同一批人。阿里事业部包含的共享业务事业部、商家业务事业部、综合业务事业部、互动业务事业部，未见公开资料显示它们之间有明显区别。

2）集团下属子公司及关联公司更加复杂

阿里巴巴公司架构庞杂，这在一定程度上削弱了雅虎等大股东对公司的知情权，却保证了马云等管理层对公司业务的控制力。更复杂的还有阿里巴巴集团下属的子公司及关联公司。阿里集团旗下不为公众所知的子公司及关联公司多达 200 家以上。根据阿里财务资料，阿里内部的子公司分为九大体系：集团国内公司、集团海外公司、B2B 国内公司、B2B 海外公司、阿里云、阿里金融、淘宝、支付宝、雅虎，每个体系都下属 6～70 家不等的国内外子公司或者关联公司。这些公司部分是马云个人持股或拥有 80％以上的绝对控股。这种复杂的集团公司架构虽然并不意味着内部必然存在着关联方交易，但如有关联交易则存在巨大隐患。

2. 阿里的 IPO 之路困难重重

1）上市背后

（1）无奈的选择。

2005 年 8 月，阿里巴巴和雅虎宣布，阿里巴巴收购雅虎中国全部资产，并同时获得雅虎 10 亿美元投资；雅虎由此获得阿里巴巴 40％的股权和 35％的投票权。这笔交易使马云从美国雅虎获得 10 亿美元的资金支持，从而最终击败强劲对手，迫使 eBay 放弃中国市场。雅虎也凭借这次交易成了阿里巴巴最大股东，其股份占比超过了马云及管理层股份占比。此后，阿里巴巴多次向雅虎提出回购股权方案。2012 年 5 月，阿里巴巴与雅虎签订股份回购协议，将回购雅虎持有公司股份的一半（即 20％）。回购协议同时约定，阿里巴巴只有在 2015 年年底前上市，才能继续回购雅虎所持股权。而马云的终极目的是以少数股权绝对控制阿里巴巴集团。从此角度看，阿里巴巴的上市充满了被动。

除了合约期限约束，更为重要的是，阿里巴巴的竞争对手京东。在早些时候，阿里巴巴最主要的竞争对手京东递交了 IPO 文件。无论阿里巴巴还是京东，电商利润增速放缓已经是不争的事实。根据雅虎公布的财报显示，阿里巴巴 2013 年实现营收 67 亿美元，毛利 49 亿美元，主营业务利润 31 亿美元，归属阿里巴巴净利润 28 亿美元。从增长率看已经明显呈现下降趋势，2011 年至 2013 年，阿里巴巴营收增长率分别为 80％、74％、65％。尤其是 2013 年，其季度增长率一路向下，下降趋势很明显，这从一个侧面反映出阿里巴巴业绩增长速度已缺乏动力。阿里巴巴趁着现在业绩增长还有很大的想象空间，是最合适的上市时机，时间拖得越久越充满不确定性。一旦阿里巴巴的营收模式基本定型，给予投资者的想象空间不多，阿里巴巴的估值就有可能面临缩水。

京东和阿里巴巴在互联网金融领域也有角逐。特别是腾讯入股京东以后，不仅电商市场格局有了新的变化，在移动互联网和电子商务这两大核心领域，阿里巴巴未来都将面临更大挑战。而且腾讯概念也将为京东背书，有助于提升京东估值，并从侧面打击阿里巴巴估值。此外，腾讯最大的筹码依然是微信在移动互联网的入口。未来，京东所有的交易均可与微信支付形成强大的闭环。同样，将电子商务作为核心的京东商城如果抢先一步上市，阿里巴巴估值会受到影响。可以说，内在的时间迫切与外在的竞争影响，促使阿里巴巴选择赴美上市。

（2）产业链整合的需求。

一般来说，一家公司选择上市，背后无非有三种考量：融资、品牌溢价、稳定的筹资通道，而阿里巴巴上市的最主要目的就是融资和获得筹资通道，未来可以展开大规模的投资并购。2014 年以来，阿里巴巴围绕"云＋端"战略布局，在资本市场 1.7 亿美元投资中信 21 世纪、11 亿美元并购高德、62 亿港元入股文化中国、数千万美元投资佰程旅行网及未来继续增持新浪微博等。阿里巴巴正在通过投资并购的手段不断延伸自己的产业链，不断完善自己的布局。

2）阿里巴巴无缘 A 股上市

阿里巴巴集团是注册在开曼群岛的外资公司，目前我国的政策并不支持外资公司在 A 股上市。虽然目前中国大部分制造业已向外资开放，但信息技术行业依然被严格监管，现行政策不允许外资拥有中国互联网公司的控制权。虽然通过可变利益实体（VIE）可以规避这一政策限制，但 VIE 结构虽能够绕过外资所有权的限制，却受国内 IPO 的监管。人民币在资本项目下尚未开放，这也是阻碍阿里巴巴在 A 股市场登陆的因素。

3）赴港上市无果

（1）选择香港上市的原因。

一是香港具有其独特的地理位置和属性，内地企业较为熟悉和适应香港的文化、语言及相关法律程序；二是有多家中国内地企业在香港上市成功的案例，这些企业涵盖了不同性质、不同行业的公司。阿里巴巴可以根据自己所属行业找到类似企业汲取他们的成功经验；三是自 2013 年 1 月 1 日起，中国证监会发布的《关于股份有限公司境外发行股票和上市申报文件及审核程序的监管指引》正式实施，取消了境内企业到境外上市的"456"条件和前置程序，不再设盈利、规模等门槛，同时简化了境外上市的申报文件和审核程序。

（2）阿里巴巴放弃香港上市原因。

首当其冲是阿里巴巴集团的"合伙人制度"，A 股和港股不允许"双轨制"股票结构。阿里巴巴集团与香港交易所洽谈设立一个架构，允许包括创始人马云及其他高管在内的"合伙人"在 IPO 之后仍能保留对公司董事会构成的一些控制权。阿里巴巴的"合伙人管理制"允许持股 10％的 28 名合伙人，提名董事会的多数成员，因为合伙人管理制剥夺普通股东权利，有悖于该交易所一贯秉承的所有股东获得公平对待的原则，最终阿里巴巴不得不放弃在香港上市。

"合伙人"制度颠覆了中国传统企业"寡头管治"的概念，在目前国家的民营企业，尤其是中小型企业，大部分都只有一到两个决策管理人（即所谓"老板"）或者是家族核心人物管理。决策管理人的理念、管理能力和素质直接影响企业的水平、发展和命运。对于正在处于高速发展的国家民营经济来说，民企决策管理人的素质亦同时直接影响着国家经济的发展。合伙人制度可以让企业的决策变得更为客观及长远，减少了企业走弯路甚至于走错路的机会。

4）最终选择赴美上市

美国资本市场对阿里巴巴的合伙人制度"亮绿灯"，纽约交易所和纳斯达克两大交易所均明确表示认同。在美国，以双重股权制度上市的公司不在少数，著名的有 Facebook、Google 等。从监管角度看，美国的资本市场由于其成熟严格的监管和法律法规，以及集体诉讼制度，使得上市公司轻易不敢违规，滥竽充数的公司将会原形毕露并被及时退市，业绩好的公司则会赢得投资者的追捧，这样的机制更有利于阿里巴巴的茁壮成长。

阿里巴巴招股说明书显示，软银持股 34.4％，雅虎 22.6％、马云 8.9％。而即便算上马云本人所持有的 8.9％的股权，阿里巴巴公司整个管理层的持股比例之和也只有 10.4％。阿里巴巴在美国上市实属无奈之举，其面临的诉讼风险或许更高，因为在美国股东可以站在上市公司的立场上起诉董事和高管，而且近些年来，这些诉讼律师已经把目光瞄准中国。淘宝上出现的假货、赝品等诸多问题，势必会成为这些机构或者诉讼律师眼中的肥肉。首先，2011 年阿里的支付宝 VIE 事件和雅虎纷争在国内外都造成了负面影响；其次，美国证监会对上市公司的信息披露有相当严格的要求，阿里巴巴不一定能够适应；再者，由于近年来国际经济大环境不景气，国际市场对中概股的反应也较为冷淡。

3. 启示

1）阿里巴巴赴美国上市应成为中国资本市场反思和改革的契机

国家应针对互联网及电商等企业上市在资本市场设立新板块。我国很多优秀的互联网及电商在境外上市，这些极有发展前景的互联网企业在中国创造业绩，却让美国投资者享受利益，中国互联网市场的发展成果最后变成了美国股民的投资分红。当然，企业不该被责怪，赴美上市是企业家经济理性的选择。为了避免让这些优秀的民营企业持续流失到境外上市，国家应该尽快成立一个专门给互联网及电商等行业企业上市的新股票交易版块。新的板块可以针对行业的特点如资产结构（有形及无形）、商业模式及行业运营特点、收入及盈利结构及模式、法律架构及会计要求等范畴去设计新的上市及企业管治规则。监管层需要进一步深化改革，清理不合理的制度规定，约束政府权力以减少寻租空间，让市场发挥决定性作用以激发企业活力，并强化后期监管以建立良好的资本市场秩序。

2）中国政府主动同美国政府提出资本市场合作方案

企业境外上市是一件可以惠及两个国家经济的事情。主动和美国政府沟通，为境内民企在美国上市提供有利条件，谈判出一些既能保护国内民企，又能惠及美国经济的"双赢"方案。

综上，阿里的 IPO 之路难关重重。但阿里巴巴的成功上市，标志着一个新时代的来临，深深地影响着国家宏观、微观的经济及经济外交上的发展方向。国家应该在这"新经济拐点"及时作出积极的政策反思及调整，以追上这新经济的环境变化。另外，民营企业需要在这"新经济拐点"去重新思考意识形态方面的调整。多参考、学习及应用先进国家的、国内先进企业的企业管治理念，从而强化整个国家的民营经济实体。

参考文献

[1]　罗干淇．阿里巴巴上市背后的特殊意义．财经界，2014（25）．

[2]　唐骏．阿里巴巴跑步上市华尔街：不能让"老二"抢在前面．中国经济周刊，2014（11）．

[3]　冯毅．阿里巴巴舍近求远上市为哪般．理财，2014（7）．

[4]　王艳．阿里"B 计划"．中国经济和信息化，2014（6）．

案例讨论题

为互联网企业融资提供制度支撑，中国资本市场需做哪些改革？

本章思考题

1. 分析网络经济对金融支撑系统的制度需求。
2. 运用二板市场理论，谈谈对我国开设二板市场的看法。
3. 比较说明创业投资与二板市场的关系。
4. 简述网络资本的运营过程。
5. 试论影响个人投资者行为策略的因素。

第12章 网络经济的宏观规制

网络经济的正常运行离不开政府"有形之手"的宏观规制，政府对网络经济的宏观规制体现在多方面。本章从发展网络经济的公共政策选择，对网络经济垄断的规制，知识产权保护和网络安全的维护政策措施几个重点方面来解剖政府宏观调控的作用。

12.1 推动信息产业和互联网发展的一般公共政策

网络经济从根本上是信息产业化、产业信息化和商务网络化的产物。网络经济发展的基本轨迹是：信息技术的发展—信息产业的发展—电子商务的发展—传统产业信息化—"互联网＋"。当然，这个轨迹不是单线条的阶段式发展的，而是立体网络式发展，相互渗透、相互促进的。

第一，网络经济必须依托数字网络，信息技术及相关产业的发展为网络经济发展提供了必要的硬件基础。网络传输交换技术和设备、计算机等网络终端技术与设备、卫星通信和光纤通信技术与设备、信息处理技术与设备等现代化的网络通信基础技术和设施，是网络经济发展的硬件物质基础。

第二，软件服务产业、数据库产业、系统集成业、信息咨询业的发展为网络经济发展和运行提供了各种系统软件与应用软件、大型数据库、商用信息系统、公共信息服务等，这些产业的发展为网络经济发展提供了软件基础。

第三，信息产业的发展和扩大，以及信息与通信网络技术的广泛应用，使资本、商品等的交换越来越以一种信息化、符号化、电子化的方式进行，电子商务广泛发展起来。电子商务的发展和深化，从根本上塑造了网络经济体，使网络经济真正形成。

第四，传统产业信息化，信息技术直接、间接地对传统产业领域的生产、交换、分配和消费方式产生深远影响。最先进的信息技术，包括计算机技术、通信技术、网络技术和电子技术等大量进入传统产业部门，渗透、改造、重塑传统经济的运行模式，网络经济发展的物质基础也随之正式形成。

第五，"互联网＋"，是众多行业的互联网化。"互联网＋"代表一种新的经济形态，即充分发挥互联网在生产要素配置中的优化和集成作用，将互联网的创新成果深度融合于经济社会的各领域中，提高实体经济的创新力和生产力，形成更广泛的以互联网为基础设施和实现工具的经济发展新形态。

为了占领国际竞争的制高点，在网络经济发展过程中，包括发展的各个阶段、各个层面，各国都通过积极的政府参与和政策推动，来推动本国信息网络经济的成长。

12.1.1　美国的公共政策

信息技术发展使美国重新夺回了许多领域的国际竞争优势，互联网的迅猛发展为美国创造了大量的就业机会，支撑了美国经济的持续繁荣。作为计算机和互联网的诞生地，美国一直保持着信息和通信领域的领先地位，占有信息技术和信息产业的制高点。这些成就的取得与美国政府积极实施推动信息产业和互联网发展的公共政策密切相关。1996 年 7 月，美国国家科技委员会发表了《科学与国家利益》的报告，强调新世纪的信息将成为世界经济体系中最重要的商品，强调美国创造知识的速度及利用新知识的能力，将决定 21 世纪美国在世界经济中的位置。由此可见，美国信息经济的发展是与其国家战略密切相关的。

1. 目标的确定

美国通过制订实施国家级别一系列信息产业和互联网发展计划，来确定目标，保证美国在该领域发展的世界领先地位。

1）信息高速公路计划——NII

早在 1993 年，美国在其信息高速公路计划中，提出了美国互联网发展的目标。1992 年，当时的参议员、后来的美国副总统阿尔·戈尔提出美国信息高速公路法案。1993 年 9 月，美国政府宣布实施一项新的高科技计划——"国家信息基础设施"（National Information Infrastructure，NII），旨在以互联网为雏形，兴建信息时代的高速公路——"信息高速公路"，使所有美国人方便地共享海量的信息资源。信息高速公路（Information Highway）实质上是高速信息电子网络，它是一个能给用户随时提供大量信息，由通信网络、计算机、数据库，以及日用电子产品组成的完备网络体系。构成信息高速公路的核心，是以光缆作为信息传输的主干线，采用支线光纤和多媒体终端，用交互方式传输数据、电视、话音、图像等多种形式信息的千兆比特的高速数据网。开发和实施信息高速公路计划，不仅促进信息科学技术的发展，而且有助于改变人们的生活、工作和交往方式。NII 从 3 个层次促进美国信息网络的建设：①加强对信息基础设施建设的领导，成立了"国家信息基础设施特别领导小组"；②加大对国家信息基础设施的投入；③加强信息基础设施建设的立法工作，为信息网络建设保驾护航。

信息高速公路计划的主要目标有以下几个方面。

（1）在企业、研究机构和大学之间进行计算机信息交换。

（2）通过药品的通信销售和 X 光照片图像的传送，提高以医疗诊断为代表的医疗服务水平。

（3）使在第一线的研究人员的讲演和学校里的授课发展成为计算机辅助教学。

（4）广泛提供地震、火灾等的灾害信息。

（5）实现电子出版、电子图书馆、家庭影院、在家购物等。

（6）带动信息产业的发展，产生巨大的经济效应，增强国际实力，提高综合国力。

2）全球信息基础设施计划——GII

1994 年，美国政府提出建设"全球信息基础设施"（Global Information Infrastructure，GII）的倡议，旨在通过卫星通信和电信光缆连通全球信息网络，形成信息共享的竞争机制，全面推动世界经济的持续发展。GII 计划提出的金字塔式的政策框架，包括 6 层主要模块，如表 12-1 所示。

表 12 - 1　GII 计划提出的政策框架

第一层	基础结构层	建设真正的信息高速公路
第二层	管理层	改写道路规则
第三层	安全保障层	在信息高速公路上安全行驶
第四层	隐私保护层	保护个人的选择和消费者的权利
第五层	内容标识层	"玩耍的孩子"和其他虚拟路标
第六层	商业层	在互联网上讨价还价

3）国家信息基础结构：行动纲领

1996 年，美国制定《国家信息基础结构：行动纲领》，鼓励私人投资，推动竞争，实现开放性进入，实行灵活的管理规范，保障普遍性服务。特别强调政府应发挥的作用，以政府电子化拉动电子商务的发展。

4）21 世纪信息技术计划——IT2

1999 年年初，美国又进一步推出"21 世纪信息技术（IT2）"计划，加大对关键信息技术的研究投入。

2．发展路径的选择：政府倡导帮助，私人投资为主导

美国政府强调市场化原则，主张发挥私营企业在信息产业和互联网产业发展中的主导作用。政府起倡导和帮助作用，政府的作用具体表现在以下方面。

（1）引导投资。NII 计划全部投资为 4 000 亿美元，其中政府投资约为 300 亿美元，占 7.5%，其余为私人资本投资，政府投资起带动作用。在政府的带动引导下，到 2000 年，企业在信息技术设备上的投资份额就超过了 45%。

（2）促进互联网普及。在互联网发展初期，美国政府不遗余力地促进互联网的普及和发展，如在互联网商业活动还不普及时，政府便出资使互联网免费运行，直至其运行良好为止。

（3）促进互联网商业化，推动电子商务发展。在电子商务发展中发挥私人资本的主导作用，鼓励私人投资，建立自律性产业规范与规则，尽量减少政府干预。但政府为电子商务的发展起保驾护航作用，1997 年，美国政府还规定各级政府部门必须网上购物达到 450 万件，以培养网上购物的习惯。政府积极为企业从事网上交易提供帮助与服务。商务部设立了网上交易系统、网上投标竞价系统，以及包含有政府信息、采购信息和技术信息的网站，另外，还与农业部和小企业局联合成立了"小企业电子商务工作组"，指导和推动小企业发展电子商务。

3．法律、法规保障

美国政府制定了新的电信法、信息法、知识产权保护法等法规。

1996 年，美国政府通过了新电信法，打破电信垄断，开放电信市场，促使电信企业的竞争和重组，带动企业建设高速宽带网络。

美国国会通过的有关互联网的法案有数十项，内容涉及税收、电子支付、电子签名、信息安全、知识产权保护、个人隐私、电信技术标准等方面。

美国是信息安全法律规范体系建设较系统的国家，历来将信息安全看作维护国家安全的重要环节。当前，网络安全已经成为美国国家安全战略的一个重要组成部分，政府从资源层面、技术层面到法理层面抢占全球网络空间制网权和制高点。1997 年 7 月 1 日，克林顿政

府颁布了《全球电子商务纲要》，标志着美国政府系统化电子商务发展政策形成，该纲要也被誉为美国全面进入信息化时代的"独立宣言"。纲要指出，在互联网上进行商业交易应遵循民间主导发展的原则，政府尽可能鼓励民间企业自行建立交易规则，政府少干预、少限制。纲要强调，互联网应宣告为免税区，凡经网络的商品交易，如计算机软件和网上服务等，无论是跨国交易或国内的跨州交易，均应一律免税；在网上达成的有形商品交易按常规办理，不应另行课税。1998 年 5 月，互联网免税法在美国参议院商业委员会通过。1998 年 10 月，美国国会通过《电子商务免税法案》，对网上贸易给予 3 年的免税期。国会还于该年成立电子商务顾问委员会，负责联邦、州、地方及国际网上交易的税收与关税研究和协调，其成员来自政府有关部门、地方政府和大型信息公司。

　　1998 年，克林顿政府推出"网络新政"，宣布了 3 项互联网贸易免税政策。建立一种将网络交易和传统商业行为区分开的新税制，用法律形式制止对网络贸易采取"歧视政策"，杜绝不公平新税种的出现。美众议院于 2000 年 5 月初通过了一项法案，将禁止征收上网税的时间从 2001 年延长到 2006 年。2000 年 6 月，国会众议院通过"电子签名法"，使电子签名与书面签名具有同等法律效力。美国还呼吁其他国家停止对网络经济征收关税，还要求免去对外贸易中的其他税收。

　　美国加快制定网络安全战略的力度和步伐，先后发布了《网络空间政策评估》《网络空间可信身份国家战略》《网络空间国际战略》《网络空间行动战略》《信息共享与安全保障国家战略》等重大战略。"斯诺登事件"更是促使美国政府各个部门采取行动，以平衡国家安全、网络安全和公民隐私权利保护。表 12-2 总结了近年来美国重要的网络安全战略及其战略核心。

表 12-2　美国网络安全重要战略及其战略核心一览

年份	名称	战略核心
2009 年	网络空间政策评估	全面规划了保卫网络空间的战略措施，将网络空间安全威胁定位为"举国面临的最严重的国家经济和国家安全挑战之一"，数字基础设施被视为国家战略资产，保护这一基础设施将成为国家安全的优先事项
2011 年	网络空间可信身份国家战略	通过政府推动和产业界努力，建立一个以用户为中心的身份生态体系，在该体系环境下，个人和组织遵循协商一致的标准和流程来鉴别和认证数字身份，从而实现相互信任
2011 年	网络空间国际战略	从政治、经济、安全、司法、军事等多方面阐释了美国对全球互联网空间未来发展、治理与安全的战略目标
2011 年	网络空间行动战略	将网络空间的威慑和攻击能力提升到更重要的位置，提出五大战略措施，捍卫美国在网络空间的利益
2012 年	信息共享与安全保障国家战略	提出将信息视为国家资产。信息共享和信息安全需要进行共同的风险管理，信息共享和信息安全的首要目的是为了能够更科学有效地做出决策，更好地支撑政府有效决策的信息需求
2013 年	提高关键基础设施网络安全	旨在保护美国关键基础设施免受网络攻击，进一步提升美国关键基础设施保护能力
2014 年	增强关键基础设施网络安全框架	利用业务驱动指导网络安全行动，并按网络安全风险程度不同分为四个等级，组织推进安全风险管理进程

2009 年，奥巴马总统上台后表示，美国政府继续提高科研经费，将每年 GDP 的 3% 用于科研和技术创新领域（1994 年为 2.43%，1998 年为 2.61%）。在 2009 年签署的总投资额 7 870 亿美元的《2009 美国复苏与再投资法案》（ARRA）中，约有 1 200 亿美元支持高新产业发展，其中美国宽带网络扩建等信息产业的投资达 72 亿美元。2009 年 9 月，奥巴马政府发布"联邦云计算计划"，将美国联邦政府信息技术基础设施转向网络 IT 服务。2009 年 12 月，奥巴马政府以补贴和贷款的形式，斥资 20 亿美元用于美国的农村宽带网络建设。2011 年 2 月，奥巴马提出了"无线创新与基础设施计划"，并作为国家发展战略。该战略提出在未来 5 年内使美国高速无线网络接入率达到 98%。

4. 推动信息化发展的一系列政策措施

为推动信息化发展，美国政府采取了一系列的政策措施，主要包括加大对全球信息基础设施的投资；促进全球市场开放，鼓励美国企业通过竞争获得更多的国际资本；放宽对美国企业生产的加密软件、防火墙等安全产品的出口限制，扩大其在国际市场的占有率；提高对互联网全球基础设施的掌控能力，包括基础传输网、主机中心、网络中心、域名地址、路由政策的控制与管制；推动全球互联网的普及教育；加强对互联网应用系统管理的安全防范，防止黑客攻击；研究网络攻击和反攻击，增强对全球信息化的控制与应变能力；放松技术移民政策，吸引全球信息领域优秀人才；等等。

12.1.2   日本的公共政策

日本十分重视信息化技术，以建设高度信息化社会为目标，决心把信息技术作为增强国际竞争力，解决环保问题、能源资源问题的重要手段。

1. "IT 立国"的国家战略

进入 20 世纪 90 年代以后，在美国进入"新经济"的高速增长、西欧经济也有所发展的情况下，日本却从 20 世纪 80 年代的辉煌跌落下来，陷入长期经济萧条。正是基于对这种巨大差距的清醒认识，日本政府提出了"建设高度信息化社会"的国家战略，并很快演变成日本的 IT 立国战略。

日本政府于 2000 年制定了《高度信息网络社会形成基本法》。该法律明确了制定信息化政策的基本方针，实施信息化战略的领导机构和信息化重点计划的基本内容。

作为"信息高速公路"的基础工程，2000 年 7 月，西方七国和俄罗斯在冲绳举行了关于信息产业和全球信息社会的八国首脑会议，并发表了《IT 冲绳宪章》。2001 年 1 月，日本政府公布实施了《IT 基本法》，正式提出了"IT 立国"的国家战略。

2000 年，日本修改商法、民法、刑法等三大基本法律，把商业计算机软件等信息产品规定为"信息财产"，受法律保护。明确规定有关电子商务等的契约规则，并加大对非法进入计算机系统等高新技术犯罪进行处罚的力度。

2000 年，日本用一年的时间制定了《e-Japan 战略》。2001 年，又依据《e-Japan 战略》制定了《e-Japan 重点计划概要》，并于 3 月 29 日由战略总部批准实施。《e-Japan 重点计划概要》包括了信息网络建设、人才培养、电子政务、电子商务、信息安全等几个方面。

2003 年 7 月 2 日，以日本首相小泉纯一郎为部长的日本信息技术战略总部通过了《电子日本战略Ⅱ》，对日本信息化建设的重点和发展方向进行了重大调整。《电子日本战略Ⅱ》中明确指出：2000 年 11 月的《IT 国家基本战略》中普及信息通信基础设施的目标已提前实现，日本的信息化建设将转向"支持在医疗、食品、生活、中小企业金融、教育、就业和行政 7 个领域使用信息技术、创建新产业"的方针。这表明，日本以宽带网等基础设施建设为重点的信息化建设政策已经开始转向推进重点领域的信息技术（特别是网络技术）的应用。

1996 年，日本成立电子商务促进会（ECOM），有 251 家公司或机构参与。ECOM 在诸如电子授权认证和电子预付款或"ECOM 现金"协议等领域制定了规划和模型协议。这个授权认证规则得到了美国国家标准和技术研究院及 OECD 的高度评价，并被指定为共同的全球规划的主要基础。

2. 信息基础设施投资力度大

1992 年，日本政府投资 1 万亿日元，实施了曼陀罗计划（Mandara），目标是建成由 10 个巨型计算机中心组成的巨型计算机网络，北起北海道，南至冲绳，建设成纵贯日本南北的高性能计算机空间。1994 年 5 月，日本政府提出了"信息高速公路"计划，即建设覆盖日本全国的光纤通信网，该计划的进程为：2000 年以前在日本主要区域建设光纤网，覆盖 20％的人口，到 2005 年，覆盖 60％的人口；到 2010 年在全国建立宽带光纤网络，并连通全日本的每一个家庭；预计在 2015 年，使日本成为第一流信息大国。

在日本政府预算中，有关信息技术的投资年年增长，1996 年度为 1.3 万亿日元，2000 年度增至 1.7 万亿日元，4 年间增加了约 30％。为了增强自身的竞争力，日本企业也在不断扩大信息技术投资，且投资力度大于政府的水平。1998 年，民间企业的信息技术投资共 10.4 万亿日元，比 8 年前增长了 70.3％。同期，日本信息通信产业的研究开发经费也比上一年度增加了 6.3％，占日本各行业研究开发经费总和的 30.5％[①]。

3. 执行全面的技术引进政策，引进—消化—吸收—创新

日本的信息产业起步较晚，发展很快，这得益于日本选择了适合自己的信息产业发展模式，即执行全面的技术引进政策，先追随、模仿，再转向开拓创新。例如，生产动态的随机存储器，沿着 4KB、16KB、64KB、256KB……路线，从模仿美国技术开始，逐步过渡到自行研制。

日本大力发展与互联网联网的移动通信网络，使移动互联网发展全球领先。2001 年 5 月，日本先于欧美国家开办第三代移动电话"IMT - 2000"服务业务，日本移动运营商的"I - mode"移动互联网服务模式成为行业典范。

4. 重视 IT 人才的培养

把 IT 人才的培养提高到国家战略高度，全社会给予关注，从各种渠道加大信息化知识及技术的普及教育，如举办了 550 万人次的信息化基础知识讲座，140 万人次的信息技术职业培训，为 7 000 所图书馆和群众性文化活动场所配备计算机。

改革政府科研体制和大学教育制度，以利于发挥科研的积极性和创造性，通过信息学科专业的设立，培养信息社会所需要的人才。进一步组织和加强"产官学联合攻关"，加速技术发展。

5. 高度重视信息安全对策

伴随信息化的发展和网络的普及，计算机病毒也开始泛滥，成为各国头痛的事情，日本

---

① 李新家．网络经济研究．北京：中国经济出版社，2004．

也不例外。日本在努力发展信息技术和产业的同时，高度重视保护个人隐私和信息安全，控制有害信息的传播，预防并消灭计算机病毒等，主要从加强法制建设，开发信息安全技术两方面入手，以保证信息技术和产业的健康发展。日本政府制定了信息安全政策；制定个人情报保护法、私人秘密标识制度、信息安全经营系统的资格评价制度；建立信息安全咨询机构等，为信息网络经济发展护航。

12.1.3　中国的公共政策

中国政府积极推动互联网的发展，将互联网发展与国民经济信息化结合起来，从国家战略的高度给予充分的重视。从投资互联网基础设施，制定互联网发展规划，实施互联网应用战略工程，制定相关的法律、法规，到政府上网的示范效应等，政府的公共政策初见成效。

1. 信息化发展政策和发展规划

我国政府十分重视信息基础设施建设，将其作为我国信息化建设的首要任务。作为网络经济发展的硬件部分，加速信息网络基础设施建设，就是建设新一代的高速信息传输骨干网络和宽带高速计算机互联网，构筑满足经济与社会发展需要的信息化基础平台。

我国政府将信息化作为国家战略的一部分，通过制定国家战略规划加以落实。党的十五届五中全会提出要大力推进国民经济和社会信息化，"十六大"提出将信息化带动工业化、工业化促进信息化作为走新型工业化道路的战略举措。"十七大"从贯彻落实科学发展观的高度，对推进信息化作出新的部署，全面认识工业化、信息化、城镇化、市场化、国际化发展的新形势与新任务，大力推进信息化与工业化的融合。2006年5月，中共中央办公厅、国务院办公厅发布了《2006—2020年国家信息化发展战略》。

作为"十一五"规划的重要组成部分，中共中央、国务院制定了《国民经济和社会发展信息化"十一五"规划》，提出要放宽市场准入，加强政策引导，鼓励社会资金参与信息化建设。营造良好的财税政策环境，鼓励社会资金投向信息资源公益性开发，以及公共信息服务平台建设。进一步完善对信息服务领域的各项扶持政策。《国民经济和社会发展信息化"十一五"规划》还具体规划了12项重大工程和8项具体措施。重大工程是落实主要任务的具体手段，也是政府投资或政府引导投资的重点领域。重大工程分为以下4类。①为突出深化信息技术应用，加强信息资源开发利用，部署了电子政务工程、电子商务工程、信息资源开发利用工程、传统产业信息化改造提升工程、城市和社区信息化工程。②为体现鼓励自主创新，做强做大信息产业，安排了纳米级微电子工程、软件振兴工程和先进计算工程。③在基础设施建设方面，综合考虑技术发展和信息基础设施的升级，部署了新一代网络工程和"三网融合"工程。④从信息化人才和安全保障出发，安排了国民信息素质工程和信息安全工程。8个方面的政策措施分别是：进一步完善领导协调机制；深化电信和广电体制改革；健全信息化法律、法规和标准；加大信息产业自主创新支持力度；拓宽信息化投融资渠道；加强互联网管理；积极开展对外交流与合作；加强信息化战略研究和基础工作。

信息化一直是我国发展的重要组成部分，"十二五"规划、"十三五"规划都重点提及了信息化，"十三五"规划具体指出要扩大信息覆盖面，根据山区生产生活实际，结合新农村建设，超前实施信息系统技术升级，有步骤、分层次地促进电话网、广播电视网、互联网"三网融合"，加强信息传输基础设施及机关单位网络信息化建设。到2015年，平原区网络覆盖率达到95%以上，农户电话入户率达到85%，移动、联通、电信的电话网络覆盖全县，基本实现信息共享。拓展市场消费领域，扩大开放合作，坚持把大力发展服务业，扩大市场消费量作为拉动内需的主要战略举措，加快经济增长由投资拉动型向消费刺激型过渡。大力发展物流、信息、咨询等现代服务业推动服务业向规模化、品牌化、网络化经营发展。

2. 倡导电子商务

政府十分重视电子商务的发展，通过制定一系列政策措施，为电子商务的发展创造技术、网络、商务和法制环境，推动电子商务健康发展。在《中共中央关于制定国民经济和社会发展第十个五年计划的建议》中提出：要积极创造条件促进金融、财税、贸易等领域的信息化，加快发展电子商务。

2004 年年底，在国务院办公厅信息化领导小组第四次会议上通过了《关于加快电子商务发展的若干意见》。该意见阐明了发展电子商务对我国国民经济和社会发展的重要作用，提出了加快电子商务发展的指导思想和基本原则，还提出了一系列促进电子商务发展的具体措施。

2006 年颁布的《中华人民共和国第十一个五年规划》将"积极发展电子商务"作为一项重要的任务提出来。强调"建立健全电子商务基础设施、法律环境、信用和安全认证体系，建设安全、便捷的在线支付服务平台"。

2007 年 6 月，国家发展和改革委员会、国务院信息化工作办公室联合发布我国首部《电子商务发展"十一五"规划》。2007 年 12 月 17 日，国家商务信息化的主管部门商务部公布了《商务部关于促进电子商务规范发展的意见》，以促进电子商务规范发展，引导交易参与方规范各类市场行为，防范市场风险，化解交易矛盾，促进电子商务健康发展。2008年 4 月，国家商务部起草了《电子商务模式规范》和《网络购物服务规范》，以具体指导电子商务规范发展。

2009 年 11 月 30 日，商务部发布《关于加快流通领域电子商务发展的意见》，要求各地商务部门扶持电子商务发展，并提出到"十二五"（2011—2015 年）期末，力争网络购物交易额占我国社会消费品零售总额的比重提高到 5% 以上。杭州、上海、深圳、成都等地方政府，对构建电子商务中心极为支持，对电子商务企业的发展提出了一系列优惠措施。

3. 信息化投融资政策

《国民经济和社会发展信息化"十一五"规划》中对于信息化投融资政策提出以下几项内容。

（1）要深化投资体制改革，稳步增加政府信息化投入，重点投向国家信息化发展急需的各类战略性、基础性、公益性领域。加快建立政府投入为引导、企业投入为主体、其他投入为补充的信息化建设投融资机制。强化政府投资管理，加强政府信息化投入的审计、监督和绩效评估，建立和完善信息化工程建设问责制，形成规范的电子政务工程预算、建设、运行、维护和管理制度。

（2）要放宽市场准入，加强政策引导，鼓励社会资金参与信息化建设。营造良好的财税政策环境，鼓励社会资金投向信息资源公益性开发，以及公共信息服务平台建设，进一步完善对信息服务领域的各项扶持政策。

（3）要引入风险投资，促进信息化发展。培育风险投资企业，完善风险投资机制，促进风险投资市场良性发展。创造风险资本与商业信贷、股票与债券相互补充、相互支持的投融资政策环境，保障风险投资机制与企业自主创新、孵化和成长的有机结合。

（4）要建立普遍服务基金，完善普遍服务机制，拓宽资金渠道，支持欠发达地区的信息基础设施建设和改造。切实采取有效措施，降低通信资费水平。

4. 法律、法规保障

法律、法规是网络经济健康发展的保障，以下从计算机、互联网总体法律规范和电子商务法律规范两方面分述。

1）计算机、互联网方面的法律规范

我国的计算机立法工作开始于 20 世纪 80 年代。1981 年，公安部开始成立计算机安全监察机构，并着手制定有关计算机安全方面的法律、法规和规章制度。1986 年 4 月，开始草拟《中华人民共和国计算机信息系统安全保护条例》（征求意见稿）。1991 年 5 月 24 日，国务院第 83 次常委会议通过了《计算机软件保护条例》。1994 年 2 月 18 日，国务院令第 147 号发布了《中华人民共和国计算机信息系统安全保护条例》，为保护计算机信息系统的安全，促进计算机的应用和发展，保障经济建设的顺利进行提供了法律保障。

针对互联网的迅速普及，为保障国际计算机信息交流的健康发展，1996 年 2 月 1 日，国务院发布了《中华人民共和国计算机信息网络国际联网管理暂行规定》，提出了对国际联网实行统筹规划、统一标准、分级管理、促进发展的基本原则。1997 年 5 月 20 日，国务院对这一规定进行了修改，设立了国际联网的主管部门，增加了经营许可证制度，并重新发布。1997 年 6 月 3 日，国务院信息化工作领导小组在北京主持召开了"中国互联网络信息中心成立暨《中国互联网络域名注册暂行管理办法》发布大会"，宣布中国互联网络信息中心（CNNIC）成立，并发布了《中国互联网络域名注册暂行管理办法》和《中国互联网络域名注册实施细则》。1997 年 12 月 8 日，国务院信息化工作领导小组根据《中华人民共和国计算机信息网络国际联网管理暂行规定》，制定了《中华人民共和国计算机信息网络国际联网管理暂行规定实施办法》，详细规定国际互联网管理的具体办法。与此同时，信息产业部也出台了《国际互联网出入信道管理办法》。

1997 年 10 月 1 日起我国实行的新刑法，第一次增加了计算机犯罪的罪名，包括非法侵入计算机系统罪，破坏计算机系统功能罪，破坏计算机系统数据、程序罪，制作、传播计算机破坏程序罪等。这表明我国计算机法制管理正在步入一个新阶段，并开始和世界接轨，计算机法的时代已经到来。

2000 年 9 月，国务院审议并通过了《中华人民共和国电信条例（草案）》和《互联网内容服务管理办法（草案）》，规范电信市场秩序，加强对互联网内容服务的监督管理，维护国家安全、社会稳定和公共秩序。2002 年 8 月，信息产业部颁布《中国互联网域名管理办法》。

表 12-3 显示了我国网络相关政策的演进过程。

表 12-3　我国网络相关政策的演进过程

时间	文件名	主要内容
2000 年 12 月	《全国人大常委会关于维护互联网安全的决定》	为了维护社会主义市场经济秩序和社会管理秩序，为了保护个人、法人和其他组织的人身、财产等合法权利，对有下列行为之一，构成犯罪的，依照刑法有关规定追究刑事责任：利用互联网销售伪劣产品或者对商品、服务作虚假宣传；利用互联网侮辱他人或者捏造事实诽谤他人；非法截获、篡改、删除他人电子邮件或者其他数据资料，侵犯公民通信自由和通信秘密；利用互联网进行盗窃、诈骗、敲诈勒索

续表

时间	文件名	主要内容
2008 年 7 月	《国务院办公厅关于印发国家工商行政管理总局主要职责内设机构和人员编制规定的通知》（国办发〔2008〕88 号）	承担依法规范和维护各类市场经营秩序的责任，负责监督管理市场交易行为和网络商品交易及有关服务的行为，负责消费维权工作，按分工查处假冒伪劣等违法行为
2008 年 7 月	《国务院办公厅关于印发商务部主要职责内设机构和人员编制规定的通知》（国办发〔2008〕77 号）	承担牵头协调整顿和规范市场经济秩序工作的责任，拟订规范市场运行、流通秩序的政策、推动商务领域信用建设，建立市场诚信公共服务平台
2009 年 4 月	《网络交易服务规范》（公告 2009 年第 21 号）	针对 B2B、B2C 和 C2C 模式进行了交易服务规范。B2B 模式：卖方须具备合法的主体资格，保证商品或服务信息发布准确，严格按照订单或合同提供商品或服务，选择安全的支付方式和用户隐私保护；平台提供商须具备合法的主体资格，建立完善的规章制度，包括交易系统安全制度、用户注册管理制度、保证金管理制度、信息监管和举报制度、交易数据存储和备份制度、交易纠纷处理制度等，保证交易系统的稳定和安全，进行用户注册管理、保证金收取管理、网络交易信息监管、交易纠纷处理等。B2C 和 C2C 模式则增加了两点要求，卖方必须使用真实身份和保证商品或服务的质量
2009 年 4 月	《电子商务模式规范》（公告 2009 年第 21 号）	对 B2B、B2C、C2C 等电子商务模式进行了规范
2007 年 7 月	《商务部关于印发〈商务领域信用信息管理办法〉的通知》	对商务领域信用信息系统的规范
2009 年 5 月	《商务部关于进一步推进商务领域信用建设的意见》（商秩发〔2009〕234 号）	商务领域信用建设
2009 年 11 月	《商务部关于加快流通领域电子商务发展的意见》（商秩发〔2009〕540 号）	扶持传统流通企业应用电子商务开拓网上市场，促进商品批发环节应用推广网上交易，推动实体市场交易与网上市场交易有机结合，培育一批管理运营规范、市场前景广阔的专业网络购物企业，扶持一批影响力和凝聚力较强的网上批发交易企业
2010 年 6 月	《商务部关于促进网络购物健康发展的指导意见》（商贸发〔2010〕239 号）	鼓励生产、流通和服务企业发展网络销售，积极开发适宜网络销售的商品和服务。拓宽网络购物领域，鼓励线上线下互动

续表

时间	文件名	主要内容
2011 年 10 月	《商务部关于"十二五"电子商务发展的指导意见》（商电发〔2011〕375 号）	完善电子商务政策支撑体系，建立电子商务法规标准体系，建立电子商务信用体系，深化普及电子商务应用。加强电子商务国际交流合作，推动企业利用电子商务开展对外贸易，解决报关、结汇、退税等瓶颈问题
2013 年 8 月	《国务院办公厅转发商务部等部门关于实施支持跨境电子商务零售出口有关政策的意见》（国办发〔2013〕89 号）	建立电子商务出口检验监督模式，鼓励银行机构和支付机构为跨境电子商务提供支付服务，实施适应电子商务出口的税收政策，建立电子商务出口信用体系，严肃查处商业欺诈，打击销售假冒伪劣产品等行为。
2013 年 10 月	《商务部关于促进电子商务应用的实施的意见》（商电函〔2013〕911 号）	引导网络零售健康快速发展，加强农村和农产品电子商务应用体系建设，支持城市社区电子商务应用体系建设，推动跨境电子商务创新应用，鼓励中小企业电子商务应用等
2013 年 10 月	《全国人民代表大会常务委员会关于修改〈中华人民共和国消费者权益保护法〉的决定》（中华人民共和国主席令第七号）	经营者采用网络、电视、电话、邮购等方式销售商品，消费者有权自收到商品之日起七日内退货，且无需说明理由（特例商品除外），消费者退货的商品应当完好。经营者应当自收到退回商品之日起七日内返还消费者支付的商品价款。退回商品的运费由消费者承担；经营者和消费者另有约定的，按照约定。 采用网络、电视、电话、邮购等方式提供商品或者服务的经营者，以及提供证券、保险、银行等金融服务的经营者，应当向消费者提供经营地址、联系方式、商品或者服务的数量和质量、价款或者费用、履行期限和方式、安全注意事项和风险警示、售后服务、民事责任等信息。 经营者收集、使用消费者个人信息，应当遵循合法、正当、必要的原则，明示收集、使用信息的目的、方式和范围，并经消费者同意。经营者收集的消费者个人信息必须严格保密、不得泄露、出售或者非法向他人提供。 消费者通过网络交易平台购买商品或者接受服务，其合法权益受到损害的，可以向销售者或者服务者要求赔偿。网络交易平台提供者不能提供销售者或者服务者的真实名称、地址和有效联系方式的，消费者也可以向网络交易平台提供者要求赔偿；网络交易平台提供者作出更有利于消费者的承诺的，应当履行承诺。网络交易平台提供者赔偿后，有权向销售者或者服务者追偿。 网络交易平台提供者明知或者应知销售者或者服务者利用其平台侵害消费者合法权益，未采取必要措施的，依法与该销售者或者服务者承担连带责任

2）电子商务法律规范

随着电子商务的发展，我国电子商务方面的法律规范也逐步完善。

2004 年 8 月 28 日，第十届全国人大常委会第十一次会议通过了《中华人民共和国电子签名法》，于 2005 年 4 月 1 日起施行。《电子签名法》首次赋予可靠电子签名与手写签名或盖章具有同等的法律效力，并明确了电子认证服务的市场准入制度。

2005 年 3 月 31 日，国家密码管理局颁布了《电子认证服务密码管理办法》。2005 年 4 月 18 日，中国电子商务协会政策法律委员会组织有关企业起草《网上交易平台服务自律规范》正式对外发布。2005 年 6 月，中国人民银行发布了《支付清算组织管理办法》（征求意见稿）。2005 年 10 月 26 日，中国人民银行发布了《电子支付指引（第一号）》，意在规范电子支付业务，规范支付风险，保证资金安全，维护银行及其客户在电子支付活动中的合法权益，促进电子支付业务健康发展。

2006 年 6 月，商务部公布了《中华人民共和国商务部关于网上交易的指导意见》（征求意见稿），2007 年 3 月 6 日，商务部发布了《关于网上交易的指导意见（暂行）》。其目的是为了贯彻国务院办公厅《关于加快电子商务发展的若干意见》文件精神，推动网上交易健康发展，逐步规范网上交易行为，帮助和鼓励网上交易各参与方开展网上交易，警惕和防范交易风险。

2008 年，为加大对电子商务的监管力度，北京工商局出台了《关于贯彻落实〈北京市信息化促进条例〉加强电子商务监督管理意见》，并由工商部门在全国逐步推行。

2009 年 4 月，中央银行、中国银行业监督管理委员会（银监会）、公安部和国家工商总局联合发布《关于加强银行卡安全管理预防和打击银行卡犯罪的通知》。该通知表明，国家监管部门加强了对于第三方支付企业的监管力度。

12.2　反垄断和政府管制

在经济学关于市场结构的理论中，将市场结构分为 4 种类型：完全竞争、垄断竞争、寡头、垄断。后两种类型的市场结构是人们通常所说的"垄断"。但垄断的判定没有具体的标准，而且什么样的垄断是合理的，什么样的垄断是必须反对的，也因其对竞争的影响情况不同而有所不同，因此，对垄断的管制不同国家的法律有不同的规定。本节研究网络经济下的反垄断和政府管制问题。

12.2.1　垄断的判定

一种经济行为被认定为是反竞争的垄断，基本上是基于两种判断标准：①垄断状态；②垄断行为。垄断状态有可能导致垄断行为，则对垄断状态就需要加以特别关注，关注其是否滥用垄断地位开始垄断行为。既然需要特别关注，其前提就是要进行合理的判定，才能确认法律关注的对象。也有的国家认为，垄断地位必然就导致垄断，所以对垄断状态需要直接的法律规制。

1. 垄断状态

垄断状态可以用市场份额和市场势力（Market Power）来表示。

1）市场势力（或市场支配地位）

垄断状态是对企业是否具有市场垄断力的评价，如果市场中只有一个企业，该企业占有 100% 的市场份额，即为完全垄断；如果少数几个企业联合，拥有 100% 的市场份额，即为寡头垄断；如市场上企业众多，且单个企业市场份额都不大，则不存在垄断。

市场势力是市场的一个或一群参与者（自然人、公司、全体合伙人或其他）影响市场上产品的价格、数量和性质的能力[①]。市场势力有时被直接理解为垄断力，"垄断力量——即

---

① 谢泼德. 市场势力与经济福利导论. 北京：商务印书馆，1980.

将市场价格提高到高于竞争水平的力量。如果在一个市场中，只有一个企业，则其就具有垄断力；如果在市场中有多个企业能通过串通而像一个企业那样行动，则其就联合拥有垄断力"[1]。

2）判定指标

判断市场集中度的具体指标有市场集中率和赫芬达尔指数。

一个市场厂商的市场集中率就是该市场中最大企业所占整个市场销售额的比例，如最大3家企业共同占有的整个市场份额记作 CR_3，最大4家企业共同占有的整个市场份额记作 CR_4 等。

赫芬达尔指数（HHI）能够提供更多关于厂商力量大小分布的信息。如果 S_i 表示厂商 i 在整个市场销售量中所占的百分比，n 表示厂商的数量，则 HHI 指标定义是：

$$HHI=(100S_1)^2+(100S_2)^2+(100S_3)^2+\cdots+(100S_n)^2$$

如果市场中只有一个单一的卖方，则 HHI 达到其最大值 10 000，然后随厂商的数量增加而下降。

3）各国法律对市场势力或市场支配力的规定

欧盟关于市场势力的新提法称重大市场力量（Significant Market Power，SMP）。SMP 最早出现在欧盟 1997 年的互联指令中（the EC Interconnection Directive（"ICD"），Directive 97/33/EC）。在 2002 年的新电信管制框架中进行了完善，重新定义了 SMP，即如果一个企业或单独或与其他运营商联合具有相当于主导的地位，也即其经济实力所赋予的在相当大程度上独立于竞争者、客户和最终消费者而采取行动的能力，这个企业应该被认为具有 SMP。

欧盟关于 SMP 的判定标准十分复杂，对关于单一企业的主导和联合主导都有十分具体的判定标准，主要宗旨是不能仅仅从单独的市场份额指标来判定，而是要结合企业的总体规模、对于难以重复建设的基础设施的控制能力、技术优势、消费者抵抗力、透明度等指标综合判定。德国的《反对限制竞争法》规定，一个企业占有 1/3 的份额，CR_3 达到 50%，CR_5 达到 2/3，即推定为具有市场优势地位。

美国是最早制定反垄断法的国家。1890 年，美国联邦政府通过了第一个全国性的反垄断法——《保护贸易和商业不受非法限制与垄断之害法》，即《谢尔曼法》，该法的立法目的是提高经济效益，对不合理的限制贸易行为加以禁止。《谢尔曼法》第二条限制大企业的经济势力，目的是保护一个众多参与者构成的竞争性市场。因为只有竞争者数目众多的市场，才能保护所有竞争者的利益。如果企业规模过大，对市场产生垄断力，将遭到分拆。1911 年，经过多年的调查和起诉，美孚石油公司因违反《谢尔曼反托拉斯法》而被最高法院拆散成 34 家独立的公司。此后，美国对大企业的分拆成为美国反垄断历程中的重要事件。同时，美国司法部将 HHI 值 1 000 作为临界值：如果一次并购导致产业 HHI 值大于 1 000，则该并购可能触犯反垄断法而遭到质问。

韩国关于市场势力的提法称市场支配企业（Market-dominating Enterpriser），在韩国的《垄断规制与公平贸易法》（MRFTA）中，对市场支配企业有以下释义："市场支配企业是指任何可以作为供应商或特定市场客户的企业。他们可以单独地或联合其他企业决定、维持

---

① 波斯纳. 法律的经济分析. 北京：中国大百科全书出版社，1997.

或改变（市场上）产品的价格、数量、产品和服务的质量或其他产品特性。"对于市场支配企业的认定，该法规定：一个企业如果市场份额在某一特定区域内（包括一个企业其年销售额和/或采购额在一个特定的正常区域内）其年销售收入或采购额大于40亿韩元，且符合下列任一条件，将被判定为市场主导企业：①该企业的市场份额达到或超过50％；②前3家企业的市场份额达到或超过75％（3家企业中其市场份额低于10％的企业除外）（MRFTA第2章第4条）。针对企业并购，韩国MRFTA中规定若并购企业符合下列条件，则可判定并购具有压制其他企业进行市场竞争的行为，需对其进行限制：①并购后，新公司合计市场份额满足MRFTA中对于市场支配企业的认定；②并购后，新公司合计市场份额成为同行业中占有市场份额最大的企业；③并购后，新公司的合计市场份额超过该行业中居第二位公司市场份额25个百分点以上（MRFTA第3章第7条）。

4）我国关于市场支配地位的规定

我国的《反垄断法》2008年8月1日起正式施行。在我国的《反垄断法》中，对于市场支配地位的界定是：经营者在相关市场内具有能够控制商品价格、数量或其他交易条件，或者能够阻碍、影响其他经营者进入相关市场能力的市场地位，就是市场支配地位。在第十八条中认定经营者具有市场支配地位的依据是：①该经营者在相关市场的市场份额，以及相关市场的竞争状况；②该经营者控制销售市场或原材料采购市场的能力；③该经营者的财力和技术条件；④其他经营者对该经营者在交易上的依赖程度；⑤其他经营者进入相关市场的难易程度；⑥与认定该经营者市场支配地位有关的其他因素。在第十九条规定，有下列情形之一的，可以推定经营者具有市场支配地位：①一个经营者在相关市场的市场份额达到二分之一的；②两个经营者在相关市场的市场份额合计达到三分之二的；③3个经营者在相关市场的市场份额合计达到四分之三的。有前款第②项、第③项规定的情形，其中有的经营者市场份额不足十分之一的，不应当推定该经营者具有市场支配地位。

2．垄断行为

垄断行为是指借优势地位获得垄断利益的行为，即滥用市场支配地位的行为。从企业行为来判定反垄断对象更符合反垄断的要求，因为企业的垄断行为直接削弱了市场竞争程度，损害了市场竞争秩序。但在实践中，对这些行为如何认定是个十分困难的问题。

在经济学研究中，一般认为垄断行为主要有以下类型。

1）掠夺性定价

掠夺性定价是指以低于成本的价格销售产品，是厂商将价格定在牺牲短期利润以消除竞争对手，并在长期获得高利润的水平上的定价行为。掠夺性定价一方面打击了竞争对手，可能将竞争对手挤出市场，同时也阻挡了新的竞争者进入市场。因此，掠夺性定价是典型的垄断行为。

图12-1是对短期掠夺性定价进行的分析。在图中，MC为短期边际成本，是递增的，为解释方便，假设价格为常量P，令其等于边际收入（MR）和平均收入（AR）。竞争性市场会形成一个长期均衡价格P_1，此时

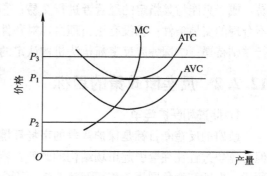

图12-1 短期掠夺性定价

MC＝MR，平均收入（AR）能够弥补包括正常利润在内的平均总成本（ATC）。如果垄断者将价格定到 P_2 水平，低于平均变动成本（AVC），就是掠夺性定价，持续以这样的价格销售是非效率和不合理的，除非目的是驱除竞争对手。一旦竞争对手被驱逐，发动掠夺的企业就可以将价格定到竞争水平以上，如 P_3 水平，获得超额利润。

掠夺性定价的描述最早产生于美国，美国政府宣称，美孚石油公司曾经在选定的市场上把价格降低到无利可图的地步，目的是把竞争者逐出市场，一旦竞争对手消失，美孚石油公司再提高价格获得垄断利润。

2）纵向限制

在中间产品市场上，居垄断地位的企业依据其垄断地位，对上游企业或下游企业的经营活动进行纵向限制，以实现对相关市场的控制，损害相关市场的公平竞争行为。纵向限制的工具和方式如表 12-4 所示。

表 12-4 纵向控制的工具和类型

工具	纵向限制的形式	工具	纵向限制的形式
价格	非线性定价	区域	排他性区域
	价格上限		排他性顾客群
	价格下限	供给	捆绑销售
	转售价格维持		独家经销：不销售竞争产品
数量	数量强制：固定数量；数量上限；数量下限	零售商的特征	选择性分销

3）水平兼并

水平兼并是同类型企业的兼并活动，水平兼并使竞争者数量减少，改变了市场结构。有可能导致的结果：①削弱竞争，产生垄断的可能性，降低效率；②实现规模经济，提高效率。因此，对于水平兼并各国都有严格的管制。美国限制较严格，英国在 1965 年前对兼并没有任何限制。

3. 我国《反垄断法》中对垄断行为的规定

我国的《反垄断法》第十七条规定的滥用市场支配地位的行为有：①以不公平的高价销售商品或以不公平的低价购买商品；②没有正当理由，以低于成本的价格销售商品；③没有正当理由，拒绝与交易相对人进行交易；④没有正当理由，限定交易相对人只能与其进行交易，或者只能与其指定的经营者进行交易；⑤没有正当理由，搭售商品或在交易时附加其他不合理的交易条件；⑥没有正当理由，对条件相同的交易相对人在交易价格等交易条件上实行差别待遇；⑦国务院反垄断执法机构认定的其他滥用市场支配地位的行为。

12.2.2 反垄断政策的目标

1. 促进和保护竞争

政府的反垄断目标是保护竞争的市场环境，因为竞争有利于社会整体福利水平的提高。但是竞争过程往往会引起市场结构的改变，容易导致个别垄断集团对市场的控制。正如特纳所说，垄断和竞争同属于市场经济范畴，不含垄断因素的竞争和不带竞争因素的垄断从来就是不存在的。市场结构本身就是一个竞争的、动态变化的过程，竞争的作用必然导致市场结构向垄断的转化。

2. 社会福利最大化

垄断带来产量的减少，引起消费者剩余的减少，并将消费者剩余的一部分转移到垄断企业手里。同时，垄断也导致整个社会福利的减少，带来"无谓损失"。垄断者通过垄断定价导致社会福利的损失，反垄断就是要防止社会福利的损失。

3. 推动创新和技术进步

在充分竞争的市场环境下，供给者通过技术创新来获得优势，获得高于社会平均利润以上的利润，即创新带来的超额利润。但在垄断的市场环境下，垄断者能够通过制定垄断高价来获得市场垄断利润，因此，缺乏创新的动力。同时，还会通过垄断力量来抵制打压非垄断企业的创新活动。因此，需要通过制定反垄断政策，营造公平的市场竞争环境，激励创新。

推动创新和技术进步的目标也成为一些国家政府在进行反垄断调查和合并案例裁决中的一个基本指针。

1998 年，美国司法部在对爵泽尔公司与霍尔伯顿公司兼并案的调查中，反托拉斯局分析了市场中产品创新的模式。调查发现，爵泽尔公司和霍尔伯顿公司各自的创新策略十分不同。霍尔伯顿公司喜欢做一些纯粹的研究，很乐意成为"市场第一"；爵泽尔公司则很少做纯粹的研究，不怎么看重"市场第一"，而宁愿从其他公司的失败中学习。司法部认为这两家公司兼并后，一种创新的方法就会消失。因此，拒绝批准这种合并。

4. 社会政治目标

反垄断的政治目标是禁止经济权力过度集中，倡导民主和自由的政治理念，有利于保障民主政治的稳定。

追求反垄断的社会和道德目标者认为，竞争过程有利于培养人们独立向上的性格和相互竞争的精神。尤其是在美国，许多人认为，公平竞争和积极向上是美国民族道德的精髓。

12.2.3 网络经济下垄断的新特点

1. 网络经济下垄断行为的新特点

在网络经济条件下，传统的垄断行为都存在，但表现形式不同，因此，判定起来也十分复杂。由于网络经济还处于发展的初期，目前较突出的垄断行为表现为掠夺性定价、捆绑销售、独占性交易等，捆绑销售和独占性交易属于纵向限制的内容。

1）掠夺性定价

关于掠夺性定价的判定，传统经济学中有几个代表性的标准，而这些标准在网络经济条件下的应用面临挑战。

（1）Areeda - Turner 的平均变动成本规则认为，高于短期边际成本的价格是合法的，低于平均变动成本的定价即为掠夺性定价。而网络企业为了达到用户规模临界点，接受低于平均变动成本的定价是合理的。在网络经济中，通过低价获得网络规模，增加网络价值对所有者和消费者都有益，增加了社会福利。

（2）威廉姆森的产量规则认为，当供给增加、成本增加时，维持低价是掠夺性定价。但网络经济下不存在产量增加成本增加的问题。

（3）鲍莫尔—伯尔顿的平均总成本规则认为，面对进入者进入时降价，进入者退出后提价，就是掠夺性定价。降价合理，提价不合理，但网络经济中不存在提价问题。

因此，在网络经济条件下，对掠夺性定价的判定十分复杂，要综合考虑多种因素，包括厂商是否通过掠夺行为达到一定的市场势力，相关市场是否存在进入壁垒，厂商是否存在先低价后提价的可能性等因素。

2）捆绑销售

产品 A 和产品 B 搭售，除非消费者购买产品 A 时同时购买产品 B；否则，厂商拒绝销售产品 A。A 是搭配产品（Tying Product），B 是被搭配产品（Tied Product）。

捆绑销售反竞争方面的体现如下。

（1）独占力量的延伸。这是一种杠杆效应，通过迫使消费者购买，把市场独占力量延伸到被搭售产品市场。利用搭售排除竞争者，独占第二个市场。

（2）规避政府价格管制。例如，对某产品进行价格上限管制，厂商通过搭售，通过未管制商品的高价来弥补管制产品的损失。

（3）掠夺性定价。如果搭售使整体价格低于平均价格，即形成掠夺性定价的垄断行为。

3）独占性交易

独占性交易（Exclusive Dealing）是指上游厂商和下游厂商达成一种协议，规定下游厂商不能销售其竞争对手的产品。独占性交易在一定条件下限制竞争，是厂商的一种策略性行为，目的是圈定市场，排斥对手。

在网络经济条件下，独占性交易的特点有以下方面。①独占性交易可以是上下游厂商之间，也可以是互补品厂商之间，如设备制造商和软件开发商之间。②独占性交易有时不需明确协议，如微软公司只需对每个制造商授权，使其免费安装操作系统就实现独占。③独占性交易危害性强。独占性交易会增加一边倒的势力，被普及的可能不是优等技术。

2. 网络经济下的垄断以技术垄断为主导，具有暂时性

网络经济时代的主导产业是以信息技术产业为主导的高新技术产业。信息技术产业是高创新型产业，技术是主要的、决定性的、直接的决定要素。由于版权保护、专利和专有技术的制度保护，企业能够形成一定程度的技术垄断，但信息技术发展的速度快，创新一浪高过一浪，导致信息技术产品的生命周期越来越短。因此，这种技术垄断具有脆弱性和时期性特点，是一种暂时性的垄断。一旦新厂商开发出更新的产品，原有厂商的垄断力量就会消失。为了维护竞争优势，垄断厂商必须不断创新，向市场推出新产品。垄断厂商在同其他竞争对手竞争的同时也必须不断和自己竞争，不断超越自己。例如，Intel 公司的芯片每隔 18 个月更新一次，现在是 9 个月更新一次。只要存在充分的竞争和不断的创新，垄断者的地位就不断受到挑战。

3. 网络经济下的垄断与竞争、创新并存

垄断是渗透在市场竞争中的一种机制，是竞争的结果，只要存在竞争机制，垄断就不可避免。在网络经济条件下，垄断的出现同样是这个规律作用的结果。网络产品的特性也使网络产品市场上垄断现象不可避免。所不同的是，网络企业面临更加激烈的市场竞争环境，垄断者也面临着更多的市场压力。

信息产业的垄断是技术垄断为主导的垄断，信息产业内难以躲避激烈的技术竞争，以及各类风险投资对技术创新应用的支持都必然会促进竞争并把竞争引向高级化。因此，网络经

济时代，信息产业的垄断不会阻碍科技进步和创新，反过来正是这种对垄断地位的不断追求，刺激创新，推动科技进步。同时，高额的垄断利润还可以为创新提供资金保证。可见，网络经济下垄断不会抑制和排斥竞争；相反，垄断者仍然面临着各式各样和不同程度的竞争，垄断与竞争、创新并存，垄断与竞争相互促进，共同发展。

12.2.4　网络经济下反垄断政策思考

由于网络经济时代的垄断具有上述新特征，因此，对网络经济中垄断的规制行为也需要进行新的探索。目前的《反垄断法》规定了反垄断的大的框架，但对于网络经济下垄断规制执行的细节问题还需进一步研究。关于网络经济下反垄断政策，需要关注以下方面。

1. 在垄断判定上，状态标准和行为标准结合，以行为标准为主

在网络经济时代，信息产品市场结构本身就是寡头垄断型或独占型，判断垄断程度及其合理性的主要依据不再是市场结构，而是企业行为。因此，工业经济时代基于市场结构角度衡量垄断的指标，其适用性受到限制。

在网络经济条件下，垄断结构是企业追求技术创新、规模经济、范围经济、组织经验的结果，如果反对垄断结构，也就意味着对技术创新、规模经济、范围经济和组织经验的抑制，整个经济也就失去了增长的源泉。竞争在很大程度上就是市场份额的竞争，拥有较高的市场份额正是具有竞争力的表现。因为有了较高的市场份额就去裁抑它，就像美国学者所评论的，无异于"永远是把下金蛋的鹅拖到反托拉斯的切肉墩子上去"。因此，反垄断法的锋芒就不应该指向垄断结构，垄断结构与垄断行为不是完全对应关系，垄断行为作为滥用市场势力以谋求高额垄断利润为目的的一系列活动，既可以产生于垄断结构，也可以产生于竞争结构。垄断行为对资源配置具有劣化作用，所以应该成为反垄断法的指向。

对于中国这样一个发展中国家而言，当前产业结构调整的关键，首先是要培育一批具有国际竞争力的大企业。在网络经济时代，只有大型企业集团才有实力参与国际竞争。我国目前的主要问题不是规模过大，而是集中度过低、规模过小的问题。我国产业组织政策还应侧重于支持企业间的兼并、联合、重组，鼓励企业在更大规模、更深层次上参与全球性竞争。同时，在网络经济时代要注重企业竞争与合作关系的协调，推动企业与大型跨国公司之间建立学习型战略联盟。

2. 在反垄断目标上，以社会福利最大化和推动技术进步目标为重

从反垄断的社会福利最大化目标看，网络经济下对垄断的判定需要具体问题具体分析。

在传统经济中，垄断企业通过制定垄断高价，获得高额垄断利润而损害社会福利，一家企业市场份额越大，越有定价决定能力，越能制定较高价格，越表明其是一家垄断企业。但网络经济条件下，检测垄断的传统方法（价格高于边际成本的程度）不再适用，信息产业具有较高的固定成本，边际成本极低。不存在价格高于边际成本的情况，而网络经济的规模和系统经济效应会使产业利润向少数优势企业转移和集中。这并不违背社会福利最大化目标。例如，在微软垄断案中，比尔·盖茨认为微软公司的行为没有违反反垄断法，它的行为只是众多市场竞争者行为中的一种，并给消费者带来了净福利的增加。在法庭的争辩中，美国麻省理工学院的著名经济学者、产业组织理论专家 Richard Scmalensee 出庭作证。他认为，如果说微软公司实施了其垄断力量，Windows 98 的销售价格可以定在高达 2 000 美元一套的水平上，但事实上微软公司的定价远在这之下。这就是说一个拥有垄断势力的厂商没有实施

其垄断力量。因此，衡量一种竞争行为是否属于垄断，关键是要看这种竞争行为对消费者的福利水平会产生什么样的影响，如果一种市场竞争行为没有减少消费者的福利，甚至还有利于消费者福利的增加，那么就没有充足的理由去制止这种竞争行为。

在网络经济条件下，一些行业或产品由于自身的特点会导致形成单一的企业市场结构，这样的市场被称作自然垄断的市场。在存在自然垄断的市场中，取缔垄断，促进竞争并不利于市场效率。因为，网络产品一般都具有非常高的沉没成本，产品在达到一定的市场规模之前，一般都处于亏损状态。而达到一定的市场规模时，如果不允许其垄断地位的存在，强迫其公开其核心技术，实现完全竞争，企业无法获得创新超额利润。从整体来看，该企业是处于亏损状态的。这样必将打击创新行为，没有厂商愿意投入大量资金进行研究、开发以推出新产品，经济的效率和社会福利都会受到严重损害。

从反垄断的推动技术进步目标看，网络经济条件下反垄断问题需要关注激励创新和社会分享的平衡。

企业的创新激励不仅取决于市场竞争压力，而且取决于获取创新投资收益的独占性。如果竞争过强，企业创新投资回报的独占性会降低，因此会降低企业投资与研发创新的激励。在研发创新具有溢出效应时，专利等制度安排就能够缓解技术创新的搭便车现象，提高企业投资于研发的创新积极性，同时又促进创新成果向社会扩散，但这种在一定时期内的排他性权利，却可能会成为其他企业进入市场的障碍。因此，各国专利体制通常都设定一个合理的时期，超过这个期限，专利成果可以被社会所分享。现代反垄断法保护通过技术创新取得市场垄断地位，但是反对滥用垄断地位的行为。依照知识产权法获得垄断地位时受到法律保护。但知识产权同样是一种垄断权，权利人如果对市场竞争秩序产生过度的影响，滥用垄断地位实施限制贸易或排斥竞争的行为，就应当受到反垄断法的规制。

反垄断法是通过促进竞争以实现静态效率，也就是在现有技术给定的情况下实现资源的有效使用；知识产权制度是鼓励创新实现动态效率。因此，反垄断法与知识产权是互补的关系。在快速技术创新的高科技行业，越来越多的跨国公司采用专利手段来打击竞争对手，尤其是利用专利打击潜在竞争对手。随着中国创新型企业的发展，跨国公司滥用知识产权行为已经严重伤害了中国企业的技术创新。因此，中国在促进自主技术创新的过程中，需要将以专利法为核心的知识产权保护法律和反垄断法有机结合起来，既为创新提供有效的激励，又防止跨国公司滥用专利权。

3. 在对垄断制裁的方法上，以禁止垄断行为为主，扶弱并不弱强

当网络企业具有垄断力量，出现垄断行为时，对其制裁的方法以禁止其垄断行为为主，目的是营造竞争性市场环境，鼓励公平竞争，而不是要削弱主导企业的实力。

在网络经济时代，由于垄断的产生与表现形式日益变得复杂化，在实施反垄断的时候一定要抓住问题的实质，判断垄断首先要搞清其产生的具体原因是什么，是垄断企业运用了反竞争手段，还是凭借自身的产品优势。反垄断应禁止滥用垄断地位的行为，而不禁止垄断地位本身。就微软垄断案而言，微软公司在操作系统中的优势地位是通过产品本身优势建立的，因此没有必要去干扰它。但微软公司捆绑销售视窗软件和浏览器软件，用在视窗软件市场份额中占据了几乎百分之百的份额来圈定浏览器市场，在浏览器市场排挤了竞争对手，因此，是滥用垄断地位的行为，应该受到制裁。

美国司法部起诉微软公司，要通过分拆微软公司来制裁其垄断行为。最终微软公司没有

被分拆，联邦法官让微软公司为自己的行为付出了代价，他们要求微软公司提前数月向竞争对手提供敏感技术，阻止微软公司进行损害对手的排他性交易等。

没有分拆微软公司，是美国法院在长达一个世纪的反垄断战争中的一个进步，即不让垄断者肆意妄为，扶弱并没有弱强，充分维护了网络经济发展中的效率。

4. 关注垄断性质的分析，制裁行政垄断

网络时代的某些垄断是由创新来支撑，在竞争中维持的，如果没有滥用垄断地位的行为，是不需要禁止的。而当前我国经济生活中存在的大量垄断是一种行政垄断，它是与行政权力有一定联系的由政府行为造成的垄断，主要表现为行业垄断、地区垄断、强制联合、政府限制交易等，这些滥用行政权力限制竞争的行为不是市场竞争的结果。这种垄断行为不仅保护了落后，导致社会资源低效配置，而且在很大程度上引发社会腐败，损害了政府形象。这种垄断行为必须予以禁止。因此，我国的反垄断法是具有中国特色的反垄断法，在《反垄断法》中涉及了以下几项内容：禁止卡特尔；控制企业合并；禁止滥用市场支配地位；禁止行政垄断。

行政垄断是指政府及其所属部门滥用行政权力限制竞争的行为。行政垄断在我国当前最为普遍的表现是行业垄断和地方保护主义。行业垄断是政府及其所属部门滥用行政权力，限制经营者的市场准入，排斥、限制或妨碍市场竞争。这特别表现为一些集行政管理和生产经营于一体的行政性公司、承担着管理行业任务的大企业集团，以及一些挂靠局、部享受优惠待遇的企业。这些企业凭借政府给予的特权，有着一般企业所不可能具有的竞争优势，在某些产品的生产、销售或原材料的采购上处于人为的垄断地位，从而不公平地限制了竞争。这种现象被称为"权力经商"。地方保护主要表现为地方政府禁止外地商品进入本地市场，或者阻止本地原材料销往外地，由此使全国本应统一的市场分割为一个个狭小的地方市场。例如，有些地方政府为了阻止外地的化肥或其他产品进入本地市场，专门发布地方文件，禁止本地的单位和个人营销外地产品，甚至对营销外地产品的经营者随意没收或罚款。

在网络经济时代，我国的反垄断法要充分体现出鲜明的时代特征，明确我国竞争制度与竞争政策的目标模式是垄断与竞争并存的"有效竞争"。在实行对外开放，引进国际竞争因素的同时，积极推进企业的联合、兼并，引导和培育一批资本雄厚、经营规模庞大、市场拓展能力强、专业化程度高的大型企业和企业集团，提高市场集中度，避免过度竞争，塑造适应国际竞争的市场主体。

5. 规制垄断行为，不越位干预

在网络经济条件下，如果新兴的产品技术不能通过合理竞争来打破现存的垄断市场格局，就可能存在垄断行为。针对垄断行为，政府首先是利用《反垄断法》进行规制。在反垄断法规制不能奏效的情况下，需要政府以直接管制的方式对该垄断市场进行干预。但干预的目的是恢复市场的竞争活力，而不是把市场置于政府的行政领导之下。因此，一旦市场恢复了原有的生机，政府就应该及时解除管制，让市场自由发展。政府干预时要适时、适度。

但政府的管制措施常常会发生越位的情况，或者在已经失去管制必要性的时候仍不愿放松对市场的直接干预。实际上，无论在中国还是在外国，政府限制竞争都是对竞争损害最甚的行为。因此，在研究反垄断问题时，不能把目光仅仅投向企业的限制竞争行为，还应当注意政府的行为，防止滥用行政权力，限制竞争。

12.3　知识产权保护制度

网络知识产权保护问题是网络经济宏观规制的主要内容之一，也是网络经济下激励创新的基本手段。

12.3.1　知识产权保护概述

1. 知识产权的含义

法律上的知识产权包括智慧性权利和识别性权利。智慧性权利基本为智力创作成果，包括著作权、专利权、技术成果、商业秘密等；识别性权利基本为经营者对自己的商品和服务的识别性标志拥有的权利，如商标权，知名商品的名称、包装、装潢等。另外，经营者在经营中的公平竞争关系，实践中也被视为在知识产权的范围之内。但并非所有的知识都能转化为知识产权，只有符合法律条件的知识内容才能成为知识产权的客体，从而受到法律的保护。经济学意义上的知识产权还有更多的内容，如个人的知识价值。

在经济意义上，知识产权之所以重要是因为知识产权与企业的制度安排密切相关，企业的知识产权结构安排与企业的效率相关，从而与市场效率相关。传统的产权经济学过分强调物质资本的作用，随着技术和互联网的发展，人力资本和知识产权的作用日益重要，拥有核心技术的知识产权是企业发展的重要基础，尤其高技术企业更是如此。企业的知识产权与员工的知识产权安排之间存在互动关系，关键员工持股制度是改善企业产权结构的有益选择。

2. 知识产权的特点

（1）专有性，即独占性或垄断性。除权利人同意或法律规定外，权利人以外的任何人不得享有或使用该项权利。这表明权利人独占或垄断的专有权利受严格保护，不受他人侵犯。只有通过"强制许可"，"征用"等法律程序，才能变更权利人的专有权。知识产权的客体是人的智力成果，既不是人身或人格，也不是外界的有体物或无体物，所以既不能属于人格权也不属于财产权。另一方面，知识产权是一个完整的权利，只是作为权利内容的利益兼具经济性与非经济性，因此也不能把知识产权说成是两类权利的结合。例如，著作权是著作人身权（或著作人格权、精神权利）与著作财产权的结合是不对的。知识产权是一种内容较为复杂（多种权能）、具有经济和非经济两方面性质的权利。因而，知识产权应该与人格权、财产权并立而自成一类。

（2）地域性，即只在所确认和保护的地域内有效。即除签有国际公约或双边互惠协定外，经一国法律所保护的某项权利只在该国范围内发生法律效力。所以，知识产权既具有地域性，但在一定条件下又具有国际性。

（3）时间性，即只在规定期限保护。即法律对各项权利的保护，都规定有一定的有效期，各国法律对保护期限的长短可能一致，也可能不完全相同，只有参加国际协定或进行国际申请时，才对某项权利有统一的保护期限。

（4）知识产权属于绝对权，在某些方面类似于物权中的所有权，如是对客体有直接支配的权利，可以使用、收益、处分以及他种支配（但不发生占有问题），具有排他性、移转性

（包括继承）等特点。

　　3. 我国的知识产权保护

　　20 世纪 80 年代以来，西方发达国家为了巩固其在世界经济中的强势地位，陆续采取了一系列加强知识产权创造、管理、运用和保护的重大举措。各国加强了知识产权的立法工作，知识产权保护范围不断扩大，保护力度不断加强，知识产权申请或注册数量也快速增长。例如，荷兰飞利浦公司在全球设有 10 个知识产权办公室，有约 150 名知识产权专业人员，管理该公司的 6.5 万个专利、2.1 万个商标和 6 000 个外观设计。调查资料表明，目前国内拥有自主知识产权核心技术的企业仅为万分之三，99% 的企业没有申请专利，60% 的企业没有自己的商标。一方面，国内企业缺乏知识产权保护意识，知识产权受到侵害事件屡屡发生；另一方面，国外的知识产权强保护政策，使中国成为国际贸易中受到技术壁垒限制最多的国家，2002 年，我国 71% 的出口企业、39% 的出口产品受到国外技术壁垒的限制，造成损失高达 170 亿美元。同时，国家外汇管理局历年的中国国际收支平衡表也显示，我国对外支付的专利权使用费持续走高。由此可见，在知识产权日益成为新的国际竞争焦点的今天，加强知识产权保护工作尤其重要和紧迫。

　　2005 年 1 月，国家知识产权战略制定工作领导小组成立；同年 6 月 30 日，领导小组召开第一次会议，研究制定《国家知识产权战略工作方案》和《国家知识产权战略纲要提纲》等文件。自此，中国知识产权战略制定工作正式启动。2008 年 4 月 9 日，国务院常务会议审议并原则通过了《国家知识产权战略纲要》；同年的 6 月 5 日，国务院印发了《国家知识产权战略纲要》。纲要提出了"激励创造、有效运用、依法保护、科学管理"这十六字方针，指出战略重点是：①完善知识产权制度；②促进知识产权创造和运用；③加强知识产权保护；④防止知识产权滥用；⑤培育知识产权文化。

　　当前网络上知识产品盗版严重、非法复制泛滥，网上知识产权保护迫在眉睫。加强网络知识产权的保护，才能够保证网络经济的健康发展。网络环境对知识产权保护提出的新问题，主要体现在版权保护领域，也就是对信息网络传播权的保护上。

　　从 2006 年 7 月 1 日开始，我国开始施行《信息网络传播权保护条例》，该条例是针对网络版权保护而设立的，该条例不仅针对网上内容提供者的权责做了规定，还对网络服务提供者的相关权责，以及法定许可的情况作了具体解释。

　　2006 年 12 月 29 日，我国正式加入世界知识产权组织两个公约（《世界知识产权组织版权条约》和《世界知识产权组织表演和录音制品条约》）。加入这两个条约，有利于加强我国在知识产权保护方面与国际社会的合作，借鉴国际社会在互联网领域版权保护的成功经验，完善我国的著作权法律制度；有利于提高我国互联网版权保护水平，促进我国互联网产业的迅速发展；有利于表明我国积极参加建立互联网版权保护国际新秩序的态度。

12.3.2　网络知识产权保护的重要性

　　完善和丰富知识产权的相关法规，承认知识产权及其财产收益性，对知识产权提供有效的法律保护，是发展网络经济的有力保障。创造公平的知识产权竞争环境，加速社会创新成果产业化和更新换代，也是保护知识产权的重要途径。夏皮罗在《信息规则》一书中提到，VHS 录像机的出现，并未像人们担心的那样使盗版问题成为电影业的终结者；而相反，好莱坞却从录像带的出租和出售中获得了巨大利润。这一例子说明，知识产权的保护需要拓宽思路，除了法律手段外，运用市场自发的创新和技术的进步，选择不同制度和交易方式也可以进行有效的知识产权保护。

网络知识产权制度的重要性主要体现在以下方面。

1. 知识产权制度是网络经济发展的核心

网络经济的发展离不开网民的参与，网民在网络上进行的商品购买、信息资源获取、文化交易、内容提供等活动是网络经济发展的重要组成部分，有效保护网民（消费者）隐私和权益，以及保护其提供的内容和资源的知识产权，才能激励人们参与网络活动，成为网络经济发展的源泉。如果网络侵权盛行，资源提供者得不到应得的报酬，网络秩序混乱，使消费者对网络失去信心，必然妨碍网络经济的发展。

2. 知识产权制度是网络经济创新的保证

丰富多彩的资讯、日新月异的网络创新是网络吸引消费者进行网络消费的最根本原因，网络经济的发展离不开网络创新。而网络创新的基础就是知识产权制度，网络知识产权保护能够保护创新者的利益，激励创新。

3. 知识产权制度能够吸引更多网络投资者，为网络经济繁荣提供资本支持

网络经济的持续发展，需要创业投资者的资本支撑，知识产权保护能够使网络企业的权益受到保护，利益受到保护，投资才能获得相应回报。因此，网络知识产权保护也是关系到是否能够获得资本投资的关键问题。

12.3.3　网络知识产权保护对策

1. 网络知识产权的特征

知识产权是权利人对法定的智力成果所享有的人身权和财产权的总称，它具有无形性、专有性、地域性、时间性等特点。在网络环境下，由于信息的生产、传播、利用，以及存在形式等因素的不同，网络知识产权有其自身的特点。

（1）知识产权存在形式虚拟化。尽管知识产权在传统经济下具有无形的特点，但其总是会与某种物质载体结合，通常作为一个"实物"的形式出现；而在网络环境下，智力成果都以数字形式存在于计算机中并在网络中传播，其存在形式是"非实体性"，这就给网络知识产权的确认带来了新的挑战。

（2）知识产权专有与共享统一。知识产权的专有性是指在法定范围内权利主体享受的独占权利，即在一定限制下（如强制许可、法定许可、合理使用等）的专有权利。知识产权保护制度正是通过维护权利人的独占权利来协调相关利益，并推动智力创新与传播的。在网络环境下，知识产权存在形式的虚拟化（数字化）及高效率的网络传播，使人们可以轻易地进行数字产品的复制与传播。这对知识产权产生了两种截然不同的影响。一方面，信息知识的公开与自由流动，削弱了知识产权所有人对其智力成果的垄断与控制，也淡化了网络信息使用者的知识产权保护意识，从而加深了知识产权专有与共享之间的矛盾；另一方面，在网络外部性的作用下知识产权自身价值在网络传播与共享中不断被扩大，也即权利人可以通过放松专有限制来达到提升知识产权价值的目的。

由此可见，在网络经济下，保护资源所有者的利益和信息共享不是对立的，通过合理的权利归属的划分可以实现双赢。

（3）知识产权的地域性减弱。传统的知识产权有着比较明显的地域性。但是在网络环境下，智力成果在网络空间中无国界的传播并被不同的法律人群使用，知识产权的地域性自然减弱。知识产权的地域性减弱增加了网络知识产权保护的难度。

（4）知识产权时间性缩短。时间性是对知识产权权利的时间限制，即知识产权超过其保护期即丧失专有权，成为公有知识。知识产权的时间限制是根据对权利人拥有智力成果的成本收回周期与社会利益之间的平衡来确定的，既要确保权利人在合理的时间内收回对智力成果的投入并取得相应的经济效益，又能够给社会公众无偿利用智力成果的机会。在网络环境中，信息传播的速度更快、传播范围更广，信息共享的速度和范围使智力成果的无形损耗大大加剧，因而知识产权的时间限制也应相应缩短。

2. 网络知识产权侵权的主要形式

1）版权的侵犯

随着网络时代的到来，人们的生产和生活方式发生了相应的变化。传统的知识产权体系不可避免地受到了来自网络的冲击，人们面临的知识产权保护环境发生了巨大的变化。网络知识产权具有公开化和数字化特点，其传播渠道也得到了一定程度的拓展。著作权人的作品一旦在网上公开，其信息传播和著作维权就难以掌控。著作权人陷入维权困境，他们无从得知其作品被使用的具体情况，难以实现正当维权。

2）不正当的竞争行为

（1）抢注域名的行为。互联网技术的发展带动了电子商务行业的发展壮大。而企业经营管理者要想实现网上交易与合作，就必须注册一个固定的因特网地址，即域名。在网络环境下，域名具有其特定的价值。因此，近年来，抢注、使用、转让域名的行为愈演愈烈，威胁着企业的经济安全。很多企业的商标、商号、名称被他人非法使用和转让，不仅企业的名誉被损害，还造成了巨额经济损失。但目前，我国尚未明确域名的法律性质，未出台有关域名抢注的法律法规，并未形成一致的法律意见。

（2）借虚假宣传进行不正当竞争。互联网的出现为企业经营者提供了一个理想化的交易平台，人们可以在网上宣传自己的商品和服务，以扩大其市场影响力，提升其品牌知名度。但也有些经营者恶意利用网络对其经营活动进行虚假、欺骗式的宣传，甚至于借此贬低竞争对手。

3）商标侵权

关于商标侵权行为，我国现行的《商标法》有明确规定。法律规定，未经商标所有者同意，擅自在同种产品或类似产品上使用其商标或与其商标类似的标志属于侵权行为。此外，伪造或假冒他人商标，给其造成经济损失的也属于商标侵权行为，应受到相应的处罚。

3. 保护网络知识产权的对策

目前网络知识产权的保护主要有以下几种方式。

（1）建立健全的知识产权保护体系。目前，我国已建立包括《专利法》《商标法》《著作权法》《反不正当竞争法》等一系列有关知识产权保护的法律、法规。近年来，关于网络知识产权保护制度建设也卓有成效，2005 年 5 月，国家版权局与信息产业部联合发布的《互联网版权行政保护办法》是我国第一部真正意义上的互联网内容版权保护法规。2006 年 4 月，国务院办公厅发布了《保护知识产权行动纲要（2006—2007 年）》，其中在"工作重点及主要措施"部分就提到了打击"网络侵权盗版"等行为。2006 年 5 月，国务院通过了

《信息网络传播权保护条例》，该条例旨在处理好权利人、传播人与使用人三者之间的关系，从而达到保护权利人的合法权益，发挥网络传播作品的潜能，满足人们使用作品的正常要求。

但是，随着网络技术的不断进步，网络模式的不断创新和发展，我国需要出台更加完备、更加先进的网络知识产权保护制度，以保证网络经济正常发展。

（2）通过高科技实现知识产权的保护。仅仅通过立法还不能从根本上消除网络知识产权的侵权问题，还需要先进完备的高科技，利用高科技与法律结合，杜绝网络的侵权行为。目前，这些技术主要包括已经比较成熟的防火墙技术、加密解密技术、限定使用次数技术、防复制技术、水印技术、建立检测识别和跟踪系统等计算机安全技术，通过这些技术可以加强网络信息资源的保护，防止被非法访问和盗取。

以数字水印技术为例，数字水印（Digital Watermarking）是实现版权保护的有效方法，通过在原始数据中嵌入水印来证实该数字产品的所有权。根据原始数据格式的不同，数字水印可分为图像水印、音频水印、视频水印、文本水印和网络水印。被嵌入的水印可以是一段文字、标识、序列号等。网站中最常见的电子水印技术，就是利用 AspJpeg 等图片上传插件，在所有上传图片的特定部位打上一个版权标签，成为原始数据不可分离的一部分，它一般用于发生版权纠纷时版权的确认，是一种事后保护措施。

由于该技术比较成熟和有效，所以在大部分的文章发布系统（CMS）中都有所采用，而且许多网站为了保护文本文件的版权，也会将其制作成图片打上电子水印再在网络上发布。

另外，网络教学资源的知识产权保护手段还包括使用反复制设备。在反复制设备的支持下系统可以阻止用户进行某些限制的行为，其中最富有代表性的就是"SCMS"系统。其他比较常见的方法是采用会员制和物理隔离的方法，采用会员制可以让资源只对认证用户开放；物理隔离是将网站放在仅向校园网用户开放的服务器，避免公众网用户的访问，这些手段都能比较有效地防范恶意的侵权。此外，还可以通过入网控制、身份鉴别等技术加强客户端对资料访问的权限管理。

（3）提高知识产权维权意识。网络日益发展的今天，人们的知识产权维权意识也不断加强。提高知识产权的维权意识，是保护知识产权的重要方面。

12.4　网络安全问题

互联网是新经济发展的强大动力，然而由于其基础结构方面的漏洞和软件的内在弱点，加上网络发展速度快，防御攻击能力不足，网络安全问题日益严重。各种各类黑客对网络的攻击、窃取知识产权、散布病毒和网络恐怖行动等，对网络发展造成的负面影响和经济损失十分严重。互联网在提供人与人"零距离"信息交流的同时，也较多地暴露出安全隐患，如信息篡改、信息窃取、密码盗用、虚拟盗窃、网络诈骗等。网络安全问题成为政府网络治理的重点领域。

12.4.1　网络安全存在的问题

网络安全涉及的领域十分广泛，网络经济中的网络安全需要注意的问题主要有以下几个方面。

1. 网上银行的个人信息和密码保护

网上银行确实为人们的日常生活提供了多种便利，如网上购买商品、网上缴纳水电费、网上转账、网上理财等，但网络银行的隐私安全问题却层出不穷。例如，有一种网站名曰"钓鱼网站"，专门盗取客户的网上银行账号和密码，如果客户缺乏基本的网络安全常识，很容易就落入了"网络陷阱"，泄露了自己的个人信息，使自己的财物受损。

越来越多的银行采取更加安全的网上银行方式，如设置几重密码登录、客户身份认证、防黑客软件、手机提醒服务等，以尽量保护客户的权益，保证网络安全。

2. 网络交易的货币交付安全

如今，B2C、C2C 的网上交易形式越来越得到认可和支持，这种无须面对面交易的网上交易形式给现代人忙碌的生活带来了极大的便利，不仅节省了时间，还省去了路途的奔波。但网络交易的网络支付安全性不足，常常使许多消费者放弃网络购买。为此，网上交易与网上银行都想尽办法保护网络安全，如采取网络实名认证、网络密钥、U 盾、消费提醒服务等措施。即便如此，网络投诉依然不断，网络欺诈行为也不断发生。

3. 网络个人隐私的保护

个人的姓名、性别、身体状况、家庭状况、财产状况、社会生活将会是一连串的符号。网络本身的开放性与这些符号的通用性对个人隐私保护是一个挑战。保护个人隐私是一项社会基本要求，是人类进步的一个重要标志。在网络经济活动中，互联网通过对个人信息的分析给人们的生活和工作带来的便利与个人隐私的泄露带来的损失形成了矛盾，如何规范使用个人信息，保证个人信息的合理利用而不是非法使用，如何界定个人信息的使用限度，防止个人隐私被恶意泄露给人们造成伤害，成为人类社会在当今互联网时代首当其冲的难题。

4. 网络诈骗

在网络经济发展的同时，网络诈骗的手段也越来越先进，越来越多的消费者因为网络诈骗失去钱财或是隐私外泄，一些消费者对网络开始不信任，甚至开始抵触网络消费。这无疑阻碍了网络经济的发展，因此要发展网络经济，必须先做好网络的安全工作，使消费者对网络交易有信心。

网络消息欺诈也危害极大。在繁杂的信息网络中，存在着海量的虚假信息。某些供应商会利用网络来坑害消费者，一些不法之徒也利用网络来蒙骗供应商。本来可以是公平高效的交易网络，却可能成为欺诈之地。如何规范网络交易与交往行为，如何防止与惩罚信息欺诈行为，是经济人非常关心的问题。从经济学的角度看，网络交易可以减少人力成本，但为防止假冒又要增加其他社会成本；从法律角度看，造假是违法行为，应该得到制裁；从伦理学的角度看，造假行为导致社会的信用危机，而信用危机将导致社会经济、政治等多方面的混乱，都将成为严重的伦理危机与社会危机。

5. 公共信息安全

信息高速公路同样存在"交通事故"与"交通安全问题"。害虫、病毒、黑客等成为网络可怕的敌人。如 CIH 病毒的爆发几乎在瞬间给网络上数以万计的计算机以沉重的打击，有的甚至是毁灭性的打击。如何评价黑客，社会公众的信息安全局面由谁来保障，这些并不仅仅是社会学、心理学的问题，更应该上升到技术层面上，用高科技来真正彻底解决网络的安全问题。

6. 网络安全对青少年儿童的重要性

黄色网站、黄色图片、暴力网站等严重危害青少年身心健康。为了让孩子们远离对他们身心健康造成损耗的网站，我国的一些家长们不惜一切办法阻止孩子们接触网络、接触计算机，一方面，确实为防止青少年接触网络涉黄内容有一定积极的作用；但另一方面，网络对青少年的积极作用也被遏制，网络经济的发展也会因此受到限制。一味地逃避网络不是万全之策，需要寻求更加有效的手段来防范网络不良内容对青少年的侵害。

12.4.2 维护网络安全的措施

网络安全的维护对于网络经济的发展有着非常重要的意义，因此，需要政府的宏观规制来加强网络安全的防护，提高网络安全的级别，为消费者提供值得信任的网络经济环境。

1. 建立健全的网络法规，为发展网络经济提供必要条件

各国政府都不遗余力地通过法律手段来保护网络安全。我国政府颁布施行了《计算机信息网络国际联网安全保护管理办法》《中华人民共和国计算机信息系统安全保护条例》《计算机软件保护条例》《中华人民共和国计算机信息系统安全保护条例》《中华人民共和国电信条例》《互联网信息服务管理办法》等法律、法规，这些条例、办法对规范网络行为起到了积极作用。

2. 发展网络安全技术，防范网络犯罪

高科技是保证网络安全最有效、最快速的方法之一。政府通过主导、提倡和资助网络信息安全科技的研发，培养信息安全维护方面的人才等措施，提高整个社会的网络安全维护能力。

网络安全方面的技术主要有以下几个方面。①黑客防范技术，包括安全评估技术、防火墙技术、入侵检测技术等。②反病毒技术，包括预防病毒技术、检测病毒技术、杀灭病毒技术等。③加密技术，包括密码设计技术、密码分析技术、密钥管理技术、验证技术等。④认证技术，包括身份认证技术、报文认证技术等。⑤其他专向技术，如 VPN 技术和 SSL 技术等。

网络企业可以采取多方面的措施来加强网络安全的维护工作。①当消费者在网络上进行消费的时候，进行交易的网站启动网络安全措施，保证在该网站上进行交易的消费者个人信息和财产的安全，网站要采用高科技进行网站的安全维护，杜绝网络黑客的袭击和网络诈骗的产生。②定期对网站进行维护，24 小时对网站进行监视，每一笔交易都有明细和清单陈列，在线进行答疑解惑，向消费者明确网上交易的流程。③及时对网络的安全设备进行升级。我国的网络设施比较落后，所以网络诈骗的漏洞也是防不胜防，更新先进的网络设施就显得非常重要，网络上的验证等认证步骤是保障消费者权益的利器，需要好好维护。④任用高技术水平的网络维护人员。高水平的网络维护人员在网络安全的保障中起到至关重要的作用。

3. 增强网络安全防范意识和消费者的维权意识

各级政府通过公共宣传等方式，普及网络安全知识，增强消费者的网络安全防范意识和网络消费的维权意识，从而提高整个社会的网络安全防范能力。

当消费者进行网络消费时，不仅要看清楚货物与自己想要的是否一致，还要认清交易双方的联系方式，确认付款或进行交易网站的真实性和可信任性，在交付个人信息的时候要特别小心，注意商家的售后服务等。如果每一个在网络上进行交易的消费者都能够随时保持警惕，有着良好的网络安全防范意识和素质，则在推动网络经济发展的同时，也能够让网络更

好地为人们服务，享受到网络经济给现代生活带来的便利与舒适。

可见，具体的网络安全问题需要政府规制、消费者的自身努力和技术进步相结合，才能达到综合治理的效果。

12.5　网络隐私保护

网络技术的迅猛发展给社会的政治、经济、文化、教育、科技领域等带来了深刻而显著的变化，也改变了人们的生活方式，于是网上购物、远程诊断、免费邮箱等悄然兴起。然而，网络在给人们带来繁荣、便利的同时，也打破了时间、空间的界限，使作为隐私权屏障的时间、空间在很大程度上失去了意义，给人类数百年来形成的生活方式和价值观念带来极大的冲击。

12.5.1　网络隐私权的定义

网络隐私权是隐私权在网络环境中的延伸。网络隐私权并非一种完全新型的隐私权，这一概念是伴随着网络的出现而产生的。虽然网络隐私权有其特点，但它与传统隐私权仍有重叠的部分，因此可以说它是隐私权在网络环境下的体现。

有学者认为，网络隐私权主要是指"公民在网络中享有的私人生活安宁与私人信息依法受到保护，不被他人非法侵犯、知悉、搜集、复制、公开和利用的一种人格权；也指禁止在网上泄露某些与个人有关的敏感信息，包括事实、图像，以及毁损的意见等。"

也有人认为，网络隐私权是指在互联网中，任何人对自己的个人数据依法享有不受他人侵犯、非法使用和支配的权利。由于国外立法多将网络隐私权纳入到个人资料隐私权的范畴加以保护，所以现代网络隐私权的概念主要属于个人资料隐私权的范畴，对网络隐私权的保护也主要是对网上个人资料进行保护。

2013 年 11 月 26 日，联合国通过由巴西、德国发起的保护网络隐私权决议上提出：网络隐私权是隐私权在网络中的延伸，是指自然人在网上享有私人生活安宁、私人信息、私人空间和私人活动依法受到保护，不被他人非法侵犯、知悉、搜集、复制、利用和公开的一种人格权；也指禁止在网上泄露某些个人相关的敏感信息，包括事实、图像及诽谤的意见等。

12.5.2　网络侵权的特点

(1) 侵权产生的便利性。网络隐私的载体是具有虚拟性质的网络，其不可触摸性导致了私人空间、私人信息极其容易受到侵犯。网络的高度开放性、流动性和交互性的特性决定了个人信息一旦在网络上传播，其速度之快、范围之广以及任何人攫取之便捷将无法控制，使得侵权变得十分容易，救济变得相当困难。

(2) 侵权主体和手段的隐蔽性。关于侵权主体的界定，常常存在很大困难。因为网络的虚拟性是侵权者用以保护自身身份的屏障。他们在窃取用户信息时可以不留任何痕迹，他们也可以应用先进的技术手段把整个侵犯过程做得无声无息，甚至他们可以变换不同的身份，用户根本不知道是谁盗用过自己的信息。即使会留下痕迹，由于网络的更新速度之快，等到用户发现被侵权时，"证据早已不复存在"。网络用户在通过网络进行收发 E-mail、远程登录、网上购物、远程文件传输等活动时，均可能在不知情的情况下，被他人非法收集个人信息，并用于非法用途等。整个过程用户可能浑然不知，甚至在造成侵权结果发生后，用户仍处于茫然的状态。

（3）侵权后果的严重性。由于网络的易发布性和传播性，网络信息的发布具有了更快的传播速度及更广的传播范围，极其可能造成用户个人私密资料的泄露，造成重大的物质损失。同时有可能给用户的名誉造成不良影响，给用户身心造成了巨大的伤害。

（4）侵权的空间特定性。侵犯网络隐私权，其侵犯的客体必须以网络作为其载体，有别于现实环境中的隐私侵权。现实环境中的隐私侵权的载体之广泛，可以是任何人、任何物，但侵犯网络隐私权所发生的空间是特定的也是唯一的，即网络。

12.5.3 侵犯网络隐私权的主要表现

网络隐私权被侵犯，主要是由网络的特性所决定的，Internet 作为全球媒介不分国界，具有开放的属性，在相应的软件开发出来以后，就能够很容易地收集和储存相关信息，从行为上来看，侵犯网络隐私权主要表现在以下几个方面。

（1）通过网络宣扬、公开或转让他人隐私。即未经授权在网络上宣扬、公开或转让他人或自己和他人之间的隐私。如1996 年1 月被法国总统密特朗解雇的私人医生推出了纪实作品《大秘密》一书，披露密特朗的健康档案。

（2）未经授权收集、截获、复制、修改他人信息。

①黑客（hacker）的攻击。他们通过非授权的登录，如让"特洛伊木马"程序打着后门程序的幌子进入他人电脑等各种技术手段攻击他人计算机系统，窃取和篡改网络用户的私人信息，而被侵权者很少能发现黑客身份，从而引发了个人数据隐私权保护的法律问题。

②专门的网络窥探业务。大批专门从事网上调查业务的公司进行窥探业务非法获取、利用他人隐私。

③垃圾邮件泛滥。网络公司为获取广告和经济效益，通过各种途径得到用户个人信息，后将用户资料大量泄露给广告商，而后者则通过跟踪程序或发放电子邮件广告的形式来"关注"用户行踪。

12.5.4 大数据与网络隐私

大数据浪潮汹涌来袭。通过互联网技术的发酵和催化，小小的比特被催生为海量的大数据，它比以往任何时候都更加深入地与我们的生活交织在一起。在购物网站中搜索过的某一商品，之后便如影随形地出现在所有你可能光顾的网站页面；仅仅在使用一个软件时登记了手机号码，也许你就会每天收到恼人的垃圾短信。于是，人们发现自己的世界变得前所未有的"透明"。

大数据作为一种技术和一种商品，无疑是一把双刃剑。通过对数据的开放、整合和分析，人们能掌握新的知识，创造新的价值，从而促进社会发展，带来新的机遇。但与此同时，一些并不拥有数据和数据使用权的个人或单位，可能会在商业利益的引诱下，进行个人隐私的泄密、转卖。

大数据的发展可能引发网络隐私保护的变革。首先，个人信息可能成为个人的一项资产，自主选择是否出售给数据公司使用；其次，数据使用者对个人隐私的保护负主要责任；

再次，数据使用者要为自己使用数据的行为负责，而不是为使用倾向负责；最后，可能出现许多数据算法师来监测数据的合法使用。

在互联网上保护个人隐私，首先必须界定公民个人隐私的边界，厘清哪些数据是可用、可得的，哪些人或机构有资格使用数据，以及获取数据的方式方法是不是合理、合法、合规；其次，要通过立法规范大数据等个人信息交易和使用的市场行为，严打转借、租赁、倒卖个人隐私；最后，要走出认识上的误区，更加注重数据的有效性和真实性，不能过度滥用大数据。

12.5.5　网络隐私权的立法

1. 国际保护模式

（1）以美国为代表的行业自律模式。1996 年年底，美国政府发布《全球电子商务政策框架》，其中关于个人隐私保护方面的观点是：只有当个人隐私和信息流动带来利益取得平衡时，全球信息基础设施上的商务活动才可能兴旺起来。"政府支持私人企业开发有意义、使用方法简单的隐私权自律机制。对于自律机制不能解决的问题，政府将与产业合作，共同研讨解决策略。"该文表明了美国政府对互联网商业活动中隐私权保护主要采取行业自律、减少法律限制的态度。美国之所以这样规定，是为了鼓励和促进互联网产业的发展，避免给网络服务商施加过多压力。

（2）软件保护模式。采用技术的手段，由互联网消费者自己选择、自我控制为主的模式。该模式是将保护消费者隐私的希望寄托于消费者自己手中，通过某些隐私保护的软件，来实现网上用户个人隐私材料的自我保护。

（3）以欧盟为代表的立法规制模式。这种模式由国家通过立法从法律上确立网络隐私保护的各项基本原则与各项具体的法律规定、制度，并在此基础上建立相应的司法或者行政救济措施。如欧盟 1995 年 10 月通过的《个人数据保护指令》，要求欧盟各国根据该指令调整制定本国的个人数据保护法。

以上三种保护模式各有利弊，行业自律模式表明以美国为代表的有关国家的隐私权观念是建立在自由基础之上的，其有利于促进该行业的发展，但在发生利益冲突时容易引发侵犯网络隐私权的行为；而软件保护模式依赖相关技术的发展，其安全性、可信度和适用性有限；立法规制使网上用户的个人隐私更容易得到保护，但另一方面增加了网络服务提供商的法定义务，有可能伤害其进行网络服务的积极性，从而阻碍整个行业的发展。因此，采取三者相结合的保护模式，即以立法规制为主导，辅之以行业自律和技术会发挥更好的作用。

2. 中国立法保护

关于我国网络隐私权的法律保护，1997 年 12 月 8 日国务院信息化工作领导小组审定通过的《计算机信息网络国际联网管理暂行规定实施办法》第 18 条规定："不得在网络上散发恶意信息，冒用他人名义发出信息，侵犯他人隐私。"1997 年 12 月 30 日公安部发布施行的《计算机信息网络国际联网安全保护管理办法》第 7 条规定："用户的通信自由和通信秘密受法律保护。任何单位和个人不得违反法律规定，利用国际联网侵犯用户的通信自由和通信秘密。"2000 年 10 月 8 日信息产业部第 4 次部务会议通过的《互联网电子公告服务管理办法》第 12 条规定："电子公告服务提供者应当对上网用户的个人信息保密，未经上网用户同意不得向他人泄露，但法律另有规定的除外。"可见，在我国现阶段还没有关于网络隐私权成型的法律，仅是在一些部门规章中有所涉及。因此，目前我国对网络隐私权的法律保护基本处于一种无法可依的状态。

3. 对我国网络隐私权的立法完善的建议

在信息时代，计算机内的每一个数据，每一个字节，都是构成一个人隐私的基因。只有尽快形成统一的互联网隐私保护法律体系，才能彻底堵住信息泄露和隐私黑洞，让大数据更好地创造价值，服务社会。

（1）采用综合模式，制定一些行业标准。从网络隐私权的立法趋势上来看，现今主要有立法模式和行业自律模式两种。立法模式可以较好地保护公民的网络隐私权，但单纯的立法模式又可能束缚网络经济的发展。我国网络经济还处于起步阶段，尚不成熟同时考虑到我国的法治体制和一贯的法律传统，应采用综合模式，兼采两种模式之长处。可以先由行业自律组织制定一些行业标准。

（2）制定网络隐私权保护的专门法律。由于各种原因，我国立法对公民隐私权的保护不够充分。《宪法》只是规定公民的通信自由和秘密权受保护。《民法通则》也没有将隐私权作为一项独立的人格权加以保护，司法实践中侵犯隐私权的案件常按侵犯名誉案件处理，公民不能单独以自己的隐私权受到侵犯为由进行起诉。众多地方性法规、规章对公民的网络隐私权的保护难以起到很好的保护作用。所以在网络技术飞速发展的今天，网络与人们的生活联系越来越紧密，急需一部全国性的针对网络隐私权保护的专门立法，使得网络隐私权的保护有法可依，同时也使得侵犯网络隐私权的行为受到应有的法律制裁，使受害者得到应有的补偿。

（3）完善相关配套法律法规，使网络隐私权的保护切实可行。首先，在侵权法律责任中增加相关条文，规定侵害公民个人隐私权的民事责任，任意或者不法侵害公民的隐私权造成损害的，受害人有权要求停止侵害，赔偿损失。其次，建议在我国刑法中增设"侵犯隐私权罪"这一罪名，使严重侵犯公民隐私的行为受到刑法的制裁以增强其威慑力。最后，行政法律法规应强化工作人员对公民隐私权的保护，在现实生活中由于工作的原因，行政机关很容易收到公民相关的个人信息，所以强化行政人员对公民隐私的保护意识尤为重要，对其侵犯公民隐私的行为应予严惩。

（4）加强行业自律和政府管理。由于网络信息的虚拟性，以法律法规的刚性去管理必然会影响到网络的顺利发展，所以，在世界电子商务的发展过程中，对于网络隐私权的保护，以政府的管理促成行业自律已经成为许多国家和地区的共识。

本章思考题

1. 政府发展网络经济的公共政策主要有哪些内容？
2. 垄断的判定标准有哪些？网络经济反垄断有哪些特点？
3. 简述如何进行网络知识产权保护。
4. 简述网络安全保护的措施。
5. 简述网络经济的政府宏观规制的内容。

参 考 文 献

[1] 乌家培. 网络经济及其对经济理论的影响. 学术研究, 2000 (1).

[2] BRITTON D B, MCGONEGAL S. The digital economy fact book. 9th ed. Washington: The Progress & Freedom Foundation, 2007.

[3] 中国互联网络信息中心 (CNNIC). 第 35 次中国互联网络发展状况统计报告, 2015 (01).

[4] 韩耀, 刘宁. 经济网络、网络经济与网络经济学. 南京财经大学学报, 2007 (3).

[5] 夏皮罗, 瓦里安. 信息规则: 网络经济的策略指导. 北京: 中国人民大学出版社, 2000.

[6] 谢伊. 网络产业经济学. 上海: 上海财经大学出版社, 2002.

[7] 张铭洪. 网络经济学教程. 北京: 科学出版社, 2002.

[8] 勒维斯. 非摩擦经济: 网络时代的经济模式. 南京: 江苏人民出版社, 2000.

[9] 陈蓉, 郭晓武. 网络经济学发展概述. 经济学家, 2001 (5).

[10] 朱彤. 网络效应经济理论: ICT 产业的市场结构、企业行为与公共政策. 北京: 中国人民大学出版社, 2004.

[11] CHOI S Y, STAHL D O, WHINSTON A B. 电子商务经济学. 北京: 电子工业出版社, 2000.

[12] 张小蒂, 倪云虎. 网络经济. 2 版. 北京: 高等教育出版社, 2008.

[13] 俞明男. 数字产品的经济特征分析. 情报杂志, 2008 (7).

[14] 张铭洪. 网络外部性与正反馈及其对市场的影响. 商业时代, 2002 (8).

[15] LIEBOWITZ S J, MARGOLIS S E. Network externalities: an uncommon tragedy. Journal of Economic Perspectives, 1994, 8 (2): 133 – 150.

[16] KARZ M L C. Network externalities, competition, and compatibility. American Economic Review, 1985, 75 (3).

[17] 濮小金, 司志刚. 网络经济学. 北京: 机械工业出版社, 2006.

[18] 赖茂生, 王芳. 信息经济学. 北京: 北京大学出版社, 2006.

[19] 马费成, 靖继鹏. 信息经济分析. 北京: 科学技术文献出版社, 2005.

[20] 吴泗宗, 蒋海华. 对网络外部性的经济学分析. 同济大学学报, 2002 (12).

[21] 杨颖辉, 薛伟贤. 论网络外部性. 重庆工商大学学报, 2003 (8).

[22] 翟姗姗. 网络效应与网络外部性研究. 现代商贸工业, 2008 (4).

[23] 隗玲. 网络外部性解析. 管理观察, 2008 (8).

[24] 贾丽红. 外部性理论及其政策边界 [D]. 广州: 华南师范大学, 2003.

[25] 林成. 从市场失灵到政府失灵: 外部性理论及其政策的演进 [D]. 沈阳: 辽宁大学, 2007.

[26] 李宝玲, 李琪. 网上消费者的感知风险及其来源分析. 经济管理, 2007 (2).

[27] 韩小红. 网络消费者行为. 西安：西安交通大学出版社，2008.

[28] 所罗门. 消费者行为学. 北京：电子工业出版社，2007.

[29] 希夫曼. 消费者行为学. 北京：中国人民大学出版社，2007.

[30] 井淼. 网上购物的感知风险研究. 上海：上海财经大学出版社，2006.

[31] 谢斯，米托. 消费者行为学. 北京：机械工业出版社，2004.

[32] http://www.iresearch.com.cn.

[33] http://www.cnnic.net.cn.

[34] CHUNG I K, LEE M M. A study of influencing factors for repurchases intention in internet shopping malls. International Parallel and Distributed Processing Symposium, 2003 (1).

[35] YAGER R R. A consumer decision support system for internet shopping. Proceedings of the 2002 IEEE International Conference，2002.

[36] WATABE K，Kunihiki IWASAK K. Factors affecting consumer decision about purchases at online shops and stores. The 9th IEEE International Conference on E-commerce Technology，2007.

[37] CHEN HUI, LI ZHENG. The factors influencing chinese online shopper's satisfaction in Web 2.0 Era. International Symposium on Electronic Commerce and Security，2008.

[38] ZHA JIN XIANG, JU FANG HUI, WANG LI SHENG. Customer satisfaction in e-commerce：an exploration of its antecedents and consequence. 2006 IEEE International Conference on Management of Innovation and Technology，2006(7).

[39] Trends in online-shopping a global Nielsen consumer report. www.nielsen.com.

[40] 丁明利. 网络环境下的产品策略探析. 北方经济，2008 (3).

[41] 翟福军. 试析网络经济与企业管理. 经营管理，2008 (2).

[42] 陈明洋，孙毅，吕本富. 网络环境下主要营销渠道选择策略. 网络经济与电子商务，2008 (11).

[43] 李莉，杨文胜. 电子商务经济学. 北京：机械工业出版社，2007.

[44] MCCAUSLAND R：supply chain management：a big hit，accounting technology. BOSTON，2004，1 (20).

[45] 韩宝明，杜鹏，刘华. 电子商务安全与支付. 北京：人民邮电出版社，2001.

[46] 吕林旺. 论网络经济及网络市场的特征. 内蒙古科技与经济，2004 (12).

[47] 奚振斐，徐国华. 电子银行与电子商务. 西安：陕西科学技术出版社，2004.

[48] 尹龙. 网络金融理论：初论网络支付与电子货币的发展及其影响. 成都：西南财经大学出版社，2003.

[49] 张丽芳，张清辨. 网络经济与市场结构变迁. 财经研究，2006 (5).

[50] 高鸿业. 西方微观经济学. 3版. 北京：中国人民大学出版社，2004.

[51] 黄传峰. 全球网络市场的竞争与垄断性分析. 商业时代，2004 (18).

[52] 毛新平，吴静茹. 从产品的供需特性看网络产业的垄断性. 商业时代，2008 (11).

[53] 张鹏. 网络经济条件下的垄断解析. 特区经济，2005 (8).

[54] 周绍东，朱乾龙. 网络经济下垄断的动态效率探析. 南方经济，2006 (11).

[55]　焦洁，李金磊. 网络经济竞争新思考. 情报探索，2006（2）.

[56]　尚玉芳. 网络经济下的企业国际竞争战略. 商场现代化，2006（5）.

[57]　苗小玲. 对网络经济下垄断的解析. 经济师，2002（10）.

[58]　刘嘉俊. 网络经济中的垄断效应研究. 企业经济，2006（12）.

[59]　薛红松. 基于产业组织理论的我国网络产业发展研究［D］. 武汉：武汉理工大学，2006.

[60]　史忠良，刘劲松. 网络经济环境下产业结构演进探析. 中国工业经济，2002（7）.

[61]　徐升华. 网络经济推动了产业结构的升级. 企业经济，2003（11）.

[62]　范金. 应用产业经济学. 北京：经济管理出版社，2004.

[63]　金健. 当代信息技术产业化与技术进步. 北京：经济管理出版社，1997.

[64]　周叔莲，王伟光. 科技创新与产业结构优化升级. 管理世界，2001（5）.

[65]　王景涛. 新编风险投资学. 大连：东北财经大学出版社，2005.

[66]　马君潞，马晓军，翟金林. 风险投资与风险资本市场. 天津：南开大学出版社，2003.

[67]　张乃侠，张健伟. 网络经济学. 上海：上海人民出版社，2003.

[68]　昌本富，孙毅. 分析：网络经济的波浪式发展进程. 人民网，2008 - 02 - 12.

[69]　贾俊雪. 中国经济周期波动特征及原因研究. 北京：中国金融出版社，2008.

[70]　王丙毅. 网络经济下规模经济的新特点与规模经济理论创新. 经济问题，2005（1）.

[71]　GUO JIAN QUAN，TANG BING YONG. Unequal development and territorial competitiveness of network economy. Journal of Donghua University（Eng. Ed），2004，21（1）.

[72]　熊彼特. 经济发展理论. 北京：商务印书馆，1990.

[73]　AFUAH A，TUCCI C L. 电子商务教程与案例：互联网商务模式与战略. 北京：清华大学出版社，2005.

[74]　麦克劳特，瓦阿勒，卡茨. 创造性毁灭. 长沙：中南大学出版社，2007.

[75]　SCHILLING M A. 技术创新的战略管理. 北京：清华大学出版社，2005.

[76]　李新家. 网络经济研究. 北京：中国经济出版社，2004.

[77]　陈冰冰. 从工业经济走向网络经济初探. 中山大学学报论丛，2002（4）.

[78]　张宝胜. 网络产业技术创新与竞争. 北京：经济管理出版社，2007.

[79]　周朝民. 网络经济与管理. 上海：世纪出版集团，2008.

[80]　欧庭高，曾华锋. 企业文化与技术创新. 北京：清华大学出版社，2007.

[81]　TIMMERS P. Electronic commerce：strategies and models for Business-to-Business trading. Chichester：John Wiley & Sons Ltd，1999.

[82]　OSTERWALDER A，PIGNEUR Y. An e - Business model ontology for modeling e - Business. 15th Bled Electronic Commerce Conference，Bled，Slovenia，2002.

[83]　OSTERWALDER A. The business model ontology-a proposition in a design science approach，Universite de Lausanne，2004.

[84]　魏炜，朱武祥. 发现商业模式. 北京：机械工业出版社，2009.

[85]　高金余，陈翔. 互联网环境下的企业商业模式概念和定位研究. 管理工程学报，2008（2）.

[86]　凯利. 网络经济的十种策略. 广州：广州出版社，2000.

[87]　Michael Rappa. Business models on the web, 2008. http：//digitalenterprise. org/ models/models. html.

[88]　郭晓武. 网络经济下的知识产权保护问题的探讨. 信息网络安全，2007（3）.

[89]　王庆功，杜传忠. 网络经济条件下的垄断绩效与政府反垄断改革. 东岳论丛，2006（6）.

[90]　贾丹华. 互联网发展中的公共政策选择. 北京：北京邮电大学出版社，2004.

[91]　葛伟民. 网络效应：互联网发展对全球经济的影响. 上海：上海社会科学院出版社，2004.

[92]　孙捷，王晓清. 网络经济下企业标准竞争战略博弈分析. 黑龙江对外经贸，2008（2）.

[93]　张保胜. 论网络效应下的企业竞争战略. 商业时代：理论版，2005（29）.

[94]　吴汉东. 知识产权基本问题研究. 北京：中国人民大学出版社，2009.

[95]　吕宪强. 网络环境下的知识产权保护的探索与研究. 中小企业管理与科技，2015（1）.

[96]　韩小乔. 用立法堵住数据隐私黑洞 [N/OL]. 安徽日报，2015 - 5 - 5. http：// www. cac. gov. cn/2015 - 05/05/c_1115177420. htm.

[97]　司晓，孟昭莉. 腾讯"互联网＋"系列报告之一：愿景篇 [EB/OL] [2015 - 3 - 23]. http：//law. tencent. com/Article/lists/id/3704. html.

[98]　李鸿. 结构调整中的网络经济发展研究. 邢台学院学报，2013（12）.

[99]　许晔 郭铁成. IBM"智慧地球"战略的实施对我国的影响. 中国科技论坛，2014（3）.

[100]　武岳山. "智慧地球"概念的浅析. 物联网技术，2011（4）.

[101]　熊莎. 国内移动社交用户使用意愿的影响因素研究 [D]. 北京：北京邮电大学，2013.

[102]　周文成，沈杨. 移动社交用户使用意愿的影响因素探究. 通信企业管理，2014（11）.

[103]　刘颖，张焕. 基于社会网络理论的微信用户关系实证分析. 情报资料工作，2014（4）.

[104]　卢迪. "微信"的猜想：从"微信"的发展看移动互联网即时通信的平台化. 中国传媒科技，2014（3）.

[105]　陈佩. 微信主流用户的"使用与满足"研究 [D]. 武汉：华中师范大学，2014.

[106]　陈攀. 基于移动互联网的微信用户采纳研究 [D]. 武汉：华中科技大学，2012.

[107]　胡婷婷. 企业微博消费特征浅析. 新闻爱好者，2013（4）.

[108]　李贝. 浅析新媒体：微博对消费者购买行为的影响. 河北企业，2013（8）.

[109]　叶静. 社会化媒体语境下企业微博与微信营销研究 [D]. 广州：暨南大学，2013.

[110]　曹进，吕佐娜. 大众文化视角下的"新新"媒介探析：以腾讯微信为研究对象. 东南传播，2012（9）.

[111]　刘智慧. 网络时代的消费特征及营销对策. 中国市场，2014（9）.

[112]　毋长琳. 浅议网络时代的消费特征及营销对策. 价值工程，2014（14）.

[113]　史琳．奇虎 360 的竞争策略及行业影响分析．现代电信科技，2014（2）.

[114]　宋杰，张敏，刘晓峰，胡绯绯．移动互联网成功之道：关键要素于商业模式．北京：
人民邮电出版社，2013.

[115]　陈光锋．互联网思维：商业颠覆与重构．北京：机械工业出版社，2014.

[116]　周鸿祎．周鸿祎自述：我的互联网方法论．北京：中信出版社，2014.

[117]　赵大伟．互联网思维：独孤九剑．北京：机械工业出版社，2014.

[118]　钟耕深，陈衡，刘丽英．企业发展与商业生态系统演进：基于奇虎 360 公司与腾讯
公司纷争的案例分析．东岳论丛，2011（10）.

[119]　包海兰．论互联网企业竞争战略选择的误区：以 3Q 大战为例．辽宁科技学院学报，
2011（2）.

[120]　傅瑜．中国互联网平台企业竞争策略与市场结构研究［D］．广州：暨南大学，2013.

[121]　谢平．互联网金融的来龙去脉［EB/OL］．http：//www.5hb.org/artinfo/
406280.html.

[122]　孙武军，陈宏民，陈梅．基于网络外部性的市场结构动态演化分析，管理科学，
2006（2）.

[123]　朱乾龙，钱书法．基于网络经济的技术创新与市场结构关系分析．产业经济研究
（双月刊），2009（1）.

[124]　昌献红．网络经济下的竞争性垄断市场结构与企业竞合，吉林工商学院学报，2009
（3）.

[125]　艾瑞市场咨询有限公司．中国互联网市场年度总结报告 2013　2013—2014 年中国即
时通信行业发展报告简报［R］.

[126]　徐晔．论我国网络服务业的发展方略，电子商务，2003（5）.

[127]　孙军，谷燕龙．网络产品特性及竞争策略研究．商业时代，2011（20）.

[128]　陈祖龙．浅谈网络技术的发展前景及网络技术的应用．信息与电脑，2012（1）.

[129]　张文贤．市场营销创新．上海：复旦大学出社，2002.

[130]　斯特劳斯．网络营销．时启亮，金玲慧，译．北京：中国人民大学出版社，2007.

[131]　西门柳上，马国良，刘清华．正在爆发的互联网革命．北京：机械工业出版
社，2009.

[132]　姜奇平．后现代经济：网络时代的个性化和多元化．北京：中信出版社，2009.

[133]　《腾讯十年》创作组．企鹅传奇．深圳：深圳报业集团出版社，2008.

[134]　东升．李彦宏的百度世界．北京：中信出版社，2009.

[135]　荆林波．阿里巴巴的网商帝国．北京：经济管理出版社，2009.

[136]　陈建龙，胡磊，于嘉．国内外宏观信息化测度的发展历程及比较研究．情报科学，
2008（9）.

[137]　波拉特．信息经济论．长沙：湖南人民出版社，1987.

[138]　周剑，高晓雨．中国信息化国际指数排名的研究，中国信息化形势分析与预测
（2014）．北京：社会科学文献出版社，2014.

[139]　"中国信息社会测评研究"课题组．中国信息社会测评报告 2014，电子政务，2014
（7）.

[140] "中国信息社会测评研究"课题组. 中国信息社会测评报告. 北京：经济管理出版社，2011.

[141] "中国信息社会测评研究"课题组. 冲出迷雾：中国信息社会测评报告2013. 电子政务，2013（10）.

[142] 吴建根. 美国网络经济发展研究［D］. 长春：吉林大学，2012.

[143] 江宇源. 政策轨迹、运营模式与网络经济走向. 产业经济与企业趋势，2015（1）.